年度学术2005

THEORIA 2005

第一哲学

First Philosophy

主编 赵汀阳

学术指导 费孝通 吴敬琏

中国人民大学出版社

图书在版编目(CIP)数据

年度学术 2005:第一哲学/赵汀阳主编.
北京:中国人民大学出版社,2005
(犀锐系列)
ISBN 7-300-06716-6

Ⅰ.年…
Ⅱ.赵…
Ⅲ.社会科学—文集
Ⅳ.C53

中国版本图书馆 CIP 数据核字(2005)第 081355 号

朗朗書房
犀锐系列
年度学术 2005——第一哲学
赵汀阳 主编

出版发行	中国人民大学出版社		
社　　址	北京中关村大街 31 号	**邮政编码**	100080
电　　话	发行热线:010 - 82503022 编辑热线:010 - 82503013		
网　　址	http://www.longlongbook.com(朗朗书房网) http://www.crup.com.cn(人大出版社网) http://www.ttrnet.com(人大教研网)		
经　　销	新华书店		
印　　刷	北京高岭印刷有限公司		
开　　本	787×1092 毫米 1/16	**版　　次**	2005 年 7 月第 1 版
印　　张	25.5　插页 2	**印　　次**	2005 年 7 月第 1 次印刷
字　　数	373 000	**定　　价**	29.80 元

编 委 会

本期说明

与前两期的政治和社会主题不同，本期主要讨论的是“第一哲学”，一个似乎脱离社会、脱离实际的话题，一个纯得不能再纯的哲学题目，但它其实是生活的深层问题，关系到全部知识和思想的基础。生活的所有选择都依靠着各种知识和思想，但恐怕没有比知识和思想的基础更为不清不楚的事情了，因此我们有理由担心，我们一直都在用非常糊涂的知识和思想指引行动。从这个意义去看，第一哲学问题就是思想的基本路线问题。

我们要特别感谢张宁教授翻译了德里达的《最卑劣的流氓国家》一文的部分章节，这是德里达最后的几篇论文之一。和德里达的其他论文一样，这还是一篇充满诡异分析的论文，以此纪念哲学怪杰德里达。

我们还要特别推荐堀池信夫教授的专稿，他选择了“中国哲学对西方思想的影响”这样一个引人入胜的角度。

北京犀锐文化中心

目　录

第一哲学之路

哲学的文化解释

纪念德里达

目 录

数学之路

[illegible]

[illegible]

第一哲学之路

康德论哲学与数学及其他

——读康德《纯粹理性批判》“先验方法论”想到的

叶秀山

康德《纯粹理性批判》出名的难读，每读至最后“方法论”部分已经筋疲力尽，虽然这部分篇幅不大，也都以全书概括总结视之，匆匆翻阅，掩卷休息了；然则如果诘问，这部分果何所论，往往为之语塞。今特拣出该章，专门仔细阅读，方觉得其中深意，就理解康德哲学而言，绝不可忽略不计。

“先验方法论”涉及康德哲学众多的基本观念，诸如“先天综合”、“先天直观”、“经验综合”、“时间－空间”等等，而最有意义的乃是此类核心问题，皆围绕着“数学”与“哲学”之异同展开，对于我们理解这两门学科，极为重要，因而我觉得这部分乃是进一步理解康德哲学的“方法”和“门径－途径”。

一、何谓“先天直观（形式）”

“先天综合判断”当然是康德在《纯粹理性批判》里重点阐述的观念，这是留心康德哲学的学者不会忽视的；然而如果对于这个观念，只停留在“既是先天，又是综合”或者“理性加经验”这样简单的层面上，固然正确，但尚不够深入。因为在这个层面，缺少“先天直观”亦即“时间－空间”的地位。“先天综合判断”是康德要论证的目标，而“先天直观”则是这个论证的关键环节。

我们熟知，“先天直观”就是指的“时间－空间”。为什么“时－空”为“先天直观”,而非“经验直观”?

在康德看来,“经验直观”乃由对外在事物的“知觉 - Wahrnemung”“给予”的,受之于“天 - 自然”,“时 - 空”的直观则不然,它们不“受之于天”,而是“受之于”“理性”自身,在某种意义上是“受之于人 - 人本身”。

这就是说,在康德心目中,“理性”本身就有“授出 - 提供”“直观”的能力,由“理性”本身“给出”的“直观”,当然无关乎“感觉经验”,而可以说是“先天的”。

“理性”功能在于运用“概念 - Begriff”,于是,所谓“理性”“给出”之“直观”,就意味着,“概念”“给出”“直观”,“概念”本身就有能力“给出”“直观”。我们看到,明确理解和把握这一点,不仅对于理解康德哲学,而且对于理解整个德国古典哲学甚至整个哲学的问题,都是很重要的。因为,我们感到,至少德国古典哲学的思路,正是沿着“理性 - 概念”“给出 - 开出”“直观”这样一条“理性主义”道路前进的,这是后面要说的意思,现在这里提上一句,现在再回到康德的议题。

康德说有“先天直观”的根据在于“数学 - 几何学”。几何学不光是“概念”,而且要有“图形”,几何学要“制图”。譬如“三角形”,不光有“三角(形)”的“概念”,而且有“▲”的“图形”,这个▲的图形,是由“概念”直接“给出”来的,是根据“概念”“构建 - Konstrukt”出来的,不是从“无数”“感觉经验”的“印象”中“概括”出来的,所以是“先天的”。

几何学是关于“空间”的学问,他是一门理论的科学,但仍然是有“直观”的,只是这个“直观”是根据“概念”“构建”的,不是“感觉经验”的,所以几何学才是一门“可以论证 - 可以推论”的学问,具有普遍的必然性。在这个意义上,康德说数学 - 几何学研究的依据是“概念的建构”,不仅仅是“概念”。

为什么不仅仅是“概念”?因为如果仅仅是“概念”,而无“直观”,则数学 - 几何学就只是“概念”的“分析”。几何学如果只是做“概念”分析,譬如从“三角”这个概念,无论怎样进行“分析”,绝不可能“越出 - 超出 - 超越”这个概念一步,其作用充其量只是在使“概念”更加“清楚 - 明白”,而不能增加任何“知识”。

这就是说,我们对于单纯的“概念”——即仅仅局限于“概念”,所能做的只是使“概念”清晰明了,只能“澄清”“概念”,而不“推进 - 增进”我们的“知识”;康德认为,“几何学 - 数学”乃是一门“科学”,它仍有能力“增进”人们的“知识”,而之所以有此种能力，关键在于它不仅“分析”“概念”，而且也具有“直观”的功能，正是几何学家根据“概念”作出“图形”来，譬如作出▲形来，我们对于“三角形”才能增加许多有关它的“属性－性质”的“知识”，如“三角形两邻角之和等于两直角”等。

有了“直观”，对于“概念”来说，就是“综合”的，而不是“分析”的，要“增进”知识，光有“概念”不行，光有“分析”不行，必还要有“直观”，必还要有“综合”。

然而，数学－几何学的“直观”，乃是“概念”“给出”的，不是“感觉经验”“给出”的，因而，数学－几何学又不是一般的“经验科学”，而是“纯粹理性”的“科学”。“纯粹理性”又是“科学”，既有“概念”，又有“直观”；既有“先天性”，又有“综合性”，于是“数学－几何学”就成为康德著名的“先天综合判断”的范例和基石。

在这个意义上，康德知识论核心问题“先天综合判断”如何可能，实际上可以理解为“数学－几何学如何可能”，或者说，“数学－几何学”如何不仅仅是“分析”的，而且还是“综合”的；也就是说，“数学－几何学”不等同于一般的“逻辑学”，不仅是“形式（概念）”的，而且还是有“内容（直观）”的，只是这个“内容－直观”仍是“理性－概念”“给出”的，不是“感觉经验”“给予”的。

我们再一次提醒，从康德开始，“理性－概念”就被认为可以“给出”“内容”。

这样，“数学－几何学”就被“拥戴”上“理性科学”的宝座。

二、哲学作为纯粹理性的科学

数学－几何学作为理性科学的地位确定之后，必定会出现“哲学”与它的关系的问题，因为哲学这门学科，长期以来被认为居于“理性”的巅峰，其地位似乎是不可动摇的；然而，正是在“哲学”领域里，种种纷争不断，相形之下，数学－几何学却显得那样坚如磐石，于是，从古代希腊开始，“哲学”竟然明里暗里以数学－几何学为楷模，似乎“哲学”要努力做到像数学－几何学那样在“论证－diskurtiv”上万无一失，才算尽善尽美。

在“方法论”这部分，康德的主要着力处在于指出：“哲学”与“数学－几何学”虽然同为“理性科学”，同为“纯粹理性”领域范围，但实际上它们是两种不同的学科。

凡“理性科学”，都需要运用“概念”。“纯粹理性科学”，就只是运用“概念”，但既曰“科学－知识”，则又非仅仅为“逻辑形式－形式逻辑”，而需要“内容”，此种“内容”，皆须“直观”，而非单纯“概念”。

如上所述，康德认为，“直观”有“经验的”，也有“先天的”，“数学－几何学”就是运用“先天直观”作为自身“内容”的学科，它是“综合”的，又是“先天的”，因为它的“直观”同样是“概念－理性”“给出－构建”的。“概念”经过“构建”“给出”的“直观”，同样也“超出”构建它的“概念”之外，即单从“概念”自身，无论怎样“分析”，也是“分析”不出来这种“直观”的，所以“数学－几何学”仍然可以提供“新知识”，而并非仅仅“澄清”“概念”。

康德认为，“哲学”作为“纯粹理性科学”，它的“概念”自身不能“构建”“直观”，如哲学中的“实体”、“实在”、“力”等等，由这些“概念”自身不能像“数学－几何学”里的“三角形”那样立即可以构建出相应的“直观”来，“概念”本身不能“提供－给出”“直观”，在这个意义上，哲学的概念，是“纯粹概念”，哲学的理性，是“纯粹理性”。“哲学”是“纯粹理性”的学问；“哲学”的“概念”，当然更不能由“感觉经验”来“提供－给出”“直观”，那是“经验科学”而非“理性科学”的任务。

既然称做“学问－科学－知识”，“哲学”当需“内容”，这种“内容”又非“直观”不能提供，于是“哲学”的“概念”与“直观”的关系，就成了“问题”。

正是这个“问题”，长期以来给“哲学”带来了无穷无尽的纷争。

康德认为，“数学－几何学”没有这个“问题”，因为它由“概念”自身“构建”“直观”，它所作出的“先天综合判断”可由“理性”自身检验，对错分明；甚至连“经验科学”也不存在这个“问题”，因为它由“经验”“提供－给出”“直观”，自可检验“判断”正确与否。

于是，在一切“学科－科学”中，只有“哲学”有这个“问题”。于是，如何解决这个“问题”，就成了“哲学”的首要工作了。

正是针对这个“问题”，康德提出了他的“批判哲学”：“纯粹理性”要想成为一门学问、一种“科学”、一种“知识”，需要“批判”。

欧洲自启蒙运动以来，“理性”原本是“批判”别人的，一切都要放到“理性”的面前来“审判”的，如今到了康德，“理性”本身也要受到“批判”了，这又当如何理解？

体会康德的意思，按照康德在别的地方的阐述，他会说，"理性"本身受到"批判"，正是"理性－启蒙""成熟"的表现。"批判哲学"是欧洲理性启蒙的继续和深化。

"理性"应该"批判"，尤其是"纯粹理性"应该受到"批判"，受到"审核"——他的第一部著作叫做《纯粹理性批判》，那么又是什么样的力量来"批判－批审"理性？按照康德的意思，当然还是"理性"本身，"理性"自己"批审－审核"自己，意味着"理性"的"成熟"。

"纯粹理性"需要"批判"，也就是运用"纯粹理性"的"哲学"需要"批判"。之所以必须对它们加以批判，乃是因为，"纯粹理性"如不加以"批判－限定－受到规范"，就会"超越"自己的职能范围，产生不可遏制的"幻象－Illution"，从而走向"理性"的反面，陷入不可自拔的"矛盾"之中。

为什么会出现"理性的幻象"？

从上述理路来看，"哲学"的"纯粹理性"、"概念"自身不能"构建""直观"，而"经验"有不能为它提供－给出"直观"——"哲学"的"概念"，诸如"实体－力－无限－大全"等等，不可能由经验提供，于是这些"概念"，就既无"先天直观"，又无"经验直观"，没有这两种"直观"的"约束"；然则，"哲学"的"概念"为要成为"知识－科学"，又必得"超出""概念"，为自己"构建""内容"，在既无"经验直观"，又无"先天直观"的情况下，这些"内容"就可能是一些"空洞"的"幻觉"。康德的"批判哲学"就是要"防范"此类"幻觉"的出现，为"纯粹理性"在科学知识领域指明一条康庄大道。

在"方法论"部分，一开始康德就提出，对于"知识－科学"言，"哲学"只有"消极""防范"的作用，"哲学"不能为"知识－科学"做"积累"、"积极"的工作，而只能做"消极"、"规范"的工作，而就"纯粹理性"来说，这种"消极"的工作，其意义却不比经验科学的"积累"小。这一点，康德在"方法论"部分做出了很充分的强调，实际上是对他前面的"纯粹理性批判"全部工作的总结。

"理性"自身"限制"自身，乃是"理性"成熟的表现，所谓"限制"是指"理性"对于自身的"职能－功能"，有了更加明确的意识，而不是眉毛胡子一把抓。"理性"对自己的"职能"，有了"批判－批审"的意识。

"理性"当然是"自由"的，"不受任何限制"的，但这个"自由"和"无限－不受限制"，并不是一句空话，不仅仅是空洞的形式，而是有具体内容的。凡事有了"内容”,则这个“内容”与其相适应的“形式”就都是相互制约,即相互“限制”的。以为“理性”既然“自由－无限”因而就天马行空为所欲为,乃是“理性”尚未成熟,尚停留在“幼稚”的阶段。在康德看来,正因为“理性”本为“自由－无限”,就自然倾向于陷入“理性”“幼稚病”,这就是说,正因为“理性”为“自由－无限”,才需要“批判－批审”。如上所说,“数学－几何学”和诸“经验科学”皆因有各自相应的“直观－内容”,在该学科自身,就有能力“纠正错误”,避免“幻觉”,而作为“纯粹理性”科学的“(传统)哲学”,即使在“批判哲学”已经做出“提醒－警告”之后,仍经常会陷入此种“幻觉”,以为它的“实体－力－无限－大全”等“概念”,会自己“构成”相应的“直观”,从而陷入“二律背反”,产生“永久”的“争论”。

康德提出的“批判哲学”要旨在于为“理性”诸种不同“职能”划出“界限”。

所谓“理性”的“职能－职权”范围,也就是“概念”的“职能－职权”范围。“数学－几何学”的“概念”自身有“构建－给出”“直观”的能力,“经验科学”的“概念”,能够从“感觉经验”世界“接受”“直观”,也就是说,经验的世界可以为诸“经验科学”的“概念”“提供”“直观”;但是“哲学”的“概念”则无此“权利”,它既无“经验直观”,又无“先天直观”可供资助,因而“哲学”本身并不能够“增进”任何“知识”,在这个意义上,康德在“方法论”里才特别强调了“哲学”的作用只是“消极”的。

然而,“哲学－传统哲学”常常不满足于自身的“消极”作用,常常企求把自己的职能转化成“积极”的,即企图让自己的“概念”有其相应的“直观”,想以此让人们通过“哲学”来“扩大－增进”人们的“知识”。康德的“批判哲学”就是要向世人揭示“哲学”的功能,不在于“增进”人们的“知识”——而这正是哲学从近代培根以来被推崇的主要职能——而在于消除“幻觉”——而这同样也是培根的主要工作,也就是说,“哲学”的职能不是“扩大”“理性”的工作范围,而是为“理性”的职能划分界限,亦即厘定－审定理性的工作“范围”,使理性的职能得到正当的发挥,理性的运作,走在正当的道路上。

“批判哲学”要“防止－消除”理性的“僭越”。“批判哲学”之所以成为必要,乃在于“纯粹理性”有一种“僭越”的自然倾向。

“纯粹理性”似乎在“数学－几何学”那里受到了鼓励:原来“直观”并不全来自经验,“先天”亦有“直观”在,“数学－几何学”的“直观”就是“数学－几何学”的“概念”自身“建构”起来的，如是，则“哲学”之“概念”当亦可用自身之“概念”“建构”起来，从而形成一个“知识－科学”的“判断”，即“哲学”可以“超越”自身的“概念”，由“直观”形成“综合”，以增进人们的“知识”。

然则，“数学－几何学”之所以能够由“概念”“建构”“直观”，乃是因为其“概念”并不超越“经验”，故其“建构”之“直观”，虽为“先天”，但亦未“超越”“经验”之外；“哲学”之情形则大不相同。

“哲学”之“概念”，皆为“超越”的“概念”，如“无限－实体－大全”等，如欲“建构”其“特殊”之“直观”，则只能得到一种“理念”和“理想”，而非“真实－真正”“现实”之“直观”，故欲以此提供“科学”以“增进”人们之“知识”，实属“幻想”，这种倾向是人们要努力“防止”的。“批判哲学”的作用，就在于“遏制”此种“僭越”的倾向。

康德“批判哲学”的工作就在于揭示“纯粹理性概念”无权“建构”一种“先天直观”，因而仅由自身(哲学)“概念”不能“建立”一门“科学知识”。“科学知识”必为“经验”的。在这个意义上，康德不仅不回避“批判哲学”的“消极性”，而且强调了这种“消极性”的重要性。“哲学”经过“批判”努力“避免－防范”其概念“超越－超出”“经验”之外。

然而，康德的纯粹理性批判的工作，并非将“哲学”限制于“纯粹概念”的范围之内。不错，在康德看来，“哲学”擅长于“概念”之“分析”，一如“哲学”经常“超越－僭越”；“哲学”虽不能建构自身之“先天直观”，亦不能由“经验”为自己的“概念”提供“直观”，但却为“可能的经验直观之综合”提供“原理”，也就是“哲学”能为“可能的经验科学”提供“原理”。“哲学”如何能具有此种功能，也是康德“批判哲学”所面临的问题。

康德在《纯粹理性批判》“方法论”中有一处小注提到如何理解“原因”的概念。“哲学”在具体思考这个“原因”概念时，当已经“超出”了“概念”本身，而进入“具体发生之事件－Begebenheit (da etwas geschieht)(此处类似于后来海德格尔之 Ereignis)”。但康德认为，“原因”概念本身并不能建构一“事件”为其“直观”，而是首先进入“时间”之“先天直观”形式，然后才能显示这种“直观条件”和“原因”概念完全一致，故而就哲学言，仍按照“原因”概念进行思考，而不涉及“具体事件”之“直观”。至于此种“具体事物”之“直观”乃是“经验”提供的，因而只是“经验科学”之内容，而非“哲学”所当过问的。这就是“哲学”为“经验直观之综合”提供“原理”的意思所在。“哲学”之“概念”乃是“经验综合”的“原理”,“哲学”所论证之“原因律”是“经验科学”“因果推论”的“根据 - 原理”。

康德这里涉及他的哲学的一个基本观念:“理论 - 思辨”性的知识乃是“推论的 - diskusiv”,对“实质的 - material”而言,乃是“形式”的。“具体发生之事件”乃是“实质”的,是“质料 - matter”,不是“量料 - quantitas”。一切“必然”之“科学”,皆只涉及“量料”,而“质料”则是需要“具体问题具体解决”的。“纯粹经验”不可能“理论化 - 思辨化”。在这里,休谟所提出的问题,康德并未忽略不计。

三、科学 - 哲学与形而上学

从康德“方法论”部分,我们看到“批判哲学”是如何成为“纯粹理性”的必然的产物以及它的规范 - 限制理性的重要意义,但是,联系到康德《纯粹理性批判》的整体思路,我们感到,在“方法论”部分,康德对于“哲学”的理解,仍放在“形而上学”的框架之内,亦即,他从前面以“批判”为核心的“先验原理论”部分进入到如何以“批判”的精神理解作为“形而上学”的“哲学”意义,所以他在“方法论”所说的“哲学 - 纯粹理性概念”实际是传统“哲学”的“形而上学”的“概念”,而不是“原理论”中的“知性”“范畴”;然而,如上所述,他又在小注中以“原因”概念为例,而“原因”在“原理论”的“先验逻辑”部分,正是主要的“知性概念 - 范畴”。

其实,康德在“先验逻辑”部分所言“知性概念 - 范畴”都是传统形而上学的“概念 - 范畴”,如他在“十二范畴表”中所列。在这个意义上,我们可以把他在“方法论”部分所论之“纯粹理性 - 概念”理解为不仅包括了“理性概念 - 理念”,而且包括了“知性概念 - 范畴”,甚至主要涉及的乃是“知性概念 - 范畴”,而不是主要涉及“神 - 不朽 - 自由”这些“理念 - 理想”。康德“方法论”的主旨在于进一步阐述“哲学”作为“纯粹理性”的“科学”,与“经验科学”和“数学 - 几何学”不同,不是积极地“积累”“知识”,而是“消极”地“防范”“越位”。

在这个意义上,对于传统“形而上学”的种种“理性概念”,需要以“批判”的精神,“审核”它们的“职能 - 职权”范围,将它们一分为二:一为“知性概念 - 范畴”,一为“理性概念－理念”，后者“超越”了“经验”范围，不是“知识”的“对象”，前者则只“限于”在“经验”范围内才有合法的权益，才能“增进”“知识”的“财富”。《纯粹理性批判》“方法论”部分针对的仍是“知性概念－范畴”的运用范围，防止传统哲学－形而上学的“越位”，“超出”“经验”范围之外。为防止“纯粹理性”的“越位”倾向，康德提出这个“理性”本身需要一种“训练－Discipline”，即在“批判精神”指导下的一种“理性自制”能力，而并非像“经验科学”那样“增进”“知识－文化－Kultur”。

这种“纯粹理性之训练”不能“增进”“经验之知识”，只能为“经验知识”提供“原理”和“根据”，这个意思，也就是为“经验知识”作为“科学（知识）”之合法性提供“根据”，即“论证－证明”“先天综合”之可能性。

“纯粹理性概念”中“知性概念－范畴”，因为它们并不“超越”“直观”，亦即并不“超越时空”，因而“有权－可能”形成“综合”，因而也“有权－可能”在这个范围内做出“先天综合判断”，形成“科学”之“推论－论证”；而那些“超越”“时空”之“理性概念”，如“神”、“不朽”、“自由”，因不可能有相应之“直观”，只是单纯的“概念”，“无权”形成“先天综合”，如果将“知性概念”“越位”到“理性概念”的层面，譬如将“原因”的概念运用到“神－不朽－自由”上，则产生“幻觉”，乃是“理性”之“僭妄”，正需要“批判哲学”之“训练”。当然，如果将“理性概念”中“神－不朽－自由”“降格”为“知性概念－范畴”，则与“（理性）概念”给予它们的自身的“定义”相矛盾，就“思辨理性”来说，“概念”本身不能成立，而就“实践理性”言，则正是《实践理性批判》一书所要做的工作。

纯粹由“理性”自身产生之“概念”而无经验之“对象”，因其绝无“直观”之可能。盖因，此种“概念”，经验不能提供直观，则产生理论上之二难命题，遂摧毁其“概念”自身，使之不能自圆其说，此在理论推理上不能成立；此种“概念”，如前所说，亦不具备产生“先天直观”之能力，而企图以数学－几何学为榜样，求概念自身之直观而不得，于是，哲学－形而上学之“概念”，就既无经验直观，又无先天直观，乃是无任何直观之可能的“空洞概念”，以此类“概念”，企求“综合”为一门“科学知识”，如传统形而上学所做的那样，实属徒费精神，无任何果实可以收获。

然则传统形而上学之错误，不在于运用了“科学知识”的“逻辑范畴”以“建构”一门至高无上的“学问”，乃在于对于这些逻辑范畴之误用。并非此种“范畴”不可用，而在于传统形而上学将这些“范畴”用错了地方，用错了领域。

康德认为，经过“批判哲学”的规范，这些“知性概念－范畴”只在“可能的经验范围”有效。

譬如上述“原因”范畴，乃是“知性概念”中最为重要的，它的运用范围，只限于“可能的经验范围”，而不能运用到“神－自由－不朽”这些“理性概念”上去，盖因此种概念，完全超越时空，既不提供经验直观，又无先天直观，故而只是一些“理念－观念”，而无直观之“对象”与其相应。

就康德的“批判哲学”精神言，“原因”固然是“先天”的，它的运用范围只在“可能的经验”范围。

在这个重要范畴的理解上，我们注意到，康德强调“原因－结果”关系之“先天必然”之“可推论”性，并非教导我们：知道一个具体“原因”，就必定“推论”出具体“结果”来，或已知一具体“结果”，就能单凭“推理”，必然就知道具体之“原因”；康德只是肯定地教导人们：凡事必有前因后果，欲知具体的原因和结果，尚需具体问题具体研究，亦即，尚需具体的“经验科学”来做。这一点对于理解康德的“批判哲学”，理解康德的知识论，理解康德的“先天综合判断”，相当重要。

康德在“方法论”部分仍以“以前坚硬之蜡因热熔化”为例，具体解释他的“因果”范畴对于“经验科学”提供“原理”的意义。这一点，跟前述小注中的意思完全一致，即因果知性概念，之所以对于“可能之经验”有效，乃是由于它们与“时间”之“先天直观”密切相关。

“原因”与“结果”为什么与“时间”之“先天直观”相通？“原因”与“结果”的范畴恰恰与“时间”之“前－后”顺序相合，“时间”中之任何“事物”，“必有”“前因－后果”。只是在“有原因在前－有结果在后”这一点上，康德的“批判哲学”是提供绝对的不可动摇的“证明”的，而不是说，“批判哲学”肯定具体的“原因”和“结果”是“能够”从“原因－结果”的“概念”“推论”出来的，这里，“批判哲学”为“经验科学”做出了理论的－哲学的“保证”，提供了“原理”，但并不能“代替”“经验科学”。上述“坚硬之蜡”之所以“熔化”，到底是何种“原因”，需要“经验科学”去做具体观察、研究，到底是何种的“热”使其“熔化”，甚至“蜡”遇“热”“熔化”这一知识判断，也还是经验的，经过多次试验观察得出的“物理学”的“结论”，而非“批判哲学”所能提供的。

“批判哲学”所能教导的，只是：“凡事（物）”“必”“有”“前因”“后果”“在”，既然该事物是“在”“时间”中。

也许我们可以仿借“数学 - 几何学”的模式，以“量料”和“质料”的关系来理解这里的意思，虽然我们已经强调，康德反对把“哲学”与“数学 - 几何学”等同起来。

我们可以说，“批判哲学”作为“哲学”，只是管“事物 - 经验事物”的“量料 - quantitas”部分，即“可以量化的材料”，而将“质料”部分，留给了“经验科学”，亦即，“批判哲学”涉及的是“时空事物”之“同质”的“可以推论”的部分，这一部分，是“必然普遍”的，譬如一个“事物”，“必定”有其“原因”，也“必定”有其“结果”。这一点，也仅仅是这一点，是允许“推论”的，至于到底是何种“原因”，又产生何种“结果”，则“批判哲学”无权过问，它是“经验科学”的工作，不能“越俎代庖”。

这样，也就是说，康德的“批判哲学”，并不排斥“时空”中“事物”关系之“偶然性”，而充分考虑到休谟所提之问题，即“质料的世界 - 实质的世界”，充满了“偶然性”，“批判哲学”肯定此种“偶然性”同样也是“知性概念 - 范畴”，而只是强调，就在那充满“偶然性”的“事物 - 实质世界”中，仍有“必然性”在，“实质”的“偶然性”并不排斥“理论”的“因果必然性”。

反过来说，“因果”只是“理论”的，不是“实质”的。

在“批判哲学”的范围内，“因 - 果”是“必然”的，只是意味着，“有因必有果”，反之亦然；至于具体究竟是何种“事物”为“因”，何种“事物”为“果”，尚需“经验科学”根据具体“经验对象”所提供之具体“材料”加以整理，得出具体的结论，此种结论，虽有先验“因果律”作为“原理”保障其“推论”之合法性，但并不保障其绝对不犯错误，因而此种“结论 - 判断”，并非“必然”“正确”，故需“经验实际”之“检验”，此休谟已有详细论证，康德给予充分地位之观念，而绝无推翻之意。盖康德并不认为，他的“批判哲学”一出，诸“经验科学”就可以绝对避免“错误”而仅就“理论推导”，就能增进“知识”。“批判哲学”只是在“理论”上提供“原理”，使得“经验科学”之推论有一坚实之“基础”，而并非意欲“越俎代庖”，囊括一切科学于己身。

进而言之，“批判哲学”之“因果律”，固然是一“先天综合判断”，肯定“原因”与“结果”并非“分析”出来的“同一”“事物”，而是“不同”之“两件”“事物”，亦即，我们无论怎样“分析”原因事物的“概念”决然得不出结果事物之“概念”来，而必须有“直观”“综合”进来，方可有“另一”“概念”。

"原因"与"结果"之所以能够形成"先天综合",能有所"直观",并非"接受""经验直观"之故,因此种"经验直观"只能从"外部"进入"概念",乃是一种"质料","质料"在康德绝不可为"先天的",而是"后天""给予"的;"原因-结果"之所以可能为"先天综合"的,乃在于它与"时间-空间"的"先天直观形式"不可分,它是在"时空"基础上进入的"范畴",故而必定是一种"先天"而又"综合"的形式。

根据"批判哲学","先天直观"既为"直观",当有"可能经验"之"对象-Gegenstand",凡进入"时空"之"事物",皆为"感性-可感"之"对象",已非抽象之"概念",犹如"几何学"之"图形","代数"之"数",虽为"符号",而实为一个可感之"对象",故而康德"知识论"从"感性"至"理性"亦需"想像力"与"图式",知识论中之"图式"或可相当于几何学之"图形",说它是"概念",它又是"可感"的,说它是"感性"的,它又不是具体事物,乃是"事物"之"一般",它是"一般之事物",而非"具体之事物"。康德这个"事物一般"的观念,实是对于几何学深入思考之结果,不是凭空生造出来的。

就"批判哲学"之"因果律"言,其对象既然为"时空"给予,而且为"先天之综合",则仍只能作"事物一般"解,并不是"事物之具体"。它是介乎"概念"与"经验直观"之间的"一般事物",是"先天直观"、"先天综合",而非"经验直观"、"经验综合"。没有这个貌似"玄奥"的"事物一般",诸"经验科学"就会失去"先天综合"之保障,科学就无准则和鹄的,就会成为应付各种外界"挑战"的"权宜之计",限于一种经验的技术技巧,这是经验主义从休谟直至实用主义所走的道路:只承认逻辑之先天必然,不承认经验之中亦有必然之根据。

以此之故,"事物一般"在"批判哲学"以至在整个欧陆哲学,实是至关重要的观念,只是因为对于康德"先天直观""先天综合"之理解不够深入,才觉得那是一种迫不得已的"遁词",是一个"抽象"的"设置",才以为这个观念并无多大意义。事实上,这个观念不仅对于理解康德的"批判哲学",而且对于从康德到黑格尔以及此后进入胡塞尔现象学时代,都是十分重要的。

为了理解方便,我们上文用了一个与"质料"相对应的词:"量料"。"量"如果为"直观",则也要"(材)料",只要不作"抽象"之理解,"质"与"量"皆需要"料"。"质料"为"建构-konstrukt""质"的"料","量料"就是"构成""量"的"料"。有"料"就有"直观",而不是抽象概念。就康德来说,"质"的"料"是"经验"授予的,"量"的"料",

则是由“理性－概念”“建构”的，因此，在本性上，“质”和“量”的“料”是不同的。

既曰“料”，既曰“直观”，就必有“事物”；“质料”涉及“具体事物”，而“量料”则涉及“一般事物－事物一般”，前者为经验的，后者则是先天的。

于是，在这个意义上，如果承认“事物一般”也是一种“量料”，则“哲学”之“概念”，也应如同“数学－几何学”一样，具有“先天的直观”能力；“哲学”自身，也应如同“数学－几何学”一样，有能力形成自己的“先天综合判断”。这样，“哲学”也应如同“数学－几何学”那样可以成为一门独立的“科学－形而上学”，只是在“批判哲学”意义上的“形而上学”，其“概念”受到“限制”，不得“超越”“可能的经验”范围之外，不得涉及“神－自由－不朽”这类单纯“理性概念－理念”。

这也就是说，“哲学”的“概念”必限于“知性概念－范畴”之内，此种“范畴”，可以通过－运用于“时空”之“先天直观形式”，对于感觉经验提供之“质料”，给予“形式”之“建构”，犹如“数学－几何学”将“质料”作为“同质”之“量料”“建构”为一“必然”之“(推论)科学”；“哲学”亦将感觉经验之“质料”，“转化－形式化”成为“可以量化”之“推理”，做出“形式－理论”上“必然”之“判断”，对于“知识”的“对象世界－现象界”形成一“科学体系”。

问题在于：按照康德的思想，“哲学”之“概念”，即使是“知性之概念－范畴”自身并不直接建构“直观”，它的“直观”必依靠“经验”提供，而其所以尚有某种“先天性”，全靠“时空”之协助，于是，“哲学”如要得到“直观”，必须接受经验提供之“直观”，这样，“哲学”如要成为“科学－知识”，必须“降为”“经验科学”，“哲学”作为“科学－知识”形态，必须存在于诸“经验科学”之中，“形而上学”只是“经验科学”之基础，而不能独立地成为一门“科学－知识”。在这个意义上，“形而上学”并无独立存在之“合法性”，“哲学”只是“批判哲学”。

四、“哲学”作为一门“特殊”之“科学”

“哲学”必从“经验”取得“直观”，亦即，“哲学”必须“降为”“经验科学”而后得到“直观”，其“先天性”只来自“时空”之“形式”，但“哲学”又非如同“数学－几何学”那样为一种“形式”科学,“哲学”既曰“包罗万象－包容一切直观”,则不能仅停留于“形式”,“哲学”需要“内容”;也就是说,“哲学”不仅需要“量料”,而且需要“质料”,“哲学”在“量(料)化－理论化－推论化”“世界”时,不“舍弃”“质料”,“哲学”面对的是“真实的现实世界”,而不是“符号”的世界。

然而,“质料”的世界,在康德看来,决不可能是“先天的”,哲学的“理性概念”不可能“建构”自己的“直观”,因而,不可能“建构”自己的“先天的质料”。“哲学”要保持自身“推论”的“必然性”,就只能从“质料”中“退”了出来,“止于”“量料”的“形式”。于是,康德哲学,被后世批评为“形式主义”。

“哲学”为“质”的学问,而绝非“量”的问题所能“限定”。只有“质”才将“哲学”引入“现实(实际)世界”,而不是“理论(形式)世界”;“哲学”的作用,也不能仅仅限于“批判哲学”之“消极性”,不管如何强调这种“消极性”有如何的重要,“哲学”也并不“安于－止于”这种“消极”的“限制”,而要“积极”地“建构”。康德已经看到了这个“积极”地倾向,只是他认为这种倾向是需要“遏制”的。康德努力“劝说”哲学家“安于”“消极”的地位,做一个“消防队员”,而不是去建新的房屋。

康德所“担心”的局面果然出现:从费希特到谢林,特别是黑格尔,“哲学”的功能又由“消极防范”转换成“积极建构”,“形而上学”在新的面貌下重新进入“科学－知识”的宝座。

“哲学”要重新成为“科学”,不仅仅要坚持使用“概念”,因为一切“经验科学”也必须使用“概念”来“思维”,而且还要与“直观”相结合,才能推动并积累“知识”,亦即“概念”要“超出”自身,才能“扩展”开来;而“哲学”的“概念”并不能“超出”自身,它们没有任何“直观”与其相结合、相对应。“哲学”的“理性概念”不是“知性概念－范畴”,绝无相应之“直观”“从外部”与其“对应”,而按康德的思想,这种“理性概念”自身又不能像“数学－几何学”那样“有能力－有权利”“构建”“先天的直观”于其“内部”,这样,“哲学”之“纯粹理性概念”就毫无“直观”可言,就仅仅是一些“理念”,而即使以其个别形态言,也只是“理想－ideal”,不可能有“可能的经验直观”,就是说,“经验－现实世界”“不可能”“存在－exist”。于是“理念”与“存在”分裂,“理念”“在”“观念”中,只是“观念”的“是什么”,而不是“实存”的“是什么”,“是－being,Sein,einai”只是“系动词”而非“存在动词”。只是“是”,而非“存在”。

康德这种观念,使人们想起古代希腊柏拉图的“理念论”,柏拉图之“理念”,任何现实的“事物”不能与其“相应”,它是一个“终结目标-目的”,是一个“至善”的“观念-理念”。康德的“理念”不关乎任何“现实事物”之“存在”。“理想性”与“现实性”相割裂,“思维”与“存在”不“同一-identitaet”。

康德当然也有“至善-终极目的”的观念,但是并不在他的《纯粹理性批判》中,而在他的《实践理性批判》中。康德《实践理性批判》,将《纯粹理性批判》里“遗留问题”加以处理,开出了“伦理道德”的另一番“境界”,许多被《纯粹理性批判》搁置的“形而上学”的问题,在《实践理性批判》里,“接着说”了。

当然,《实践理性批判》仍然是“批判哲学”,仍然是为“理性”“划定”“职权”范围,仍然是“防范”性的工作,但是它的意义已经不是“防范”“纯粹理性”之“越位”,而在“防范”它的“降格”。《纯粹理性批判》为防止“纯粹理性”进入“超越经验”领域,《实践理性批判》则相反,为防止“纯粹理性”进入“经验”领域。

“实践理性”已非“思辨理性”,不涉及“知性范畴”与“直观”的关系问题,因而康德《实践理性批判》不着重讨论“实践-意志-自由”问题中的“直观”问题,因为显然它们与“直观”无关;然而,如果从整个哲学之“形而上”的性质来看,亦即把“哲学”看做一门“学科-科学”,则这个问题是不可避免的。

在康德的“实践理性”范围中,“直观”问题转化为“现实”的问题。“实践理性”固然是“纯粹理性”,但原先在“思辨理性”中不具备“直观”因而不具备“现实性”的“纯粹概念”,在“实践理性”中,通过“实践-行动”,在“时间”的“绵延”中,具有“现实”的内容,这样,在“实践理性”中,“自由-不朽-神”的“悬设-postulate”才是“纯粹理性”的“必然”。这些“悬设”,虽然就“思辨理性”来说,超出了“经验”的范围,不具有“合法性”,但是,就“实践理性”来说,却也并非仅仅是一种“形式”,不仅仅是“抽象概念”,而且还是“纯粹理性概念”自身的“内容”。

“自由-不朽-神”的“概念”,在“思辨理性”领域中,的确是“空洞”的,没有“内容”的,因为它缺乏相应的“经验(直观)”;到了“实践理性”中,它作为“纯粹理性”的“概念”,不同于“知性概念-范畴”,则仍然具有“空洞形式”的“缺陷-缺少”“内容”。

不过,诸“理性概念(自由-不朽-神)”,虽是不具备“经验”的“现成”的“内容”,却“必然”随着“时间”之“绵延”,而具有“形成中”的“内容”,而并非“止于”“形式”。在这个意义上，后人批评康德的伦理学为“形式主义”固然有其合理的一面——为与“思辨理性”划清界限，康德伦理学的确“强调”了诸“理性概念”之形式的一面，但在康德“实践理性”中蕴涵着的“内容”，常常被忽略。康德伦理学并未完全忽略在“实践理性”中诸“理性概念”的“内容”的一面，只是这种“内容”，需要“时间”的“绵延”。

我们看到，这里的关键，果然在于对“时间”的理解。

在“思辨理性”里，“空间－时间”为“先天直观形式”，它是一种“直观”，而且是“先天的”，但它只是一种“形式”。与“空间”形式相对应的学科为“几何学”，而与“时间”形式相对应的是“数学”。我们前面说过，它们之所以是“直观的先天形式”，乃在于它们的“对象”虽为“经验的”，但却是“同质的”，因而，它们的“直观”不是“质料”，而是“量料”，是提供“量”作“计算－推论”的“材料”。“数学－几何学”无关乎“事物”的“质”，则总还是“形式”的，因而，康德的“思辨理性－知识论”，只是“理论”的，“思辨理性”即“理论理性”。

就“时间”来说，康德“知识论”所涉及的，只是“时间”之“形式”，它是各个“点”按照“先天原理”的“组合”，这样，“时间”之“前－后”，才与“原因－结果”的“知性概念－范畴”接续起来。康德“思辨理性”内的“时间”，不是“不可分割”的“绵延”，而是“可以分割”的“点”。在这个意义上，我们看到，康德知识论的“时间”观念实际上是“不动－静止”的，它的“活动”，只是“理论”“推演”的“逻辑过程”，而不是“现实”的“进程”。

实际的“时间”乃是“不可分割”的“绵延”，是“实践”的，而非“理论”的；是“现实”的“过程”，而非“理论”的“结构”。

“自由－不朽－神”这些“理性概念－理念”不在那“理论”的“结构”中，而在“实际”的“过程－绵延”中。“不可分割”之“时间绵延”是“现实”的，不是“理论”的。“理论”的“对象”，是“同质”的，只需要“量料”，即使原本为“质－material”，也转化为“量”的“概念”，成为“性质－quality”，即“质”所以为“质－materiality”。“抽象的性质－同质的量”不是“空间”中的“事物”，而只是“概念”；在“理论”意义上的“空间”，也是“抽象”的，它不是“时间”中的“事物”，而只是“几何学”的“图形”，亦即“抽象图形”。在这个意义上，康德“思辨理性”意义上的“时间”和“空间”是“分裂”的，而“现实”的过程，乃是“质－量”统一的过程，“时间”与“空间”是统一的。“时空”的统一，才是“现实事物”的“存在方式”。

“实践理性”中“自由”的“理性概念”，并不应该“止于”“摆脱一切感觉经验”的消极意义——如果说，在“思辨理性”中需要着重阐明“批判哲学”的消极意义的话，那么到了“实践理性”领域，应该强调的就是“纯粹理性概念”的积极意义。“纯粹理性概念”的积极意义在于，此种理性本身有其“实践能动”的“职能”——它“开创”自己的“世界”，“建构”自己的“对象”，套用“思辨理性”的话来说，“纯粹理性概念”，在“实践理性”领域，有能力“建构”自己的“直观”——不是接受来自经验的直观，而是“创造”自己的“直观”。

这层意义，康德自己没有完全阐明出来，真正开发出来，是后人着重去做的；但是应该说，康德的三个“批判”，已经蕴涵了这层意思的“契机”，康德在《实践理性批判》和《判断力批判》中都已经为这种阐述留下了“伏笔”和“阐发”的余地。

从黑格尔到尼采直到海德格尔（以及他的同学马克斯·舍勒），都为这种阐发做出了巨大的贡献，将欧洲的哲学推向了更深入和更广阔的天地。

黑格尔在改造传统形式逻辑时所做的工作已经将重点从康德的“知性概念－范畴”转移到“理性概念－理念”上来，认为康德的“知性概念”是“静止的”、“片面的”，以这种概念进哲学，反倒是传统形而上学的错误；黑格尔的“理性概念－理念”则是“辩证的”、“发展的”，这种概念，在黑格尔看来，恰恰是真正的“思辨概念”，因而，他的目标，正是在这种“思辨概念”的基础上，“建构”起“哲学”的“科学体系”，“哲学”成为“思辨概念”的“体系”，“理性概念”的“体系”，亦即“理念”的“体系”。

在“哲学”成为真正“科学”的道路上，黑格尔的工作，具有重要的历史贡献。

在康德哲学中，“思辨概念”等同于“理论理性概念”，即“知性概念”，这种“概念”，按照他的“批判哲学”，不能“超出”“可能经验”的范围，如果超出这个范围，能够“合法”运用的，只有“实践理性的概念－自由”，而这个“自由”概念，不能形成一个“知识体系”，而只是“道德”的事。

“理论”与“实践”在康德那里的分裂，到了黑格尔那里，被他用“理性辩证”的精神，统一了起来，黑格尔的“思辨概念”是“辩证的概念”，而惟有“辩证的概念”，才是真正的“科学”的概念。这样，黑格尔的“思辨概念”，就不仅仅是“理论”的，而且是

“实践”的，不仅是“形式”的，而且是“实质”的，不仅是“量料”，而且也是“质料”。从我们上述论题来看，黑格尔的“思辨概念－辩证概念”就不仅仅是单纯的“概念”，而且它有自己的“直观”。“理性的思辨概念－辩证概念”，乃是“概念”与“直观”的统一。

在康德哲学中，“哲学”的“理性概念”因缺少相应的“直观”——既无经验直观，又无先天直观，而不能形成“科学知识”；而在黑格尔哲学中，正是“哲学”的“理性概念”将“概念”与“直观”统一了起来，将“经验”与“先天”统一了起来，“哲学”的“辩证法－辩证的理性概念”克服了“知性概念”的“片面性”，它是“全面的”，乃是一个“大全”，并不“缺少”什么环节。

然则，黑格尔这个“大全”的“理性辩证体系”，并不是“现成”的，而是一个“发展过程”，不是像“知性概念”那样“静止”的，而是“运动”的。我们看到，康德在《实践理性批判》中已经涉及的“时间”的“绵延”观念，在黑格尔这里得到了长足的发展。

在康德那里，“时间之绵延”已经不再是“知识”范围内作为“先天直观形式”那种时间，不是“现象”的事情，而具有“本质－本体”意义，因为它已经是“实践理性”范围里的事情；我们看到，黑格尔也正是走在这条道路上。

“时间的绵延”乃是一个“过程”，没有这个“过程”，“本质”得不到“开显”，“概念”得不到“直观”，“哲学”当不成其为“科学”。康德的“批判者学”正是缺少了这个“过程”——对于“时间绵延”思之不深，阐发不明，则只能停留在“知性概念”的领域里，不敢越雷池半步——不敢承认“理性概念”之“僭越”，事实上，在黑格尔看来，“理性”恰恰具有“僭越”的“合法性”，因为“理性”本性在于“自由”。

“自由”意味着“开创”。“自由”的“理性概念”，并不像“知性概念”那样“等待”着“接受”感觉经验“授予”“质料”，而是“开创”“自己”的“质料”，即在康德意义上“建构”自己的“直观”，但又不是“数学－几何学”，而是“哲学”。

就黑格尔“辩证概念”言，“数学－几何学”的“概念”也是“形而上学”性质的，是“静止”的、“形式”的，缺乏“内容”，而“哲学”作为“科学”，是有“内容”的。

“哲学”作为“科学”，不仅有自己的“概念”，而且有自己的“直观”，在“哲学”的“科学体系”中，“概念”与“直观”是有“过程”地“统一”起来的。“哲学”的“直观”内容，是“哲学”的“概念”自己“建构”起来的，但这种“建构”，不仅“建构”康德意义上的“先天直观”,而且也包含了“经验直观”,将“先天”与“后天”“结合”起来,才称得上“全(面)”。

然则,这个“结合”需要“过程”才能达到“全(面)”,没有这个“过程”,只能停留在“片面”上,“哲学”就会降为“数学-几何学”的层面,而这个层面,康德早已指出,“哲学”的“纯粹理性概念”已经“超越”了这个领域,黑格尔只有在“过程”中,即在“时间”的“绵延”中,才能求得这种“超越”的“直观”。“超越”的“直观”,乃是“超越”“先天-后天”的“知性结构”,“超越”“片面”,进入“全面”。

“概念”要“进入”“过程”,则“概念”本身不是“静止”的,而要是“能动-avtive”的。“概念”如何“能动”,乃是黑格尔需要认真阐明的问题。黑格尔说,“辩证的-思辨的概念”本身就“能动”。

康德的“知性概念”固然也有“能动性”,但它的“能动性”只限于“建构”从外部“接受”过来的感觉经验的“质料”,使其“量化”,将“质料”“整理加工”为“量料”,“构成”“知识理论体系”的一个“部分”;黑格尔的“理性概念”,则由“概念”自身“开创”出“质料”来,由“概念”“开创”一个“世界”,而不仅仅是“理论知识体系”。

“理性概念”之所以具有“知性概念”所不曾具有的“能动性”,乃在于它是“自由”的,“概念”自身不能“限定”自己,因而是“不受限制-无限”的。当然,这层意思康德也是看到了的,他的“自由-不朽-神”的“概念”,也都是“理性概念”,是“无限”的。正因为如此,康德才认为这种概念绝无“经验直观”与其相对应,因为“经验直观”都是“具体”的,“有限”的,只有“知性概念-范畴”才有合法的权力进入这个“有限”的领域。不过这层意思,到了黑格尔那里,有了进一层意义:康德理解下的“无限-理性概念”被认为同样是“抽象”的,“片面”的,因为他把“无限”和“有限”僵硬地“对立”起来,似乎站在一边的是“无限”,而站在对立一边的为“有限”,“有限”与“无限”好像是两件完全不同的事情、两个完全不同的事物,而事实上,“有限”与“无限”是相“统一”的,是一件事的两面:任何事物都具有“有限”和“无限”两个方面,对于事物的“概念”也应如此理解。

在黑格尔看来,不仅“理性概念”,而且“知性概念”,甚至是“经验概念”,都是“有限-无限”的“统一”,也就是说,一切的“概念”,一切的“事物”,都应作“有限-无限”的“统一”观。也许可以说,“经验概念”是“有限”中孕育着“无限”,而“理性概念”则是“无限”中孕育着“有限”。一切“经验事物”都在“变化”中,“是”都会转化成“非”,而“非”也会转化成“是”,“今是而昨非”,因而一切具体事物都是要“消亡”的,相反,事物也都在“生生不息”。

“理性概念 - 无限概念”为要摆脱单纯的抽象空洞性,也要在“经验的世界”“体现”自己,“无限”须得“进入 - 开显”为“有限”,“理想”须得“转化”为“现实”。基督教的“三位一体”说明了“神”进入“现实世界”,取得自己的“荣耀”;佛家要“普救众生”,以“成”“正果”。只有“进入”“大千世界”的“理性概念”,才能克服自身的“片面性”,在“有限”中“体现”“无限”。

无论“有限”的“毁灭”“体现”“无限”,或者“无限”之“降格”进入“有限”,皆非主观“意志”的一种“需求”,而是一个“客观”的“历史 - 时间”“过程”。“概念”之所以“必定 - 必然”地进入这个“过程”,乃在于它本身就是“矛盾”的。

“概念”本身从不是单纯、单一因而“片面”的,“概念”是“有限 - 无限”的“统一”,亦即“矛盾 - 对立”的“统一”,“概念”为“统一体”,也是“矛盾体”,康德的“综合”理应在这个“对立统一”的“矛盾”意义上来理解。

有“矛盾 - 对立”“必定 - 必然”有“斗争”,“矛盾 - 对立”之“斗争”,乃是“事物”“变化 - 发展”的“动力 - 动因”,这是从古代希赫拉克利特以来的哲学教导,追究“事物”变化 - 发展之“原因 - 源泉”,同样也是柏拉图、亚里士多德哲学内容,黑格尔继承发展了这个思路,将其运用到“概念”的“辩证 - 发展”中来,使得这个传统发扬光大。

“斗争”并非“人为”“制造”的,“人为制造”“斗争”,乃是假借“哲学”之名,达到“整人”的目的,把“对立 - 矛盾”之“统一”与“斗争”降为一种“实用”的“手段”,美其名为“实用理性”,实在离康德、黑格尔哲学传统之距离,已非能以道里计,当不应以此而讳谈“矛盾 - 对立 - 统一 - 斗争”。其实,所谓“实用理性”恰恰将“理性”“降格”为“知性概念”,甚至“降为”“经验概念”,在这个意义上的“哲学”,成了“争权夺利 - 钩心斗角”的“手段”,足以扼杀那“理性精神”自身之“活泼”的“创造和自由力量”。

“理性概念”以其“矛盾 - 对立”性质“开创 - 创造”自己的“世界”,使自己的“理想”转化为“现实”。缺乏“现实”的“理想”是为“空想”,“真正”的“理想”“终归经过艰苦奋斗的过程”“有能力”“成为”“现实”。在这个意义上,康德在《纯粹理性批判》里所谓“缺乏直观对象”的“理念”,恰恰正是“有能力”在“过程-时间的绵延”中“成为-完成为”“现实”。于是,在黑格尔意义上,“理念”为“现实”的,“现实”的也是“理念”的,二者也是“对立-矛盾”的“统一体-综合体”。

黑格尔哲学并不满足于在“有限”的经验现实世界寻求变化、发展的过程,他还要追求这个世界的“终极目的”,“纯粹理性”由于自身的“矛盾”,借助自身的“创造力”,骑在“绝对精神”的马背上,“周游”“世界”,“闯荡江湖”,使自己“外化”出来,最后“衣锦荣归”,又回到自身。这时的“理性-纯粹-绝对”,“拥有”“全体-大全”之“经历”,“概念”得到“现实-直观”之“充实”,可谓“尽善尽美”,此一“圆满-至善”之“概念”,正是“哲学”之“概念”,“绝对”之“理念”。“哲学”在“世界”的“宝塔尖”上,由“概念”自身“开显”出来,对于经验的实际世界言,“哲学”为“头足倒置的世界”。

我们看到,在黑格尔哲学中,经验的现实世界当然是“在时间中”的,是变化发展着的,但是那个“头足倒置-至善-圆满”的“理念世界”,那个“哲学”的世界,却是“超时空”的,它“在”“时空”之外。黑格尔的哲学,由“实际”的转向了“逻辑”的,他似乎认为,不加以“逻辑化”,就不容易使“哲学”成为“科学”,“科学-知识”总要“归结”为“逻辑”的“结构”。“科学体系”就是“逻辑体系”,尽管此时的“逻辑”已非“形式”的,而是有“内容”的。于是,在黑格尔哲学中,康德的“时间绵延”,转化成为“逻辑的推演”,“实际”的关系,转化成为“概念”的关系,“质料”的关系,又被“简约”成“量料”的关系。

犹有甚者,黑格尔认为“概念”要比“实际”更为“本质”,是“真正-本真”的“存在”。一切“有限”的“事物”都是“存在”与“非存在”的统一,“朝是而夕非”,“存在-非存在”、“是与非”是相互转化的,只有事物的“概念”是超出于“是非-存在非存在”之上的,乃是“事物”之“本质”——“现象”千变万化,“本质”则“常驻”。在这里,“存在-本质”与“时间”分离,“存在-本质”向“逻辑”“概念”靠拢,其结果,也使“存在”和“本质”分离开来,似乎“存在”只是“表象”,“本质”为“本体”。

于是遂有海德格尔出来强调“本质”之“存在性”,将“时间”引入“本体-本质”,使“概念-思想-理性”与“存在-本质-本体”进一步“统一”起来。

五、“时间”进入“本体”——海德格尔的工作

海德格尔的哲学工作，奠基于胡塞尔的现象学，而又直追康德、黑格尔，他在西方哲学中的影响范围之广泛、程度之深入，也是开创了一个时代的风气的。

海德格尔对于欧洲哲学的贡献，主要在于他“颠覆”了一个问题：按照欧洲传统的形而上学观念，从古代希腊以来，都认为“现象”是千变万化的，只有“本质”常驻，遂有“芝诺悖论”，指出“运动”之虚幻，“不可理解－不可证明”，于是也就有“第一因”、“不动致动”等说法，这种观念，到了康德似乎有了变化，因为他把“自由”引入“本体”的领域，而“自由”就有可能“动”起来；不过，就康德哲学本身来说，他的“自由”多带有“形式性”，而“形式”就不容易“动”起来，但是上述康德强调“时间之绵延”，可以看做“自由”必然“运动”的回应，只是在康德哲学中，未曾加以发挥，只是打破一个缺口，这个缺口至黑格尔自是越来越大，他的“自由理性概念－绝对精神”皆因“矛盾”而自身“运动”，但这个“运动”，又归于理念的“逻辑体系”，因而减弱了其“现实性”。思路到了海德格尔，问题就越来越明确，原来以为“寂静”的“本体”，恰恰是真正－本真的“变化－运动－发展”，而“表象”的“结构”是要被“解构”的。“现象”的“变化－运动”原来是有“本质”的“根据”的，“本体”的“运动”“因起”“现象”的“解体”，“现象”之“运动”“开显”了“本体－本质”的“运动”，“本体－本质”绝非“寂然不动”。

“本体”与“存在”之同一，不是康德的思想，而是黑格尔的哲学，但是黑格尔最终－经过“全体之过程”，将“本体－绝对－理念”归于“超时空性”的“理性概念”，则又使海德格尔的“存在之时间性－时间性之存在”更“接近”康德，海德格尔相当称赞康德在《纯粹理性批判》中将“存在”与“时间”结合起来考虑。

康德的“存在”具有“经验性－对象性”，是现实的具体“事物”，此种“事物”俱在“时空”之中，“时空”是它们的“先天直观形式”，这种“直观”本身可以形成独立的理论科学——“数学”和“几何学”，前者研究“时间”，后者研究“空间”，而又因其为“直观”，则它们也如“经验科学”一样，可以使“知识”“积累－增加”，而不仅仅是“逻

辑”。“时空”不仅仅是“先天”的，而且也是“直观”的，只是在“直观”的性质上不同于诸“经验科学”：“数学－几何学”的“直观”来自“理性”自身的“建构”，因而是“先天”的，而诸“经验科学”的“直观”则来自“感觉经验”，对于“理性”来说，它们是“外在”的，因而是“给予”的，“后天”的。

我们看到，无论“先天直观”或“经验直观”，凡有“直观”皆属“现象－表象”世界，都“限于”“感觉经验”范围之内，而不是“超越”这个“可能经验世界”之外的“本体”世界。“现象”与“本体”的区分界限是康德哲学坚决划定了的；我们也看到，这个界限和区分，到了黑格尔那里，“边界”就“打通”了，“本质”是可以“显现”的，“现象”是“显现”“本质”的。于是“时空”就理应不仅仅是“现象”的，也应是“本质－本体”的。“本质－本体”是“现象”之“全体”，亦即“经验”之“全体”，但这个“全体”却“在”“经验”之外，它仍如康德所言，乃是“超越”的。“本体”不受“时空”作为“(先天)直观形式”的“限制”。

海德格尔既然要把原来在康德、黑格尔那里为“超越”的“本体”，“拉回”“现象界”的现实事物中来，则他的“时间－空间”就不再是“无限”之“绵延”，而是“有限”的。“本体”的“时间性”，带来“本体”的“有限性”。

其实，在康德《纯粹理性批判》里，“时空”在某种意义上原本也是“有限”的，因为它们是“直观形式”，而“直观”无论“先天”“后天”，都是一个“限制”，没有“无限”的“直观”。“界限”是康德哲学的重要观念，连“理性”本身的诸种“职能”，都要由“理性”自身的“批判”精神加以“厘定”其“界限”，“直观”岂能“豁免”这种“限定”？

实际上，在某种意义上，海德格尔是把黑格尔改造康德的工作继续推进下去，打破了那种“大全”、“超越”的框框，犹如后来德罗兹说的，使得“真实的世界”从笼罩着的“天幕”“裂缝”中“绽露”出来，从那“超越”的“云端”里“降”下来，“回到”“真实－现实”的“人间－世间”。“本体－神－不朽”，统统“下”来了，“诸神”“下凡”，“神”有了“人”气，“人”也有了“神气－精神”。“现象”是“本质的”，“本质”也是“现象的”，都“在”“时空”之“中”。这是不同于黑格尔的“现象学”，是无须归结为“理论”、“逻辑”“概念”“推论体系”的“现实”的“现象学”。

在这个“现象学”中，“时空”“直观”贯彻始终。在这个“现象界”中，“事物”就是“事物自身”，“事物自身”就“在”“时空”中，而不是“超越”“时空”之外。“事物”已不再是康德意义上“知识”的经验“对象”,这种“对象”,固然是“具体”的、“时空”的,但也是“概念”的、“范畴”的,它是“知识体系”的一个“环节”,因而连“时空”也只是“先天的形式”,尽管它们是“直观”的,为使这个“概念”成为真正由“内容”的,“事物”需要“解体”,成为“大全－全体”,“本体”即“全体”,于是“事物”“不存在”了,剩下了“理性概念－理念”以及有此种“理性概念”“构成”的“逻辑－哲学”。

作为“现实”的“事物自身”,“在”“有限”的“时空”之中,而不“超越”“时空”。“事物自身”并不需要“解体”,但却“有始有终”,因为它是“有限定”的。“事物”“自身”的“始－终”,亦即“事物”之“大全”,不需要“另设”一个“绝对”的“超越的”“全体－超越体”。没有“超越”,只有“时间”,“时间”自己“超越”自己,“时间”是“变－运动－发展”,“时间”为“事物”之“产生－发展－终结”,“时间”为“有限”。

“时间”如为“无限”,则无法“超越”,“超越无限时空”是一个自相矛盾的命题;要“超越”,必先设定“时空”为“有限”,但并非再设定一个“理性”来“超越”“有限时空”。“时空”并非“框架”,“时间”本为“动－力”,则“有限”之“时间”作为“动－力”,必然“自身”“超越”“自身”。“时间”自身具有“超越性”,则具有“神圣性”;“时间”的“神圣性”,意味着“事物”的“存在－本质”的“神圣性”,海德格尔后来讲“天－地－人－神”,“存在”乃是“本体论”之“大综合”。

“事物”并非单纯“知识”“对象”,也不是“实用”的“工具”,满足“欲求”的“填充物”,“事物”之“存在”,乃是“人”作为“存在者”的“邻居”,“人”与“事物”“相邻”而“居”;“人”与“天－地－神”“相邻”而“居”——“人诗意地栖息在大地上”。

这时候,我们——人已经“离开”康德的哲学相当“遥远”了——“人”“离”“理性概念－理念”“越远”,就“离”“事物”“越近”,海德格尔说过,没有比“事物自己”离人更近了——“人”与“事物”为“邻”,而那些“结构”起来的“理念论”、“先天论”,却是“以邻为壑”,拒“事物”于“千里”之外,自以为借助“高科技”之种种手段,“有能力”“缩短”“时空”,实现古代“缩地法”的梦想,实际上只是在“量料”方面改变了“时空”的“距离”,而并不能泯灭“时间－空间”在“质料”上的“界限”。

2005 年 2 月 20 日于北京

客观性的三重根

盛晓明

引　子

如今，"客观性"一词在日常用法中已成了一种赞誉。我们经常用"客观的"这类形容词来修饰某种看法、说法与做法。当我们说某个表达是"客观的"，意味着它是有实在基础的、有理据的、中立的、刚性的，因此是有说服力的、带有强制性、无可辩驳的，甚至是普遍有效的。自19世纪以来，欧洲人还赋予了客观与主观这类词以道德上的含义，因为"主观的"通常是指武断的、有私利和偏见的。更重要的是，客观性还与科学性不可分割地扭结在一起，由于科学在事实上的成功，使人们一说到"客观的"就表明这是"好的"。

按理说在如此崇尚客观性的时代，人们应该很清楚"客观性"究竟是什么意思，但是实际上哲学家在面对该词的多重用法时常常会犯难。海德格尔曾在《林中路》中指出，客观性是主体在揭示对象时表现出的一种特征，它受下述关心所驱使，即让对象如其所是地自我呈现，不受我们的特殊建构和解释所影响。但是后来它被演变成为主体所要采取的一种恰当的方法和姿态，即以正确的方式观察对象。作为认知者，我们很想弄清楚哪些行为对于正确地(客观地)观察世界来说是本质性的，哪些只是特殊的、拟人化了的或"主观的"。在这种观念的支配下，人们坚持主体与对象的分离，排除所有与客观理解相对立的情感因素，并认为操作和控制仅仅是为了揭示自然的"真相"，而不受主观的需要或旨趣所左右。支撑这种观念的基础如今发生了动摇,有人试图通过精神分析模型表明,近代关于客观性的解释其实是一种不健全的(比如男性中心主义的)心理发展形式,也有人把它视为统治的意识形态,从而展开社会政治的批判。

客观性概念的另一种用法就是“奠基”。一般说来,人们要想正当地使用“客观的”这个形容词时,心里总有一个标准之类的东西,不管你是否清楚地意识到它。对于哲学来说,这些事实上的标准必须是连贯的、经过论证的,并且是指向某种终极的理据的东西。于是便有了这个概念,它的意思是任何事实上是客观的看法、说法、做法背后都存在着必定使之达到客观的条件。以往,哲学家们打开“客观性”根号时总能找到一个惟一确定的根,比如上帝或者外部实在。但是现在已经做不到了,他们发现里面有不止一个根。还有一些愤世嫉俗的哲学家甚至告诉我们,也许这里面原本就没有什么根。对于后一种极端相对主义乃至虚无主义的说法我们不必太过严肃地做出反驳,因为即便像后期维特根斯坦这样一个激进的反基础主义者也会慎重地看待蕴涵于“生活形式”之中的客观性要求。用他的话说,如果在我看来似乎正确的东西就是正确的,这就意味着我们根本无法谈论“正确”。

最令哲学家为难的正是多重根的问题。我们知道,自从上帝被逐出知识领域以来,主流的哲学家们一直相信,外部实在与内部合理性并非两种不同的根据。不过这种信念中包含了一个潜在的预设,即“causa(因果性)= ratio(合理性)”。所谓潜在是说它是未经论证的。休谟发现,把这两码子事情牵扯在一起其实是一个历史的误会。康德也这么认为。如果上述等式真的不成立,那么我们只能从等式中择其一端来开始自己的思考。

康德选择了“ratio”,当今的科学实在论者与自然主义者则选择了“causa”。在康德看来,由于没有知识通道,任何诉诸外部实在的辩护都是不合法的。于是乎客观性的根据只能诉诸人类自身的(主观的)理性。为了有别于独断的实在论,康德颇费苦心地使用“有效性”(Gültigkeit)一词来替代客观性。有效性的意思是指达成认同的必然条件。从某种意义上说,这种做法开启了哲学通往相对主义的大门,因为自然主义者会说,我们可以用后天的必然性来取代先天必然性;解释学家们也有理由认为,我们完全可以用解释学来替代认识论。

1983年,罗蒂在日本名古屋做过一次讲演,题目颇具挑战性:《是连带性还是客观性》。所谓"连带性",就是通过磋商达成的某种认同,当然不是什么普遍的认同,而只是局部的和特定文化群体内的认同。与基于人类主体的先天理性不同,"连带性"基于主体间性。从康德的"普遍有效性"到罗蒂的"连带性",我们看到,客观性的含义越来越弱。我这里之所以还要把连带性作为客观性的一种另类的表达,是因为主体间性依然是人们避免主观性的一种努力。

除此之外,客观性在当今的哲学中还有一种表达形式,它与马克思、尼采的哲学传统有关。马克思通过身体的介入来展示某种直接驾驭外部实在的力量,接着福柯通过权力的行使描述了知识形成的微观机制,海德格尔则通过缄默的实践技能向我们呈现了一种技术哲学。对于各种形式的后现代主义者来说,客观性与其说是一个合理性问题,毋宁说是一个合法性问题,对这个问题的讨论完全是政治哲学的事。女权主义者甚至认为,客观性是男性中心主义用以掩饰性别歧视的一种托词。在这样的语境中,客观性无非是力量的较量,当你无法突破实在的抵抗并成功地支配对方时,你就是主观的,相反就是客观的。

在这里,我之所以要铺陈这个概念的歧义及其演变主要想表达两层意思,首先,客观性绝非像人们通常想像的那样,是一个刚性的、超越时间与空间的绝对性,相反,它是一个历史性的,与特定时期的文化价值与科学观念休戚相关的概念;其次,也是本文的重点,这种歧义源自哲学类型的差异,因此必须要从不同时期的人们如何从事哲学探索这样一个元哲学的问题谈起。

我想说明的首先是,迄今为止哲学对客观性的追问都基于人类以下三种行为模式:看、说、做。当我们展开一种行为便可以展示一种客观性的根据。客观性是,至少迄今为止是一个三次方的根式。如果读者非要追问,为什么非要用对三种行为来展示呢?我的回答是,没有什么特别的理由,因为迄今为止的哲学恰好是这样展开论证的。当然,从元哲学的层面看,哲学所选择的任何一种分析平台至少都得满足下述三方面的条件。首先,看、说、做是最日常,也是最直接、最感性(与间接性的思维不同)的行为;其次,它们都具有意向性,都能独立地构成我们与世界的互动;最后,它们都能满足知识对反身性的要求,即我们不仅看到什么、说出什么、做了什么,而且还要知道我们是怎么看、怎么说和怎么做的。

西方理智主义的科学观是建立在"看"的基础上的,理论必须以客观的、中性的观察与测量为根据,这个解释模式能把我们引向实在,引向真理。然而基于“说”的解释模式却能揭示科学活动的另一个维度,它告诉我们,竞争的利益关系是如何在科学活动中得到体现的,科学事实能否,以及如何在争议中建构并且被强化起来的;它把我们带入情境,带进科学活动的现场,去领略,从而也去参与。另外,基于“做”的解释则别具风格,它既挑战科学的理智主义模式,也反对话语模式,科学以一种实践的方式、一种自然主义的因果作用方式回归到了实在。无疑,这是一种被我们改造过了的技术实在,从而告诉我们科学是如何仰仗于实践技能与智慧的,以及它如何成为一种“地方性知识”、一种“生产力”的。我不想说究竟哪一种解释更好、更正确,只希望读者能交替地用它们来打量科学、打量知识。我的意思是说,当你拥有了一个工具箱,就绝对不会轻易地下结论,说锤子一定比锯子、起子更好使。

自近代以来,哲学经历了“认识论转向”、“语言学转向”,以及如今各种形式的“文化研究转向”,每一次的转向都使客观性的内涵及其实现方式得到重构,当然,重构中也包含了批判乃至颠覆。读者也许会问,既然客观性的含义有如此大的差异,为什么还要沿用同一个概念呢?客观性真的是不可或缺的吗?是的。原因是我们,尤其是科学家们的观察、表达、做事都需要有一组稳定的信念,同时也需要别人的接受,要不然知识既不能生成,也不可得到有效的辩护。客观性问题代表了哲学家们寻求稳定性与确定性的一种持续的努力,尽管根本不存在任何恒常永驻的东西。也许正是因为稳定的信念不断受到怀疑、批判,并发生动摇,才需要我们不断地重提或重构客观性的要求。

看

1.“纯直观”

在康德之前,自然哲学对“客观性”一词并无明确的定义。Objektive 一词最初出现在中世纪的经院哲学中,在那里,客观性不是指常人所见的外部世界,而是指存在于神的观念中的客体。奥古斯丁曾断言,真正实在的客体只能是神之所见。知识与“看”(vision)联系源自希腊。他们意识到感知是极其私人的、不确定的、千差万别的。柏拉图认为,真正实在的东西必定独立于日常所见,尽管他所谓的“edos”就是“看”,但是他认为要想真正达到事物本身还必须求助于相互之间的说(辩证法)。关注超验性的倾向一直延续到笛卡儿。在他们看来,只有超验实体与外部原因才是思维确定性的终极根据。但是经验主义者不相信这些,他们专注于所见的经验事实,这就叫现象论。现象论只关心表象。一种表象只能通过另一种表象来辩护,不必求助于外部原因。也正因为如此,经验主义无法有效地抵御怀疑论的攻击。

当18世纪的法国哲学家还在兴致勃勃地讨论真理符合论时,一种新型的客观性概念出现了。但它并未出现在自然哲学中,而是出现在伦理、美学与法学等实践领域中。在这些领域中,人们提问题的方式不是如何达到实在,而是如何使自己的行为与判断不再主观,比如如何消除个人倾向,远离情绪,等等。法学所追求的公正,德行所要求的无私,审美(移情)所寻求的无我境界无不如此。当我们克服了主观性,就意味着达到了客观性。在评判艺术作品时,休谟曾这样要求人们,尽可能忘掉自我的存在及其特殊的背景,因为一个受主观成见所影响的人,他的鉴赏就会远离真正的标准,其结论自然就有偏颇,丧失了可信度和权威。在这个意义上,客观性被置于合理性问题上来讨论。当然这个“理”不再是希腊人的逻各斯,也不再是中世纪那样一种神的主观,而是公众能接受的理据。

我们知道,对客观性的认识论改造始于康德。康德是从“Vorstellung”着手的,英语把它译作“representation”(表象)也许是误解,因为康德的表象既不表现什么,也无须与外部实在(物自体)相符。表象只能与表象相符。为了避免循环与无穷后退,他预设了一种先天有效的表象,要不然就无法规避休谟式的怀疑主义。在康德那里实际上存在着两种不同的客观性概念:“客观性1”是表象与外部世界之间的相符;“客观性2”则是后天的经验表象与先天的表象(理性自身的法则)之间的相符。严格地说,谈论“客观性1”是不合法的,因此只能用“客观性2”来取代。“客观性2”也就是“客观有效性”(objektive Gültigkeit),说得直白一些就是普遍的可接受性。当我们发现一个判断事实上为人们所普遍接受时,必定会进一步追问其在先的或先天的(a priori)条件。通过理性的自我批判可以了解到,“客观性1”所依赖的超验性依据之所以是不合法的，是因为主体不具有达到外部实在的知识通道，因此，“物自体”也不能用以保障经验观察的有效性。

客观性的条件只能在理性自身中寻找。就拿直观来说吧，尽管看到的东西是因人而异的，但是人的直观形式却是共通的，不受后天因素干扰的。康德称这种直观形式为“纯直观”。时间与空间就是纯直观。首先，时空不是物自体存在的形式，而是我们直观的形式。其次，不是经验的直观使时空成为可能，相反，时空使一切直观成为可能。换句话说，当直观具备了客观有效的秩序与准则时，我们才能相信自己所看到的必定也是别人所看到的。数学的基础就是“纯直观”，比如几何学基于空间，算术基于时间。康德论证到，自欧几里德以来，由于数学事实上已成为一切知识的楷模，那么以“纯直观”为条件的任何感知也必定是客观有效的。

纯直观只涉及看的方式，与看到什么无关。因此“纯直观”至多是真理构成的形式条件。康德很少涉及真理性，他只讨论“经验的实在性”，因为经验自身包含了达到客观有效性的条件。自然界本无所谓客观性，只有用统觉的先验统一性来整合表象，才能建构出了普遍有效的自然图景。与后来的建构论者不同，尽管康德的自然图景也是建构出来的，但是数学与自然科学的有效性范围不局限于特定的共同体或文化群体，而是适合所有的人，用康德自己的话说甚至适合“一切有理智的生物”。

2.“非透视性的客观性”

无概念的感知，纯粹的所予，绝对的直接性，纯洁的眼睛，这些想法对19世纪的人很有感召力。人们意识到康德的“哥白尼式的革命”是不可逆转的，然而又对先天性与普遍必然性之间的联系持保留态度，也许根本无须作这样的预设，只要能寻找到公认的规则与可操作的程序，就能切实地保障自然科学，甚至社会科学知识的客观有效性。亚当·斯密的下述想法颇具代表性。他认为，如果我们都从个人兴趣或私人利益的角度审视事物，就不可能用同一个天平来比较不同的，甚至是对立的观察结果。为使观察结果更客观，我们必须改变自己的位置，既不是用自己的眼睛也不是用对方的眼睛，而是用第三者的眼睛去看。作为第三者，观察者与任何一方都没有特殊的利益瓜葛，因而能在两者之间做出公正的评判。

达斯顿曾为这种客观性起了一个新鲜的名字，叫“非透视性的客观性”(aperspectival objectivity)。[①]我们知道，现实中的任何观察都是有位置的，面对同一物体，观察者一经改变位置就会呈现出不同的样子。尽管毕加索他们打破了透视的惯例，但是这样一种反透视主义仍然是有位置的，仍然是一种透视。与之不同的是，“非透视性”要求抽离一切与位置有关的东西，比如人的品性与感知个性、利益关系与社会地位、民族与文化，以及趣味、情绪、记忆、想像力等因素，最后，用赤裸裸的眼睛来审视对象。抽离是为了获得“真正的标准”，个体“自然位置”的特殊性必须被忘却、被超越。从这个意思上说，所谓“中立的”不是指某种折中的立场，而是指通过“去情境化的”(decontextualizated)的方式达到的无立场状况。

随着“大科学”的兴起，科学交流的范围变得更广，种类更多，并且更加非个人化了。这些因素使“非透视性的客观性”在以数学与物理学为典范的各学科的研究中得到普及。科学的职业化则使这种新的客观性在制度上得到了保障，每一个科学的从业者在入门的规训中就严格地要求规范化的操作。于是，特殊的情境性因素消失了，测量有了统一的尺度，观察取得了一致，测量的仪器得到校准，实验有了可重复的程序，学术论文也有了统一评价基准。请注意，这一切定量化、程式化、标准化的努力之所以与客观性相关，并非为了更精确地反映或表达事实，而是为了与交流的理想化的目标相适应，尤其是为了穿透时空距离、文化差异这样一些导致不信任的屏障。

“非透视性”在当时产生了两种意想不到的后果，首先，客观性被赋予了某种道德价值。在当时，科学家确实因为放弃了自利的动机，在面对公众的躁动与冷漠时仍能保持平静，从而成为无私美德的典范。由于非个人化的要求常常会导致科学家用匿名的方式发表成果或表达见解。斯密相信，数学家和自然哲学家“几乎总是最亲切最朴素的人，彼此相处融洽”。在他那里，精确性、确定性与无私性、公正性似乎被赋予了同等的道德价值。其次，由标准化引发的对机械化的渴求。因为机械装置最容易摒除观察者的精神因素和个体特质，一经校准，就能避免因能力、训练、技能的差异而造成的失真，即便是一个平庸的观察者也能重复并读懂观察记

① L. Daston, *Objectivity and the Escape from Per pective* (1992), in: M. Biagioli (eds.): *The Science Studies Reader*, *Routledge*, New York, 1999.

录。毫无疑问,能广泛复制与传递的东西才有普遍有效性可言。当生理学家马雷试图用记录仪器,如脉搏计来取代人(医生)的感知时,他的理由很简单,他说:即便一个收入不高的生手也能取代经验丰富的医生。可见,标准化、计量化、机械化的兴起使科学告别了精英与天才的时代,迈入了一个世俗化的时代。

新康德主义者与马克斯·韦伯都是基于这一时代的特征来改造康德的先验哲学的。韦伯把这一时代的客观性的特征理解为"世界观的祛魅"。我们对事实的陈述却必须基于客观的、"价值中立"的标准,并且可以做理性的讨论。这一切与我们如何从整体上看世界的立场无关。在这里,理性不再具有先天性的理据,而只具有工具性的含义,即具有冷静观测与精密的计算能力,有效地使用资源,快捷地达成目的。与康德一样,韦伯的中立性依然是一种形式的有效性,在这里,观察的客观性要求与看到了什么,比如洛克所谓的"第一性的质"或者"第二性的质"无关,只取决于我们怎么看。

在西方文化中,看是惟一重要的感知形式,它能与文明、理性相称,至于那些更多地依赖于身体的感觉,如嗅、触、味等都是低级的、动物性的。达尔文与弗洛伊德都曾强调各种感觉在进化谱系中的梯度,在他们看来,视觉是最高级,也是最文明的。当然也有人对这样的说法不以为然,偏重于视觉,是否会导致一个社会中本来是活生生的、各种意向行为息息相通的知识系统的破裂呢?最明显的例子莫过于对人造物品的癖好了,人们从历史与现实中把某种有着丰富意义的现象抽离出来,制作成相片或者一动不动的样品,放在博物馆的玻璃罩内供人观赏。亚里士多德认为,基于看的认知旨趣是受好奇心驱使的,当然也有人(比如福柯)会说,这实际上是一种窥视癖。在这里,我想表明的是,"看"之所以在 18 世纪、19 世纪被强调到极至是有原因的。这一方面是由于当时的照相、电影等视觉技术的发展,大大弥补了视觉在空间与时间上的限制,也突破了观察者直接在场的限制;另一方是由于我们前边提及的原因,即视觉与科学性的高度契合,科学能把观察做成某种程序或技术,并使所见的东西成为中立的证据。福柯在《临床医学的诞生》(1973)中指出,在当时,科学家成了一种象征,他们看东西的方式成为获得知识的惟一通道。

人们通常以为,各种看的意向行为在结构上是一致的,无论你是通过窗户看还是通过显微镜看,是透过空气看还是在真空中看,我们总是指向一个特定的对象,并从中获得信息。其实,科学的观察与日常生活中的看完全是两码事。确切地说,科学的观察是一种技术,或者说是一套程序和方法,说它是“看”无非是类比罢了。与日常的看不同,观察基于两个步骤的分离,它首先要求把对象与观察者分离开来,其次是要求把对象与其所处的特定的情境隔离开来。从某种意义上说,这也就是现象学所创导的还原方法。胡塞尔曾有意识地把“直觉”与日常的看区别开来,在他看来,直觉所达到的绝非是主观的表象,而是事物的本质。请注意,他所谓的本质并非是某种隐藏在现象背后的东西,相反,本质也是一种现象,一种能呈现事物本身的现象;另外,他所谓的“直觉”也不是什么隐秘的能力,而是一组操作程序。通过悬置观察者所具有的种种主观倾向、预设与成见,停止向对象做任何形式的移情,最终使事物直接呈现其本来的样子。很显然,现象学的“直觉”与自然科学的观察有相通之处,但是在胡塞尔看来,并非是现象学模仿了自然科学的方法,而是相反,自然科学只有自觉地建立在现象学的基础上方能保障自己的客观有效性。

科学观察说到底也是一种还原,它把对象孤立起来,使之脱离情境的干扰,从而在一种标准的、理想的环境中观察它。为了看到细胞的结构,我们需要从有机体上取下标本,用超薄切片机将标本切成薄片,需要苯胺颜料用来染色,当然还需要显微镜,采用单色光源,还要有调整焦点的螺旋微调计、固定液和离心机,必要的话还要用微小的玻璃针来刺入细胞壁……接着是拍摄,或者记录、报告观察的结果。这一系列的手段、环节就构成了我们所谓的“观察”。由此可见,观察与实验的边界其实是很难界定的。当观察需要有理想环境时,观察本身就是一种技术、一项实验。看的过程很大程度上伴随着做,用哈金的话说,观察与其说是“表象”,毋宁说是“介入”。我们所看到的结果恰恰是我们用技术手段按特定的程序精心地构造出来的。

那么,是什么使得观察者相信从这种光学系统中产生的图像是“真实”的呢?当你提出诸如此类的疑惑时,观察者就会毫不犹豫地说,你也可以观察到的,只要严格地按步骤去做的话。只有当人们学会了如何消除扭曲时,图像才是真实的。这就意味着,我们之所以相信自己所见的,是因为我们信赖自己所做的。用显微镜观察细胞时就是这样,观察者或许会把液体注入到细胞中去,期待细胞改变形态或颜色,如果观察到了预期的效果,也就进一步强化了我们对显微镜合理操作和观察的信任。关键在于能否对干预的效果做出预期。

在这里,我们遭遇到了一种与先天的必然性不同的东西,即后天的必然性。康德只相信有先天性与必然性的配对,任何后天的(postriori)、经验得来的东西都是与必然性不相称的。现在情况变了,只要严格地遵循了操作程序,你就能预期某种现象的出现,并相信自己所看到的东西是客观的。爱尔兰根学派所谓的"测量的先天性"正是表达了这个意思。对洛伦采来说,观察必需仰仗规则的确定。观察内容的确定性有赖于操作方法的确定性。任何可重复的操作都可以还原到按物理测量规则进行的操作,还原到在经验条件下逼近理想要求的操作。这就是说,任何测定都必须以理想的空间、时间、质量等为前提的。

这样的操作主义会把我们引入一种反实在论的立场上去,我们与其说是接受真理,不如说是接受了一种合理的程序与方法。尤其是在量子力学出现之后,哲学开始被一系列新的问题所困扰,诸如"电子"这样的东西是真实存在的,抑或只是通过一套特定的程序制作出来的现象?另外,合理的方法果真能保障观察的中立性与客观性吗?前一个问题我们稍后再谈。七十年前,海森堡在汉诺威做过一次题为《自然科学基础近年来的变化》的报告,报告的内容涉及后一个问题。他认为,在量子论中我们甚至无法在观察的手段与被观察的客体之间划出一条明显的界线。因为不管什么样的测量仪器都无法排除对被观察客体的干扰。进一步说,任何观察原则上都无法控制这种干扰,从而都受到"测不准关系"的限制。本来你要想知道杯子里的水温,只要插入温度计,然后查看一下读数就行了。但是当你考虑到了温度计自身的温度是否多少会影响杯子里的水温时,情形就不同了。于是人们不禁会问,果真有后天必然性这样的东西吗?也许还是康德说得对,后天性没有必然性可言,它只能跟可能性、偶然性或概率相匹配。

这样一来,纯粹的测量就成问题了。任何测量都必须要把测量的技术与物质条件考虑进去,更重要的是把观察者对研究对象的介入与干预考虑进去。

3."看"还是"说"

尽管"非透视性的客观性"遇到了这样那样的问题,但是它依然成为科学方法论的基本信条之一,之所以会出现这样的格局,无疑得益于20世纪前期占统治地位的实证主义哲学。如今,几乎不再有哲学家称自己为实证主义者了,如果还希望维系观察在科学中的基础地位,他们宁可回到洛克与休谟那里去,称自己为经验主义者(如范·弗拉森的"建构经验主义")。逻辑实证主义的要点在于理论与观察的分离,认为"中立的"观察能为判定理论的真假提供独立的证据。

说白了,这就叫眼见为实。于是我们便能理解,为什么所有的实证主义者都抵制理论实体,而只相信现象的规律。孔德在当年之所以拒绝牛顿的以太,后来也拒绝那种遍及太空的电磁以太,就是因为它们没有经验上的证据。维也纳学派的成员同样也不相信理论实体,他们宁可接受罗素的还原策略。这个策略要求我们,如果可能,就要用逻辑来构造,或者说是用有经验证据支持的语句来取代推论性的、不可观察的实体。在这一点上,后来的范·弗拉森也不例外,他认为我们之所以接受一种理论不是因为它是真的,而在于它的经验适当性(empirical adequacy)。和康德一样,他们原则上并不拒斥实在性概念,只不过把它限制在可观察的范围内。

维也纳学派有一些边缘性人物,如哥德尔、维特根斯坦、波普尔等。就拿波普尔来说,尽管他与实证主义者之间存在着诸多瓜葛,比如,他用演绎性的证伪原则来抵制归纳性的实证原则。但是请注意这样一种现象,每每两种思想之间产生众多的分歧,乃至激烈的对抗时,恰恰是因为它们有着黏黏糊糊缠绕关系,甚至有着同样的基础。波普尔至少共享了若干实证主义的基本预设,比如观察独立于理论,并且"中立的"观察可以独立地构成对理论的检验,等等。某种意义上说,实证主义与证伪主义都是一种"无主体的哲学"。关键的问题是用何种方式看,并且看到了什么,而与谁在看无关;同样,对理论的辩护必须诉诸经验的证据,与谁在辩护无关。让我们先看一看维特根斯坦在《逻辑哲学论》中的表述:

> 世界上哪里可以指出一个形而上学的主体?
>
> 你会说这正和眼睛及其视野的例子完全一样。但是你确实没有看见眼睛。并且,视野中没有东西可以推断出,它是为眼睛所看到的。

当然,历史主义者与解释学家会求助黑格尔式的中介理论反驳到,历史主体总是基于特定的视角创作出一个文本的世界,并且还可以通过这个视野返回去审视主体自身的眼睛。在海德格尔看来,任何主体都总是已经“在世界中的存在”,必定都受到身份、立场、成见(社会连带)、文化等因素的限定。很显然,这种反驳本身就已经是一种透视主义了。自狄尔泰以来,欧洲大陆的主流观点始终把透视主义限定在人文学科的研究中,这同时也意味着“非透视性”只对自然科学来说才是有效的。

在20世纪中期,“非透视性的客观性”所遭受的最大的冲击莫过于汉森提出的命题,即观察渗透理论,或者说任何观察都具有理论负荷的。道理不难理解,如果观察中已经渗透了理论,那么观察就不可能独立地构成对理论的检验,要不然就会在证据与理论之间产生循环,因为一切观察事先都受到了理论立场的污染。因此并不存在一种赤裸裸的看,既然如此,任何受立场、态度所牵制的观察都只能是主观的。现在我们知道为何库恩会接受解释学了,他的想法来自心理学。格式塔心理学有一幅经典的图例,有的人从中看到了两个人的侧影,有的则认为这是一只花瓶。它告诉我们,一旦换了看法就会看到一个完全不同的东西。这就叫“格式塔转换”。库恩想说,随着每一次范式转换,我们以不同的方式看世界,这时我们仿佛生活在不同的世界中。

晚年时,库恩在立场上有所后退,但是仍然没有放弃“不可通约性”这样的说法。“不可通约性”的意思是说,不同的理论体系在语言、标准和用法规则之间是不可公度的。既然如此,我们不太会走向一幅正确的世界图景,因为不可能有这样的图景。其实,我认为在卡尔纳普那里,“客观性”的概念就已经在弱意义上使用了,它总是相对于一个给定的“语言构架”而言的,不存在一种能在不同构架之间进行选择的客观准则。正如彭加勒所说的那样,在欧氏几何学与非欧几何学之间,我们对后者的选择并非基于什么“客观的”准则,而只是受制于在自由契约或约定基础上建立起来的一些实用的、合理的、相对的标准。

库恩的工作首先要使“非透视性的客观性”彻底地淡出科学,这意味着科学哲学将告别中性的、无立场的观察这样一种经验性的基础,同时也告别“无主体的哲学”。其次,他试图在言说的平台上重构客观性。在这里客观性与其说是一个看的问题,毋宁说是一个说的问题。在《必要的张力》中,他认为“范式”就是一种“解释学的基础”,同时“范式”也指科学共同体。请注意,科学共同体的意思不是指一定数量的科学家的集合，而是指科学家们赖以商谈，并达成共识的情境性条件的集合。尽管库恩称自己为"康德主义者"，但是在他那里，康德式的建构路径已经深深地打上了社会的与文化的烙印。共同的信念赋予了科学家以特定的世界观与文化立场。共享的价值同时也使科学家之间产生某种连带性，于是乎客观性就被湮没在连带性中了。对此，哈金评价道：

> 哲学家长期以来都在制作着科学的木乃伊。当他们最终剖开尸体，看到了变化和发现的历史进程所遗留下来的东西时，他们为自身制造了合理性危机，这发生在20世纪60年代。[①]

这场危机的始作俑者正是库恩，面对危机，哲学必须要对自身的分析平台加以改造。

说

1."语言学转向"

在元哲学的意义上说，至少"说"比"看"拥有更多的哲学资源。古代的希腊就已经清楚地意识到了这一点。他们所谓的"logos"既有"理"的意思，同时它也是一种"说"。"理"是看不到的，它只能被说出来。当他们把人定义为"zoon logon exon"时，它的原意不像人们通常理解的那样，人是"有理性的动物"，而应该是"会说话的动物"。现代哲学向语言的回归，其实也是向希腊回归。用洪堡的话说：是人，就叫做说话者。海德格尔对"说"更是推崇备至：

---

① Ian Hacking, *Representing and Intervening: Introductory topics in the philosophy of natural science*, Cambridge University Press, 1983, p.1.

> 人说话。我们在清醒时说，我们在梦中说，我们总是在说。哪怕我们根本不吐一字，而只是倾听或者阅读，这时，我们也总在说。甚至，我们既没有专心倾听也没有阅读，而只是做某项活计，或者悠然闲息，这当儿，我们也总在说。我们总是不断以某种方式说。我们说，因为说是我们的天性。①

据说，希腊人好辩，认为只有通过辩论才能达到真理。不过，这里所说的真理不是事物真实的样子，而是城邦市民达成的共识。这无疑与希腊发达的民主传统有关。民主政治就是建立在说服、劝导、认同的基础之上的。问题出在智者那里，由于修辞堆砌过头了，他们反而使话语变得含混、空洞无物，让人莫名其妙、无所适从。撇开智者不说，仅就话语本身看，它也有着诸多局限：首先，它的说服力在有效范围内仅限于在场的参与者；其次，谁都不能担保交谈的过程必定能达到某种共识；最后，即便达成了共识也很难确保它的真理性。所以到了拉丁时代，人们总以为科学只能基于看(sci)，它在本质上是独立于说的。用海德格尔的话说，"说"其实是一种最难说的东西。

在20世纪初，哲学家尝试"语言学转向"是需要勇气的，只是由于意识哲学陷入了绝境，他们不得不另觅他途。如今，我们都意识到这个"转向"不仅是合理的，而且也是不可逆转的。继古代的"物的分析"(本体论)与近代的"意识分析"(认识论)之后，"语言分析"成了现代"第一哲学"的范式。在当今的哲学家看来，构成知识的能力以及客观性的条件不应从感知意识中寻找，而应从人们使用语言的能力中寻找。

维特根斯坦的格言是：哲学并不是一种学说而是一种活动。他所谓的活动显然是指说话。"说话"所应恪守的原则是：可说的都能清楚地言说；不可说的就应"沉默"。但是在20世纪上半段，哲学家们(包括维特根斯坦本人)依然对话语持谨慎的态度，他们对上述原则的注释是：只有两种东西是可说的，它们分别是分析的陈述和综合的陈述。那时，他们不太在意人们实际上怎样说话，而是关注怎样才能正确地说话。在维特根斯坦看来，经验事实构成了世界，而语言就是这个世界的

---

① [德]海德格尔：《在通向语言的途中》，孙周兴译，1页，商务印书馆，1997。

"图像"。他想做的事无非是用"纯粹语言批判"来取代康德的"纯粹理性批判",因为语言的逻辑形式就是经验可能性的条件。因此他说,"我的语言的界限意味着我的世界的界限"。

但是在《哲学研究》中,维特根斯坦发现自己前期的语言观是成问题的。事实的东西与应该的东西之间有着很大的出入。在说话活动中,词汇的意义不是由指称来决定的。比如一位工匠对徒弟说:"石板",他并非想告诉徒弟"石板"是什么东西,而是让徒弟把石板递过来。可见,语词的意义只能通过它在语言游戏中的用法来揭示。在这里,语言游戏实际上就是一种特定的说话共同体。现在他意识到,语言并非只是经验赖以传递的媒介,更主要的是,语言同时也是经验可能性的前提条件。任何经验,哪怕是世界上最私人的经验都具有主体间性,即都以别人的理解为前提。这引发了他对"私人语言"与"私人规则"的批判。任何只有自己才理解的经验表达,最终连自己都无法理解。换句话说,理解一开始就是公共的,总是以他人的接受、以主体间的有效性为前提的。

维特根斯坦的论证隐含了对意识哲学的整体清算。在笛卡儿看来,最清楚、最明晰的看必定能看到真实的东西;而对于洛克来说,最私人、最当下的感知才是最真实的。诸如此类的想法最终把一切认知都困在唯我论的樊篱中。从你自己以为是正确出发去推想别人也会认为是正确的,这样的做法是不正当的。原因是你怎样知道别人认可或者赞同什么,你如何拥有一个人们都能接受的、能判定正确与否的判据。

现在我们知道了,我们不是事先经验到什么,然后找一个符号表达它们。实际情况正好相反,我们只有事先参与某个语言游戏,才学会了如何用语言来表达自己的经验。关于他人心的问题也可以遵循同样的方式来解决。要想判定他人的某种想法,你的判据也只能是他所说的话、所做的事。维特根斯坦的解决方案大体上是自然主义的。对他来说,任何"一种'内部过程'都需要有外部的判据"。因为只有外部的判据才是受规则制约的,才能为公共所理解。

自然科学家也同样要受公共理解的规则所制约,至少他们都不可能作为孤独的自我,仅仅为自己来说明所看到的东西。现在我们知道,即便想说明自己看到的"什么",他也必须先就这个"什么"与别人形成沟通。从皮尔士到维特根斯坦,再到哈贝马斯、阿佩尔与库恩,他们都认为,科学家的工作总是以一个交往共同体(或者叫解释共同体)为前提的。这种主体间层面上的沟通不可能被还原到"非透视性的客观性"的方法与程序上来,因为交往共同体恰恰是使任何科学的客观说明成为可能的前提条件。阿佩尔甚至认为,在这里我们碰到了任何一个客观说明性科学纲领都具有的绝对界限。

尽管我不完全苟同阿佩尔的说法,他显然是矫枉过正了,因为把解释学的透视主义上升到先验的位置上去无疑会削弱解释学的经验性基础,但是他至少让我们明白了,对客观性问题的考察不能不同时注意到一种科学说明的可接受性,或者说是有效性。我们知道,当代的科学观更倾向于把科学理解为一项公共的事业,而不只是存在于少数知识精英和技术专家头脑中,并且自以为是的东西,有效性必须以别人的参与和实际认可为前提。

芝加哥大学费米研究院的一位教授在《纽约时报》上发表过一篇题为《物理学家做些什么:整理宇宙》的文章,他想告诉我们的是,物理学并非如人们通常想像的那样刻板、枯燥、抽象寡味。在举了诸如一只标准的蚂蚁在一只标准膨胀的气球上之类的例子后,他说道:

> 物理学就像生活一样,没有绝对的完美……理论不断出现又消失,理论并没有对与错,理论就像社会学的立场一样,当一些新的信息来了,它可以变化的。爱因斯坦的理论是对的吗?你可以来个民意测验看看,爱因斯坦其实现在只是"逢时"。但谁又知道其理论是不是"真理"?我认为有一种见解认为物理学具有一种淳朴性、正确性和真实性,但我在物理学中却一点也没看到这些……物理学在迷惑,恰似生活本身也会容易陷入困惑一样。①

我认为,这位费米研究院教授的困惑其实也是理论物理学本身的困惑。当物理学家失去了昔日的光环,丧失了做真理代言人的特权时,这时他们必须得重新挖掘并整合辩护的资源,乃至使用说服与劝导的修辞术。这位物理学家同时也注意

---

① 转引自[美]C.吉尔兹:《地方性知识》,王海龙等译,219~220页,中央编译出版社,2000。

到:科学不应该成为我们与日常生活之间的屏障,而应该时时地从人文中寻找自己的目标、价值与关怀。

2."说"与"做"

在"语言学转向"的过程中,最具影响力的事件是语言分析与实用主义的合流。如今,我们之所以把维特根斯坦的"语言游戏"理论,奥斯汀、塞尔的"言语行为论"都叫做"语用学"(pragmatics)就与这一合流有关。因为语用学与实用主义(pragmatism)共享了同一个词根"pragma",它的意思就是施行、实效。

人们通常以为,强调语言就等于强调了说,这是误解。自"语言学转向"以来,近半个世纪的语言分析实际上很少把说话行为考虑进去。塞尔最先告诉我们,语言交往的基本单位不是语词和语句,而是说话或言语行为。换句话说,语言并非语词与语句的集合,而是言语行为的集合。这是有道理的。说话不仅要有能为各方所理解的语词与语句,还需对说话者与听者的资质提出要求,而且还要考虑到语言游戏的特定情境。奥斯汀还指明了语言游戏的另一个更重要的特征,"说话就是做事(to say something is to do something)"。说的意义不在于表达,而在于做事。说话不仅仅是说说而已,说话包含了引发行动的语用力量,并且还能直接取得效果。施太格缪勒曾在《当代哲学主流》中发出这样的感叹,这简直是一件令哲学家们羞愧不已的事,他们竟然在"语言学转向"半个世纪之后才发现存在像言语行为这样的东西。同时更令两千五百年间的哲学家们都难堪的是,他们居然没能在奥斯汀之前发现这个最直白不过的道理:我们通过说话可以完成各种各样的行为。

我们不能把奥斯汀的话仅理解为:说话是为了做事。确切地说,说话本身就是在做事。设想一下"命令"这种语言游戏。当你对秘书说:"下午两点到我办公室来一下",她答应道:"明白了"。在这里,"明白了"不仅指她领会了包含在命令中关于时间、地点的信息,以及"来"这个动词是什么意思,重要的在于她执行了命令。如果你等到了两点,她却没有来,你能说她真的"明白了"吗? 可见,在命令游戏的构成中,必须包含执行与效果在内。

在这里,我们看到了语用学与实用主义之间的内在联系。首先,任何说与听的行为都需要有身体的介入,并且在说话与所引发的行为之间存在着可预期的因果关系。对语用学来说,一个人自己意识到了什么是无关重要的,重要的是他能说出什么,并产生怎样的效果。其次,语用学重新引入了"主体"概念,这是一个构成性概念,恰好与实用主义的共同体概念不谋而合。对任何一个言语行为的分析都必须建立在话语共同体的基础之上。在实用主义者(比如罗伊斯)看来,共同体是至少由三个人(A、B、C)以上的成员构成的解释结构(A 作为解释者,他向 B 转达 C 所意谓的东西)。在语用学的理解中,共同体就是沟通赖以进行的情境性条件的集合。但是至少两者均把共同体理解为主体,也理解为认知活动的基本单元。用海德格尔的话说,任何个体"总是已经"被抛入共同体中,摆脱不了与他人的种种纠缠;用库恩的话说,任何个人的认知总是已经接受了共同体赋予他的种种"成见"或"偏见",不可能有"中立的"观察;对于罗蒂来说,共同体说到底是一种连带关系。这种连带既可以以血缘、地缘、信仰、意识形态的认同为纽带,也可以以共识为纽带。即便是库恩意义上的"科学共同体"也毫无例外地是一种连带群体,可以通过"说服"、"劝导"的方式来达成。一经受制于共同体的约束,要想摆脱它就如同"改宗"一样困难。

现在我们所谈论的都属于后天的必然性,它与康德的先天必然性一样都作为知识可能性的条件,对认知活动构成约束。只不过,后天的必然性所导致的是一种地方性知识,而不再是普遍有效的科学知识。

在这里,我们遇到了一切话语的最终界限,即话语的有效性需要以外部实在为前提的吗?共识能用来取代真理吗?我们先看皮尔士的解决方案,他首先认可了实在概念,认为这是语言(符号)最终将指向的东西,要不然一切话语都会空洞无物、信口雌黄。但是他同时又否认符号能在当下直接达到实在,于是便在两者之间插入了共同体概念,因为任何符号的使用都预设了一个能通过相互间的解释来理解它的主体(共同主体)的前提。

> 因而实在概念的来源本身表明,它在本质上蕴涵了共同体的观念。这个共同体没有任何确定的限制,却能确定地增长知识。[①]

① 《皮尔士文集》,Vol.5,§311,Cambridge/Massachusetts,1960。

很显然,这里的实在概念是通过他那种特有的溯因推理(ad duction)构造出来的假设。之所以做这样的假设,是因为我们需要它,要不然知识的可能性问题就得不到有效的说明。事实上,我们的知识由于有了这一假设而得到了确定的增长,从而也就表明了,这个假设在实践上是可行的。

皮尔士的方案其实是一种事实论证,或者说是后天论证,因此不能为知识的普遍有效性提供任何支持。从另一个角度看,它甚至与社会建构论走到一起了。社会建构论者认为,我们要建构某物是因为它的缺失会给我们造成麻烦,你不能"随意去掉"它。比如性别,我们就没办法忽视它,因为性别的结构产生了人们不得不承认的限制与资源。相反,如果我们建构出它来,就会获得一些便利,至少比不知道它的人要胜出一筹。在这里,建构的"被迫性"把我们直接引向了实用主义的准则。概念的意义在于可行性与实际的效果,进一步说,可行性本身就是一个社会性的概念,因为任何可行与否总是相对于特定的共同体而言的。

皮尔士认为,知识的探究过程都要承受公共批判能力的批判,社会建构论者也同样认为,知识的建构都将在共同体中经历一个由争议、对话、磋商到认同的过程。如果我们从一个共同体转换到了另一个共同体,那么可行性标准也将随之而切换,用另一个范畴系统来调整自己的行为。于是在社会建构论者眼里,世界或自然就成为一种选择机制,作为一种限制来确定我们的建构是可行的还是不可行的。事实上自然的知识都受到共同体的制约,因为自然科学本身无法提供一条直接从自然通往自然观念的路径,除非我们主动地构建出这种观念。就如同罗蒂所说的那样,自然科学是"不自然"的。科林斯的"实验者倒退"论证为这种说法提供了有力的支持。这个论证表明,只有在实验的操作是恰当的前提下,实验得出的证据才构成辩护。而恰当性不可能独立于产生结果的能力而得到评价,判断实验结果的正确性的依据最终还须诉诸共同体。

社会建构论者的核心主张是,自然科学从本质上说是社会的。他们所谓的"社会"大体上是由各种利益关系构成的竞争空间,当然,这个空间受游戏规则与制度所制约。在《实验室生活》中,拉图尔与沃尔嘎记录了科学家们日常的操作与言谈,并一一加以分析。这些言谈的内容表明,科学"证据"的接受很难说是逻辑上的必然性推论,而是一个如何做出决断的问题,同行间如何磋商的问题。比如,说某种肽的静脉注射能否产生心理行为效应，这显然是一个实践问题，取决于注入量，取决于科学家参照何种量化标准。他还发现，科学家对一种科学主张的评估往往不是以其纯粹的知识内容为依据，他们更多地考虑到研究兴趣上的侧重点、职业实践的迫切需要、学科未来的发展方向、时间上的限制，乃至对科学从业人员的权威甚或人格的评价，等等，这些考虑直接影响到一种科学主张能否被接受。

3. 客观性的条件

如果自然的观念都受共同体所制约，那么库恩遇到的"不可通约性"的麻烦就会继续困扰我们。前边我们已经提到，受制于两种不同"范式"的科学家就如同生活在两个不同的世界中，并且不同世界中的科学家实际上是基于各自不同的理由来做事情的，我们甚至不能说革命后产生的理由要比革命前的"好"，因为评价"好"与"坏"的标准蕴涵在范式中了。现在我想说的是，他们不仅在观察时是如此，在言谈时更是如此。库恩喜欢用"方言"来进行类比，他说道：

> 我曾主张，不同理论的拥护者好像操不同的方言……可以肯定地说，不同理论的拥护者之间在交流的内容上存在很大的限制。正是这种限制使一个人很难甚至不可能在心里同时支持两种理论，将两者逐一比较，并再与自然界进行比较。①

他的意思是说，操不同方言的人即便使用了相同的语汇，所指称的对象也有可能是全然不同的。如果这个类比成立，将使现代性的所有追随者都陷入尴尬，因为人们甚至无法谈论科学的进步。科学的合理性与客观性便一并都成了问题，于是反对者们有理由指责库恩为相对主义的入侵开了大门。尽管库恩在晚年试图用不同的形式来修补自己捅下的娄子，但都无济于事。

库恩之后，后实证主义者们试图通过历史元方法论来重建科学的合理性。夏

---

① T.S.Kuhn, *Objectivity, value judgement, and theory choice*, in: The Essential Tension, Chicago, 1977, p.338.

佩尔与劳丹他们采用了历史元方法论策略，试图在科学史中为可通约性寻找资源，从而解决意义变迁的不可通约性问题。如果意义、价值观和标准的转换阻碍了在竞争性的科学理论之间进行直接的比较，那么诉诸元层次上的标准与历时性的评价也许可以在竞争性理论之间做出客观的比较，从而对科学合理性加以修复。现在看来，这一策略整体上是失败的，原因主要在于历史元方法论在哲学基础是成问题的，甚至是过时的。在“语言学转向”之后，科学的客观性问题实质上是一个语言学问题，只能置于语言平台上来解决。有两个解决方案值得我们注意，一是基于语义学的科学实在论，二是基于语用学的奠基理论。

与历史元方法论相比，科学实在论更像是语言哲学，不，更像是一种有关词与物之因果关系的科学理论。在后者看来，真正能够解决不可通约性与意义变迁的有效途径应在语义学中寻找。如果我们只能通过谓词所表达的意义来确定它们所指称的对象的话，自然会出现不可通约性的后果。因为由于谓词在意义上的变迁，竞争性理论实际上是指称或谈论完全不同的对象。相反，如果指称可以独立于谓词，那么不可通约性难题也便迎刃而解了。从克里普克(1972)和普特南(1975)提出的新的“直接指称”理论中，实在论者找到了一种能应对库恩挑战的更具吸引力的解决方案。按照这个方案，人们之所以用某个词来指称某物，是因为他们与此物之间存在着因果互动。如果后来的使用者都能保持或者回溯到原先的因果互动情境的话，那么这种指称关系就会稳定地维系下去。从观察的理论负荷中，实在论者进一步得出结论说，观察不具有独立于理论解释的合法性。力学、天文学、解剖学之所以在17世纪开始取得前所未有的成功，并不是因为科学家们所进行的实验与观察，而是因为他们幸运地获得了理论词汇，并以此来引导自己的研究，而这些理论语汇事实上又非常合理地与研究领域中具有因果效力的存在物相符。

然而，普特南的“悲观归纳”却引出了一个令人尴尬的问题，我们怎样知道哪些术语具有成功地指称实在的因果效力，哪一种理论更逼近真理呢？正如康德指出的那样，我们没有达到实在物的知识通道。好在波义德用一种巧妙的论证策略解决了这一难题。他认为，只要承认至少是“成熟的科学”都能获得工具性的成功，并且这些科学的方法和数据高度依赖于理论，那么我们就能论证，科学中成功的理论是近似正确的，其理论术语(比如“电子”)也必定成功地指称独立于意识的、不可观察的对象(电子)。要不然,依赖于理论的方法所取得的科学上的成功都将成为某种不可理喻的“奇迹”。

这种论证受到反实在论者的抵制,原因在于它超越了内在主义的边界。实在原本是我们与世界的互动的结果,而不是前提,任何求助于实在的论证都是在窃取论点。另外,求助于科学在事实上获得成功的论证更像是皮尔士的溯因推理,它很难为科学的真理性或逼真性提供理论上的支持。但是,实在论的真正困境主要不在于它在论证上有什么问题,而在于论证实在论的版本五花八门,多到了泛滥成灾的地步。每一个新的版本都在反实在论者的反驳面前有所退缩,有所修补,最后,我们甚至无法判定,它所支持的究竟是一种实在论还是反实在论立场了。正如劳斯所说那样:这样一来,“实在论”一词越来越像一个尊称,表示对科学持积极态度,而不是特殊的、可争议的哲学学说。

现在让我们再回到实用主义策略上来。这种策略不是把实在当做前提,而是当做某个研究共同体在讨论中达到的结果,并以此为标准来解决真理问题。在这里,真理是作为无限推进过程中通过非强制性的磋商所达成的结果。甚至连我们的评价方法和标准都无法事先给定,因为它们也能在磋商过程中得到改进。当然,磋商过程实际上决不会终结,谁都无法断定某个特定的结果是否会被进一步的研讨推翻。但是不必担忧我们的磋商能否揭示事物真实所是的样子:因为在我们当下进行的磋商中,事物呈现自身的方式正是它们真实所是的方式。

接着的问题是,这样的磋商能否确保达成共识呢?尤其是在有争议的情况下,争议通过什么样的机制才能被终止呢?在哈贝马斯与阿佩尔看来,只要我们能寻找到为不同的共同体成员或不同“世界”的居民都接受的理据,就能有效地规避主观主义与相对主义。当然,这样的理据不可能在外部实在中寻找到,也不能通过元方法去寻找。真正的理据必定包含在语用学所强调的日常话语之中。言谈既是语用学的起点,也是它的终点。关键的问题不在于说得正确与否,而在于如何把交谈无障碍地持续下去。设想一下,我们可以围坐在一起谈论何谓“电子”,当谈论出现严重的分歧,比如实在论与反实在论者因对立而使谈论无法进行下去时,我们甚至也可以坐下来就谈论本身进行谈论。换句话说,日常语言既是对象语言,又是它自身的元语言,只要它能顺利进行,就能完成对自身的奠基(建立理据)。

哈贝马斯与阿佩尔选择了一种不同于连带性(罗蒂)的奠基策略,这种策略把我们引入了一种理想的交往共同体。从康德那里我们了解到,任何奠基性的辩护都必须从经验出发。不过在这里,我们所面对的不再是知觉经验,而是交往经验。哈贝马斯的预设是:任何处于交往活动中的人在说话时,都必须满足下述普遍的有效性要求,并假定它们都能得到兑现:1.说出可理解的东西,以便为他人所理解;2.提供真实的陈述,以便他人能共享知识;3.真诚地表达自己的意向,以便为他人所信任;4.说出正确的话,以便得到他人的认同。这些要求都是规范性的,都在理想的或者说"反事实"的意义上成立。尽管事实上存在种种不诚实、欺诈、扭曲了的交往行为,但都不足以否定这些要求。从先验论证的角度看,任何试图怀疑、反驳上述规范性要求的人均会陷入自相矛盾的境地,因为只有以上述规范性要求为前提,方能让别人相信并接受你的怀疑与反驳。

和实用主义一样,语用学家通常都是反实在论者,他们不拒斥"真理"这样的词汇,但是它的意思绝非如实在论者想像的那样,真理原本的意思在于认同、有效。任何一句话、一个观点或一种理论都潜在地包含了有效性的要求,即需要得到他人的认同。在交往中,真理性的判定只能付诸对话与磋商。在真正兑现真理性要求之前,谁都无权宣称自己所见、所说的东西就是真理。交往共同体的存在自然地对每一个观察者或说话者构成限制。

不过,真理的认同说历来存在着一个致命的弱点,即尽管真理都需以共同体成员的认同为前提,但是我们不能反过来说,凡是被认同了的都是真理。可见,认同对真理而言是一种必需的条件,然而却不充分。这就是为什么皮尔士和哈贝马斯要用共同体的无限进化作为补充条件的原因。当我们说真理的认同说是不充分的时,丝毫不意味着它的对立面,即符合论或"图像说"就是对的。其实后者同样也是不充分的,因为陈述与实在之间如果存在对应关系的话,这种关系还须通过陈述来表达。那么,实在性本身是否就意味着真理性呢?也不是。因为要使这一说法成立必须基于一个奇怪的假设,即"实在"的概念中已经包含了实在的东西本身就是真的。

尽管哈贝马斯与包括罗蒂在内的实用主义之间存在着诸多分歧,比如,对罗蒂来说共识始终是从一种地方性知识向另一种地方性知识的扩展,而在哈贝马斯看来,共识的达成必须以普遍的同意为目标,以理想交往共同体为前提才是可能的。

不过,就本文而言重要的问题不在于它们之间的分歧,而在于它们的共同旨趣。在我看来,他们之所以用话语来取代观察,用共识来取代真理,都为了弥合启蒙所导致的科学与自由之间的分裂,为科学寻找到一种民主的底蕴。的确,这一分裂在现代社会中造成了诸多弊端,比如专家统治与无政府主义的对立、劳动与文化的对立、认知与伦理的对立、教养与技能的对立、对自然的榨取与环保主义的对立,以及科学系统与生活世界的对立,等等。从谢林、黑格尔开始就已经着手和解的工作了,语用学与新实用主义的哲学尝试无疑是这项工作的延伸。

但是从结果上看,他们尚未让全社会接纳一种新的、以磋商与共识为基础的科学观,也没能说服科学家们放弃把观察看成是独立的判定证据的做法,更难让他们相信,科学的一切努力不是在发现科学事实,而只是在争夺话语权。也许是,将科学民主化的工作打从一开始就把自己置于科学文化的对立面上,因此一切的努力就不再是弥合分裂,而是进一步加深了斯诺所谓的"两种文化"之间的鸿沟。接着,我们只好做第三种尝试了。

做

1. 从表象到介入

一般说来,"说话就是做事"没有错,但是在一些哲学家,尤其是波兰尼和哈金看来,这句话很容易使人误以为做事与说话就是同一回事。事实上做事不一定非要喋喋不休。波普尔对语言哲学也没什么好感,他甚至认为语言分析对我们理解科学没有任何实质性的帮助。波兰尼曾呼吁:"让我们把塑造知识时我们自身必然贡献到里面去的部分并入我们的知识的概念。"这种通过"内寓式参与"形成的知识就叫"缄默之知"(tacit knowing)。波兰尼不看好语言是因为担心语言的解释框架局限性很多,不大可靠,并且语言的演变也很难跟上知识的增长。

当然,我不认为哲学家在"语言学转向"的选择上有什么问题,因为从意识分析转向语言(语义或语用)分析毕竟是一种无可逆转的趋势,同时我也不认为语言分析是哲学惟一能做的事。事实上,从马克思、尼采到海德格尔、阿尔都塞与福柯的传统已经为哲学对科学的研究开辟了一个新的空间,在这里,科学本质上不再是一项理智的事业,它与人的历史、文化与实践息息相关,甚至还可以说,科学知识本身就是存在的一部分。我们之所以能了解这个世界,是因为我们正好扎根于其中,并共同地创造了它。与英美表象主义的传统相比,来自欧洲大陆的这种实践主义传统更关注诸如科学知识是怎样从技术活动与产业实践中产生出来的,又是如何被意识形态与文化环境所缠绕的之类的问题。

与看和说不同,做是以身体的介入为前提的,人所拥有的感性的力量能与环境进行物理的互动。在这里,人的技能起着关键性的作用。我们知道,希腊人所说的episteme与英语中的knowledge有所不同,它除了"知识"的含义外还包含创制的技能(tokhne)与经验(empeiria)。在早期柏拉图那里,工匠是指有创制技能的人,他们能把知道如何生产X,与知道什么是X联系起来。对此,我们可以用下述两个可逆的命题来表达:

(一)一个人知道X,当且仅当他能做出X。

(二)一个人能做出X,当且仅当他知道X。

医生不能光知道何为健康与疾病,而应该在治病过程中表现出艺术和技能。如今,谈论一种脱离技术的纯科学,与一种脱离科学的纯技术一样都是不可思议的。在实验室中,科学本身就是一个不断增强技术对现象加以控制的历史。因此讨论现代科学而不对其技术能力做必要的解释是行不通的。这就要求我们把科学发展与技术能力的提高看成是一种内在的关系,而不是把对自然过程作技术控制所取得的成就看做理论发展的副产品。布卢尔对科学哲学做过这样的批评:

> 记住下列事实是非常有益的,即波普尔的哲学使科学变成了一个纯理论的问题,而不是变成了可靠的技术。他只为研究纯理论的科学家提供了一种意识形态,而对那些技术人员和体力劳动者则没有提供任何帮助。[①]

---

① [英]布卢尔:《知识和社会意象》,251~252页,东方出版社,2001。

对技术的关注不只是科学哲学的一种延伸与调整，而是一种根本性的转型。尼采写过一部叫《偶像的黄昏》的书，他在书名下面特意加上一个令人诧异的副标题：如何用铁锤进行哲学思考。如果认为他只是在哗众取宠，以达到惊世骇俗的效果，那就错了。他希望哲学能实实在在地做事，而不要总在如何观察、如何表达的问题上徘徊不前。马克思也有过类似的说法。铁锤与观念不同，不会停留在对象的彼岸，而是能与对象构成直接的因果关联。说白了，它可以把对象砸烂。

牛顿称自然物之间的因果作用为"力"，于是政治学中也便有了"权力"的说法，用以表达诸如控制、支配之类的意思。当培根提出"知识就是力量"时，他所强调的也正是这层意思。他说，我们可以鞭笞自然，使它屈从于主人的意志；我们也可以像法官一样，强迫自然回答我们提出的问题。培根有时也在自然界与女人之间做各种粗俗的类比，令当今的女权主义者大为光火，不惜一切地要对他做彻底的清算。但是如果撇开培根的一些粗俗的类比，冷静地反思一下我们的认知活动就会发现，它与权力之间的确存在牵扯不清的关系。

如今，认识论的自然主义转向引起了人们的高度关注，但是在我看来，本体论的自然主义转向才是问题的关键。人们也许会担心，把粗俗的躯体、冰冷的铁锤与仪器一并纳入"主体"概念，会不会使高雅的哲学事业以及科学事业都变得世俗起来，以至于斯文扫地呢。是这样的。我们甚至可以说，这一转向与20世纪初的"语言学转向"一样，是一种不可逆转的趋势，而不管你是否愿意。

前边提及的重建合理性的方案与科学实在论的进路说到底都没能摆脱表象主义的束缚，即都把科学知识理解为某种表象或表象的集合，而不是理解为实践及其条件的集合。科学哲学究竟能否从传统的"理论主导型"转向"实践主导型"，关键在于我们能否超越我们的理论和知觉表象去把握被表象之物。哈金曾以"用显微镜看"为例告诉我们，实验中的"观察"与其说是看，不如说是做，其中包含了复杂的操作和对实在对象的介入过程。比如说电子是否实际存在的问题，这不是一个诉诸理论争论所能解决的。"如果你可以发射它们，那么它们就是实在的"。我们对世界的介入不一定非要通过理论才能进行，相反，理论的表象则必须要以实践的介入为前提。汉森告诉我们，任何观察都具有理论负荷，而哈金想要说的是，任何理论都具有实践负荷。他说：

> 实在论和反实在论四处奔忙，试图抓住表象的本性，从而击败对方。然而在那里什么都没有。这就是我从表象转向介入的原因。①

只有介入世界，我们才能发现世界是什么。世界不是处在我们的理论和观察彼岸的遥不可及的东西。它就是在我们的实践中所呈现出来的东西，就是当我们作用于它时抵制或接纳我们的东西。即便是十分推崇理论的波普尔也注意到，实在是一个与因果作用有关的概念。按他的说法，这个概念是我们从婴儿时能塞进嘴里去的东西那里得来的。

不能说自然主义者不关注表象，只能说他们不太在意私人意识中的意象。在他们看来，表象是人们建构起来的东西，它可以是符号，也可以是物。总之，表象一开始就是公共的。"表象"一词既有"表现"的意思，也有"代表"的意思。人们习惯用路标指示路，它的作用不在于告诉我们路是什么，而在于教人如何行路。如果还不够清楚的话，我们甚至可以建一个城市道路的模型，放在沙盘或橱窗中展示。模型也是一种表象。可见，表象原本就是一种介入并建构世界的方式。

当我们从观察与理论的框框中走出来，进入到科学活动的现场，去考察科学家们的作业时，就会深切地感受到技能与实践智慧的重要性。科学家当然也需要理论，但是他们只要求能与实践环节相匹配的理论。在这里，理论就是一种模型，具有工具性的意义，能有助于他们理解与把握所研究的对象。而这种理解就体现在用以控制并改造研究对象的技能之中。理解不一定非要对世界进行概念化的处理，更重要的是对如何与世界打交道进行施行性的(performative)把握。科学家当然也说话、商谈，但是其话语的意义取决于由对象、技术、仪器、技能，以及对概念的实践性把握所构成的情境。他们对现象的建构为我们提供了与物理实在相对应的模型和规范化的情境。他们之所以更新设备，修补模型，是为了进行更精确的实验操作，以获得更稳定、更可靠的结果。这就是为什么哈金试图赋予实验以自己的生命的理由所在，他的意思是说，实验的存在并非只是为理论提供证据。

在海德格尔看来，我们的日常活动体现了对世界和我们自身的解释，他以锤子

---

① Ian Hacking, *Representing and Intervening*, Cambridge University Press, 1983, p.145.

为例加以说明。锤子首先不是作为理论对象和认识对象而存在的，它首先是一种用具(在他看来，每一件东西都是首先作为用具而存在的)，具有“为了做……的东西”的属性。锤子之为锤子，在于适合锤打，因此锤打活动揭示了什么是锤子。正是在锤打(此在的一种存在方式和实践方式)活动中，锤子才获得了某种定向、某种索引关系、某种功能，才显现自身为世界的一部分。但是反过来，锤打之为锤打，也依赖于锤子、钉子、木板、锤打所要实现的目标等东西。同时，锤打还需要有从事锤打的人，他通过熟练的锤打使自己成为木匠。锤子、锤打、此在以及与锤打有关的事物共同地构成了“做”的行动。总之，实践有其自身的逻辑，自身的洞见。因此他指出：

> “实践”活动并非在“无视”(sightlessness)的意义上是“非理论的”，它同理论活动的区别也不仅仅在此处是观察，而在别处是行动……[因为]行动有其自身之见(sight)。[①]

2. 知识的力量

那么，做事为何能与知识发生直接的联系呢？在作进一步的讨论之前，有必要先弄清赖尔关于所知(know - that)与能知(know - how)的区分。我们知道，前一类知识是编码化了的，因此也是既成的，而后一类知识则往往处于生成之中，并且很难做出规范性的表达。很显然，海德格尔所讨论的实践性的知识属于后一种。现在我们想知道是，这类知识有没有，以及如何达到客观性的。

前边已经提到过，达到“非透视性的客观性”需要种种实验手段把对象加以隔离，现在，福柯试图通过知识的谱系学告诉我们，在任何客观化过程的背后其实都隐藏着某种支配关系与权力的运作策略。在《规训与惩罚》和《性史》中，他具体地展示了微观权力的运作各种策略：监视、检查、追踪、记录、分类、隔离、分割、规范化

① 转引自 Ian Hacking, *Representing and Intervening*, Cambridge University Press, 1983, pp. 167 - 168。

和忏悔,等等。这些策略在监狱、精神病院、军营、学校的管理机制中得到了充分的体现。拿军营为例:

> 在理想的营房中,所有的权力完全是通过严密的监视得以运作的;每一次窥视都是整个权力运作中的一部分。无数新的设计方案大大改进了陈旧的、传统的四方形设计。道路的几何形状、帐篷的数量和分布、入口的方向、档案和职位的配置都被严格限定;相互监视的窥视之网被编织出来了。①

学校的情况也大致如此。现代的实验技术与传统的技能至少在下面一点上是共通的,即它们都对新的从业者设置门槛,要求对新手进行严格的规训。传统的规训比较灵活,通常师傅交待什么,学徒就做什么。掌握一门手艺一般要有数年的时间。现代的规训不同,它有严格的计划,并要求按部就班地进行。学生在进入第二阶段学习之前,必须要求掌握第一阶段的内容。规训的内容不再是模仿某个特定的动作,活动被分解为各种要素,身体、四肢和关节的位置都受到限制,每个动作都要求有明确的方向、力度、时间,并且动作的顺序也是事先规定好的,然后再组合成连贯的整体,从而精心地造就出能掌握某项技能的行动者。如果违反这些规范化要求,肯定会受到各种形式的惩罚。只要我们稍加留意的话,就会发现渗透在知识生成过程中的权力运作。

科学活动之所以能达到"非透视性的客观性",是因为科学家事先被训练出了某种行事的方式。看一下拉图尔和沃尔嘎在《实验室生活》,我们就能明白,一位缺乏训练的新手会面临什么样的窘境。

> 最困难的任务之一是稀释药剂,并把它倒入烧杯中。他必须牢记应该把药剂倒在哪个烧杯中,他必须做记录:(比如)他把4号药剂注入12号烧杯。但是他发现自己忘了记录时间间隔。当他把吸管举在半空的时候,他发现自己不知道是否**已经**把4号药剂注入了12号烧杯中了。他开始变得惶恐不安,

① Michel Foucault, *Discipline and Punish*, Trans. Alan Sheridan, New York: Random House, 1977, p. 171.

> 并向12号烧杯搅动巴斯德吸管。但是，或许他现在已经在这个烧杯中加了**两次**药剂。如果是这样的话，读数就会出错。观察者缺乏训练意味着他将不断重复这些活动，实验结果肯定是乱七八糟的，对此我们丝毫不感到奇怪。①

我们似乎有理由说，在实验室中，事物的"真相"始终受严格的操作规范所限制，或者说任何"真相"都是在特定的规范结构中被建构出来的。于是我们就有必要去考察究竟是哪些因素与条件左右了"真相"的构成。讨论客观性而不去涉及隐藏在认知背后的学科规训，不涉及监视与惩罚等强制性手段将是很奇怪的，因为只有通过强制性的手段，才能把研究者训练成整齐划一的行动者，并且只有通过规范化的操作程序，他们才能达到公认的"真相"。

当我们对行动者提出客观性的要求时，规范性的力量尽管是必要的，但是却不够充分。行动者除了规范的限制外，还受到研究对象本身的限制。因为任何一个行动在付诸实施时，都将在不同程度上遭遇到对象的抵抗。在《行动中的科学》中，拉图尔指出，研究者要想成为研究对象的惟一合法的"代言人"或"代理者"(agent)，就必须要有效地克服来自对象的种种抵抗。然而，实在的东西不会总是顺从于研究者摆布的，尤其是当研究者试图介入并操纵它们的时候。卡龙曾对三位年轻海洋学家在圣柏鲁克湾的失败经历作过剖析。为了挽救当地濒临灭绝的海扇，他们从日本引进了网箱养殖的技术。结果是以他们的失败而告终的，大多海扇逃走了，其余的也被渔民捕得所剩无几。海扇是不会说话的，需要有人替它们说话。在这里，三位海洋学家就充当了海扇的"代言人"。如果海扇养殖成功，他们就有资格写文章报告成果，介绍他们是如何驾驭了海扇的。问题是他们的养殖失败了，也就丧失了作为"代言人"的合法资格。

通过"代言人"概念，我们就可以对传统认识论中的"客观性"和"主观性"概念重新做一番解释。但是经过重新解释后的"客观性"已不再是认识论概念，而是一个社会学，乃至政治学概念。在拉图尔看来，所谓"客观的"或"主观的"总是相对于在特定的环境中的力量对比而言的。"代言人"为了表明自己的合法性资格，就必

① Bruno Latour & Steve Woolgar, *Laboratory Life*, London: Sage, 1979, p.245.

须从“行动者网络”中调集一切可能的资源来支持自己。三位海洋学家的失败意味着他们作为海扇的“代言人”是“主观的”。这意味着：

> “客观性”和“主观性”是相对于力量的考验而言的，他们能够逐渐地相互转化，很像两支军队之间力量的较量。受异议者之所以受异议是因为力量过于单薄，他的想法与做法就有可能被谴责为是“主观的”，如果他想在不被孤立、嘲笑和抛弃的情况下继续自己的研究的话，就必须着手进行另一场战斗。①

为了有别于用言辞进行的辩护（“弱修辞”），拉图尔给出了一种“强修辞”的途径。当别人对你关于某物的说法与计划提出质疑时，最强的辩护就是做出这个产品并摔在质疑者面前：“你自己看吧！”这时，一切争议都会戛然而止。另外，哈拉维所谓的“强客观性”（有别于通过中立性达到的“弱客观性”）概念也是在这层意思上成立的。

3.“利维坦”

1651年，霍布斯写出了《利维坦》，在这部书里，他用《圣经》传说中一种力大无比的巨兽来比拟国家，认为国家的诞生也就是“活的上帝的诞生”。现在我们知道，科学正在取代国家的力量而成为一头“利维坦”。科学与技术成了最具特权的知识，不仅政府在制定政策时需要求助于它，甚至当一种权力本身的合法性受到质疑时也要诉诸科学的权威。因此，对客观性的要求不仅是科学家自己的事，它同时也是政治家们的事。拉图尔曾经断言道：“在我们的现代社会，大多数真正的新权力来自科学——不论何种科学——而并非来自古典的政治过程。”②哈贝马斯也意识到，科学与技术已经成为了一种意识形态。

事实上，科学的确也适合充当这种“上帝”的角色。科学携带着技术的力量不

---

① Bruno Latour, *Science in Action: How to follow Scientists and Engineers through Society*, Open University Press, 1987, pp. 78 - 79.

② Bruno Latour, *Give Me a Laboratory and I Will Raise the World*, In: Science Observed, London-Sage, p. 168.

仅改造或重塑了自然界,以至于我们都面对并生活在一个人工的世界中,同时它也改变着社会的制度性生活。我们随手就能列出一张清单:恒定电流的发明以及转化为功与热;在合成有机化学和石油化学中成千上万的新物质的合成和分离;电磁辐射(可以通过频率和振幅的变化来传递信息)的传送、接收和处理;恒定的核裂变链式反应;制药、外科以及其他的医学干预的方式的发明……仅凭这些就可以改变政治生活的重心,乃至改变社会的整体面貌了,更何况这张清单还能无限制地罗列下去。

在电影和小说中,我们常常看到一个“科学怪人”是如何制造出一头具有摧毁世界能力的科学怪物的。不过人们不会对科幻的东西产生恐慌,因为他们相信科学家是有理智的,或者认为科学的客观性本身就具备某种道德的约束力。

现在我们知道,从科学的客观性本身中不可能直接派生道德价值,更主要的是,19 世纪以来的科学理性也只具有工具的意义。在工具理性的支配下,任何科学活动正如海德格尔所说的那样,都成了一种“企业活动”(Betrieb)。在他所理解的“企业活动”中,每一个岗位的科学家都受过专门的训练,他们各自都在自己的专业范围内忙忙碌碌,然而又井然有序。于是乎,以教养为己任的学者淡出了,被技能型的研究专家所取代。专家们通常四处奔波,与各方人士磋商谈判。他们必须写什么,现在也得与出版商一道来决定。“企业活动”的实质在于制度化。制度化使得智力资源与经费得到了合理的配置,从而使总体的效率达到了前所未有的高度。在这里,所有的研究者都被一股无形的力量挟持着,去做一项连自己都不知道为什么的工作。他们的目标似乎就是不遗余力地得到某个研究项目,对他们来说,要到这笔钱,仅仅是为了能要更多的钱。

另外,本文的考察也已表明,19 世纪以来的客观性概念与真理性没有多大干系。我们之所以抛弃实证主义的科学观,主要不在于它是错误的,而在于它已不合时宜。这时,最好办法是先别去考虑一种观点和主张怎样才算是正确的,或者说是已经得到证实的,而是应该直接考察什么使得一种主张、程序和实验被认为具有科学的意义。相比于前者,后一问题更基本,但是却很少引起科学哲学的关注。我们知道,并非所有有关自然世界的真理都有科学的意义,都能引起科学家的兴趣。在科学史上,有多少正确的、已经证实的观点被人遗忘,悄然消失,不是因为它们是错误的,而只是由于对当下的科学事业来说显得不那么重要罢了。试想一下,哪一种规划是值得实施的?什么样的结果和效果是值得重视的?哪些实验和计算工作是必需的?何种设备和技能是必须具备的?什么样的成果才值得推广、出版?正如劳斯所说的那样:

> 除非我们了解了科学家如何判定什么是值得去知道,值得去做,值得运用,值得考虑的;什么是无关紧要、无用和无意义的,否则就不可能真正理解科学。①

这样一来,科学这头"利维坦"的面目在我们面前渐渐地清晰起来了。如果科学仅仅停留在看或说上,那么无论它怎么看、怎么说都是无伤大雅的,因为一种看法与说法行不通的话,还可以换另一种看法或说法。但是做就不同了,它赋予了科学以现实性的力量,能直接介入自然,使自然产生不可逆的变化;同时它也直接介入社会,从根本上改变了我们的生活方式;更值得注意的是,它还直接影响并操纵我们的身体。福柯甚至认为,科学对自然与社会的操纵与塑造实际上都是以对身体的支配为前提的。

我想,至此为止我们才真正领会到什么叫"客观性"了。

在这里,客观性就是不以你我的意志为转移,换句话说也是一种无奈。尤其对非西方国家的知识人来说,甚至还面临着一种别无选择的尴尬。我们之所以接受来自西方的技术工业生活方式及其科学基础,是因为我们不得不这样做。阿佩尔说得很对,当西方人觉察到了科学的乖戾时,还可以尝试着通过解释学的反思来弥补已经出现的与传统的断裂,但是东方人则不行。因为我们被迫与自身造成了间距,被迫与自身的文化传统相疏离。当我们展开自己的文化研究时,不能不考虑到这一点。

另外,女权主义者在对待客观性问题的态度也值得引起我们的注意。因为在科学的文化研究中,不发达国家的话题总是与作为弱势群体的女性话题交织在一

---

① J. Rouse, *The Narrative Reconstruction of Science*, in: Inquiry, Vol. 33, 1990, p. 186.

起的。我认为,女权主义者的动机不是想要挑起一场新的性别战争,她们主要是不满女性在科学这种主流文化中所处的边缘的地位,或者说“主观的”地位。如果我们更多地从批判的意义上来理解女权主义的科学观的话,那么这种观念还是很有价值的,批判性的立场能促使女性在不同的层面上参与科学。通过参与,她们不仅能独到地揭示大多主流观点与权威性成果中存在的问题,而且还能对科学研究的优先性、资金分配、学科等级制度和声望、不同的证明责任、对科学资质或者能力的评估等构成挑战。既然科学已成为一项公共的事业,那么每一个文化群体在有权共享科学成果的同时,也都有义务对它的目标形成共同的制约。

结束语

在本文中,我始终在描述客观性事实上是怎么一回事,而不想说它应该是怎样的。事实上不同时期的哲学家在打开客观性的根式时似乎都找到了一个确定的根,从而把找到的答案看成是惟一的解,并以此相互攻讦。当我们以三种不同的模式依次展开三种答案时,并非是为了表明哲学的进步,或者说后一个必定要比前一个来得“好”。在我看来,哲学无所谓进步,至多像库恩所说的那样,是一种格式塔式的转换。这丝毫没有贬低的意思,而只是想让思想者持一种更谦逊,因而也更客观一点的态度。

前些年爆发的所谓“科学大战”,说到底也是两种客观性之争。在科学家们看来,看(观察、事实、证据)才是至关重要的,凭这些就能达到,至少能逼近真理。至于说(争议、说服、磋商)那是政治家的事,他们各自的表达至多是一种意见罢了。科学家尤其是理论物理学家们很难理解甚至有点愤怒,为何后库恩时代的哲学家总是尝试用政治(民主)的基础来解释科学。科学家绝非一些耍嘴皮子的人。但是对方也自有它的理由,现代科学作为一种“大科学”已不再是少数几个科学家凭兴趣、热情与信念就能完成的事了,它牵涉到了技术、工程、产业、政府、军事,更主要的是它开支掉了纳税人的钱,对于这些,公众难道不该有自己的说法吗?很显然,科学已成为一项公共参与的事业,既然如此,哲学告别实证主义,用解释学的基础来谈论科学就不见得是什么出格的事了。

到 1990 年,美国科学促进会(AAAS)终于开口就这场争论做出表态。考虑到科学事业的复杂性,因此它认为争论的双方都有道理。科学作为一种自由的艺术,应该维系自身的理智传统,但同时它又是公共的事业,因此科学主张的合法性不仅取决于科学本身,更应该取决于广泛的社会思想。[①]

从 AAAS 和稀泥的态度中不难看出,我们已经进入了这样一个时代,任何单一的解释模式都不足以解释复杂的现象,哲学也须告别奠基(赋予纷繁的社会思想以一种统一的基础)志向,宽容地接纳一个多样性的世界。

---

① *The Liberal Art of Science*: *Agenda for Action*, 1990, Washington, DC: AAAS.

什么是逻辑分析？

王　路

我国学界一直有一种普遍的看法，认为西方哲学的主要特征是逻辑的、分析的，而中国哲学的主要特征是体验的、综合的。我十分赞同这种看法。自亚里士多德创建逻辑以来，逻辑一直是西方哲学的工具，一直为西方哲学家所用。特别是到了20世纪，随着现代逻辑的产生和发展，导致西方哲学的方式发生很大的变化，形成了著名的“语言学转向”，致使西方哲学的逻辑分析的特征更为显著。在某种意义上，分析哲学或语言哲学，甚至就是逻辑分析的代名词。

今天也有一种看法，认为分析哲学已经衰落或过时，因而分析哲学的方法，即逻辑分析的方法也已经过时了，因为它注定解决不了哲学的根本问题。我不同意这种看法。在我看来，分析哲学或语言哲学确实不再像几十年以前在美国那样惟一地占据主导地位。在哲学的版图上，欧陆哲学确实似乎足以与分析哲学分庭抗礼，科学哲学、政治哲学、伦理学、心之哲学等，乃至各种后现代主义哲学，似乎都有一席之地。但是应该看到，分析哲学仍然是主流哲学，分析哲学的方法，即逻辑分析的方法仍然到处在使用。

如果思考一下，从以上两种观点其实可以发现一些问题。首先，如果认为西方哲学的主要特征是逻辑分析，而如今逻辑分析已经过时，那么是不是可以认为西方哲学那种主要的逻辑分析的特征就要中断了？其次，逻辑分析的方法固然是分析哲学或语言哲学的主要特征，难道就不是其他一些哲学的主要特征吗？以欧陆哲学为例，难道它就没有体现出逻辑分析的特征吗？第三，由于语言转向，分析哲学显示了与传统哲学完全不同的面貌，但是欧陆哲学并没有这样的变化。在这种意义上,即使可以认为分析哲学的衰落导致逻辑分析方法的过时,难道西方传统哲学那种逻辑分析的特征在欧陆哲学上也没有了吗?这几个问题直观上是自然的。但是我认为,在它们的背后实际上还隐藏着一个更为深刻的问题。这就是:什么是逻辑分析?

一、什么是逻辑分析?

提出这个问题似乎有些怪?人们既然说西方哲学的主要特征是逻辑分析,怎么会不知道什么是逻辑分析呢?如果不懂什么是逻辑分析,怎么能够断定逻辑分析的方法过时了呢?但是我认为,这个问题一点也不怪。这是因为,人们虽然都会说"逻辑",对逻辑的理解却有可能完全不一样。在我看来,对逻辑大致有两种理解:一种是日常的理解,比如人们常说的"那是你的逻辑","这真是强盗逻辑","他做事是没有什么逻辑的"等等。前两句话中的"逻辑"的意思大致相当于"道理"或"观点",后一句话中的"逻辑"则是指"规律"。这样理解的逻辑当然是非常有歧义的,另一种理解则是依据逻辑这门学科。然而,即使这样,对逻辑的理解仍然有不同。一方面,逻辑既经历了传统的时代,也进入了现代的阶段,而传统逻辑与现代逻辑的区别是很大的。另一方面,在历史上,自亚里士多德创建了逻辑以来,想发展逻辑的大有人在。这样,随着这些发展,亚里士多德的逻辑被称为形式逻辑,与它不同的则还有归纳逻辑、先验逻辑、思辨逻辑、辩证逻辑等等,而这些所谓的逻辑与亚里士多德逻辑又有根本的区别。结果,尽管今天逻辑已经是一门成熟的科学或学科,但是对逻辑的理解仍然是有歧义的。比如人们经常论证说到"历史与逻辑的统一",这里的"逻辑"究竟是形式逻辑意义上的,还是先验逻辑意义上的,或是其他某一种意义上的呢?

综上所述,无论是在日常的意义上还是在学科的意义上,对于逻辑的理解都是有歧义的。如果依照这样歧义的理解,那么所谓的"逻辑分析"充其量只能是一种笼统的表达,因为字面上还看不出这样的逻辑分析究竟是一种什么样的分析。不过有一点大概是清楚的:那些认为分析哲学衰落、逻辑方法过时的人指的只是形式逻辑意义上的逻辑，尤其是现代逻辑。而从哲学史的角度来看，诸如归纳逻辑、先验逻辑、思辨逻辑、辩证逻辑等逻辑在不同程度上也都持有形式逻辑有局限性或过时甚至无用的看法。这说明，无论是批评逻辑还是要发展逻辑，人们都离不开形式逻辑意义上的逻辑，离不开对这种逻辑的论述。无论这样的批评是不是有道理，不管持这种观点的人懂不懂形式逻辑意义上的逻辑或现代逻辑，由此倒是为我们提供了一条理解逻辑分析的思路，即要从形式逻辑意义上的逻辑来出发，围绕着这样的逻辑来考虑逻辑分析。因此，就逻辑分析而言，学科意义上的逻辑，尤其是形式逻辑，应该具有一个核心的位置。

有人可能会问：既然逻辑可以有日常意义的理解，也可以有学科意义上的理解，为什么我们却要在学科的意义上来理解逻辑分析呢？既然可以谈论形式逻辑、归纳逻辑、先验逻辑、思辨逻辑、辩证逻辑等，为什么一定要从形式逻辑出发来理解逻辑分析呢？我认为，当我们谈论逻辑分析的时候，我们是站在方法论的立场上来说的，因而把这种分析看成是一种方法。而作为一种方法，逻辑恰恰具有这样的性质。这是因为，虽然逻辑有自己研究的对象，形成自己的理论和体系，有自己的方法和规律，但是当它被用于其他学科的时候，它本身又具有工具的性质，因而具有方法论的意义。特别是自逻辑产生以来，在很长的时间里，它与哲学融合在一起，甚至在许多人看来，它不仅是哲学的一部分，而且就是哲学的一种工具、一种研究的方法。因此，当我们谈论逻辑分析的时候，从逻辑这门学科出发是非常自然的。正是依据逻辑这门学科的性质和内容，我们认识到日常表达中的“逻辑”是有歧义的。此外，也正是从学科的意义上说，“逻辑”这一概念是用不着什么修饰的。所谓先验逻辑、思辨逻辑，不过是哲学著作中的一些概念，在逻辑里没有。换句话说，在作为科学或学科的逻辑中，根本就没有什么先验逻辑、思辨逻辑，一般也没有辩证逻辑；即使有些逻辑教科书确实包含归纳作为一部分，但是这并不构成逻辑的主体或主要部分。因此，只要是从学科的意义上来理解逻辑分析，就一定要从逻辑这门学科本身，或至少从它的主体或最主要的内容来理解，而这一定是指形式逻辑。

自亚里士多德以来，逻辑经历了两个阶段：一个是传统的阶段，另一个是现代的阶段。在这两个阶段，逻辑表现出很大的不同。结果之一是传统逻辑与哲学融合在一起，而现代逻辑使逻辑成为一门科学，并从哲学独立出来。换句话说，现代逻辑需要专门的学习和掌握。相比之下,传统逻辑虽然也需要学习与掌握,但是在许多地方与哲学是相似的,比如分析概念的内涵和外延,谈论本质的定义,论证思维规律等等。因此,逻辑既可以在传统的意义上来理解,也可以在现代的意义上来理解。过去学哲学的人一般都学过逻辑,而且也都认为自己懂逻辑,不过那是在传统逻辑的意义上。今天却不是每一个学哲学的人都学过现代逻辑,而且即使学过,也不会都认为自己懂逻辑,当然这只是在现代逻辑的意义上。问题是,从传统逻辑到现代逻辑,尽管逻辑的形式和能力发生了很大的变化,但是逻辑的本质没有改变,而且,正是由于现代逻辑的发展,使我们更加清楚地认识了逻辑的本质[①]。因此,我们不仅在现代逻辑的意义上,而且在传统逻辑的意义上都可以问:什么是逻辑分析?

实际上,这里还有一个更深层的问题,即逻辑与哲学的关系。由于逻辑一直是西方哲学的工具,因此从理解哲学特征的角度来理解什么是逻辑分析,就不单纯是逻辑方法的问题,而是与哲学密切相关的问题。而从逻辑分析的角度来理解西方哲学,也就不单纯是哲学本身的问题,而是与逻辑方法密切相关的问题。说到底,理解什么是逻辑分析将会更加有助于我们理解西方哲学。此外,传统哲学与现代哲学有很大的不同,这种不同的原因多种多样,但是由于它们一直使用逻辑,而传统逻辑与现代逻辑又有很大的不同,因此从逻辑分析的角度出发,我们至少可以看到它们有什么不同,为什么会有这样的不同。这样,探讨逻辑分析就不单纯是理解西方哲学的问题,而且有助于我们深入地认识逻辑与哲学的关系。

我认为,逻辑与哲学密切相关,使用不同的逻辑方法将导致不同的哲学。

二、亚里士多德逻辑

莱布尼茨认为,我们应该建立一种普遍的、没有歧义的语言,通过这种语言,可以把推理转变为演算。一旦发生争论,我们只要坐下来,拿出纸和笔算一算就行

① 参见王路:《逻辑的观念》,商务印书馆,2000。

了。这里,他实际上提出了两个想法:一个是构造形式语言,另一个是建立演算。这正是现代逻辑的两个基本特征,也是亚里士多德逻辑与现代逻辑的主要区别。根据现代逻辑史家的解释,亚里士多德的三段论系统可以是一个公理系统,也可以是一个自然演绎系统,因此也是演算①。但是,由于他的逻辑系统虽然是形式的,却不是形式化的,因而与现代逻辑系统也有一些重大区别,与现代逻辑的解释也有一些差异。这些区别与差异基本是逻辑本身或逻辑史研究范围之内的问题,因此这里不予考虑。但是亚里士多德逻辑和现代逻辑围绕着形式语言方面所形成的不同却对哲学产生了极其重大的影响。下面在论述亚里士多德逻辑的时候,语言特征是我们重点考虑的问题。

亚里士多德逻辑是从自然语言出发的,而不是像现代逻辑那样从人工语言出发。这样它就有两个特征:它是形式的,却不是形式化的。首先,它使用字母变元替代句子中表达概念的词,这样就抽象出句子的形式,比如"S是P"。其次,在这样的句子的基础上可以考虑不同形式的命题,比如,加上否定,就得到"S不是P",加上不同的量词,就得到"所有S是P","有S是P","所有S不是P","有S不是P",等等。然后,用这样的句子可以构成推理,比如"所有M是P,所有S是M,所以所有S是P"。由此形成的逻辑显然是形式的,因为"所有S是P"这样的句子并不是一个确定的句子,而只是一种句子形式。用不同的词代入其中的S和P,就形成不同的命题。因此,亚里士多德逻辑的形式的特征是明白无误的。但是,在这些句子形式中,显然还保留了一些自然语言,比如"是"、"不"、"所有"等等,因此我们说亚里士多德逻辑还不是形式化的,这就形成了亚里士多德逻辑与现代逻辑的非常重大的区别。

第一种区别是,亚里士多德逻辑的句法形式与古希腊的日常语言形式基本是一样的。比如,在以上各种形式之中,最基本的形式是"S是P"。而且,这不仅是逻辑的基本句子形式,也是日常语言的基本句子形式。这样一来,逻辑的形式没有完全脱离自然语言的语法形式。直观上看,句子的逻辑形式局限在一种主谓结构之中。这样就产生了许多问题。比如,对于"S是P",从语法的角度说,"是"是系词,

---

① 参见王路:《亚里士多德的逻辑学说》,中国社会科学出版社,1991。

它将主语"S"和谓语"P"联系起来,或者,"P"是谓语,"是 P"是对主语"S"的一种情况的表述。但是,从逻辑的角度看,"S"和"P"表示两个类,通过"是"联系起来,因而表示两个类之间的关系。问题是,这样一来,许多复杂的关系都无法表达出来。比如:"哲学家是智者"中的主项"哲学家"表达的是类,而"亚里士多德是哲学家"中的"亚里士多德"表达的是个体,而不是类。这样,仅仅以"S 是 P"这种形式就无法从逻辑上区别出个体与类之间的关系和类与类之间的关系。又比如:"亚里士多德是哲学家"中的"是哲学家"表达的是性质,而"亚里士多德是柏拉图的学生"中的"是……学生"表达的不是性质,而是关系。这样,仅仅以"S 是 P"的形式也无法从逻辑上表达性质和关系的区别。而且,这还仅仅是最简单的情况。基于亚里士多德逻辑的传统逻辑也用了一些办法来解决这里的问题,比如把专名处理为表示全类,因而把"亚里士多德是哲学家"这样的单称命题看做全称命题,把它也表示为类与类的关系。但是由此也产生了另外一些问题。而对于关系命题,处理起来就非常困难,问题也非常多,实际上,传统逻辑是无法有效地处理关系命题的。所以,由于句子的逻辑形式局限在自然语言的句子的语法形式之中,因而使逻辑受到自然语言的束缚。有人甚至称基于"S 是 P"这样的主谓形式的逻辑是逻辑的"败坏"(corruption)[①]。

第二种区别是,亚里士多德没有明确地区别句法和语义。这样,他对逻辑的性质的说明是比较笼统的。比如,他认为逻辑是研究推理的,而"一个推理是一个论证,在这个论证中,有些东西被规定下来,由此必然地得出一些与此不同的东西",我把他这种对逻辑性质的说明称为"必然地得出"[②]。它与现代逻辑的说明,即推理的有效性,是完全一致的。不同的是,由于它没有明确地区别句法和语义,因此他没有分别从这两个方面来说明什么是"必然地得出",尽管他提供的三段论系统及其说明足以使人们认识到什么是"必然地得出"。实际上,亚里士多德并不是没有语义说明的。比如他认为,语句表达思想,但是"并非每一个语句都是命题,只有本身含真假的语句才是命题"[③],这样就从真假的角度限定了所考虑的范围,从而也说

① 参见 Geach, P.T., *Logical Matters*, University of California Press 1980, pp.44 - 61。

② 参见王路:《逻辑的观念》,商务印书馆,2000。

③ Aristotle, *The Works of Aristotle*, vol.I, ed. by Ross, W.D., Oxford 1971, 17a13.

明他的逻辑主要是二值的。又比如他认为,一对反对命题不能都是真的,但是一对反对命题的矛盾命题有时候可以都是真的[①];全称肯定命题和相应的全称否定命题必然一个是真的,另一个是假的[②];一个单称肯定命题和一个相应的单称否定命题必然一个是真的,另一个是假的[③];等等。但是,他没有把句法和语义明确地区别开来。比如,他在论述模态命题的时候还有如下论述:

这可能是。	这不可能是。
这是或然的。	这不是或然的。
这是不可能的。	这不是不可能的。
这是必然的。	这不是必然的。
这是真的。	这不是真的。[④]

这里,他似乎把"真"看成是与"必然"和"可能"等这样的算子相同的东西。这样一来,"真"似乎成为句法方面的东西,而不再属于语义方面。不过亚里士多德只对模态算子有句法说明,而对真没有句法说明,由此也说明这样的排列是有问题的。所以,亚里士多德虽然也有一些语义说明,但是由于他的语义说明是与句法说明混在一起的,而且有时候并没有鲜明的区别,因此,这种区别即使对亚里士多德本人是清楚的,也不太容易被他人所认识。

除此之外,亚里士多德逻辑与现代逻辑还有一个区别。《工具论》是亚里士多德留下来的逻辑著作,也是后人学习和研究逻辑的经典文献。传统逻辑是在亚里士多德基础上形成的,也是后来学校里讲授的内容。因此在现代逻辑产生之前,或在一些不注重现代逻辑的人那里,逻辑往往是在传统逻辑的意义上理解的,甚至谈到亚里士多德逻辑,也以传统逻辑或以《工具论》为依据。这样,人们不仅对于亚里士多德逻辑存在着一些误解,而且也给理解逻辑本身带来一些问题。比如,《工具

① Aristotle, *The Works of Aristotle*, vol. I, ed. by Ross, W. D., Oxford 1971, 17a23 - 24.

② 同上,17a26。

③ 同上,17a28。

④ 同上,22a15。

论》是后人编辑的亚里士多德的著作,名称也是编者起的,因此把这样一些著作编辑在一起反映了编者的看法。这些著作无疑是亚里士多德的。问题是:亚里士多德是不是把它们都看做逻辑著作?《工具论》中的六篇著作涉及逻辑、语言、思维、哲学等非常广泛的范围,亚里士多德是不是把它们都看做逻辑?又比如,传统逻辑是后人在亚里士多德基础上形成的。其中不仅包含了亚里士多德的许多思想,尤其是他的主要逻辑成果三段论,而且还增加了一些内容,特别是归纳法。问题是,传统逻辑的内容与亚里士多德逻辑是不是相符合?传统逻辑的观念与亚里士多德的逻辑观念是不是一致?这两个例子是常识,不需要过多解释。但是深入思考一下却可以看出,由此引发的问题可以明确地归结为一点:什么是亚里士多德逻辑?或者,亚里士多德的逻辑观是什么?甚至引申一步,什么是逻辑?我认为,作为史学研究,可以深入地分析和思考这些问题。但是从逻辑本身的角度,还是应该围绕亚里士多德所说的"必然地得出"来思考。这样,我们就有一个标准,而且是与现代逻辑相一致的标准,以此可以判定什么是亚里士多德逻辑,以及什么是逻辑。而根据这种标准,他的三段论系统,以及围绕三段论系统的那些论述,包括构成三段论推理的命题的形式的论述,以及与真相关的论述,无疑是逻辑。

三、现代逻辑

与亚里士多德逻辑相比,现代逻辑的语言特征也十分明显,即它完全采用人工语言的方式,这样就使现代逻辑也有两个特征:它是形式的,又是形式化的。比如,一阶逻辑中相应于亚里士多德逻辑中四种不同的命题形式是:$\forall x(Fx\rightarrow Gx)$,$\exists x(Fx\wedge Gx)$,$\forall x(Fx\rightarrow \neg Gx)$,$\exists x(Fx\wedge \neg Gx)$。在这四个句子中,没有任何自然语言保留下来,它们的每一个符号都有明确的含义:"x"是个体变元符号,表示个体;"F"和"G"是谓词符号,表示谓词;"→"、"∧"和"¬"是命题联结词,分别表示蕴涵、合取和否定;"∀"和"∃"是量词符号,分别表示全称量词和存在量词。第一个句子可以读作:对任一 x,如果 x 是 F,那么 x 是 G。意思相当于亚里士多德逻辑中的"所有 S 是 P"。最后一个句子可以读作:有一 x,x 是 F 并且 x 不是 G。意思相当于亚里士多德逻辑中的“有 S 不是 P”。显然,这四个句子完全是形式化的。这样,仅从句子的形式表述这一点就可以看出,现代逻辑与亚里士多德逻辑形成了十分明显的区别。

第一种区别是,现代逻辑脱离了自然语言的语法形式,因而摆脱了自然语言的束缚。首先,从前面对 $\forall x(Fx \rightarrow Gx)$ 的解释可以看出,这里的 F 和 G 分别相当于亚里士多德逻辑中“所有 S 是 P”中的 S 和 P,因而那里主项和谓项的区别在这里消失了。也就是说,这里的谓词与语法形式中的主语和谓语是有区别的。比如:在“哲学家是智慧的”这句话中,“哲学家”是语法主语,“是智慧的”是语法谓语。但是根据 $\forall x(Fx \rightarrow Gx)$ 的解释,它们都是谓词,这在“对任一 x,如果 x 是哲学家,那么 x 是智慧的”的解读中是显然的。因此,谓词是同一层次的东西,逻辑的谓词与语法中的主语和谓语的区分没有关系。其次,同样是从对 $\forall x(Fx \rightarrow Gx)$ 的解读,我们看到了表示个体的“x”,而这在“哲学家是智慧的”这句话中是看不见的,在“所有 S 是 P”中则是看不清楚的。亚里士多德逻辑没有个体词做主词,因此 S 表达的是类,遇到了个体词做主语的句子,比如“苏格拉底是人”,则把它做表示类的名词来处理。由于个体与类是有区别的,因此用表达类的方式来处理个体只是一种凑合的办法,实际上是存在不少问题的。而在一阶逻辑这里,除了 x 这样表示个体变元的符号以外,还有 a、b、c 这样表示个体常元的符号。比如“苏格拉底是人”这个句子可以表示为“Fa”。这里,谓词 F 没有变化,不同的只是跟着它的不是个体变元 x,而是个体常元 a。有了表达个体的方式,我们可以处理表达关系的情况。比如“亚里士多德是柏拉图的学生”这句话表达为“Rab”,这里,“R”是关系谓词,表示“是……的学生”,a 和 b 分别表示亚里士多德和柏拉图。由此可见,谓词总是要以个体词做变元的,无论是个体变元还是个体常元。这不仅可以说明了类与个体的关系,而且也说明,谓词与个体词是不同层次的东西。第三,从 $\forall x(Fx \rightarrow Gx)$ 可以看出量词的性质。它后面跟一个括号,表明它所限定的一个范围。这样一方面表明了句子中个体起作用的范围,另一方面也表明了对与个体相关的谓词的限制。因此量词与谓词是不同层次的东西。而这在日常语言中是看不出来的,比如“所有哲学家是智慧的”这个句子中,“所有”这个量词只是对主语“哲学家”的修饰和限定,“所有 S 是 P”也是同样。这样的量词处理在复杂量词的情况就显得更为重要。比如“有的人是所有人都喜欢的"可以表达为"$\exists x(Rx \land \forall y(Ry \rightarrow Xyx))$"。这里的 x 和 y 是两个不同的个体变元,表示不同的个体。存在量词$\exists x$和全称量词$\forall y$表明了个体变元的范围,通过这样的限制说明了句子中"有的人"中的"人"与"所有人"中的"人"是有不同所指的,因而表达了它们之间的"喜欢"的关系。由此可以看出,不同量词所限定的范围是不一样的,因而含有量词,尤其是含有复杂多个量词的句子所表达的情况是非常复杂的。第四,从$\forall x(Fx \rightarrow Gx)$还可以看出一个十分重要的特征,即自然语言中连接主语和谓词的那个系词不见了。也就是说,在我们的逻辑语言中,没有一个符号表示这个"是"。虽然在我们的解读中作为系词的"是"依然可以出现,比如"如果 x 是 F",但这仅仅是一种解读,而且也不是必然的,因为可以不这样读,而用其他读法,比如"如果 x 具有 F"或者像弗雷格所说,"如果 x 处于 F 之下"。这说明,"是"仅仅是自然语言中的东西,而不是一阶逻辑中的东西。特别需要指出的是,这里所说的自然语言,主要指的是希腊语以及印欧语系的语言,而不是指其他语系的语言,比如古汉语。我们仅仅是在对照亚里士多德逻辑和现代逻辑上论述这里的区别。我强调这一区别,不仅是因为它确实是现代逻辑与亚里士多德逻辑的区别之一,而且是因为,正如本文将试图说明的那样,它在涉及逻辑与哲学的关系的问题上显示出十分重要的意义。

第二种区别是,现代逻辑明确区别了句法和语义。这样它可以分别从句法和语义两个方面对逻辑研究的对象进行说明。一方面,我们说逻辑研究推理,另一方面,我们说逻辑研究真。一阶逻辑的形式系统体现了前一个方面,对这种形式系统的语义说明体现了后一个方面。比如在$\forall x(Fx \rightarrow Gx)$和$\exists x(Fx \land \neg Gx)$这两个句子中有"$\rightarrow$"、"$\land$"和"$\neg$"这样的命题联结词与"$\forall$"和"$\exists$"这样的量词。为了理解这两个句子,就需要有对它们的解释。解释一个命题联结词是什么意思,即是对它的语义说明。具体一些说,"$A \rightarrow B$"的意思是:不能 A 是真的而 B 是假的,也就是说,或者 A 和 B 都是真的,或者 A 和 B 都是假的,或者 A 是假的而 B 是真的。"$A \land B$"的意思是:$A \land B$ 是真的,当且仅当 A 是真的,并且 B 也是真的。"$\neg A$"的意思是:如果 A 是真的,$\neg A$ 就是假的,如果 A 是假的,$\neg A$ 就是真的。这样的解释说明了这些命题联结词的含义是什么。解释一个量词是什么意思,也是对它的语义说明。具体地说,$\forall x(Fx \rightarrow Gx)$的意思是:如果 a 是 F,那么 a 是 G,并且如果 b 是 F,那么 b

是G,并且……因此,$\forall x(Fx\rightarrow Gx)$是真的,当且仅当x满足以上所有情况。$\exists x(Fx\wedge\neg Gx)$的意思是:a是F并且a不是G,或者b是F并且b不是G,或者……因此,只要x满足以上一种情况,$\exists x(Fx\wedge\neg Gx)$就是真的。从这些解释可以看出,命题联结词的含义是通过真和假来说明的。由于它们的真是通过其命题变元的真假决定的,因此它们表现为一种真值函项。量词不是真值函项,但是通过"满足"这一概念,也可以得到对量词表达式的真假的解释。由此可见,在这样的解释中,"真"是其最核心的概念。现代逻辑的发展不仅突出了"真"这一概念,而且提供了对它的精确说明,由此也形成一系列重要成果。这与亚里士多德逻辑形成了一个鲜明的区别。我强调这一点,不仅在于这一事实本身,更为重要的是,正如本文将试图说明的那样,它在涉及逻辑与哲学的关系的问题上也显示出十分重要的意义。

此外,现代逻辑自弗雷格的《概念文字》以来已经形成一门科学,一门研究推理的有效性的科学。它以一阶逻辑为基础,沿着不同方向蓬勃发展,尤其是形成了模态逻辑以及非标准模态逻辑这样一个广大的逻辑系统群,对哲学的研究和发展起了非常重要的推动作用。在现代逻辑的研究发展过程中,人们也讨论什么是逻辑的问题,比如,模态逻辑是不是逻辑?二阶或高阶逻辑是不是逻辑?但是,这样的讨论主要是探讨不同逻辑系统的性质之间的区别,以及它们对相关哲学问题的讨论带来什么样的问题和影响。因此就逻辑本身来说,逻辑的对象是清楚的,绝不再像亚里士多德的《工具论》所提供的内容那样模糊。今天,当人们谈论逻辑的时候,看法可能会有所不同,但是,从一阶逻辑出发,从以一阶逻辑为基础的模态逻辑出发,以及从以模态逻辑为基础的非标准模态逻辑出发来讨论问题,却是没有什么疑问的。

四、作为学科的逻辑

我在《"是"与"真"——形而上学的基石》一书最后一章的最后一节"如何理解形而上学"中指出,理解西方形而上学至少要面对语言、思想和学术这样三个层面的问题。学术层面的问题涉及学科分类,由于学科的建立,因而有了学科意义上的东西，比如逻辑、形而上学。由于它们密切相关，因此我们在讨论西方形而上学的主要问题的时候，“绝不能忽略与之相关的这种学科意义上的内容……忽略这样的内容，大概是要出问题的”[①]。由于那本书主要集中在语言的层面上，因此虽然在许多地方论述了逻辑与哲学的关系，但是并没有把它作为最主要最核心的问题来谈；虽然提出了这个问题并且进行了一些论述，但是并没有把它作为一个专门的问题进行充分的深入细致的讨论。

我强调在学科的意义上理解逻辑和哲学，这是因为逻辑是一门学科，哲学也是一门学科，我们是在学科，即它们理论传承的意义上谈论它们之间的关系，而不是谈论日常所说的“逻辑”和“哲学”，比如“强盗逻辑”、“爱情哲学”、“处世哲学”等。但是理解西方哲学，即使在学科的意义上，为什么要考虑逻辑和哲学的关系，不考虑难道就不行吗？知道西方哲学的主要特征是逻辑分析的难道还不够吗，为什么一定非要知道什么是逻辑分析不可呢？如前所述，这两个问题其实是相互联系的。前者是后者更深层次的问题。因此我们可以先考虑后一个问题，然后再考虑前一个问题。

就逻辑分析而言，实际上有两个方面。一个方面是它作为一种知识性的东西被谈论，另一个方面是它作为一种能力被把握和运用。如果逻辑和逻辑分析仅仅是一种知识性的东西，一种信息，即有这么一回事情，比如一个人可能知道“逻辑是一门学科，是亚里士多德创立的”，也可能知道“现代逻辑与亚里士多德逻辑不同，技术性非常强”，甚至还可能知道“西方哲学的主要特征是逻辑分析的”，那么不明白什么是逻辑分析也就没有什么关系。正所谓知其然，不知其所以然，当然是可以的。但是，如果逻辑和逻辑分析是一种能力，那么就绝不仅仅是知道有那么一回事，而是一定能够运用逻辑和逻辑分析，并且对它本身说出个一二三来。当然，这种能力可能有大有小、有强有弱，因而导致对逻辑和逻辑分析的理解和把握也是不同的。比如，一个人懂亚里士多德逻辑，因而他知道三段论，知道前提和结论之间的推理，还会知道这样的一些格式，甚至知道运用这样的格式来分析一些推理，由此说明哲学的逻辑分析特征。此外，他还知道现代逻辑与亚里士多德不同，甚至知

---

① 王路：《“是”与“真”——形而上学的基石》，430页，人民出版社，2003。

道现代逻辑的主要特征是使用符号语言，构造演算，但是他不知道如何使用符号语言，也不知道如何构造演算，更不知道那些关于形式系统的元定理。这样，他对亚里士多德逻辑不仅有知识性的理解，而且有使用和分析的能力。但是对于现代逻辑，他只有知识性的理解，而没有能力把握它，因而没有使用和分析的能力。在这种情况下，他对逻辑的理解，他运用逻辑的那种能力，仅仅是亚里士多德逻辑意义上的，而不是现代逻辑意义上的。这样的能力当然是比较弱的。但是，假如连这种能力也没有，那么对逻辑和逻辑分析肯定不会运用，而且是什么也说不出来的。

因此，对于从事哲学研究，特别是西方哲学研究的人来说，就应该考虑一下：当我们说西方哲学的主要特征是逻辑分析的，我们究竟是不是知道什么是逻辑分析？如果知道，我们是在什么意义上的，即是在亚里士多德逻辑意义上的，还是现代逻辑意义上的？

毫无疑问，我强调的是对逻辑分析的理解和把握，这是因为逻辑与哲学有十分密切的关系，逻辑对于哲学十分重要，因而理解逻辑分析对于理解西方哲学是至关重要的。从知识性的角度说，自亚里士多德以来，他的《工具论》很长时间一直是逻辑和哲学研究的经典文献，他创立的逻辑一直是哲学家使用的工具。在中世纪，逻辑、语法和修辞被并称为“三艺”，是进入神学院学习的基础课。现代逻辑产生以后，随着现代逻辑的发展和普及，它在课堂上逐渐取代了传统逻辑，而且也成为哲学家使用的工具，并导致哲学中的“语言转向”，产生了分析哲学和语言哲学。这些情况已经是哲学史上的常识，学过哲学的人几乎都会这样说。但是，如果我们问，亚里士多德逻辑是如何对传统哲学起作用的，现代逻辑是如何导致语言转向的，那么知道以上情况的人是不是还能够回答呢？我认为，这至少是一个可以思考的问题。

在我看来，从逻辑的角度出发，西方哲学家大概可以分为三类。一类既是逻辑学家又是哲学家，比如亚里士多德、奥卡姆、莱布尼茨、弗雷格、罗素、奎因等等。他们既有逻辑著作，又有哲学著作，而且他们是公认的逻辑学家和哲学家。另一类是有逻辑著作的哲学家，比如康德不仅写过《逻辑讲义》，而且开过逻辑课，如 1772 年开的 Philippi 逻辑讲座[①]，而黑格尔的《逻辑学》则更为知名，但是这些哲学家虽然也

① 参见 Kant, I., *Kant's gesammelte Schriften*, Band XXIV, Berlin, 1966。

有逻辑著作，他们的著作却得不到逻辑学家们的普遍承认。他们尽管是公认的哲学家，一般却不被看做逻辑学家。还有一类哲学家没有逻辑著作，大多数哲学家都属于这一类。对于这三类哲学家，我们不能简单地说，第一类哲学家的著作充满了逻辑分析，而其他两类哲学家著作中的逻辑分析以此递减，或者没有逻辑。因为即使是最后一类哲学家也都是学过逻辑的，而且他们学的同样是那种作为学科意义上的逻辑。因此，虽然他们不是逻辑学家，逻辑却是他们知识结构中的一种要素，也会在他们的哲学分析中起作用。所以，对于一个哲学家来说，本人是不是逻辑学家，可能会导致他的哲学著作中逻辑的技术运用得多些或少些，但是，不是逻辑学家，绝不意味着就没有逻辑分析。

我承认，哲学是多元的，哲学研究的方式也是多元的，因此，逻辑分析的方式并不是惟一的方式。实际上，从西方哲学史来看，从事哲学研究不仅有逻辑的方式，也有宗教、文化的等其他方式，而且逻辑和逻辑分析并不是始终、处处受到推崇。我们知道，亚里士多德逻辑曾经受到过严厉的批判，培根试图以“新工具”将它取而代之。现代逻辑在一些人的眼中也是太脱离自然语言，他们认为这样的分析本身就具有局限性，充其量也只是一些零敲碎打，解决不了哲学的根本问题。我们知道，艾思奇是把形式逻辑批判为唯心主义的，而金岳霖在评价他的讲话时说，艾思奇先生讲的每一句话都是符合形式逻辑的[①]。依照同样的方式则可以问，这些对逻辑的批评是不是符合逻辑？是不是应该符合逻辑？人们常说，说话要有逻辑。这里的道理好像非常简单，其实却需要说一说。

从事哲学研究的人一般都会同意，哲学研究不是知识性的学习，而是训练和培养不断深入的、批判性的思考能力。说得通俗一些，就是能够不断地问是“什么？”和“为什么？”。这样一种思考和探索的过程在很大程度上是以一种论证的方式进行的。无论是阐述自己的一个观点，还是批评或解释别人的一个观点，一般来说，都有一个从前提到结论的过程。这样一个过程是一个论证的过程。一个论证的过程虽然不一定就是一个逻辑的过程，因为在论证的过程中人们可能还会用到比喻、归纳、辩证法、直觉等其他许多方式，但是逻辑无疑是一种方式，而且符合逻辑的论

① 参见刘培育主编：《金岳霖的回忆与回忆金岳霖》，四川教育出版社，1995。

证肯定是一种可靠的论证，而且是一种理想的论证。因此逻辑分析对于论证是非常有帮助的。亚里士多德说的“必然地得出”揭示了从前提到结论推理的逻辑性质，而现代逻辑所刻画的有效性则更明确地说明，这样一个过程可以保证从真的前提一定得到真的结论。因此对于论证来说，逻辑的意义是具体而明确的，用不着随意去猜想，也不能任意解释。论证重要，与真相关的论证、求真的论证就更加重要。在这种意义上，对于研究西方哲学的人来说，明白为什么逻辑会对哲学起作用和如何起作用，肯定比仅仅知道逻辑对哲学有用要有意义得多。因为揭示这种作用将不仅仅停留在逻辑与哲学的关系这一层面上。如果看到西方哲学从一开始就与求真结合在一起的，我们就会懂得揭示这种作用的重要性，它一定会有助于我们更为深刻地理解西方哲学。

五、逻辑与非逻辑

我之所以强调要在学科的意义上理解逻辑，一个十分重要的原因是：“逻辑”这个词使用得太过宽泛，因而人们对它的理解也十分宽泛，以至“逻辑”这个词在实际使用中往往失去它那学科上的含义。而在我看来，失去了学科的意义，“逻辑”也就不成其为逻辑了。我想从两个方面来说明这个问题。

在大多数人的心中，逻辑就是语言分析。不能说这样的认识没有道理。传统逻辑的体系是：概念、判断、推理。而所谓“概念”部分就是论述概念的内涵和外延、划分和定义等，这样的内容确实与语言分析非常相似。现代逻辑产生以后，虽然这样的内容在逻辑中没有了，但是哲学领域中发生的“语言转向”，以及分析哲学的响亮口号——“哲学的根本任务就是对语言进行逻辑分析”，都使人们把目光集中到语言上来。而且，众所周知，语言转向和分析哲学的产生与现代逻辑具有十分密切的联系，因此即使从字面上人们似乎也可以理所当然地认为，所谓逻辑分析就是语言分析。但是我认为，逻辑分析与语言分析是有根本区别的。举一个例子。有人认为，“要重视德育教育”这句话有逻辑错误。因为“德”指“思想品德”，“育”指“教育”，因此这句话的意思是“要重视思想品德教育教育”，是违反逻辑的。这样的分析也许有一些道理,但这却不是逻辑分析,而是语言分析。进行这样的分析,语言学家的能力肯定比逻辑学家强。也就是说,不学逻辑,不懂逻辑,也是可以做出这样的分析的。因此,根据这样的分析来认识或理解逻辑,是对逻辑这门学科的性质的极大误解,也是对逻辑这门学科的作用的极大贬低。

再举一个例子。罗素的摹状词理论被称为“哲学的典范”。简单地说,一个摹状词是一个由定冠词加形容词词组或名词词组组成的短语。这样一个定冠词的含义可以表达为两个句子,而一个含有一个定冠词的句子的含义则可以表达为三个句子。比如“《红楼梦》的作者是曹雪芹”,其中的“《红楼梦》的作者”是一个摹状词(中文表达可以没有定冠词),它的意思是:至少有一个人写了《红楼梦》,并且至多有一个人写了《红楼梦》。因此表达这个句子的意思就要在这两个句子上再加一个句子:谁写了《红楼梦》,谁就是曹雪芹。字面上理解,这似乎是对一种叫“摹状词”的词组进行分析而形成的理论,因此似乎可以认为它是一种语言分析。比如关于摹状词的语言形式的描述,关于摹状词含义的分析等等,似乎确实都是语言分析。但是如果仔细阅读罗素的著作,我们就会发现,罗素确实把一个摹状词组所表达的意思分析为由两个句子来表达的,从而把一个含有摹状词的句子的含义分析为由三个句子所表达的,但是这样分析的基础和方法正是一阶逻辑①。也就是说,如果不懂一阶逻辑,是无法做出这样的分析的,即使理解它也是有困难的。举以上这两个例子是想说明,把逻辑仅仅理解为语言分析是不对的。这样的理解离开了逻辑这门学科的具体内容,因此是一种曲解,是有很大的问题的。它可能会把不是逻辑分析的东西看成是逻辑分析,而把真正的逻辑分析看成是非逻辑分析。口头上说一说逻辑分析容易,而真正在哲学研究中运用逻辑分析,理解逻辑分析,则需要依据逻辑这门学科本身。

以上问题即使存在,也不是特别严重。因为持这种看法的人一般来说是不懂逻辑的。在我看来,不懂逻辑而谈论逻辑,有问题乃是很自然的,因此可以不必认真对待。

也有一些人从所谓逻辑出发,从所谓逻辑学科出发来谈论逻辑,比如从归纳逻

---

① 我曾详细论述过罗素的摹状词理论。参见王路:《走进分析哲学》,三联书店,1999。

辑来批评演绎逻辑,从先验逻辑或辩证逻辑来批评形式逻辑,结果却造成对逻辑的曲解。这种谈论逻辑的方式有一个显著特征,就是在不同程度上批评逻辑,只不过把所批评的逻辑叫做形式逻辑或现代逻辑,而把自己所坚持的称为一种别的什么逻辑。比如,从归纳逻辑的角度出发批评演绎逻辑不能推出新知识,从先验逻辑的角度出发批评形式逻辑脱离思维的具体内容,从辩证逻辑的角度出发批评形式逻辑是低级的,等等。由于这样的论述似乎是以逻辑学科内部争论的面貌出现的,因此产生的问题和后果就比较严重。既然我强调学科意义上的逻辑,就不得不认真对待这样的问题。下面仅以先验逻辑为例来看一看这里的问题[①]。

康德大概是第一个提出先验逻辑的人,他至少明确提出并论述了先验逻辑的概念,而且他的这一思想对黑格尔等人的思想,因而对后来的所谓辩证逻辑、思辨逻辑、认识论逻辑等等产生了重要的影响。限于篇幅,我们这里主要以康德关于先验逻辑的论述为例进行讨论。我认为,康德的先验逻辑主要有两个特征:一个特征是基于逻辑,另一个特征是力图超出逻辑的局限。这样,我们的讨论可以集中围绕这两个特征,从而可以简化许多内容细节。

康德在论述"先验逻辑"的过程中区别出"普遍逻辑"[②] 和"先验逻辑",因此他的先验逻辑不仅相对于普遍逻辑,而且基于对普遍逻辑的考虑。表面上看,这是一种对逻辑的分类,是在逻辑这一学科下区分出不同种类的逻辑,从而发展了逻辑。但是实际上,如果我们仔细阅读康德的著作,就会发现,这样的看法是有问题的。从康德的行文分段和标题可以看出:他在"先验逻辑"[③] 这一部分首先论述"先验逻辑的理念",并在第一步"泛论逻辑"的过程中对"逻辑"这一概念进行了探讨,用"普遍逻辑"这一概念指已有的逻辑,并论述了它的性质。然后他才提出了"先验逻辑"这一概念。因此,直观上或从字面上看,至少有两点是比较明确的。其一,康德所说的"普遍逻辑"相当于已有的逻辑,即本文所说的学科意义上的逻辑,而"先验逻

① 我曾详细讨论过归纳逻辑和辩证逻辑的问题,因此这里不做详细讨论。参见王路:《逻辑的概念》。

② 国内学界对康德使用的"die allgemeine Logik"有不同的译法,包括"普泛逻辑"(参见康德:《纯粹理性批判》,蓝公武译,商务印书馆,1982)、"普通逻辑"(参见康德:《纯粹理性批判》,韦卓民译,华中师范大学出版社,2000)、"普遍逻辑"(参见康德:《纯粹理性批判》,邓晓芒译,杨祖陶校,人民出版社,2004)等。本文采用后一种用法。

③ 也有译为"一般的逻辑",参见康德:《纯粹理性批判》(邓晓芒译,杨祖陶校,人民出版社,2004)。

辑"则是他所提出来的新的"逻辑",即一种与已有的逻辑、即本文所说的逻辑不同的"逻辑"。其二,"普通逻辑"是基础,而"先验逻辑"是在此基础之上提出来的东西。因此可以说,康德的先验逻辑与逻辑乃是有区别的[①]。

康德从逻辑出发来探讨理性,这是因为在他看来,逻辑是走在探讨理性的可靠道路上的典范。他之所以可以这样看,是因为有亚里士多德逻辑和基于亚里士多德逻辑而发展形成的中世纪逻辑,这一逻辑已经是有明确体系的学科,也是学校的必修课。因此,无论康德把逻辑看做各门学科的准备阶段或评价知识的前提,还是一门研究思维形式规则的严格科学[②],在他的眼中,逻辑是什么,乃是明确的。正是在这样一种知识背景下,他把逻辑分为"作为普遍的知性运用的逻辑"和"作为特殊的知性运用的逻辑"[③],并称普遍逻辑是纯粹的逻辑,只有它"才是科学"[④]。他甚至明确指出,逻辑"作为普遍",抽象掉了知性知识的一切内容,只探讨纯思维形式,而"作为纯粹逻辑",则不具有经验性的原则,不受心理学的影响[⑤]。由此可见,康德说的普遍逻辑实际上就是亚里士多德逻辑或基于亚里士多德逻辑而形成的作为一门学科的逻辑,也就是人们一般所说的逻辑。他之所以把它称为普遍逻辑,主要是为了与他论述的先验逻辑区别开。明确了这一点,也就可以看出,他所说的先验逻辑,无论是什么,都是基于普遍逻辑的,也就是基于我们一般所说的逻辑的。比如,他把普遍逻辑分为"分析的"与"辩证的",因而把先验逻辑也分为"先验分析的"与"先验辩证的",并依照这样的分类进行论述。这样做无论有没有道理,至少有一个优点。由于逻辑是一个明确的学科,因此从逻辑出发就有明确的内容可以依循。因此谈论是很便利的。此外,由于康德认为逻辑是成熟的科学,当然,这也是人们一般赞同的看法,因此先验逻辑的论述就有了一个比较可靠的基础。这样,康德有关纯粹理性的探讨,乃至形而上学能不能成为科学,似乎就可以脱离经验的思辨的轨道。这样,出发点是逻辑,而所谈的也是逻辑,只不过是一种超出普遍逻辑范围

---

① 周礼全用"形式逻辑"表示康德所说的"普遍逻辑",因而与其"先验逻辑"形成区别(参见周礼全:《黑格尔的辩证逻辑》,中国社会科学出版社,1989)。

② 参见康德:《纯粹理性批判》,邓晓芒译,杨祖陶校,11页,人民出版社,2004。

③ 同上,52页。

④ 同上,53页。

⑤ 同上。

而与它不同的先验逻辑，因此，既然逻辑是科学，那么所谈的似乎也应该是科学。

康德的思想轨迹是清楚的。这就是基于逻辑。他试图为形而上学寻找科学根据，努力使形而上学成为一门科学，并且确实取得了伟大的成就。问题是，他的工作的结果是什么？简单地说，他的先验逻辑是逻辑还是形而上学？

虽然也有个别逻辑史著作论述康德的先验逻辑①，但是一般的逻辑史著作并不认为康德的先验逻辑是逻辑②。在我国，人们对康德的先验逻辑看法也不同，有人认为它相当于先验哲学③，也有人认为，康德提出先验逻辑可以看做逻辑发展史上的一个里程碑④。在我看来，由于康德关于先验逻辑与逻辑的区别是清楚的，因此说明他的先验逻辑究竟是逻辑还是形而上学，也就不是什么困难的事情。

康德不满意人们对亚里士多德逻辑的一些发展，批判他们为逻辑加入一些心理学、形而上学或人类学的内容。他认为这样做是出于对逻辑这门学科的无知⑤。但是他又不满意逻辑只研究思维形式，因为他认为没有内容的思想是空洞的。因此他要做的工作是找到一种既包含思维的形式又包含思维内容的逻辑。而且，他对这样的思维内容还做出了进一步的区分。他认为，思维内容分为经验的思维和纯粹的思维，而先验逻辑只探讨纯粹的思维，用他的话说，这样的纯粹的思维内容包括知性与理性的法则，因此先验逻辑只探讨知性和理性的法则⑥。有了这样的区分，他就可以在先验逻辑的名义下探讨与知性和理性的法则相关的东西了。

从康德关于逻辑与先验逻辑的区别至少可以清楚地看出两点。其一，他认为，先验逻辑不是单纯的研究思维形式，而是研究思维的内容，或者说，它是研究与思维内容结合在一起的思维形式。其二，先验逻辑不研究所有思维内容，即它不研究与经验的思维内容结合在一起的东西，而是只研究与纯粹的思维内容结合在一起的东西，具体地说，这就是研究与知性和理性法则相关的东西。从这两点出发，我们则可以问两个问题。一个问题是，康德是不是认为逻辑不应该单纯地研究思维

---

① 参见 Dumitriu, A., *History of Logic*, tr. by Zamfirescu, D./Giuraneanu, D./Doneaud, D., Abacus Press, 1977。

② 参见 Bochenski, I.M., *A History of Formal Logic*, University of Notre Dame Press, 1961；威廉·涅尔：《逻辑学的发展》，张家龙、洪汉鼎译，商务印书馆，1985。

③ 参见梁志学：《略论先验逻辑到思辨逻辑的发展》，载《云南大学学报》，4 页，2004(4)。

④ 参见邓晓芒：《康德〈纯粹理性批判〉指要》，114 页，湖南教育出版社，1996。

⑤ 参见康德：《纯粹理性批判》，邓晓芒译，杨祖陶校，10～11 页，人民出版社，2004。

⑥ 同上，54～55 页。

形式，而应该把对思维形式的研究与内容结合起来？另一个问题是，先验逻辑是不是对逻辑的发展？换言之，沿着先验逻辑的思路是不是可以发展逻辑？前一个问题既可以在史学的意义上思考，又可以在脱离康德而推广到一般的意义上思考。而后一个问题则实实在在地涉及对逻辑这门学科的性质的认识。

直观上看，既然思维有形式和内容两个方面，而这两个方面虽然可以分开，却也结合在一起，因此，作为一门学科，只研究思维形式，而不研究思维的内容，似乎就是有缺陷的。这样，如果结合思维的具体内容，对思维的研究不是会更全面吗？因此，作为一门学科，如果把关于内容的研究加进来，因而使形式与内容结合起来，这样的研究不是就可以克服原来只研究形式的局限性，所带来的发展不也就是顺理成章的吗？在这种意义上说，康德对逻辑的批评是可以理解的。后来许多人，比如黑格尔[①]，也是沿着这个思路思考逻辑并试图发展逻辑，也是可以理解的。今天许多人依然按照这种模式看待逻辑，同样是可以理解的。问题是这样的看法直观上似乎可行，实际上却是行不通的。简单地说，这里有如下几个问题：

第一，亚里士多德在开创和建立逻辑这门学科的时候，对逻辑的定义或描述是“必然地得出”，用我们今天的话说，就是研究推理的有效性。因此，逻辑是与推理直接相关的，而不是与思维直接相关的。所谓逻辑研究思维形式，这种看法是对逻辑性质的一种误解，由此也带来许多问题[②]。

第二，亚里士多德所说的“必然地得出”或我们今天所说的“推理的有效性”是由推理的形式得到的。正因为这样，逻辑才是形式的。因此，指责思维脱离内容是空洞的也许有道理，认为应该结合思维的形式和内容来研究思维可能也不错，但是却不能由此指责逻辑只研究思维形式而不研究思维内容。这样的指责反映出对逻

---

① 黑格尔对逻辑只研究形式进行了更为猛烈的批判，并且明确提出要结合内容来发展逻辑。我曾详细讨论过他的问题，参见王路：《逻辑的观念》。

② 这里涉及两个方面的问题：一方面是逻辑史的发展问题。最初的逻辑研究与思维没有什么联系。大概是在1662年出的《逻辑或思维的艺术》（或者叫《波尔·罗亚尔逻辑》或《王港逻辑》）中，逻辑与思维这一概念直接联系起来。逻辑学家对它的评价不高，认为“它是以后混淆逻辑和认识论这种坏方式的根源”（涅尔：《逻辑学的发展》，张家龙、洪汉鼎译，407页，商务印书馆，1985）。

另一方面是逻辑与思维的关系问题。当逻辑与思维联系起来之后，传统逻辑一般称逻辑是研究思维形式的。这导致逻辑后来涉及大量心理学的内容，严重阻碍了逻辑的发展。现代逻辑的创始人弗雷格在创建现代逻辑的同时，主要工作之一就是批判心理主义，努力把心理主义的内容从逻辑中驱逐出去。参见王路：《逻辑的观念》；《弗雷格思想研究》，社会科学文献出版社，1996。

辑的无知,而认为结合思维的形式和内容可以发展逻辑则更是想当然。说到底,这样的看法是与逻辑的本质根本相悖的。

第三,由于推理是一种思维方式,而逻辑又是研究推理的,因此对于推理的说明也可以是对思维的说明,从而说逻辑是研究思维的似乎也就没有什么问题。问题是,即便可以说逻辑是一种思维方式,我们也不能说思维方式就是逻辑,因为思维方式还有其他许多种类。如果以逻辑来区分,则可以说思维方式有逻辑的和非逻辑的。这样,即使可以说逻辑研究推理,而推理属于思维的一种方式,因此似乎可以说逻辑也是研究思维的,但是我们也不能说研究思维就是研究逻辑。正因为这样,我们也就不能说逻辑是研究思维的,无论在思维的后面加上什么修饰,比如形式、规律等。

康德的"先验逻辑"实际上反映出以上全部三个问题。它虽然基于逻辑,但是由于它不是从推理出发,而是从思维出发,这样就在理解逻辑的本质的时候出现了偏差。它虽然旨在发展逻辑,但是由于对逻辑的理解出现问题,因此这样的发展恰恰违背了逻辑的内在规律,因此也不可能发展逻辑。除此之外,从逻辑的角度看,康德的先验逻辑还有一个问题,这也是它自身独特的问题。这就是它基于对思维内容的经验和纯粹的两分,而排除了所谓经验内容,而只研究与纯粹的思维内容结合在一起的东西。从这一点出发,所谓先验逻辑研究的对象倒是得到了说明,但是逻辑的性质和能力却被大大地削弱了。也就是说,他所期望的发展逻辑最终并没有实现。

前面说过,逻辑研究推理有效性,用亚里士多德的话说,就是"必然地得出"。这种推理的有效性是由推理的形式得到的。而推理的形式并不是仅仅限于某一门学科,而是适用于所有学科。因而,推理的形式也不会仅仅限于某一类思维内容,而是适用于所有思维内容。因此我们说,逻辑的研究具有普遍性。前面我们曾说到论证,而且只限于哲学领域。这只是行文的需要。实际上,论证绝不仅仅限于哲学领域。在自然科学领域、社会科学领域和其他人文科学领域,以及在日常交际和表达中,论证无处不在。因此,作为论证的一种方式,逻辑的普遍性是显而易见的。具体到康德所论述的东西,无论是经验的还是理性的,逻辑其实都是适用的。而当康德以先验逻辑为名区别出只研究知性和理性法则关的东西的时候,无论这样的区分有没有道理，它却面临着一个重大的问题。如果它是对逻辑的说明，则至少极大地削弱了逻辑的普遍性。而削弱逻辑的普遍性，也就使逻辑失去了意义。换句话说，先验逻辑本身并不具有逻辑的普遍性，因此它也就失去了逻辑的意义。

因此，康德的先验逻辑虽然叫逻辑，却不是逻辑，即它不是逻辑这门学科意义上的东西。所以，就逻辑发展史而言，康德的先验逻辑并没有什么积极的意义。我赞同把康德的先验逻辑看做一种哲学，至于是先验哲学还是其他什么哲学，则是可以进一步讨论的问题。但是必须看到，康德以先验逻辑而命名的这种哲学是以逻辑为基础的。康德本人确实试图从逻辑出发，借助逻辑的科学性，利用逻辑已有的一些成果，来进行形而上学的研究，从而区别出与知性和理性法则相关的东西。在他的著作中，除了从逻辑出发，区别先验逻辑的对象之外，应用逻辑成果和方法的地方非常之多，如他关于分析判断和综合判断的区别依赖于亚里士多德逻辑最基本的句式"S是P"，他关于范畴的概念分析、先天综合判断的原理分析和先验辩证论的分类相应于已有逻辑的概念、判断和推理的体系，而且他所采用的范畴分类和推理形式几乎都来自已有的逻辑体系。也就是说，在康德的著作中，逻辑与哲学是十分紧密地结合在一起的。这样的结合体现了逻辑思想方法的运用，但是并不意味着康德的哲学就是逻辑。因此如果在康德的先验逻辑的意义上来理解逻辑，则势必造成对逻辑的曲解。而如果认识不清楚逻辑在康德的著作中是如何起作用的，大概也不会深刻地理解康德的先验逻辑①。

① 本文的论述仅仅局限在康德的《纯粹理性批判》。实际上，真正理解康德的先验逻辑，一定要理解他关于逻辑的看法。因此，康德关于逻辑的论述值得深入研究。康德虽然教过逻辑，也写过逻辑著作，而且他的逻辑基于亚里士多德逻辑，但是他对逻辑的看法与亚里士多德却有很大出入。比如他在"菲利普逻辑讲座"(Logik Philippi)中认为，我们的认识活动有两类：一类是根据规则和定律的，另一类则意识不到规则和定律。而我们应用知性所应该依据的规则是逻辑，因此逻辑表达了运用理性的客观规则。逻辑与形而上学是有区别的。因为形而上学尽管是关于理性规则的科学，但它只是关于纯粹理性的规则的科学，所谓纯粹理性不是与感觉性的东西混合在一起的，它的原理完全来自理性，而不是来自经验。而逻辑的原理部分地来自理性，部分地来自经验。逻辑是一种有关正确运用知性和理性的普遍规则的哲学。由于逻辑只是哲学的一部分，而科学是非常普遍的，因此不能用科学这个词来说明它。逻辑应该是科学的一种工具，而不是普遍理性的一种工具。哲学是一种理性科学，它不是一种关于普通正常理性的认识，而是一门科学本身(参见 Kant, I., *Kant's gesammelte Schriften*, Band XXIV, Walter de Gruyter & Co., Berlin 30, 1966, ss. 311 – 323)。从这些论述，显然可以看出康德在《纯粹理性批判》中相应论述的思想基础。因此，这样的观点是如何形成的，康德对它们是如何分析和论证的，不仅是我们理解康德思想的必要条件，而且也是我们正确评价康德思想所不可或缺的东西。

六、逻辑与辩证法

沿着康德先验逻辑的思路,黑格尔发展出辩证法的思想体系,后有人试图在此基础之上建立辩证逻辑。国内一直有一种观点,认为形式逻辑是低级的,而辩证逻辑是高级的[①]。这里,形式逻辑就是我们所说的那种学科意义上的逻辑,而所谓辩证逻辑不过是基于辩证法和逻辑的结合而形成的一种东西。这里,我不准备谈论形式逻辑与辩证逻辑之间的关系,也不评价它们之间的高低优劣,而只想从逻辑分析的角度谈一谈辩证法。我认为,对辩证法的性质有比较清楚的认识,也会有助于我们理解逻辑分析。

辩证法的思想源远流长。中国古代的寓言"塞翁失马",古希腊哲学家赫拉克立特的名言"一个人不能两次踏进同一条河",都是辩证法思想的具体体现。但是,辩证法作为一种思想方法,作为一种思想体系,是经过后人理论建树才形成的。以其中的三条基本规律为例,我认为辩证法的形成主要有以下几个特征:

一个特征是使用简单枚举法。比如对于"对立统一规律",列宁在说明它的时候举的例子是数学中的正和负、微分和积分、力学中的作用和反作用、物理学中的阳电和阴电、化学中的原子的化合和分解、社会科学中的阶级斗争,等等。毛泽东在说明它的时候举的例子是战争中的攻守、进退、胜败,人的概念的差异,党内不同思想的对立和斗争,以及中国和日本,共产党和国民党,无产阶级和资产阶级,农民和地主,顺利情形和困难情形,过去和将来,缺点和成绩,原告和被告,革命的秘密工作和革命的公开工作,等等[②]。一些教科书中则除了举以上例子外,还会增加更多的例子,比如:中国古代的阴阳,孙子兵法中的知己知彼、百战不殆,置之死地而后生、《三国演义》所说的"分久必合、合久必分",等等。这些例子来自不同作家不同的知识背景,比如列宁的例子主要来自科学,毛泽东的例子主要来自斗争实践,

① "高级""低级"的比喻确实来自恩格斯,但是恩格斯在用这个比喻的时候使用的概念是"辩证法",而不是"辩证逻辑",这里的区别是很大的。我曾经详细讨论过这个问题,参见王路:《逻辑的观念》。

② 参见毛泽东:《矛盾论》,《毛泽东选集》,第一卷,人民出版社,1991。

因此可以很不相同。这些例子几乎都是常识,没有什么理解的问题,因此非常有助于说明什么是对立统一。此外,由于这些例子往往不是一个两个,而是一组,特别是这样的举例还可以使人联想到更多的例子,因此有助于说明对立统一的规律,而且也使这样的说明显得很有说服力。

另一个特征是使用类比法。比如对于"量变质变规律",人们常举水的变化这个例子来说明它。在正常压力下,到了 0 度以下,水变成冰,而到了 100 度,水变成蒸气,在 0 度到 100 度之间,水则保持液态。这个例子可以说明水变冷或变热,在一定情况下还会发生形态的变化。温度的变化是量变,形态的变化是质变。由量变到质变,非常清楚。由此说明,事物总是发展变化的,这种变化是在时间和空间中进行的,它们积累到一定的程度,会使事物本身发生根本性的变化。作为一种说明,水这个例子与其他例子一起使用,相当于简单枚举法,而就这个例子本身来说,这是一种类比法,是以科学中的一种情况做说明,把它的一些性质类比到科学以外的事物上,由此得出一种普遍的结论。

还有一个特征是使用比喻。比如对于"否定之否定规律",人们常常举如下的例子。比如,一粒麦粒落在土壤里,发芽生长成一株植物。这时,它不再是原来的麦粒,由此形成第一次否定,即植物对麦粒的否定。这株植物开花,接穗,最后长出麦粒,麦粒成熟了,麦秸也就枯萎了。这时,它不再是原来的植物,由此形成麦粒对植物的否定。最后,人们从最初的一粒麦粒得到了许多麦粒,而这许多麦粒就是对最初那一粒麦粒的否定之否定的结果。又比如:a 是数学中的一个数,从它可以得到 $-a$(负 a)。$-a$ 与 a 不同,因而是对 a 的否定。以 $-a$ 乘以 $-a$,就得到 $+a^2$。$+a^2$ 与 $-a$ 不同,因而是对 $-a$ 的否定。这样,人们从 a 得到了 $+a^2$,而这一整个过程是一个否定之否定的过程。除此之外,人们还会举动物、地质、历史、哲学等领域的许多例子,由此说明事物的发展要遵循"肯定—否定—否定之否定(新的肯定)"的规律。这样的举例无疑是简单枚举法,而就单个例子来说,也存在类比的因素。问题是,即使这样,对于否定之否定的说明也是不明确的,因为自然界麦粒的生长过程与数学中从 a 到 $+a^2$ 的演变根本就不是一回事。所以,为了说明这样的规律,人们往往还需要进一步的说明,比如说事物符合这条规律的发展,则是"螺旋式上升”、“波浪式前进”或“上台阶”等等①。而这样的说法则显然是比喻,比喻是形象而生动的,可以帮助人们更好地理解这条规律。

从辩证法的以上三个主要特征可以看出,辩证法的说明非常直观,也容易理解和接受。但是从逻辑的角度看,它们有一种共同性,这就是没有有效性。仅以水的这个例子为例。这是根据科学理论而解释的一个例子。由于科学是量化的,而在科学中对量也有明确的说明,因此0度、1度……100度是清楚的。同样,在科学中,对事物的形态也有明确的说明,因此固态、液态、气态也是清楚的。这样,结合量与形态而说明的度也是清楚的。因此水这个例子是非常清楚的。根据这个例子来理解,或者根据类似的科学中的例子来理解,量变质变规律也是清楚的,没有什么问题。问题是,当人们以类比的方式把由此得到的这条规律推广到科学之外,从而把它看做一条普遍规律,它还是不是有效?在科学之可以有量化,但是在科学以外还可以有这样的量化吗?实际上,在非科学领域中,这样的量化往往是很困难的,甚至往往是不可能的。这样,量就不是很清楚的。由于量不清楚,那么由量决定的度或所谓积累到一定程度的这个“度”也就不是那样清楚。比如,一个人掉头发,每天掉几根,越掉越多,掉的时间久了,成了秃顶。每天掉头发是量变,因为头发毕竟还是可以计数的,而成为秃顶则是质变。但是从什么时候可以看做发生质变,这一点就不是特别清楚。也许,从医学的角度可以对秃顶给出一个定义,但是从操作的角度上,确定什么时候成为秃顶可能还是有困难的。其实,古希腊就有谷堆悖论。它说明了大致相似的问题。同样,a与 $+a^2$ 是数学中的例子,数学中对数和运算规则都有明确的说明。因此说明从a与从a得出的 $+a^2$ 不是一回事乃是可以理解的。但是当把这作为对“否定之否定规律”的一种说明,并且推广到数学以外的领域,数学中那些清楚的说明就不再是清楚的了。而且,对a与 $+a^2$ 的说明与对麦粒的说明本就不同,因为领域不同,道理也不相同,因此举的例子再多,当超出这些例子本身而达到一种普遍的说明的时候,所说明的那条规律就不是那样清楚了。当一条规律本身就是不清楚的时候,通过一些比喻,确实可以增加人们对这条规律的理解。但是由于比喻既有字面的意思,又有字面背后和引申的意思,因而比

① 有人则认为,这条规律是“最难理解的”,“最有味道的”(方军主编:《哲学基础》,154页,群众出版社,1999)。

喻本身就有不清楚的一面,所以这样对规律的说明实际上不是非常清楚的。所以,通过举例、类别、比喻等这样的方式来进行说明和论证,无论多么有道理,从逻辑的角度看,缺乏有效性则是显而易见的。

通过以上说明可以看出,辩证法是一种与逻辑完全不同的方法。基于辩证法而形成的辩证逻辑也同样不是逻辑。即使人们认为辩证法是一门学科或科学,运用辩证法也不是运用逻辑。这样,辩证法的运用与逻辑分析就没有什么关系。当然,人们可以从自己的知识背景选择和使用自己的方法,也可以根据自己的知识结构和好恶来评价逻辑和辩证法的优劣。但是谈到逻辑分析,从学科的角度出发,则至少应该对逻辑有一个比较正确的认识。没有这样的认识,不仅不会看到逻辑作为一门学科而应有的性质和价值,而且也不会对逻辑分析有正确的认识。

七、逻辑的技术与修养

我强调作为学科的逻辑,这是因为在我看来,对于逻辑分析的理解一定是来自逻辑本身,而不是来自它的字面。如果不懂逻辑,如果不从作为学科的逻辑出发来理解和谈论逻辑,就不会对逻辑分析有正确的看法,这样也就不会对所谓的逻辑分析有正确的看法。我常常以亚里士多德的《前分析篇》和黑格尔的《逻辑学》为例来说明什么是逻辑的问题。亚里士多德的书谈的是分析,它很少使用、甚至没有使用"逻辑"这个词,但是人们把它看做逻辑的奠基之作,并称亚里士多德为逻辑的创始人。黑格尔的书以"逻辑"来命名,但是尽管他的书非常出名,他本人在哲学史上的地位也很高,人们却一般并不认为他是逻辑学家,也不认为它这本书是逻辑著作,甚至还认为它给逻辑的发展造成了严重的阻碍。可见是不是逻辑并不仅仅在于其名称,而在于它的具体内容。同样,理解还是不理解逻辑分析,并不在于能不能这样说,而主要在于是不是真正理解逻辑。因此,谈论逻辑分析,并不在于是从逻辑出发,还是从先验逻辑、辩证逻辑或认识论逻辑等等出发,而首先在于要从作为一门学科的逻辑出发。作为学科,我认为至少要有两个条件:其一,它必须具备一门学科所具备的性质;其二,它必须是公认的,或者至少得到比较普遍承认。在这种意义上说,先验逻辑、辩证逻辑等都还不具有学科的性质。

从逻辑这门学科出发来理解哲学中的逻辑分析,可以有两个层次。一个层次是逻辑技术的运用,另一个层次是逻辑修养的体现。这是两个不同的层次,却是相互联系的。逻辑的修养是由逻辑的技术支撑的。没有逻辑的技术,逻辑的修养就无从谈起。因此,逻辑的技术与修养也是相互交织在一起的。下面我们分别举例谈一谈这两个层次的问题。

在西方哲学史上,范畴理论是一个非常重要的理论。这一理论的首创者是亚里士多德,但是直到康德和黑格尔的著作中,它的探讨方式一直清晰可见。可以说,在现代逻辑产生之前,在很长的历史时期内,范畴甚至是一种主要的讨论哲学的方式。这里我们仅简要看一看亚里士多德的有关论述。

在《范畴篇》中,亚里士多德区别出第一实体和第二实体,并且明确地说,第一实体是个体,第二实体是种和属。而在《形而上学》中,他也说,在实体的意义上"说一事物是"则表示"所是者"和"这东西"。这样的论述显然表现出个体与类在实体上的区别。联系起来看,亚里士多德的范畴理论似乎不仅明确地表达出个体与类的区别,而且也包含对个体和类的论述。基于这样的理解,个体被看成是最根本、最首要和最基础的实体。我们看到,在研究亚里士多德的文献中,关于如何理解亚里士多德的范畴理论,如何理解他的实体概念,尽管争论非常多,差异也非常大,但是长期以来,这样的理解一直是一种支配观点。

近年来,这样的观点有了根本的改变。人们看到,除了《范畴篇》,亚里士多德在《论辩篇》中也有关于范畴的论述,而且是与《范畴篇》不同的论述。在《论辩篇》中,范畴理论就是一种关于谓述的理论。根据这种理论,谓词对主词的表述表达为本质、质、量、关系等[①]。在这样的表述中,由于第一个范畴是本质,而个体是不能定义的,因此这样的范畴所表达的主语(或主体)不能是个体。这说明,亚里士多德的范畴理论是一种关于类的理论。明白这一点应该没有什么问题。但是如果问为什

① 关于亚里士多德在《论辩篇》和《范畴篇》关于范畴的论述,尤其是关于第一个范畴的区别,最近几十年有比较多的讨论。过去人们对亚里士多德范畴理论的理解主要基于《范畴篇》。近年来的研究成果则表明,他的《论辩篇》的有关论述更多,而且更重要。我曾经比较详细地讨论二者的区别,这里就不详细讨论了。参见王路:《"是"与"真"——形而上学的基石》。

么它会是一种关于类的理论,就需要进行一些分析。这是因为亚里士多德的这种分类基于他的四谓词理论,而这是一种关于类的逻辑理论。举一个最简单的例子。对于一个具有“S是P”这样形式的句子,如果P能够与S互换谓述,并且表示S的本质,P就是定义。这是逻辑的说明。而从哲学的角度说,所谓表达本质,就是说明一事物究竟是什么,或者说,说明它的本质或“所是者”(ti esti)。表达个体的词不能做谓词,从而不能换位,因此从逻辑的角度排除了个体做主词。在这种情况下,从哲学的角度出发来理解本质,同样也只能考虑类,而不能考虑个体。

理解亚里士多德的范畴理论,如果从逻辑出发只能提出关于《论辩篇》中的解释,以及相应的关于类的解释,而不能给出关于个体的解释,则是不能令人满意的。因为亚里士多德在《范畴篇》和《形而上学》中确实有非常明确的关于个体的表述。我认为,从逻辑的角度出发来理解这里的问题,不仅不矛盾,而且可以澄清亚里士多德注释家们一直争论的一些问题。逻辑有理论自身的方面,也有应用的方面。亚里士多德的逻辑理论本身是关于类的,但是这并不意味着亚里士多德本人认为它只能用于类,而不能用于个体。也就是说,在他看来,逻辑是关于类的,但是也可以把它施用于个体。因此在逻辑中探讨的是类与类的关系,但是这并不妨碍在应用逻辑的时候,不仅能够以类与类的关系来考虑问题,而且也可以在把逻辑应用到个体的意义上考虑个体与类的关系。比如,对于“S是P”这样的类关系的表达,可以认为,如果P与S可以互换谓述,又表达S的本质,则P是定义;如果P与S可以互换谓述,但P不表达S的本质,则P是固有属性;如果P与S不可以互换谓述,但P表达S的本质,则P是属;如果P与S不可以互换谓述,P也不表达S的本质,则P是偶性。而涉及个体的时候,则可以认为,如果个体分享S,则个体也分享P。因此,如果S适合个体,则P也适合个体。当然,由于亚里士多德逻辑只提供了关于类与类的关系的说明,而没有提供关于个体与类的关系的说明,因此即使亚里士多德认为甚至相信他的逻辑能够适用于关于个体的说明,但是实际上它是不是适用、能不能适用于对个体的说明,乃是值得考虑的。此外,在进行这样的说明中,有没有什么问题,也是值得考虑的。限于篇幅,我在这里仅仅指出这些问题,而不进行深入的探讨①。

在现代逻辑产生之后,人们一般不再以范畴理论的方式来讨论哲学中的谓述问题,也不以第一实体和第二实体的方式来区别个体和类,尤其是不再以范畴理论的方式探讨对象和概念。取而代之的方式很多,其中一种比较主要的方式是基于一阶逻辑理论来考虑。如前所述,由于现代逻辑含有个体、谓词和量词,因而不仅刻画了类与类之间的关系,而且也刻画了个体与类之间的关系。应用这样一种理论进行哲学分析,则会对个体和类进行比较深入的说明。在一般表述中,关于个体的表达是一类情况。在这类表达中,可以有一个对象处于一个概念之下的情况,比如像“亚里士多德是哲学家”这样的句子,它表达的是一个带有一个自变元的函数“Fa”;也可以有多个对象处于一个概念之下的情况,比如像“亚里士多德是柏拉图的学生”这样的句子,它表达的就是一个带有两个自变元的函数“Rxy”。关于类的表达是另一类情况,与关于个体的表达不同,比如“哲学家是思想家”,它表达的是概念与概念之间的关系。但是按照逻辑的分析,它也表达了一个函数与另一个函数之间的关系,即“Fx→Gx”,意思是说:“如果一事物是哲学家,那么该事物是思想家。”这样的分析用弗雷格的话则表达如下:“逻辑的基本关系是一个对象处于一个概念之下的关系:概念之间的所有关系都可以化归为这种关系。”②当然,这里的分析和说明还是最为简单的,在此基础上还有关于量词的刻画,由此形成关于比较复杂的关系情况的说明。

以上两个例子分别说明如何运用逻辑的技术来从事哲学分析。其间可以明显看出,亚里士多德逻辑与现代逻辑是不同的,因此,同样是对日常表达进行分析,运用不同的逻辑,所得出的结果也是不一样的。下面我们看一看在哲学讨论中,逻辑修养是如何体现的。

逻辑的修养是一个比较虚的说法,它显然不如逻辑的技术那样具体。我所说的逻辑修养是指在具备了逻辑的技术以后,以逻辑作为知识结构和背景而产生的看问题的视角和思考方式,下面还是举例来说明这一层面的问题。

---

① 我在另一篇文章中非常详细地讨论这里关于个体和类的区别的问题。参见《“是”与实体——理解亚里士多德的形而上学》,载《哲学评论》,武汉大学哲学学院编,2005 年即出。

② Frege, G., *Nachgelassene Schriften*, hg. von Hermes, H./Kambartel, F./Kaulbach, F., Hamburg, 1969, s.128.

以亚里士多德逻辑为基础而形成的传统逻辑体系是"概念、判断、推理"。人们相信，推理是逻辑的核心，但推理是由判断组成的，而判断是由概念组成的，因此概念是逻辑的最基本的要素，也是最基础的东西。基于这样的逻辑，人们从事哲学研究，也形成了以概念为核心的认识模式。一般的认识是：世界是由个体的事物构成的，这样的事物反映到我们的思想中就是概念；事物是有性质的，这样的性质反映到我们的思想中就是判断。根据这样的看法，人类的认识被看做一个从概念到判断再到推理这样一个由低级到高级的过程。人们总是先认识个别的东西，由此形成概念。然后人们再认识个别的东西具有什么性质，由此形成判断，最后才会形成推理。这样一种认识模式并不依据什么逻辑的技术，但是在传统逻辑的体系和框架下，从传统逻辑的视野出发，却是自然的，因为这样的哲学体系与逻辑体系是一致的。

但是现代逻辑的体系却不是这样。现代逻辑的基础是命题演算和谓词演算。它突出了句子的核心地位，从而更加突出了逻辑研究推理的特征。从现代逻辑的观点出发，人们从事哲学研究，对世界的看法也发生了重要的变化。其中最主要就是对事实的认识。今天人们一般认为，世界是由事实构成的。所谓事实不是指一个个具体的事物，而是指事物具有什么样的性质，以及事物之间具有什么样的关系。这样的看法与传统的看法是根本不同的。世界是由个体的事物构成的，比如日、月、水、火等，相应于这样的事物在我们的头脑中就是概念。而世界是由事实构成的，比如：太阳是自身发光的，月亮是反光的，水是流动的，火是灼热的，等等，相应这样的事实在我们的头脑中就是命题或句子。根据这样的看法，人类的认识也是从事实开始的。即使是小孩子说的单个的词，也是表达事实的省略句。比如当一个小孩说"奶"的时候，他的意思是"我要喝奶"，而当他看到一条狗从面前经过而说"狗"的时候，他的意思是"这是一条狗"。这样一种解释与传统的说法是根本不同的。它也没有依据什么现代逻辑的技术。但是，正是由于现代逻辑得到普遍的应用，它已经成为人们知识结构中的一种要素，因此在它的视野下，从句子出发看问题就是非常自然的。

以上我们分别从技术和修养这两个层面分别论述了使用不同逻辑进行哲学分析所形成的差异。从技术的层面看，运用现代逻辑肯定比运用亚里士多德逻辑以及传统逻辑要强得多,因为现代逻辑的技术手段使我们可以区别出语言中一些不同的要素,以及语言中一些不同的层次,从而使我们能够摆脱自然语言语法的束缚,分析许多非常复杂的问题。而从修养的层面看,虽然我们并不能说"世界是由事实构成的"这种看法就一定比"世界是由事物构成的"这种看法更有好或更有道理,但是我们至少可以看到,这是一种与过去完全不同的看法。从事哲学研究,多一种逻辑的视野,因而多获得一种解释方式,多产生一种哲学观点,对于哲学的发展总是好的。

八、"是"与"真"

以上我们重点探讨了什么是学科意义上的逻辑,并在这种意义上探讨了什么是逻辑分析。而在学科的意义上,我们主要是围绕语言、句法和语义简要介绍了亚里士多德逻辑和现代逻辑,目的在于介绍它们的同时也说明它们之间的显著区别。我们看到,一方面,亚里士多德逻辑从日常语言出发,保留了系词"是"作为逻辑常项,因此突现了它,而现代逻辑从人工语言出发,因而消除了这个"是"。另一方面,现代逻辑通过区别句法和语义,使"真"这个概念突现出来,并形成了重要的理论成果,而亚里士多德逻辑虽然多次谈到它,但是由于没有句法和语义的明确区别,因而没有使"真"这个概念完全突现出来。探讨逻辑与哲学的关系无疑可以有多种方式和途径,而我则试图从亚里士多德逻辑和现代逻辑的区别出发,即从与"是"和"真"相关的问题的角度出发来探讨这个问题。

亚里士多德逻辑是西方人发明的,所谓保留日常语言中的系词"是"也是西方语言中的,因此西方人在哲学讨论中使用起他们的逻辑是自然的,谈论起他们语言中的那个"是"也是自然的。这并不是说他们对逻辑的理解就没有区别,比如亚里士多德对逻辑的理解与康德、黑格尔对逻辑的理解就完全不同,也不是说他们对"是"的理解就毫无差异,比如有人可能在系词的意义上理解,而有人可能在"存在"的意义上理解。但是无论他们对逻辑的看法如何不同,他们所理解的逻辑的基本句式是一样的,都是"S 是 P",都以"是"为核心。不管他们对"是"的理解的差异多大，他们谈论的都是一个共同的概念，都是那个"是"。正是在这样的理解中，体现了一种逻辑和哲学的关系，因为逻辑的基本句式与哲学的核心概念是相通的，而这相同的一点正是那个"是"。

由于亚里士多德逻辑是西方人发明的，由于其保留的日常语言中的那个系词"是"也来自西方语言中，因此我们中国人在学习和研究西方哲学的过程中，在涉及它们的时候，我们的理解就不一定那么自然。因为在我们的语言中，"是"并非一直是"系词"，尤其是它的语法作用，并非像西方语言中的系词那样一直是必不可少的，而且在语法方面，我们的语言没有明确的变形规则，因而理解"S是P"固然没有问题，但是把"是"作为一个独立的概念来理解却非常困难。因此也就不难理解，为什么多年以来许多人一直把西方哲学中的这个核心概念理解为"存在"。除了西方人所说的"是"也含有"存在"的意思之外，字面上的通顺可行大概是更主要的理由，因为"存在"无疑是一个概念。不能说这样的理解一点道理都没有，但是我认为，这样的理解有一个最大的问题，这就是割裂了逻辑与哲学的关系。因为从字面上丝毫看不出"S是P"与"存在"有什么关系，因而西方逻辑与哲学在"是"这一点的相通被彻底地阻断了。有人认为，"是"这种译法隐藏着一种倾向，这就是把"existence"(存在)从"being"(是)彻底割裂出去，从而完全从知识论甚或逻辑学的角度去理解哲学[①]。这样的解释不是从字面上，而是从学理上说的，无疑是对"是"的解释提出批评。但是，即使这种看法有道理，"是"的不当之处也不过就是隐藏着一种倾向而已，而非事实上就是把"存在"的理解彻底割裂出去了。我认为，在我国的西方哲学研究中，就"being"这个问题而言，在长期割断了逻辑与哲学的关系之后，"是"的理解恰恰提出了一种新的途径，无论这种途径有什么样的问题，它至少使我们可以比较自然地看到逻辑与哲学的联系，而且这种联系不是凭空想像的，而是非常具体的，是通过逻辑的基本句式和哲学的核心概念的相通之处体现出来的。至于前面所说对于那种倾向的担心，也许不能说它没有道理。但是，我不明白，为什么从逻辑的角度就不能理解存在呢？既然说西方哲学的主要特征是逻辑分析的，那么为什么不能通过对逻辑分析的理解来理解存在呢？特别是从理解西方哲学的角度

① 参见宋继杰编：《Being与西方哲学传统》，下卷，1172页，河北大学出版社。

说，一方面是我们如何理解和讨论存在问题本身，另一方面是我们如何理解和讨论西方哲学家们是如何理解和讨论存在的。在这两方面的讨论中，尤其是在后一个方面，逻辑和语言以及相关的概念相互交织在一起，因此，有逻辑的概念，弄清楚逻辑分析是如何起作用的，对于我们的理解是不会没有好处的。

现代逻辑也是西方人发明的，但是由于它是从人工语言出发，脱离了自然语言，因此对于我们中国人来说，它体现了普遍性的特征。也就是说，我们中国人和西方人今天对逻辑的理解是一样的，运用也是一样的，丝毫没有语言方面的差异。在现代逻辑中，“是”这个概念不见了，突出了“真”这个概念。相应地，在应用现代逻辑的哲学中，“是”也不再是讨论的核心，许多人甚至根本不再讨论它。但是“真”这个概念突现出来，成为哲学讨论的核心概念，比如人们讨论真之载体、真之条件以及各种真之理论。这个“真”就是或主要是“是真的”那种意义上的东西。但是长期以来，我们把它理解为“真理”。问题是，“真理”是不是“是真的”的名词形式？它最根本的意思是不是就是“是真的”所指的东西？[①] 当然，我们对“真”这个概念也可以提出完全相同的问题。我认为，在中文语境中，逻辑学家在讨论时总是使用“真”这个概念，并且确实是在“是真的”这种意义上理解的，而且他们一般不讨论真理；而哲学家有时候也会谈到“真”这个概念，但是当他们更经常地谈论“真理”的时候，他们并不是在“是真的”这种意义上理解的。因此，不论在字面上“真”有什么问题，至少它体现了逻辑的理解和含义。此外，逻辑学家不讨论这个概念的其他含义，并不意味着它就没有其他含义。因此“真”这种理解既反映了逻辑的理解，同时也没有排除其他理解，因为它体现了“是真的”这种含义，而所有其他含义，假如有的话，也是从“是真的”这里来的。而“真理”这一概念的本意并不是“是真的”这种意义上的东西。所以，当我们讨论西方哲学的时候，如果我们使用“真”这一概念，我们至少从字面上可以看到逻辑与哲学的联系，因而为这样的理解保留了空间。而若是使用“真理”这一概念，也就从字面上断送了这样的理解。所以，我不反对我们自说自话地讨论真理，但是从理解西方哲学的角度出发，我认为我们应该使用“真”而不是“真理”这一概念。

① 参见王路：《论“真”与“真理”》，载《中国社会科学》，1996(6)。

“是”与“真”是西方语言中的基本词汇，也是逻辑和哲学讨论中十分核心的两个概念。无论逻辑学家和哲学家对它们的理解有什么不同，它们在逻辑学家和哲学家的讨论中却是相同的。也就是说，逻辑学家可以有自己对它们的理解，哲学家也可以有自己对它们的理解，而且这样的理解可以是不同的，但是不可能逻辑学家谈论的“是”和“真”与哲学家谈论的“是”和“真”是不同的。正因为这样，逻辑学家的研究才会有助于哲学家们的研究，逻辑才会是哲学的工具，才会对哲学起作用。如果他们所谈的是不同的东西，那么其间还怎么能够有联系的？逻辑又怎么能够为哲学家所用呢？逻辑还怎么会对哲学起作用呢？有人可能会说，即使逻辑所谈的与哲学所谈的是不同的东西，逻辑也会为哲学所用，逻辑也会对哲学起作用。我认为，在方法论的意义上，这种说法也许是有道理的。问题是，逻辑不是凭空产生的，它是应哲学的需要而产生的，因此它自产生之日起就是一直与哲学密切联系在一起，而且这种联系的一部分结果是，逻辑考虑的一些概念和问题本身就是哲学的概念和问题。这一点恰恰在“是”与“真”的关系上体现得最为清楚。而且，我并不是单纯地探讨逻辑和哲学的关系本身，而是在如何理解西方哲学的意义上探讨这个问题。这样，哲学史的考虑，文本的考虑就必须始终在我们的视野之内。

从逻辑的角度出发来理解西方哲学，我们就会清楚地看到为什么传统哲学的核心概念是“是”，而现代哲学，主要是分析哲学和语言哲学的核心概念却不再是“是”。这与它们使用不同的逻辑无疑有很大关系。看到这种差异，深入地研究这种差异，我们还可以看到，亚里士多德逻辑虽然凸现了句子中的系词“是”，反映了句子的语法结构，导致哲学的讨论也主要围绕着谓词对主词的表述上，比如亚里士多德的范畴说，康德的分析－综合说，黑格尔的个别－一般说，等等，但是，对“是”所表达的复杂内容却往往无法说清楚。而现代逻辑虽然消除了句子中的系词“是”，却更深刻地揭示了句子的逻辑结构，提供了对“是”新的解释，说明它比如可以表达类与类的关系或包含关系（“哲学家是思想家”），也可以表达个体与类的关系或属于关系（“亚里士多德是哲学家”），还可以表达个体与个体的关系或相等关系（“晨星是昏星”），等等。有了这个视角，我们不仅可以看到哲学史发展的变化，因而理解为什么可以从谈“是”到不谈“是”，也可以通过这种变化而看到哲学史的延续，因而不仅理解人们为什么不再谈“是”，而且也可以理解人们对“是”的一些新解,比如说,“是”乃是变元的值。语言带有民族性特征,它的语法结构只是句子的表面形式,因此如果一种逻辑带有这样的性质,势必会有一定的局限性。一种哲学如果应用这样的逻辑,则一定会体现这样的特征。现代逻辑使我们比较深刻地认识到这一点,从而使我们这些非西方人可以更好地理解西方哲学。

从逻辑的角度出发来理解西方哲学,我们还会清楚地看到为什么分析哲学和语言哲学的核心概念是“真”,而传统哲学的核心概念却不是“真”。这也与它们使用的逻辑有直接的关系。通过对这种差异的思考我们还发现,传统哲学虽然不是以“真”为核心概念,但却不是没有对“真”的思考,尤其是在一些大哲学家那里,对“真”的论述还很多。以亚里士多德为例,他的哲学中除了有对“是”的论述之外,也有许多对“真”的论述,十分典型地是他认为“把哲学称为关于真的知识也是正确的”[①]。联系他说的哲学研究“是本身”,不是可以明显地看到“是”与“真”的一种联系吗?当然,人们可以问,即使他有关于真的论述,即使他的论述表明“是”与“真”有密切的联系,然而这是不是就是体现了逻辑与哲学的联系?这确实是一个问题。但是,如果我们有逻辑的意识,认识到逻辑与哲学有密切的关系,注意到可以有这样一种从逻辑与哲学相联系来理解西方哲学的角度,就会重视和考虑亚里士多德有关“真”的论述。在这种情况下,如果说在上述论述中逻辑与哲学的联系还不十分明显的话,那么在他的那段名言中——“否定是的东西或肯定不是的东西就是假的,而肯定是的东西和否定不是的东西就是真的”[②] ——逻辑和哲学的关系表现得还不充分吗?这样一来,我们至少可以看到,探讨“真”其实是有逻辑思考的,尽管在传统哲学中不是那样明确。通过这样的角度看哲学史,我们就可以看到,从亚里士多德的哲学到分析哲学,虽然“是”的讨论中断了,但是“真”的讨论却是一直延续的。这会促使我们深入地思考西方哲学的许多问题。比如,这里是不是有专门的语言方面的问题?如果有,怎么样?没有,又怎么样?又比如,如果“是”的讨论中断了,而“真”的讨论一直延续,那么哲学中最核心最普遍的问题究竟是“是”,还是“真”?如果是“是”,为什么它的讨论会中断?如果是“真”,为什么在过去凸现的乃

---

① Aristoteles, *Metaphysik*, Buecher I-VI, griech.-Deutsch, in d. Uebers. Von Bonitz, H.; Neu bearb., mit Einl. U. Kommentar hrsg. Von Seidl, H., Felix Meiner Verlag 1984, s.73.

② 同上,s.171。

是"是",而不是"真"? 这些问题本身无疑是非常复杂的,但是至少有一点是清楚的,即我们是通过对逻辑分析的理解看到这一点的。换句话说,逻辑的理解可以为我们中国人开辟一条理解西方哲学的途径,而且是贯通整个哲学史的理解途径。

与西方思想文化相比,我国学科的建立比较落后,学科意识也不太发达。因此,我强调在学科的意义上理解逻辑,强调联系逻辑来理解西方哲学。我认为,这里也可以引申一步说:从学科的角度看问题是一种方法,因而具有方法论的意义。举一个例子。近年来国内学界常常讨论"中国哲学"的合法性问题。无论有什么样的不同观点,这一讨论至少有一个前提:"哲学"这一概念是外来引入的,因此它带有一种本来的含义。由于哲学既是人们广泛谈论的东西,又是一门学科,因此对于这样一种含义,当然可以做学科意义上的理解,也可以不做学科意义上的理解。而且,由于哲学这门学科本身也发生过很大的变化,因此即使是在学科的意义上来理解哲学,依然可以见仁见智。但是在我看来,不管怎样理解,不论有什么分歧,从学科出发,毕竟是一个考虑"哲学"的角度。最主要的是,从学科的角度出发,至少使我们有比较明确的可以依循的东西。在学科的基础上,我们的讨论至少不太容易流于形式,而且大概在学科的基础上我们的讨论才会越来越深入。

真理、道理与讲理

王庆节

20世纪50年代有两个脍炙人口的电影故事：西尼·卢曼特执导的美国影片《十二怒汉》和黑泽明执导的日本影片《罗生门》。去年，倪梁康先生在一篇题为《〈十二怒汉〉vs〈罗生门〉——政治哲学中的政治－哲学关系》文章中，以这两个故事为线索，提出了伦理、政治哲学中的真理性认知的问题。[1] 这个问题随即在学界引起了进一步的讨论。按照倪的解释，电影《罗生门》所传达给我们的乃是一当今时代比较流行的关于真理的观念：即所谓真理，或生活中的真相，即便有，也根本无法再现和认知，或者至少无法通过众人再现；电影《十二怒汉》与之相反，表现出一种全然不同的真理观：真理是有的，它不决定于多数，但可以通过众人相互间的充分论辩、说理来达到。倪说：

> 《十二怒汉》试图向人们展示一个政治范式的成功案例。各种杂多的观点可以经过充分的讨论达到共识，这种共识不仅具有主体间的有效性，而且可以切中主体以外的对象，即客观的真相。[2]

显然，倪梁康的真理观比较接近后一种立场。在倪看来，电影《十二怒汉》中的故事表明，有分歧的众人可以通过相互间的讲理来达到真理/真相的生活事实，而这一生活事实的存在可以在哲学上推论出两个隐藏的前提：第一，讲理的人必定假

---

① 参见倪梁康：《〈十二怒汉〉vs〈罗生门〉——政治哲学中的政治－哲学关系》，载《南方周末》7月8号。

② 同上。

设有客观真理作为目标而存在,否则争论和差异就不可能;第二,讲理的人必定假设有共同认可的讲理判准,否则无法评理。[①]

在日常的伦理和政治生活中,有分歧的众人真的可以通过相互间的讲理或说理来达到真理/真相吗?如果答案是肯定的,那么,这种真理/真相是在什么样的意义上为"真"?本文想通过对"讲真理"与"讲道理"这样两个概念的分析和讨论,试图提出一种与倪文不同的关于真理的理解,并由此来探讨"讲理"或"说理"活动在这一真理/道理观念中的可能地位和作用。

一、"讲真理"与"讲道理"

不错,在日常的生活中,尤其是在争辩中,我们常常需要说理。说理的人,在通常的情况下,一般至少起初也都相信惟有他所认定的"理"才是"真理"。但"说理"本身就一定能保证有一个超越于诸说之上的、惟一的"真理"存在吗?或者换句话说,"讲道理"与"讲真理"能等同吗?[②] 我们知道,在俗话所说的"公说公有理,婆说婆有理"的情况下,往往毫无"真理性"可言,但"公理"与"婆理",是否也可能是某种道理呢?

就拿倪梁康所举的《十二怒汉》与《罗生门》的故事为例。按照一般常理,参与讨论与争辩的众人们都假设有一个不变的、惟一的、超越于一切说法与看法的"真相"存在并作为这一切看法与说法的基础,比如说,《十二怒汉》中的少年究竟有没有杀害他的父亲?《罗生门》中的武士的死究竟如何发生?于是乎,各人出于自己的视角和私见,各执一词,莫衷一是。

---

① 更进一步,倪梁康从他所推出的相互说理得以可能的两个前提又推出构建一个真正意义上的民主制度的两个必要前提,即人是有理性能力的动物与人是有政治能力的动物,用倪自己的话来说就是:"甚至可以说,现代民主制度之所以能够建立起来,说明它已经承认这两个因素,并以此为基础。"对于这一政治哲学的论断,倪在文中只是提出,似乎并未给予充分的论证。但至于现代民主制度是否必然建立在上述两个前提之上以及民主制度的两个前提是否一定能从相互说理得以可能的两个前提中推出,这个问题太大,超出了本文的讨论范围。

② 陈春文先生在2004年6月举行的关于德国哲学的一个研讨会上,首先提出"讲真理"与"讲道理"的区别,这对我的进一步思考极具启发作用。

这种各执一词的情况的发生可以细分为二:第一,关于事实的认定各执己见;第二,关于事实的评价纷争不已。这也就是说,在许多情形下,我们所遇到的是"主观"的纷争与歧见。但究竟可不可能有一个超越一切"主观"歧见的"客观"立场呢?这里,我们遇到的是一个传统的关于"主观性"与"客观性",或者说如何消除主观性,达到客观性的问题。而且,一般意见认为,即使客观性的"评价"不太可能达到,关于客观性事实的"认定"应当不成问题。

事实真的如此吗?首先,关于事实的认定与事实的评价之间的区分真的那么清楚和铁定无疑吗?我们知道,在很多的情形下,事实的评价与认定之间往往并不是那么容易区分开来。一致性的评价和认定均需事先假定很多共同认可的东西作为前提,区别大概在于,在事实评价的情形下,人们一般能清醒意识到那些共同设定的前提,但当其中一些人对这些前提的有效性发生疑问之际,人们对此一事实的评价也就随之发生分歧。而在事实认定的情形下,由于那些共同设定的前提极少变化,人们也就习以为常,不加细究,以为它们根本不会变化。所以,事实的评价极易产生分歧,而事实的认定则容易达成一致。例如,对于 1966 年到 1976 年间中国大陆上发生的事情,过去许多人曾认为是"文化革命",而现在更多人却认定是"十年浩劫"。再如,自古以来人们认定的奸臣曹操、淫妇潘金莲的形象也都在慢慢发生着变化。显然,这些情况的出现基本上都是因为不同评价者的视域不同或者同一评价者的视域随着境域的改变而发生变化造成的。

尽管事实认定的情形较为复杂一些,但似乎仍然难以摆脱"视域"和"境域"的纠缠。俗话说"眼见为实",往往亲眼所见的才能被认为是客观性的事实,由亲眼所见而来的认识才能被认定为具有客观性的真理性知识。但是,且不说我们怀疑生活中究竟有多少知识是从亲眼所见而来,即便如此,也正如历史上的许多哲学家早已指出过的那样,由亲眼所见而来的"看似如此",也绝不就等于"确实如此"。

美国实用主义哲学家威廉·詹姆斯曾经给我们讲过一个小故事,这个故事也许可以帮助我们来深一步地思考这个问题。[①] 有一天,詹姆斯教授应邀去参加一个老朋友间的聚会。詹姆斯到达之前,朋友们正在为一个简单的"事实认定"的问题争

---

① 参见 William James, *Pragmatism*, in Max H. Fisch ed. *Classic American Philosophers*, New Jersey: Prentice-Hall, Inc., 1951, p.128。

得不可开交。在森林里面,有一个猎人和一只松鼠。松鼠蹲在高高的树上,面对着猎人。当猎人绕着树转过一圈时,松鼠在树上也转了一圈,而且始终保持着面对猎人的姿态。朋友们争执不休的问题是:究竟"事实上"猎人有没有绕松鼠一圈?是与否,争执的双方针尖对麦芒,谁也不服输。究竟在这里有无真理性的事实呢?就在此时,詹姆斯到了,自然,他被邀请作为"裁判"。詹姆斯的裁决结果是:双方都有"道理",因为当甲方说猎人"事实上"围绕了松鼠一圈时,甲方的"事实"是说猎人在一个限定的时段里,分别而且有次序地到达了松鼠的东面、南面、西面、北面,然后再次到达了松鼠的东面。而当乙方说猎人"事实上"并没有围绕松鼠一周时,乙方是说,因为调皮的小松鼠始终面对着猎人,所以,猎人并没有能够在一个有限时段内,分别而有次序地从松鼠的前面抵达左面,再抵达后面,再抵达右面,最后再抵达松鼠的前面。在这里,甲方和乙方,双方所用的语词"围绕"的意义是不同的,由此产生了上面的分歧。

从这个例子以及无数生活中、科学中以及哲学中的相似例子的分析出发,现代哲学家们对传统哲学的看法发生了改变。按照这一新的看法,一旦我们统一了或者澄清了我们说话、争论中的所用的关键性语词和语句的意义之后,许多传统的哲学问题就会自然而然地得到化解和消解。这样,20 世纪以来的诸哲学流派中,"语言/意义"问题取代"事实/实在"、"知识/真理"问题成为哲学关注的中心,就构成了所谓哲学中的"语言学转向"。与此相应,作为传统知识论中的核心问题的命题的真理性问题就为意义性问题所取代。因此,当我们谈论"事实"时,我们首先要问的是在什么意义下说的事实。所以,对应于事实的不再是那惟一的、超越于一切意义的和视角的"真理",而是那依赖于或者至少与意义密切相关的"道理"。"真理"强调惟一性、超越性,不承认由于历史背景而来的差异性。所以,非真即假。而"道理"则强调合宜性,承认高低等级,承认历史背景的差异性,并因而在很多情况下容忍多种道理的并存。我们不讲这个道理有绝对的真假,而讲在这种情形下这样的说法或这般的做法有"几分"道理。我们问这个道理和那个道理相比在同一情境下是否具有更多的"合理性"?正如离开整个语言系统的单个语词和语句无法独自构成意义一样,单独的事实也不成之为事实。同样,"道理"也总是一串一串的,而一串一串的道理又形成道理的网络系统,尽管这些系统内部的联络、联系往往显得并不那么紧密，但是，每一个道理恰恰正是在这样的一些理论系统和知识背景下才成其为“道理”的。

二、“终极真理”的幻象

这样说来，“讲道理”似乎不应等同于传统“客观真理”论中的“讲真理”。但仅仅承认这一点并未使我们对问题的思考推进很多。我们需要进一步问：“讲道理”和“讲真理”之间究竟是一个什么样的关系呢？关于这个问题，一个可能的解答是，讲道理实质上就是讲真理。区别仅仅在于：道理乃部分的、初始的和相对的真理；而真理是整全的、终极的和绝对的道理。换句话说，“讲道理”以“讲真理”作为存在论上的前提和目的论上的指归。

显然，这种说法类似于我们日常所说的“相对真理”和“绝对真理”的关系，它构成了现代西方哲学中传统真理观的主流之一。西方哲学大家诸如黑格尔、马克思、皮尔士均持这种整体论的和终极目的论式的真理观，无论他们是在实在论的还是观念论的，有机论的还是实用论的立场上持有这种观点。这种观点的核心在于强调每一种道理都在其本身的绝对界限之外有其存在的根据，但是，进一步的思考可以发现，这种形而上学的强调和设定本身似乎是缺乏根据和论证的。因为，我们完全有理由问，我们凭什么说我们现在所讲的道理只是未来的、整体的、绝对的真理的一个阶段或一个部分？而且是初始的阶段和不完全的部分？

细究起来，我们的这种关于道理和真理关系的观念大概出于这样的理由，即我们知道我们现在相信和述说的道理往往可能出错，我们事实上也不断地在日常的实际生活的实践中对之加以纠正和修正。而且，经验也告诉我们，随着这些纠正和修正，我们的道理，无论其与我们同时信奉的其他道理的融洽程度，在其对已发生的过去情况，对现今正在发生的周遭情况的解释程度，对未来将要发生情况的预测力度，以及遵循这些道理去行事而产生的实际效果上，往往都变得比以前更好、更完善。这样，我们也就自然而然地或者理所当然地认为它越来越接近我们所说的真理了。

应当说,这种通过每一道理本身的不断可完善性来证明真理整体的绝对性的途径和中世纪基督教神学哲学家托马斯·阿奎那的关于上帝证明的理性方法中的宇宙论、目的论方法有颇多相似之处。后来,笛卡儿在其著名的《第一哲学沉思录》中也基本照搬了这一思路,即从自我的有限性与不完善性推论出必有一无限的和绝对完善的实体作为根据,而这一无限的和绝对完善的实体就是上帝。关于这一证明,我们可能提出大约三点基本的批评。第一,我们在实际生活的实践中对以往的道理加以修正或纠正,并不必然表明现在的道理比过去的道理更加完善或更加高级,或者说,更接近终极真理。它如果确实,也至多可能表明,由于情况的变化,现在的道理比过去的道理更好地和更多地适应现时、现地的情形而已[①]。所以,它并非一定"更完善"、"更高级",而可能只是"更适合"而已。因此,一个绝对的终极"真理"概念在这里并非必要;第二,通过"更完善"、"更高级"的概念来证明"真理"的绝对性、终极性和惟一性的途径,事先在形而上学的层面上已经至少假设了"一"的概念、"整体"的概念以及奠定在直线性的、机械的时空观基础上的"发展"的概念。而这些传统的哲学形而上学的概念本身就是和用之去证明和说明的终极"真理"概念、"上帝"概念等价的。这也就是说,这些用来证明和说明的概念本身就需要被说明和被证明。因此,用一些在哲学上需要被证明和说明的概念去说明和证明同一层次上的另外一些概念,本身就是不合法的,因而也就缺乏基本的论证与说服力量;第三,假设一个绝对的、终极的和整体的真理概念还必然引申出一个现实的问题:谁可能成为这一绝对真理在现世的代表?这也就是说,当道理与道理之间发生矛盾与冲突的时候,谁的道理更代表真理?如何判别以及谁有这个权威来判决?倘若我们不将所谓"真理"推向某种绝对虚无或永远不会完全实现的理想的境地,那么,我们大概也就难以摆脱黑格尔主义的"绝对精神的幽灵",而这一幽灵对现代人类的政治和社会生活所带来的灾难应当说是有目共睹的。

如此说来,这世界上本来可能只有"讲道理",没有什么"讲真理"。传统的绝对终极意义上的"讲真理"只是一种由于犹太－基督教的神学/形而上学概念在西方文化中的千年统治而造成的某种知识论上霸权的幻象而已。因此,既然"讲真理"

---

① 参见 Rene Descartes, *Meditations on First Philosophy*, trans. By Donald A. Cress, (Indianapolis: Hackett Pub. Inc., 1979), pp. 23－34。

在传统基督教的上帝概念已经破灭的今天成为不合时宜的。那么,借用哲学上的“奥康剃刀”的说法,我们是否可以将之视为一个应当被废弃或舍弃的哲学概念呢?

三、“讲道理”:“有几分道理”、“有更多的道理”与“不讲理”

道理总是在一定范围内的道理,总是一串一串的道理,或者说一套一套的道理,假设着一些预先存在或设定的、不言自明的前提。这些前提在大多数情形下都相对于某些特定的语言系统,针对着人类生活中的,或者某些人的生活中的一些特定的和历史的情状而言的。因此,“讲道理”这一概念本身应当包含下面几层相互蕴含着的意思:

(1)讲道理首先是讲“道”,而不是讲“真”。这一“道”并非虚无缥缈,玄而又玄之“道”,而是行道之道。既然是行道之道,其特质首先就在于它的践行性。生活的具体情状与行道的目标往往决定了道路的选定,或者至少说道路选择的范围。正如皮尔士所言,思想的真正本质不在于反映所谓绝对的真实,而在于从实际生活中的问题刺激开始,经由提出假设、不断试错,达到形成习惯、建立信念、解决问题,又由于生活情状的变化产生出新的问题,再提出新的假设,建立新的“因应之道”(信念)……这样的一种不断的、周而复始的践行过程。因此,任何一种具体道路的选定,都不可能是漫无边际,毫无限定的。它只能是在一定的时间、地点、情形、背景下的践行的选择。所以,与传统的讲真理的概念所假设的,作为知识论基础的反映论的观念论不同,讲道理的概念所假设的知识论基础应当首先为实践论的信念论。

(2)讲道理既然强调践行之道,而不是“放之四海而皆准”之“真”,那么,“践行之道”这一概念本身就预设了道路“选择”的可能性。这也就是说,“道理”有“讲”的可能性。“道理”之所以有“讲”的可能性,其实质首先并不在于“真理越辩越明”,而在于“兼听则明”。“讲”和“辩”的前提在于“听”和“闻”。所以,孔子说,“朝闻道,夕死可矣”。我们日常说的“蛮不讲理”往往也有两种情况,一种是明知错误而拒不认错,明知所走的路是死路还要一条道走到黑,不见棺材不落泪,不撞南墙不回头,甚至是撞了南墙也不回头。而另一种则是只认自己的“理”为理,而不承认有其他的

“理”的可能性，更不愿意去听闻其他可能的“理”。因此，“条条大路通罗马”这一日常术语所隐含的哲学智慧就在于：我们日常的“践行之道”并非总是在自柏拉图以来的传统西方哲学主流所理解的抑或“存在”抑或“不存在”，非“真”即“假”这样两条截然对立的道路间的选择，而更多的是在诸种可能的“存在”道路间的抉择。理论是灰色的，而生活之树常青。一条道路是通达的，并不必然蕴涵只有这一条道路是通达的。一条道路曾经通达，并不必然蕴涵它现在、将来也通达，并且在任何情况下都通达。正因为“践行之道”在大多数的情形下不止一条，而且因人、因时、因地、因情况变化可能有所不同，我们也常常说，尽管我并不完全同意你的观点和做法，但我理解或谅解它们。这也就是说，这些观点和做法，若从你的角度来看，也有几分道理。

(3)讲道理作为对“践行之道”的寻求和开辟并不意味着任何的“道”都是可能之“道”和可行之“道”。这也就是说，“讲道理”是“有理”可讲，而非“无理”可讲的。在这里，我们首先应当一方面区分“有条件/制限的”可能之道和“无条件/无制限的”可能之道；另一方面，我们也应当区分逻各斯/思想的“可能性”与践行/操作的“可行性”。需要指出，作为践行的道路，任何道路都是人和自然事物的行径，即“人之道”或“物之道”。在这一意义上，任何“道”的可能性都是有条件和有制限的。“无条件的”、“无制限的”、涵盖一切可能性的可能性只能是属神的，因而对人而言是“空洞的”、“不可能的”可能性。当然，这种区分“有制限的”实际的可能性与“无制限的”空洞的可能性，并不排除“有制限的”可能性的程度的大小和对于我们践行人的远近。一般说来，也许可能性的制限越少，其实现的程度就越小，离我们也就越远。至于逻各斯/思想的“可能性”与践行/操作的“可行性”之间的区分就在于，在条件基本限定的情形下，尽管理论上可能有多种可供选择的计划和途径，但在特定的时机和实践环境中我们只能选择其中的一种途径去实现我们的目标。也正因为如此，“讲道理”之为“讲理”才是可能的和必需的。这也就是说，“可行性”必须预设“可能性”，而“可能性”并不必然导致“可行性”。也正是因为“可行性”在特定条件下的独一无二性，不同的“道理”和“践行”途径之间也才相应于给定的条件而言可作比较，有优劣高低之分。

唐代诗人贾岛在“僧推月下门”还是在“僧敲月下门”之间的斟酌、犹豫，推敲的例子也许可以帮助我们更好地理解上述的观点。一方面，无论“僧推门”还是“僧敲门”，都是有条件制限的“可能性”。这种制限首先是中国古代汉语文字、语法、语境的制限，然后是古代唐诗律绝格式的制限，等等。倘若我们说“月下僧※门”，或“月下僧也门”，或“月光之下，老僧推开了这扇门”，就超出了上述的制限，成为中国唐诗语境的制限之外的“空洞的”、“不可能的”可能性，或者说是十分遥远、实现程度极小的可能性，因为我们知道，“※”不是已知的中国古代汉语符号；“也”字是一古代汉语虚词，非实词，而第三句则违反了唐诗五言、七言律绝的基本字数要求。这是在这一意义上，我们说上面这三句话是“错误的”或“无意义的”，这就像我们说，在今天的足球竞技游戏中，除了守门员和发球之外，用手击球是犯规一样。所不同的地方大概在于，体育竞技游戏中的“规则”一般来说是由人为设计和约定而成，而日常生活中的诸多语言游戏中的“规则”则更多的是自然的和历史的生成。当然，除了“僧推月下门”、“僧敲月下门”之外，贾岛也许还可以选用“月下僧开门”、“月下僧捶门”等。显然，在这里，“推”、“敲”、“开”、“捶”等汉字的选用都是有意义的，都是现实的可能性，都是“对的”或“正确的”。但贾岛只能从中选择一个字，这也就是上面所谓的“可行性”的独一无二性。再就唐诗的语境与贾岛的预设意图而言，“推”、“敲”二字明显地要比“开”、“捶”优胜，但在“推”、“敲”二字之间，这种优劣高低就很难断定，这也就是贾岛之所以苦恼、犹豫的原因。但是，这种“优劣高低”，甚至“对错”都是可能随着生活情境以及与之相应的预设条件的变化而发生变化，在它们之间没有，也不应划出绝对的、不可变更的界限。正是这种变化的绝对性使得道理得以不断地推陈出新，而这种变化的相对性、缓慢性和阶段性又使得诸道理之间的对错与高低优劣的比较、评判，即评理成为可能。两者的结合，也就是我上面所谓“讲道理”之为“讲理”的道理。

因此，有分歧的众人相互间的讲理和争论之所以可能，也许并不必然假设有一客观真理作为目标而存在。在讲理的过程中，讲理的人实际上是在不断地澄清或试图澄清自己所持道理之所以成立的前提条件和背景，而不是所持的道理本身。正是在这种背景的澄清和不断澄清的过程中，所讲的道理才得以完全地或部分地呈现出来。在相互间的分歧出现之前，这些前提和背景条件通常被认为是不言自明的，所以是共同认可的和具有的，但实际情形往往并不是如此。分歧的出现导致理解和沟通的"残断"、"障碍",这就迫使我们回过头来去认真关注自己所持道理所以成立的前提条件和背景的异同。而且,在实际生活中,讲理主体的背景条件以及其对这些背景条件的认知不可能完全一致,所以,传统意义上理解的独一的、绝对的和终极的真理是不可能的。但另一方面,在实际生活中,讲理主体的背景条件以及其对这些背景条件的认知往往也不会完全不同,而往往是相互交叉和融合的。这大概也就是"讲道理"之所以可能,以及在讲理过程中,误解、谅解、理解之所以存在的存在论基础。所以,所讲的是道理,但讲道理的目标并非在于真理,而在于理解与沟通。至于讲理的人是否必定假设有共同认可的讲理判准,否则无法评理。在我看来,任一评理之所以可能的确在于当下有共同认可的讲理判准。但这一判准并不必然被永远认可,因为它不来源于所谓客观真理,而是在通过理解、谅解和沟通,在各自背景、条件的家族相似、叠合基础上产生的,具有相对稳定性的,作为构成讲理过程中构成性与调节性规则的历史性规定。

作为文本的自然与作为实在的理性

——世界由去魅到复魅

郑宇健

自20世纪初哲学之"语言学转向"以来，对什么是哲学的根本问题的看法似乎早已远离康德式的认识论问题："我们关于世界的知识是如何可能的"，作为该问题之背景的英国经验主义传统早已被结合进对于语言(理想形式语言或自然日常语言)的逻辑结构或其用法语境的分析之中。伴随着韦伯所谓的社会的工具理性化过程对传统世界意义的去魅①，哲学世界的去魅过程是与后康德的黑格尔式绝对唯心主义的式微和现代科学主义的兴起息息相关的。17世纪科学革命以来的、令人瞠目结舌、惊叹不已的科学成果昭示着一个不容置疑的真理——自然界是由自然定律主宰的领域。在这个领域中，存在者无一例外地受着对应于定律的因果关系的牢笼。在这里，因果蕴涵着必然，蕴涵着一切与自由相关的意义(如价值、理想、传统等)之丧失，这就是自然界的去魅，不单妖魔鬼怪无影无踪，神祇仙袂成为笑谈，就连创造并欣赏这些神话的人类精神本身亦难逃去魅的命运——一旦你不得不承认人类作为自然物种之一(哪怕是最高级的)乃是亿万年生物进化的产物。一种彻底的自然主义立场，一种惟有在科学突飞猛进的时代才敢想像并毫无保留地

① 关于世界之去魅化这一由韦伯提出的主题，在分析哲学传统的文献中很少论及甚至提及。作为例外者，只有三部著作(全部是道德哲学著作)将此主题当做其思想动机：A. 麦金太《德性之后》(Duckworth, 1981)，B. 威廉斯《伦理学和哲学之极限》(Fontana Press, 1985)和 C. 泰勒《自我之源泉：现代性身份的形成》(哈佛大学出版社，1989)。本文所评介的 J. 麦克道尔《心灵与世界》(哈佛大学出版社，1994)则应是从知识论角度正面触及这一主题的第一部分析哲学著作，其意义更在于把韦伯本人在此主题下从未聚焦过的经验主义关于自然与理性的深层相关性提到自康德后一个罕见的高度。

坚持的立场,其题中应有之义是置一切人类精神现象于上述无远弗届的因果空间之中,即迟早必将证明心灵中的意义无非是因果铁律的某种幻象式的表现方式。

与因果空间相对立的是塞拉斯(W. Sellars)所谓的理由空间[①]。这是人们最熟悉不过的(甚至可以说惟一真正熟悉的)空间。理由关系渗透于人类日常生活的每一方面,不单计划、决策需要理由,相信、证明某样东西需要理由,只要你不怀疑你自己有思想、会说话,你就无法否认自己生活在理由空间之中。这是因为语词或概念之所以有意义,是因为它们不是孤立的,而是处在系统的有规则的联系当中,这些规则或联系织起了一张理由关系之网。当我们询问为什么,我们所要求或提供的解答正是某种理由关系;当我们进行推理或设想时,所诉诸的也只能是理由之网中的一部分或显或隐的联结脉络。这张网并非一成不变或没有伸缩性,而是会随着社会实践中规范性因素的改变而改变。正是这种对规范性保持敏感的变化可能性或自由度,使理由关系从根本上区别于因果关系(后者的自由度为零)。理由之区别于因果,还可以从如下特征看清楚:理由,究其本性,带有对某种合理性的证明力量,而因果充其量只能说本来如此(受体无能为力)。比如,我戒烟的理由是不想得肺癌,而我体内的某种生理变化使得我失去对尼古丁的兴趣则是纯粹的因果关系,不涉及任何论证关系。

正是理由空间维系着人类所特有的形形色色的意义关联,以及通过反思和批判来改进或提升人类生活的无限可能性。但问题是这种理由空间与上述因果空间的关系似乎是难以协调的:就算我们暂且不考虑上述彻底的自然主义立场而承认两种空间的并列或共存,仍然存在一个两者如何衔接或转化的难题。这一难题在经验主义那里表现得最为彻底(虽说未必最为明显)。这是因为经验主义强调一切知识的终极源泉在于感官经验,感官就成了人的意识与外来(因果)刺激的不二界面,从而因果空间与理由空间可能接触的最前线似乎就应该在感官界面附近。"感觉材料"这一近乎中性的术语所刻画的恰恰是那种未经(任何概念)加工的直接所与,比如说外来光线在视网膜上形成的影像。

经验主义问题在当代的表述莫过于约翰·麦克道尔(John McDowell)在其有口

① 此术语首见塞拉斯《经验主义与心灵哲学》(1956)一文,后又扩成单行本出版。

皆碑的近著《心灵与世界》[①] 中的康德式问题陈述:“概念性思维如何能够关涉外在于自身的经验对象?”换言之,尚未具备概念性的感觉材料如何能够变成理由空间的一员?这里隐含的一个前提是,只有具备概念关系的项目才能成为理由,才能进入诉诸理由的证明、辩护或推理的逻辑程序。经验对象或事实,无论其复杂与否、距离远近,就其须经感官信道为我所知这一基本共同点而言,已然是(即不可能绕开)因果空间的传递链条,因而必定是非概念性的物理作用链条。奇妙的是,在这因果链条的非概念性的终端,即我所接收到的感觉材料或称“所与”摇身一变为可用概念或语句表达的知觉判断,比如“这是一张纸”;或事实陈述,比如“你们正在看着我”。判断或陈述已然是理由空间的居民,惟有获得了这种居民身份才谈得上拥有经验意义或内容。但问题恰恰在于,这种身份的获得是如何可能的。这个问题等价于,经验命题在什么意义上具有客观内容。

据麦克道尔的剖析,迄今为止对上述问题的回答无非是在两种同样难以接受的立场之间摆荡,仿佛一个走不出的怪圈。立场一可名之曰“所与神话”:即声称感觉材料或所与尽管是非概念性的,但却仍然具有内容(即携带着某种信息),而这非概念性的内容则为奠基于其上的概念判断提供了理性的保障或客观的限制。但麦克道尔论证说,这是混淆了合理性证明关系和因果(外力)约束关系;相应地,纯物理系统(比如计算器)中所含的输入输出等信息状态并不等于经验内容,所以“非概念性内容”这一术语没有意义。与“所与神话”相对立的另一极则是所谓的“融贯论”立场,它可用其代表人物戴维森(D. Davidson)的一句名言来概括:“只有信念才能证明别的信念。”[②] 换言之,凡是不具备信念身份的东西不可能进入理性的证明关系网络即理由空间。信念乃是将某个命题视为真的态度,自然包含着意向性和概念内容。融贯论立场的优势显然在于避开或克服了所与神话的困难,但其自身的困难却同样令人难以忍受。用麦克道尔的话说,融贯论将信念之域与外界隔绝(当然指的是证明关系上而非因果关系上的隔绝)起来,最终只能像“一种真空中的

---

① 本文接下来关于麦克道尔这本书及其相关论题的叙述和批评,主要基于该书的整体脉络(而非个别章节)以及另一本专以该书为焦点的、网罗了当今欧美多位一流哲学家有关评论的最新文集:N. 史密斯(编):《阅读麦克道尔》(Routledge,2002)。

② 戴维森之融贯论立场,可参见其《关于真理和知识的一种融贯性理论》及《后续思考》二文,均收入其论文集《主观、主体间、客观》(Clarendon Press,2001)。

无摩擦旋转”那样自说自话，从而根本谈不上经验内容的客观指向。

但是一旦拒斥融贯论，又仿佛只能反弹回所与神话，这就是当代经验主义知识论走不出的怪圈。麦克道尔的任务就是诊断出这种两极间摇摆的病根，即某种双方立场均默认的、从未怀疑的深层预设。这个预设就是，概念或理由空间是有明确边界的，因而对其边界附近之居民的外在约束只能来自与理由无关的因果空间。所与神话和融贯论的分歧出现在是否将这种外在约束看做必要的：前者认为只有这种约束才保证了思想或信念的超出自身之外的客观内容，而后者则认为既然这种“约束”外在于理性就谈不上是对概念内容的**理性**约束。麦克道尔心目中的经验内容之可能性条件是，约束必须既外在又理性，这样才能让经验兼具既客观而又可思议（即被概念所把握）的内容。显然，要满足这一条件，须放弃上述两极立场的共同预设，即理由空间是有边界的，而得出理由或概念关系是无疆界的结论。

这一结论须做进一步澄清才可避免误解。首先，“无疆界”并不代表世界上一切关系均是概念关系，或者说一切因果关系（比如，一块石头撞击另一块石头）同时必是理由关系。而是说，凡是能被人类认识的对象在其成为我们的经验内容时已然被纳入概念化作用的范围，而这类经验对象在时空位置上是没有固定界线限制的。其次，“无疆界”亦不意味着没有外在约束。这里“外在”并非指某个边界之外，而是指来自另外一个逻辑空间（这一点容后详述）。其三，当我们说某个经验具有如此这般的概念内容时，并未否认现实世界具有如此这般的可感知的事实，而事实作为世界的组成部分是独立于经验者的思想或其对概念的使用的。换言之，经验所对应的事实在存在论上独立于认识主体（故不是唯心主义），但在知识论上依赖于后者的概念能力，从而只能具备或呈现为如此这般的概念内容。因此，只要承认经验的事实无疆界，就须承认概念领域无疆界。

行文至此，明眼人应该能看出麦克道尔正在回归一种典型的康德式思路（尽管不是康德的超验哲学框架）。康德关于经验知识的伟大洞见在于发现它是感性直觉与知性概念之间的合作，或者说是接受性与自发性之间的合作。麦克道尔接过了这一包裹在康德哲学的（今天看来不必要的）超验框架里的洞见，而赋予其以某种新的诠释重心。换言之，我们通过感官从世界接受的直觉印象已然带有概念内容，用康德的术语说就是，在我们的感性输送中知性已经不可分离地介入或卷入了。换个更形象的说法,经验内容并非由原本分离的奶油加蛋糕组成的叠加物——奶油蛋糕,而是一端上来就浑然一体的芝士蛋糕(其实“蛋糕”径直已经是有蛋又有面粉的合成品)。这里的知性,专指概念或理由的自发运用。但问题是我们的逻辑判断和推理(即对已获得的概念内容的进一步加工)也同样包含着知性能力的发挥,那么我们如何才能区分这种发挥和感知经验中已然体现的概念发挥呢?既然自由的思考和不那么自由的经验这两种意识类型均涉及且仅涉及内容与概念之间的难分彼此的交融,意识中的我们又怎能有效地辨别哪一个是具有外在约束而哪一个只是具有内在约束的意识片断呢?

在此,麦克道尔引入了一个重要但不无相对性的划分标准:判断和思考之所以区别于感知经验,是因为在前者的发生过程中我们的概念能力是以一种主动的方式运作的,相反在后者的发生中概念能力则是被动地卷入,亦即经验者仿佛身不由己、无法回避似的。但即使被动,作为自发性在起作用的概念能力却与主动样式下的能力在类型上是同一种能力,从而其生发出的内容亦必然是原则上(理性关系上)可互相贯通的内容。

然而,麦克道尔始料未及的某些问题亦随之出现。既然主动和被动之别并非绝对,也就是说被动和主动并不像有和无这样非此即彼,那么自然难以排除主动或被动程度上的差别。由此是否可以说,被动性越大,就说明经验内容所受到的外在约束越大?说约束不单有内外,而且有大小,这似乎意味着内在约束可与外在约束并存,其量上的比例大小取决于或/和反映着概念能力涉足的主动程度大小。我相信,问题的这种形式已非常逼近麦克道尔整个复魅式经验主义方案的要害部分。遗憾的是,他在此要害部分不仅语焉不详,而且未能显示出对其潜在意义的透彻意识。下面让我来尝试一下用另一方式切入此方案的核心。

麦克道尔的核心问题是:在经验中,世界是如何向我们的思想施加理性(而不只是因果式)影响的?为了确保这种影响所由发生的轨迹不会落在理由空间之外,就必须拒斥如下图景:即我们的思想得以展开的动态系统是以一种外在于概念的连接方式与现实世界发生关联的。这意味着我们必须把想像中(似乎自然涌现的)理由空间与对其由外向内施加约束的现实之间的那道外围边界抹除掉。这样,理由空间或概念之域就成了无疆界的、涵盖一切经验对象和可知事实的有意义的“世界”！但是，迈出的这一大步有显而易见的、滑向后康德绝对唯心主义的危险（即上述带引号的“世界”取消或替换了常识及实在论意义上的独立于概念体系的世界）。麦克道尔当然清楚地意识到这一危险，所以他还必须强调上述理由空间在经验事件发生处所接受的外在约束。既然已无边界，何来“外在”？麦克道尔的回答是，外在是相对于**实际**发生的思考或判断而言的，而并非相对于可**思议**的内容而言。换言之，概念自发性的运作不可与该自发性可能的作用范围混为一谈：前者因时因地而有限（即受到外在约束），后者原则上无远弗届、无所不包——现实世界有多大，可思议的“世界”就有多大。

这里有两大问题。第一，“可思议的内容”可以有两个意思：一个指此时此地发生着的经验在其可追溯的终端上具有理性约束力的当下内容，另一个指理论上思想可以企及或延伸到的概念内容。问题是这后一内容虽说谈不上有任何固定的外在约束，但其客观性意指是尚未确定的（不像那前一内容已由当下的约束所确定）。我们一旦谈论“客观性意指”，马上就涉及一个这可思议“世界”是否与客观世界相符的问题（这个问题落实到经验层面相当于问可思议“世界”中的任何内容在将来的或可能的经验事件中是否被证伪）。尽管经验和概念之外的客观世界不过是一种本体论预设（对拒绝唯心主义而言乃必要之预设），但它毕竟在概念上排除了可思议“世界”之外空无一物（即可思议“世界”等于现实的全部）这一谬论。这就是说，可思议的内容仍在一本体论存在论的意义上具有其外部性，这一点就与麦克道尔不承认可思议内容有任何意义上的局限相矛盾。

第二大问题涉及的是麦克道尔所明确首肯的、相对于实际思考或判断的外在约束。这种约束体现在思考或判断所含的经验内容在其发生处所对应的概念运作的被动性上。正因为这一被动性（无论其程度大小），此时此地发生的经验中的概念运作才是有限度的，即不可能随意发挥，总要“适可而止”地停在其不得不停的地方。此乃“被动性”题中应有之义，但除了“不得不停”之外，被动性亦蕴涵着“不得不走（或跟着走）”之义。概念在被动的“走”和“停”中所可能形成的不无规则的样式，反映着经验对象在因果空间中的分布或运动状态。由此可见，从概念的被动性及其样式中体现出来的约束之“外在”义只能指向因果空间。因果空间相对于理由空间是逻辑上的外在，却又不是物理时空坐标中的里外关系。麦克道尔方案中的核心意象应该表述为:因果空间与理由空间同样是无疆界的,并且是同广延的——哪里有理由空间,哪里就有因果空间。我们能够感知和思考的东西必然总已是落在理由空间中的可思议之内容,但这并不代表理由空间不受到与其同在遍在的因果空间的约束。这种约束不应被看做同一现实中存在着的两个平行链条或网络之间的外在约束——这是因为在物理本体论意义上只可能存在着一个链条或网络。惟一可使这种约束的真正意义显现出来(或者说使任何约束成为可能)的条件是规范性的诞生。

规范性是相对描述性而言的,而描述性的最原始最缩减之义不外是事件是其所是,或无添加、保持原样等。在描述性的意义上,本无所谓自然事件之间的约束,亦不妨说本无所谓理由空间和因果空间之分。现实、客观实在、世界、宇宙,不管你叫它什么,它只能是自在的存在或纯粹的发生,其间的变化尚不具备任何特别的意义,故可以看做巴门尼德的"一"。但是,规范性的诞生(其如何诞生姑且不论)令一切为之改观。理由与因果作为概念上的区分只有在概念本身出现之后才有可能,而第一个概念(假如真有第一个的话)的诞生就标志着规范性已然问世。在这个意义上,理由空间和因果空间只能是规范性空间,或者叫逻辑空间(因为逻辑是人类所能掌握的最根本的规范性形式系统)。因为这两个空间,按其规范义,遵循着不同的规范原则,所以因果空间的项目才有可能对理由空间的项目及其序列构成约束(约束的最原始意义应该是行动或运动不自由)。理由空间中概念的运作是有相当自由度的,自由度最小的地方也就是来自因果空间的约束最大的地方。显然,约束不可能单单只发生在其"最大值"实现的地方。因为既然理由空间与因果空间是逻辑上平行共在的规范性空间,两者之间的约束理论上无处不在,只不过现象上惟有经验事件发生时,理由序列的终止才由于人体感官界面的自然存在而显得较为明显。这就是说,即使在远离感官经验、较为抽象的运思过程中,来自因果空间的约束(现象上表现为大脑神经传导过程)也会偶尔显露。比如,由于大脑某部分的疲劳使得理解或推理趋于迟缓或倏然中断。意识中表现出来或自我体验到的只能是概念内容上的不连贯、出错或空白,而不像是来自有形实体的约束。正如戴维森所述,一切心理事件都是物理事件。只不过其心理意义(亦即理由空间中的意义)

无法从其所对应的纯物理因果的角度获得。[①] 至此，麦克道尔经验主义方案所包含或预设的本体论深层意蕴方显其庐山真面目。

接下来的问题是，在什么意义上这一后康德/后奎因式的经验主义方案具有令去魅的世界（至少部分地）复魅的理论效果（麦克道尔称之为自然的"复魅"，并连带到马克思"人化自然"的提法）？对这个问题的回答可由以下两方面入手：

首先，麦克道尔方案所包蕴的规范性意旨（尽管尚未得到充分、有效的展开）至少让读者意识到理由空间不单是属人的（即只有人类才真正的、在严格的意义上诉诸理由），而且同时也是扩展至真实世界的全部疆域，或者说与因果空间同其广阔的。在由这双重空间构造的世界框架中，我们的经验是向着现实层累以至无限地开放的，经验中的内容不仅受到现实的理性约束，而且潜在地（即当它与更大范围、更高层面的概念发挥结合时）具有穿透现实深层堂奥之力量。从而世界在某种整体的意义上（即包括那些尚未为人类思维触及的部分）是可思议的。原则上并不凌驾或疏离于人类理性的可能性。这样一种图景，较之那种把因果空间的规律必然性说成是世界惟一可能具有的意义的极端自然主义的去魅式图景，显然禀赋着一种复魅的意味，这就是麦克道尔经验方案所含的复魅之效的第一个方面。

对其第二个方面的揭示需稍费周章。[②] 麦克道尔喜欢用这样一个颇堪玩味的词："总是已然"（always already）。比如，经验事件哪怕是在不经意、不费力甚至是出乎意料的场合下发生，也总是已然牵涉了概念能力的某种样式的运作。概念内容与经验对象之间仿佛事先商量好了似的。再如，我们无论走到哪里，上天入地、环顾左右，见到的不管是鸟飞草长还是兔死狐藏，万物似乎总是已然呈现着某种完全合乎理性的动态平衡、阴阳互补关系。谁也不会傻到以为这些外在于（并且往往早先于）人类的关系是由我们脑中幻想或投射出来的。或者说，一旦人类绝种了，这

① 戴维森这一著名的"反常一元论"思想，主要见于其《心灵事件》和《作为哲学的心理学》二文，均载于其第一本论文集《论行动与事件》（Clarendon Press，2001）。

② 这最后两段关于深层规范性的轮廓性概述，笔者曾在另一篇英文论文中有更为详细一些的探讨（郑宇健：《规范性与进化》，正式宣读于2004年第二届夏威夷国际人文科学讨论会；其较早一版本《戴维森与丹尼特：两种关于规范性的研究进路》，曾在2003年土耳其伊斯坦布尔第21届世界哲学大会之"心灵与脑科学"圆桌会议上宣读）。这里特别值得一提的是D. 丹尼特（Dennett）近二十年来的富有洞见且与认知科学前沿成果紧密相关的研究，比如其《意向性姿态》（MIT出版社，1987）和《真实的图式》（Journal of Philosophy，88，27～51页）。

些活生生的关系及其载体也会一起消失——主观唯心主义在此很难会有什么市场。那么,如何解释自然界的这种仿佛“迎合”着人类理性口味(乃至审美眼光)的先定和谐关系呢?在一个神学目的论隐退的时代,惟一能担此解释纲纪的只有达尔文式的进化论以及循此理路扩展开的宇宙演化论思想。这里,重要的不是由生物进化论解释人类为何且如何出现,而是一旦接受了这种解释,立刻会面临一个对上述麦克道尔方案来说非常棘手的困难(麦克道尔本人从未设想过这个困难),那就是,在具有概念能力的人类诞生以前,漫长的宇宙、生物进化史早已呈现出一个井然有序、生机勃勃的自然世界,在这个世界中万物已然处在那巨大无比的平衡协调关系之网的笼罩下,但别忘了此时人尚未出现,概念思维尚未问世,基于这种思维的理由关系亦自然尚未能落足于任何地方——可是你怎能否认,即使在此时,自然界已充满了(假如有人则必会认为)合乎理由的和谐关系?不妨将之称为“达尔文式理由”。现在的不无吊诡的问题是,达尔文式理由无须等待人类出现既早已生效——且正是由于它生效,人类才得以进化而出!但另一方面,你又必须承认,惟有人类诞生、成熟之后,达尔文式理由才成其为理由——不是单单在被发现的意义上,而更是在被当做理由而成为可思议的东西这一意义上!换言之,具有意义诠释力(或者说理性立法力)的人类乃是使大自然获得合理性(即达尔文式理由关系)的条件,而大自然作为人类的进化之母更是使人类成为有意向性的诠释者的条件。这种人与自然在理由关系上的互为条件性,似乎远远超出了恩格斯所谓的自然辩证法意义上的对立统一。

正是这种互为条件性可以把我们对深层规范性的理解推进一大步:人,作为从自然母体中演化出来的真正有意向者,凭其得自该母体的概念资源,反过来赋予其母体以某种“原初意向性”——仿佛人眼中所看到的意义关联是从自然母体中拷贝下来的,是母亲有意让我们撷取的或等待我们这些后生晚辈来发现的。在这个意义上,自然母亲通过其儿女的理性器官展现其原本深藏不露的题中应有之义,而作为儿女的人类则以其类似牛顿、达尔文、爱因斯坦伟大发现的理性图像归因于自然母亲的奇妙、高超和统一(不妨将之视为对自然的礼赞和敬畏——那种爱因斯坦本人所深深感受到的近乎宗教的情绪)。大自然作为最大的文本(一切人为文本之原初蓝本)不再是干巴巴的定律集成品,而是在最真实的意义上超越人又贴近人(透过那“总是已然”、绵延不绝的理性纽带或生命脐带)的充满魅力的永恒源头。我们是在本体进化的意义上由自然选择产生的(而非“上帝的选民”),而大自然的理性光芒作为最难否认的实在(尤其体现在自然选择所对应的达尔文式理由上)则又是由我们这些幸运的“选民”由事后反观的视角看到的、追溯的,并且惟有这由无数概念规范(“众里寻他千百度”,“柳暗花明又一村”)打造出的独特视角才可能看到。在这个意义上,自然世界的意义又是人类选择或赋予的!这可称为宇宙人类学的“人择原理”(Anthropic Principle)①,亦即关于自然史的诠释学原理。②

① “人择原理”按牛津大字典的记载是 B. Carter 于 1974 年首先使用在如下陈述中的:“这些(宇宙学的)预测必须采用一种不妨称之为‘人择原理’的思路来解释,其大意为:我们在经验中能够期望观察到的东西,必然受到那些对我们作为观察者的存在而言是必要的条件的限制。”换言之,只要我们已然存在,我们就“注定”会发现这些(原本是偶然的)宇宙学条件与我们理性结构之间的契合。由之,偶然变成目的论式的必然。

② 参见 115 页注释②中提到的丹尼特的相关著述及其近年来对达尔文进化论思想的阐发,在某种意义上可以说是对这种诠释学原理的例示性说明(虽然尚不是系统性论证)。在这个方向上,A.吉巴德(Gibbard)的《聪明的选择,合宜的情感》(哈佛大学出版社,1990)一书亦颇富洞察力及启发性。而哈贝马斯亦在其近著中提到伦理学需要一种“关于自然史的诠释学”才有望与某种温和的自然主义兼容,参见上述史密斯(编):《阅读麦克道尔》,246~265 页。

邓斯·司各脱的形而上学实在论

张继选

实在论就是肯定"共相"在实在上存在的一种形而上学理论。"共相"(Universalis)这个术语,就拉丁文词源来说,来源于拉丁文短语 unum versue alia,其意思是指"一对多"。当然,"一"与"多"的问题是根植于古希腊哲学的经典问题。所谓"多"是指"显象的多样性",而"一"是指"实在的统一性"。"一对多"的问题也就是,对于多样性的显象来说,是否存在着一个单一的、构成其存在根基并具有统一性的实在。多样性的显象即感性的具体事物都是个别物即殊相,从最普通经验我们发现,尽管这些个别物彼此是不同的,但它们在类别、关系和性质上也有相似或相同之处,这就是在当代形而上学领域里所说的"属性一致现象"(the phenomenon of attribute agreement)。[①]属性的一致性当然是指许多事物在种类、属性和关系等方面具有可重复的和共同的属性,这样的属性就是共相。从哲学的层面考察这样的属性所引出的根本问题是:共相是否独立于心灵或理智而在实在上存在?这就是所谓"共相问题"。柏拉图和亚里士多德分别从不同的角度对这个问题做出了肯定的回答。柏拉图认为,共相不仅独立于心灵或理智、而且也独立于个别而在实在上存在。亚里士多德也认为共相在实在上存在,但他不同意柏拉图的地方在于,作为事物的共同性质的共相不能与事物本身相分离而存在,共相必须在本体论上依附于

---

① 洛克斯说:"我们经验的一个无所不在的特征是一种我将称之为属性一致的现象,也就是,属性、种类和关系这样的事物之间的一致。"(Michael J. Loux, *Substance and Attribute: A Study in Ontology*, D. Reidel Publishing Company, 1978, p.3)

个别而存在,个别或个体对共相具有本体论的首要性[①]。正因为如此,亚里士多德的实在论是温和的实在论。尽管共相问题在柏拉图和亚里士多德那里已经得到了明确的回答,但是作为一个独立的形而上学问题,它发源于中世纪。在中世纪,共相问题获得了两个截然相反的答案,由此分梳出实在论与唯名论。尽管如此,中世纪唯名论者和实在论者都坚持亚里士多德的个别物的本体论原则。唯名论者肯定共相只是概念或普遍的词项,实在论者遵循亚里士多德的实在论,肯定共相在实在上存在,然而,在如何解释共相在实在上存在这个问题上,亚里士多德式的实在论者似乎又有回归唯名论的倾向。在中世纪早期,波埃修对亚里士多德的实在论的讨论显示了亚里士多德的实在论所包藏的重重困难,这些困难引发了中世纪晚期司各脱对共相的性质做了更深入的探究,发展了一种更精致的形而上学实在论。

一、共相问题

实在论是对"共相问题"做出肯定回答的一种形而上学理论[②],而唯名论则是对共相问题做出否定回答,而仅仅肯定个别物实在性的一种形而上学理论。如果某一类个别物之所以属于如此这般的类,是因为属于这个类的所有个别具有共同的性质,那么,这种共同的性质就是它们所共有的类性,基于这种类性,这些个别物才成为属于一类的个别物。实在论与唯名论之间的根本分歧就在于对这个问题的回答:这种共同性质或类性究竟是一个由心灵或理智通过抽象得出的概念,或者说,它究竟是等同于语言上的一个普遍词项,而在理智和语言之外实际上只存在数目

---

① 罗斯说:"个体实体的首要性是亚里士多德思想中最确定的观点之一。正是在这一点上,亚里士多德与柏拉图的学说分道扬镳。"(罗斯:《亚里士多德》,王路译,27页,商务印书馆,1997)

② 《剑桥哲学辞典》对形而上学实在论的定义是:"首先,有实在的对象存在(通常这种观点涉及的是时空对象);其次,实在的对象是独立于我们关于它们的经验或知识而存在;再者,实在的对象具有各种属性,且形成各种关系,而这些属性和关系是独立于我们借以理解它们的那些概念,或者独立于我们借以描述它们的那种语言。"(*The Cambridge Dictionary of Philosophy*, edited by Robert Audi, Cambridge University Press, 1995, p.488)如果把实在的对象宽泛地理解为独立于心灵(即独立于我们借以描述和理解这些对象的语言和概念)的任何对象,那么这个定义就是宽泛意义上的形而上学实在论。如果把实在的对象局限于时空对象即经验对象,那么这个定义指的就是亚里士多德式的实在论;如果把实在的对象理解为先验的对象,那么它指的就是柏拉图的实在论即极端的实在论。

上不同的个别，还是即使理智能够抽象一个概念，或在语言上存在着普遍词项，但这样的概念或普遍词项所对应的共同性质在理智和语言之外亦即在实在上存在，就是说，这种共同性质是独立于理智或心灵而在实在上存在？唯名论肯定前者，否定后者；而实在论肯定后者。极端的实在论在肯定共同性质即共相在实在上存在的同时，却舍弃了个别物的实在性；而温和的实在论既肯定个别物的实在性，也肯定共相的实在性，认为共相之所以具有实在性，是因为它存在于实在的个别物之中。极端的实在论与温和的实在论分别发源于柏拉图的理念论和亚里士多德的个别物的本体论。

中世纪的唯名论者和实在论者尽管在共相问题上持有截然相反的立场，但他们都拒绝了柏拉图理念论中关于共相与个别相分离的设想[①]，认为不管共相是否具有实在性，至少个别物是独立于理智而在实在上存在；他们之间的分歧仅在于，共相是否独立于理智而在实在上存在。我们知道，肯定个别物的独立存在正是亚里士多德的个别物的本体论的基本原则，所以，亚里士多德的本体论是中世纪唯名论与实在论的共同前提。当然，仅就亚里士多德的个别物的本体论而言，它只涉及肯定个别物的实在性，并未触及共相是否具有实在性的问题。然而，当亚里士多德在肯定个别物是第一实体，而其他任何东西，包括第二实体即种属，也就是共相，以及非实体范畴即属性，都在本体论上依附于第一实体而存在时，他同时也引出了他自己的共相理论：如果没有个别物作为第一实体而存在，共相就不可能在实在上存在。

> 这样，所有其他东西要么述说作为主体的第一实体，要么在作为主体的第一实体之中；所以，如果第一实体不存在，那么其他任何东西就不可能存在。[②]

亚里士多德这里所说的“述说第一实体的东西”就是共相。他在《解释篇》(*De Interpretatione*)中给共相所下的著名定义就是：“所谓共相，我指的是这样的东西，按其性质，它是对许多事物的谓述。”[③]值得注意的是，在亚里士多德这里，共相的谓述

① See Marilyn McCord Adams, "*Universals in the Early Fourteenth Century*", in The Cambridge History of Later Medieval Philosophy, Edited by Norman Kretzmann et al, Cambridge University Press, 1982, p. 411.

② The Complete Works of Aristotle, Vol.1, *The Revised Oxford Translation*, Edited by Jonathan Barnes, Princeton University Press, 1984, p.5.

③ Ibid, p.27.

总是指形而上学的谓述，而不是指语言上的可谓述。F.A.刘易斯说：

> 我们现在的谓述观念仅仅是语言学上的谓述，这样，主词和能谓述主词的东西总是语言的东西：一个语法主词和一个谓词。与此对照，对亚里士多德来说，主词是本体论上的一个东西，而不是语言学上的一个东西，并且能谓述的东西也常常不是语言上的东西：它不是一个谓词，而是一个谓性（a predicable——这个词通常也译为"谓词"，既然刘易斯在这里想将它与语言谓词区别开来，所以我将它译为"谓性"，其意思是指谓词所指示的实在的性质——引者注）。我们可以说，一个谓词（一个语言词项）在语言上谓述它的主词；而一个谓性（一个形而上学的东西）在形而上学上谓述它的主体。[1]

即使我们从语言上来理解亚里上多德的谓述理论，根据实在论的真理观或意义理论，正如主词指称主体即个别一样，语言学的谓词指称形而上学的谓性即普遍性的实在，正如格斯里所说，"在亚里士多德看来，除非我们能够把一个语词与我们希望用这个语词所表达的实在联系起来，否则我们不可能正确地使用这个语词"。[2]亚里士多德的逻辑学总是与他的形而上学联系在一起的。

既然谓述个别物的共相是以个别物的实在存在为前提，那么，亚里士多德的共相理论就可简单地表述为：共相是存在于个别物之中的[3]。显然，亚里士多德的共相理论是以他的个别物的本体论为前提的，由此，当他肯定共相在实在上存在时，

---

① Frank A. Lewis, *Substance and Predication in Aristotle*, Cambridge University Press, 1991, p.4.

② W. K. C. Guthrie, *A History of Greek Philosophy*, Vol. VI, Cambridge University Press, 1990, p. 139.

③ 这只是亚里士多德的个别物的本体论对他的共相理论的一个蕴涵。实际上，亚里士多德说："至于第二实体，显然，它们不在主体之中；人述说作为主体的个别的人，但并不在一个主体中：人不在个别的人中。同样，动物也述说作为主体的个别的人，但动物并不在个别的人中。"（*The Complete Works of Aristotle*, Vol. 1, The Revised Oxford Translation, Edited by Jonathan Barnes, Princeton University Press, 1984, p.6）这似乎又表明，作为第二实体的种属共相是独立于第一实体（主体）而存在的。正因为如此，有人认为，当亚里士多德把种属看成是第二实体时，他"事实上就是复活了柏拉图主义，他自己永远不能完全从柏拉图主义里摆脱出来"。（W.涅尔和M.涅尔：《逻辑学的发展》，张家龙等译，42页，商务印书馆，1985）根据亚里士多德的这段话，显然，涅尔的评论是很中肯的。这涉及亚里士多德实体理论的内在矛盾，如有机会我将专门讨论这个问题。在这里，我们集中讨论的是共相问题，而在这个问题上亚里士多德的根本原则是：如果第一实体或本体不存在，那么其他任何东西就不可能存在。正是根据这个原则，一般认为，"第二本体寓于第一本体而不同它分离"。（汪子嵩等：《希腊哲学史》，第3卷上，161页，人民出版社，2003）

他的实在论就是温和的实在论。特别值得注意的是,至少在《范畴篇》中,亚里士多德对共相的核心论断是:如果第一实体不存在,那么其他任何东西就不可能存在。严格地说,这个论断本身并不是他的共相理论的原则,宁可说,它是他的共相理论的本体论前提;当然,通常对亚里士多德的共相理论的理解正是从这个前提出发的,而这个本体论的前提的一个自然蕴涵就是:如果有共相的话,那么它们必须在本体论上依附于第一实体即个别。然而,共相在本体论上对个别的依附性可以被理解为:共相在本体论的意义上存在于个别之中;但是,这不必也不是惟一的理解方式,正如我们将在波埃修的讨论里所看到的那样,共相也可以被理解为:共相在抽象论的意义上存在于个别之中。

如果说亚里士多德的个别物的本体论为中世纪共相问题的争论设定了共同的前提,那么他的温和的实在论则为中世纪共相问题的争论设置了一个更加困难的问题。根据亚里士多德的温和的实在论,个别物是独立于心灵或理智而在实在上存在,共相不可能离开个别物而存在,也就是说,共相是存在于个别之中的,既然个别物是独立于心灵或理智而在实在上存在,那么存在于其中的共相也同个别物一样,也具有实在性。然而,根本的问题是:共相如何能够存在于个别物之中呢?

二、波埃修的解释:共相抽象论的问题

中世纪唯名论者与实在者关于共相问题的争论所基于的基本哲学框架是柏拉图和亚里士多德的形而上学思想,不过,真正把“共相是否在实在上存在”作为一个确定的形而上学问题提出来,则源于波菲利(Porphyry)在《亚里士多德〈范畴篇〉导论》(Isagoge)(*Introduction to Aristotle's Categories*)中对种属共相的实在性的追问:“种属是实在的(real),还是仅仅寓于单纯思想之中(situated in bare thought alone)?”①

① *Five Texts on the Mediaeval Problem of Universals*: *Porphyry*, Boethius, Abelard, Duns Scotus, Ockham, Translated and Edited by Paul Vincent Spade, Hackett Publishing Company, Inc., 1994, p.1.波菲利对亚里士多德的《范畴篇》写了两个评注,一个是写给戈达利乌斯(Gedalius),其篇幅更长,也更有系统性,但现已佚失;另一个篇幅较短,是按苏格拉底式问答法格式写成的,它被用做教学讲义,并得以保存下来(但保存的文稿并不完整)(See Christos Evangeliou, *Aristotle's Categories and Porphyry*, E.J.Brill, Leiden, The Netherlands, 1988, p.7)。

这就是所谓著名的"波菲利问题"(Porphyry's Problem)。波菲利在《导论》中一开始就说他不打算来回答这个"高深的问题",他实际上所做的评论主要限于对亚里士多德的《范畴篇》中各个范畴,特别是五谓词及其关系做了清晰的解释。波埃修将波菲利的《导论》翻译成拉丁文,并对之做了评注,完成《〈波菲利的亚里士多德《范畴篇》导论〉评注》(*A Commentary on Porphyry's Isagoge*)。在《评注》中,波埃修首先转述了波菲利问题,并详细讨论了三种可能解决问题的途径,最终他没有提出肯定的结论。然而,我认为,正是波埃修对波菲利问题的详细讨论揭示出了亚里士多德的温和的实在论的复杂性,而对这种复杂性的进一步解析构成了中世纪唯名论与实在论之间争论的基本问题域。亚里士多德认为,共相存在于个别之中;波埃修没有断然拒绝这种共相理论,但是他发现在如何理解共相存在于个别之中这个问题时存在着难以克服的困难。首先,种属共相是属于该种属的许多个别所共有的,这里"种属对多个个别的共同性"意味着,当种属存在于个别之中时,它们本身作为整体而不是某一部分,必须同时在所有这些个别之中,并构成它们的本质。波埃修说:

> 种应当在这样的方式上是共同的:不仅它的全部是在所有单个物之中,并同时在所有单个物之中,而且它能够构成并形成那些共有它的东西的实体。[①]

然而,如果种以这种方式在多个个别之中,那么种就不能是数目上的一,因为它在数目上为多的个别之中;而如果种不是一,它也就失去了它对所有个别的共同性[②],包括属在内的其他共相亦复如此,这就是亚里士多德的温和实在论的困难所在。显而易见,种属共相存在于个别之中这个断言的之所以存在困难,是因为种共相只有全部同时存在于所有个别之中,它才具有对属于它的所有个别的共同性,并且由于在个别之中而具有实在性;然而,如果它存在于数目上为多的个别之中,那么,在数目上为多的个别之中的共相就不可能具有数目的同一性。

---

① Ibid, p.22.

② 波埃修在他的讨论语境中是想表明种属既不是一,也不是多,所以种属不是实在的共相,因为凡是实在的东西在数目上要么是一,要么是多。但在这里,波埃修实际上也暗示出了共相存在于个别之中这个断言的不可能性。

看起来，真正的困难在于，种属共相的数目上的同一性与实在性之间不可能达到一致。既然如此，要绕开这种不可能性，就必须将数目的统一性与实在性分离开来。既然种属共相的定义性规定在于它们对属于它们的多个个别具有统一性或共同性，那么，惟一的选择只能是，放弃种属共相就其在实在的个别之中存在的意义上的实在性。在亚里士多德的本体论语境中，放弃这种特定意义上的实在性并不意味着要割舍种属共相在任何意义上与实在的个别之间的联系。亚里士多德的个别物的本体论依然是他的共相理论的基础；放弃种属共相就其在实在的个别之中存在的意义上的实在性，并不必然回归到柏拉图的先验实在论。

在这里，有必要注意到我们前面提到的亚里士多德的共相理论的本体论前提与它的蕴涵之间的区别。这个本体论前提就是，如果第一实体不存在，那么其他任何东西就不可能存在。共相的内在性质在于它们对属于它们的多个个别或第一实体的可谓述性或能谓述性(predicability)，如果个别不在实在上存在，共相也就没有谓述的主体，而没有谓述的主体，谓述就成为不可能，这意味着，共相或共同的性质没有形而上学的归属性。因此，共相必须在本体论上依附于个别[①]。这种本体论的依附性的一个蕴涵就是，共相在实在上存在于个别之中。我们已经看到，在波埃修的讨论中，这个蕴涵包含着共相不可能兼具数目的统一性或同一性与实在性。共相的本体论的依附性的另一个蕴涵则是，共相本身并不在实在上存在于个别之中，因而不具有在实在的个别之中存在的意义上的实在性，这意味着共相作为概念存在于心灵或理智之中；然而，既然共相在本体论上依附于实体即个别，那么共相作为概念必须在心灵或理智之外的个别中有其实在的基础，尽管它本身作为理智的东西即概念并不存在于个别之中。共相是理智对心灵之外的多个个别之间相似性的抽象，它们作为概念存在于心灵之中，但它们并不是纯粹观念性的，而是在心灵之外的个别之中有其实在的基础。这就是广为流传的所谓共相抽象论。波埃修在

---

① 亚里士多德在《范畴篇》中强调第一实体即个别是其他一切别的东西（包括共相即第二实体和非实体性范畴）的主体，旨在论证第一实体为什么是第一的，也就是，回答第一实体为什么是最严格意义上的实体。他说："正因为第一实体是其他一切别的东西的主体，它们才被称为最严格意义上的实体。"（*The Complete Works of Aristotle*, The Revised Oxford Translation, Vol.1, Edited by Jonathan Barnes, Princeton University Press, 1984, p. 5）但是，如果我们把理解的焦点集中在"其他一切别的东西"，特别是集中在种属共相问题上，亚里士多德的论证反过来也阐明了共相在本体论上对个别的依附性。

《评注》中第一次比较详细地讨论了这种共相抽象论。在《评注》中,波埃修最后讨论的一种共相理论是阿佛罗底西亚的亚历山大(Alexander of Aphrodisias)对共相的看法,而亚历山大是一位最忠实的亚里士多德主义者,所以,波埃修对亚历山大的共相论的讨论实际上是对亚里士多德共相理论分析。波埃修经过分析后得出结论说:

> 因此,像这样的事物存在于有形体的事物和感性的事物之中,但是它们可以脱离感性的事物而被理解,这样,它们的性质得以专注,它们的区别性与独特性得以理解。既然如此,当种属被思想时,它们的相似性就是来源它们所存在于其中的单个的事物。例如,从彼此不相似的单个的人,得出人性的相似性。这种通过心灵所思想并真实地被专注的相似性就是属。同样,当思考这些不同的属的相似性时(它们的相似性只能存在于这些属或属于它们的个别之中)就形成了种。[①]

种属共相是心灵通过思想抽象而形成的相似性概念。一方面,如此抽象的种属存在于心灵之中,因而是概念;另一方面它们又来源于心灵之外、以单个形式在实在上存在的个别。由理智或思想抽象得出的种属是共相,具有普遍性,而作为思想抽象的实在根据的个别是单个物,具有单个性。普遍性和单个性归属于同一个主体即种属。"这个主体在一种方式上,当被思想时,就是普遍的;而在另一种方式上,当其在其中有其存在的事物中被感知时,就是单个的。"[②]

普遍性与单一性虽可归属于种属,但是它们不能在同一种方式上归属于种属。正是在这里,抽象共相论的问题出现了:当我们问,种属共相是否独立于心灵而在实在上存在,也就是在心灵之外的个别中存在时,如果回答是肯定的,那么共相就具有实在性,然而在这种情况下,具有实在性的种属共相只能具有单一性(个别性),而单一性是个别物的性质;当我们问,种属共相是否具有普遍性时,如果回答是肯定的,那么共相就具有数目的统一性,然而在这种情况下,具有数目的统一性

---

① *Five Texts on the Mediaeval Problem of Universals*: *Porphyry*, Boethius, Abelard, Duns Scotus, Ockham, Translated and Edited by Paul Vincent Spade, Hackett Publishing Company, Inc.,1994, p. 24.

② Ibid, p. 25.

的种属共相只能而存在于心灵之中,而在心灵中的共相是概念。如果认为在心灵之中的概念仍然在心灵之外的个别中有其实在的基础,并且概念与实在的联系是通过心灵的抽象来实现的,共相就是抽象的结果,那么这就意味着,没有心灵通过思想的抽象活动,也就没有共相。这样的共相抽象论难道不是把共相建立于心灵的思想活动的基础之上吗?如果是这样的话,那么,从最严格的意义上说,抽象论的共相只是心灵中的概念,共相抽象论不是实在论,而是概念论。从这个特定的层面来说,至少经过波埃修解释的亚里士多德共相论是一种隐蔽的概念论,而不是明显的实在论[①]。只有当我们考虑到亚里士多德和波埃修的共相抽象论强调共相对个别的依附性,而个别在实在上存在,并且抽象的共相在个别中有其实在的根据时,他们才被称为温和的实在论者。实际上,亚里士多德总被认为是一个温和的实在论者,我们在这里没有必要修改这个标签。

在这里,我们真正关心的问题不是亚里士多德和波埃修的共相理论究竟是概念论还是实在论,而是试图通过波埃修对亚里士多德的共相论的解释,来揭示这种学说所潜藏的理论困境。

如前所述,在"共相存在于个别之中"这个断言中,主要的问题是种属的数目的同一性与实在性之间存在着紧张关系。为了解决这个问题,波埃修尝试从抽象论的角度把同一性归于心灵中的概念,把实在性归于心灵之外的个别,并通过心灵的思想活动建立概念的实在性。科普尔斯顿在阐述亚里士多德的共相理论时说:

---

① 值得注意的是,根据波埃修的讨论,仅仅就亚里士多德的共相是建立在心灵的思想抽象活动的基础上而言,我说亚里士多德是概念论者。赵敦华在《基督教哲学 1500 年》中评论波埃修的种属共相论时指出:"波埃修的答案有两点值得我们注意。首先,他肯定了种和属在心灵之外的实在性,即,外部事物的性质之存在;其次,他认为种和属的存在不是独立的,因而不属于'实体'范畴,而属于'属性'范畴……这两点构成了后来称之为'温和的实在论'的基本观点。"(赵敦华:《基督教哲学 1500 年》,185 页,人民出版社,1994)即使波埃修同意亚里士多德的共相理论(实际上,他在《评注》中对亚里士多德的观点持中立的态度),正如我们已经指出的那样,当他肯定种属在心灵之外的实在性时,种属概念所指对的东西只是单一性的个别。至于,"实体"与"属性"之区别,这当然是亚里士多德的个体本体论的核心原则,也是他的共相理论的前提。这个区别意味着,主体(实体)拥有属性,或者说,属性被主体所拥有,因而是依附于主体的;而它对于共相理论的意义在于,惟有个别(基本主体即第一实体)是独立存在的,而共相是依附于个别而存在。我们知道,甚至像阿伯拉尔那样的概念论者也承认个别的独立存在。其实,个别在实在上存在,这是整个中世纪温和实在论与概念论或唯名论的共同前提。当然,强调概念在心灵之外的实在性,以及它对个别的依附性,这确实表明波埃修具有实在论的倾向。所以,在波埃修和亚里士多德那里,当共相问题的讨论已经非常深人,并变得非常细微的时候,要明确区分开概念论与实在论的界限虽并非困难,但并无实际的意义。关键的问题是,共相如何能依附性个别,并在个别中获得其实在性。

共相是实在的，它不仅在心灵中有实在性，而且也在事物中有实在性，尽管在事物中的存在并不蕴涵着它在心灵中所具有的那种形式的普遍性。属于同一属的各个个别都是实在的实体，但它们并不分有一个客观共相，后者在属于该属类的所有个别中，在数目上是相同的。这种属的本质（this specific essence）在该属类的每一个个别中在数目上是不同的；但是，另一方面，就属来说，它在该属类的所有个别中，是同一的（就是说，它们在属上是同样的），这种客观的相似性是抽象共相的实在的基础，而共相在心灵中具有数目的同一性，并能以不同的方式谓述属类的所有成分。①

这里所说的"数目上同一的客观共相"是柏拉图的共相，它之所以在数目上是同一的，是因为它并不在数目上为多的个别之中，而亚里士多德的共相即属的本质在个别中，在数目上不是同一的，而是不同的，因为正如波埃修指出的那样，属之全部不可能既同时在所有数目上为多的个别之中，又在数目上是同一的；但是，在心灵中抽象的共相具有数目的同一性，正因为如此，它才为所有个别所共有，也就是说，它可以谓述数目上不同的个别。亚里士多德的共相的实在的基础在于，它存在于个别之中，而在个别之中，它就在数目上不能是一。对于每一个个别来说，个别存在于心灵之外，因而是实在的，同时它在数目上是一②，而对于所有个别来说，它们在数目上是多。与此相对照，对于共相来说，数目的同一性与实在性不可能同时兼得。经过波埃修在《评注》中的讨论，这两者的不一致与其说是一个困难，不如说是一个公理，而且是自波埃修之后中世纪唯名论者与实在论者都坚持的一个公理③。显然，坚持这个公理就意味着对柏拉图共相论的拒绝；同时也意味着，共相的

---

① Frederick Copleston, *A History of Philosophy*, Vol. I, The Newman Press, 1985, P. 301.

② 格雷西亚在《早期中世纪的个别化问题引论》一书中对中世纪个别化问题所涉及的诸多术语做了非常清晰的解释；关于数目的统一性，他说："数目的统一性就是属内的每一个个别的分立的统一性；它之所以被称为数目的，是因为要成为一个个别就是要成为一个东西……"（Jorge J.E. Gracia, *Introduction to the Problem of Individuation in the Early Middle Ages*, Second Revised Edition, Philosophia Verlag, 1988, p. 25）

③ 在中世纪，根据对共相问题的相互对立的回答，分梳出温和实在论和唯名论，而其最著名的代表人物分别是邓斯·司各脱和奥康，他们都认为，"要使数目上仅仅为一个事物的东西同时寓于很多在实在上不同的个别之中，这是不可能的"（Martin M. Tweedale, *Scotus vs. Ockham – A Medieval Dispute Over Universals*, Volume II: Commentary, The Edwin Mellen Press, 1999, p.396）。

数目的同一性不可能归于心灵之外实在存在的东西,而只能归于心灵中的概念。抽象的共相"在数目上是同一的",对于心灵之外同属的所有个别是共同的。

我们在讨论共相存在于个别之中这个断言时说,面对共相的数目的同一性与实在性之间一致的不可能性,为了保持共相的定义性规定,即对于多来说它是一,我们必须放弃它在个别中存在意义上的实在性;然而,我们也强调了亚里士多德共相理论的本体论前提,即共相也必须依附于个别。由此,在波埃修那里,就引出了所谓抽象共相论,而根据抽象论,共相终于获得了同一性——数目的同一性,但是,具有数目的同一性的共相却只能以概念的形式存在于心灵之中。尽管共相抽象论试图以思想的抽象建立概念与个别的联系,由此确保共相的实在性,但是,无论如何,这样的共相是依赖于心灵的思想抽象,没有心灵,就没有这样的共相,就是亚里士多德实在论的难题。

三、共同性质——具有小于数目的统一性的实在

亚里士多德既为中世纪唯名论与实在论的争论设置了永久性的前提,也为实在论留下了一个难题。中世纪最深刻也是最细微的实在论者当推邓斯·司各脱。作为一个实在论者,司各脱坚持严格意义上的实在论的立场,认为共相是以事物的共同性质(natura communis)为根基,而这种共同性质必须具有实在性,并且是独立于心灵或理智而在实在上存在。这意味着,他不会接受亚里士多德式的共相抽象论,因为抽象论的问题是,它没有承诺事物的共同性质的实在存在,而把共相看做理智的抽象活动的结果,这明显包含着舍弃实在论立场的倾向。在司各脱看来,抽象论本身并没有什么问题,但是它要成为真正的实在论,它就不仅必须肯定共相在理智或心灵之外的个别有其实在的基础,而且更重要的是,它在个别之中有某种共同性质作为共相的实在性的基础。司各脱在肯定共同性质独立于理智而在实在上存在的前提下,并没有退回到柏拉图的实在论的立场上,而是继续坚持把亚里士多德的个别物的本体论原则作为他的实在论的前提,这个前提决定了司各脱的实在论是温和的实在论。

给定三个个别:苏格拉底、柏拉图和这一条线。我们可以说,苏格拉底与柏拉

图在他们都是人(属)这一点是相同的,人是他们共有的共相,根据抽象共相论,这个共相是理智从这两个个别中抽象而得到的。由此,我们可以说,苏格拉底不同于柏拉图的程度(尽管这两个个别在人性上是相似的或相同的,但仍存在着个别的差异)要比苏格拉底不同这一条线要小;既然各个个别之间的数目的差别都是同样的,不存在程度的不同,那么,如果没有独立于理智的、实在的和非数目上的差别,苏格拉底与柏拉图的不同就不可能小于苏格拉底与这一线的不同。如果是这样的话,那么理智就没有任何根据从苏格拉底与柏拉图之间,而不是从苏格拉底与这一条线之间抽象出相似性的共相。司各脱说:

> 如果一切实在的统一性是数目的统一性,那么一切实在的差异性就是数目的。然而,后件是假的。其实,一切数目的差异就其是数目的而言都是同样的。这样(即如果一切实在的统一性是数目的统一性的话——引者加),所有的事物就会有同样的分别。所以,在这样的情况下,理智就不可能从苏格拉底和柏拉图抽象出共同的东西,如同它不能从苏格拉底和一条线中抽象出共同的东西一样,并且一切共相就都是理智的一种纯粹虚构。[①]

这不是说共相抽象论本身是错误的,而是说这种理论必须以进一步肯定共同性质即非数目的统一性的东西的实在存在为基础。因此,司各脱认为,除非肯定在心灵之外有某种实在的共同性质,它具有非数目的、实在的统一性,否则,心灵的抽象就是任意的,也就是说抽象失去了实在的基础。

亚里士多德的个别物的本体论的首要意义是,肯定个别是独立于心灵而在实在上存在。对于属于一个属的每一个个别来说,它们在数目上都是一;而对于所有个别来说,它们在数目上是多。司各脱所说的"事物的共同性质"是指所有这些个别所共有的性质;他也肯定这种共同的性质在实在上存在,这当然是指它不能存在于心灵中,而是指它存在于所有这些个别中。既然并且当它存在于数目上为多的个别中,那么它在数目上就是"多"(注意:这并不是说"共同性质""本身"在数目上

---

① *Five Texts on the Mediaeval Problem of Universals*: *Porphyry*, Boethius, Abelard, Duns Scotus, Ockham, Translated and Edited by Paul Vincent Spade, Hackett Publishing Company, Inc., 1994, p. 62.

是多),而不是一。既然它是为数目上为多的个别所共有的,那么尽管它在数目是多,但仍有实在的统一性。显然,这种实在的统一性不是数目的统一性。一个个别所具有的统一性是实在的数目的统一性。既然共同性质是在个别之中(它"本身"不是个别),而一个个别的统一性是数目的统一性,因此,共同性质的本体论特质在于它具有"小于"数目的统一性;"这种较小的统一性(lesser unity)本身属于性质。"① 这里所说的"小于"是指"特殊化的程度小,因而一般的程度更多"。②

值得特别注意的是,在司各脱那里,当说"共同性质"存在于数目上为多的个别之中,它在数目上就是"多"时,这并不是说"共同性质"本身在数目上是多;同样,当它存在于数目为一的一个个别之中时,这并不是说它本身在数目上是一。司各脱引证阿威森纳(Avicenna)所说的"马性"(equinity)作为共同性质为例说:

> "马性仅仅是马性。就其本身来说,它既不是一,也不是多;既不是普遍的,也不是特殊的。"我的理解是:它从本身来说不是因数目的统一性而是一,也不是因与该统一性相反的多样性而是多。它在实际上既不是普遍的——与此相反,某某东西就其是理智的对象而言是普遍的——它本身也不是特殊的。③

其实,"马性仅仅是马性"这个命题就是司各脱的实在论的根本的基础。如果司各脱能够证明,马性本身在数目上既不是一,也不是多;在性质上,它本身既不是普遍的,也不是特殊的,那么当然他同时也就是证明了马性仅仅是马性这个命题。可是,既然这两对特征的每一个特征都与它相对的特征是相反的,那么司各脱的断言首先遇到一个逻辑上的困难:它是不是违背了排中律、因而是一个矛盾的断言呢?根据排中律,对于某个主体来说,在任何一对相互矛盾的谓词中,至少有一个谓词可谓述这个主体(即主词所指示的主体);而根据矛盾律,最多只有一个谓词可谓述它。这也就是说,根据这两个逻辑规律,在一对相互矛盾的谓词中,有并且只

---

① Ibid, p. 63.

② William A. Frank and Allan B. Wolter, *Duns Scotus*, Metaphysician, Prudue Unibersity Press, 1995, p. 196.

③ *Five Texts on the Mediaeval Problem of Universals*: *Porphyry*, Boethius, Abelard, Duns Scotus, Ockham, Translated and Edited by Paul Vincent Spade, Hackett Publishing Company, Inc., 1994, p. 63.

有一个谓词可谓述主体。马性要么是一,要么是多;要么是普遍的,要么是特殊的。可是,为什么司各脱说这四个谓词都不可谓述马性这个主体呢?关键的问题是,当司各脱说马性不具有这两对特征时,他是就马性本身、也就是就马性的本质本身而言的。马性本身作为一种本质,它的定义中只含有本质的特性,而不含有任何非本质的东西即偶性。比如,就"普遍性"这一特征而言,正如阿威森纳所说:

> 马性的定义是与普遍性的定义分开来的,普遍性也不包含在马性的定义中。马性有一个定义,而这个定义无须普遍性,它是那个普遍性被偶然加诸其上的东西。[①]

其他特征亦复如此。显然,这并不是说,这些特征不能归属于马性,而是说,当它们归属于马性的时候,它们只是作为偶性而归属于马性。区分开本质或定义与偶性之后,我们就可以看到,司各脱的上述断言并没有矛盾,正如我们说,马性既不是白性的,也不是非白性的,没有矛盾一样。如果说马性本身是白性的,那么非白性的马就不是马,而如果说马性本身是非白性的,那么白性的马就不是马,这显然是荒唐的。白性和非白性都是马性的偶性,而不是马性本身的规定[②]。

---

① Cited from Allan B. Wolter, *The Philosophical Theology of John Duns Scotus*, Cornell University Press, 1990, p.72.

② 阿威森纳和司各脱的"马性仅仅是马性"这个命题与中国古代公孙龙的"白马非马"这个命题是完全相同的。公孙龙说:"马者所以命形也,白者所以命色也,命色者非命形也;故曰白马非马"(《白马论》)。如果马的本质或定义是指"具有 x 形体的动物",那么凡是满足这个定义动物都被称之为马,既然白黑黄马都满足这个定义,那么它们当然都是马。然而,就马本身即马的本质或定义来说,既然它不含色的规定,所以从马性本身来说,不能说白马是马,而只能如公孙龙所说,"白马非马"。因为如果将白色纳入马的定义,将马定义为"具有 x 形体且为白色的动物",那么凡不满足这个定义就不是马,这样黑黄马就不是马了。公孙龙当然明白,白马是马,但是他更深刻地洞察到马性本身与具体的马即这个白马之间的区别。当然公孙龙没有适当的概念工具阐述这种区别的性质。马的义本身不能含有色的规定,马本身不是白的,马可以是白的,但当把白色归于马时,白色不是马的共同性质,而是马的偶性。阿威森纳和司各脱说"马性仅仅是马性",而公孙龙说"独以马为有马者耳"时,这两个说法几乎在字句上不差分毫。由此,我们可以说公孙龙的白马论蕴涵着非常思辨的实在论思想。只可惜,我们常常被"相互联系"(相互联系不等于没有区别)和"外延"(实际上,不是先有外延的类,而是马性即共同性质为这样的类提供实在的基础)之类的含糊说法遮蔽了哲学分析的视线,甚至当公孙龙说"是白马之非马审矣"时,有人认为这句话是"流于诡辩了"(北京大学哲学系中国哲学教研室编:《中国哲学史》,98 页,北京大学出版社,2002)。我不知道,"人的定义(人)不是白人",或换用公孙龙的句式"'白人'非'人'(人的定义或本质)",还是"人的定义(人)是白人"或者"'白人'是'人'(人的定义或本质)",这两种说法之间哪个是诡辩甚至是荒唐的?

事物的共同性质如马性就其本身来说既不是普遍的,也不是特殊的;它在性质上先行于普遍性和特殊性。然而,共同性质并不单单停留在抽象的本质规定的层面,它也在实际上存在;事实上,它要么存在于理智之中,要么存在于理智之外的个别之中。离开了理智和个别,共同性质就根本不可能存在。当它存在于理智之中时,它能够获得普遍性,而当它存在于个别之中时,它能够获得特殊性。再一次需要注意的是,正因为它本身既没有普遍性,也没有特殊性或单个性,它本身先行于它们,它本身在性质上对于能够成为普遍的或单个性是中立的,所以,当它实际上存在时,它才能够在理智中获得普遍性,而在个别中获得单个性。如果共同性质本身是普遍的,那么它就不可能成为特殊的,同样,如果它本身是特殊的,那么它就不可能成为普遍的。

四、共同性质及其与个别化原则之间的形式区别

共同性质本身不是特殊的,但它能够成为特殊的。不仅如此,共同性质也在实在上存在。毫无疑问,共同性质的实在性的基础就在于它存在于个别之中。既然如上所述,共同性质具有少于数目的统一性,而个别或殊相在数目上是一,具有数目的统一性,那么当共同性质在个别之中时,它不是构成个别的惟一的形而上学要素,个别要成为个别,它还需要另一个形而上学要素。此外,"既然在某个种或属中,可以有不止一个殊相,因此,性质不可能是殊相的惟一的形而上学要素;也必须要有个别化原则,以便将一个殊相与另一个殊相区别开来。"[①]这个个别化原则就是司各脱所说的"区别性的东西",也就是,一个个别的"这个性"(haecceitas)。司各脱说:

> 因此,除了在这个个别和那个个别中的性质外,还要在首要的意义上有某些区别性的东西(diverse items),通过这些东西,这个个别与那个个别,以及在这个方面的这个一与在那个方面的那个一,才得以区别开来。它们不是否定

---

① Marilyn McCord Adams, "*Universals in the Early Fourteenth Century*", in The Cambriage History of Later Medieval Philosophy, Edited by Norman Kretzmann et al, Cambridge University Press, 1982, p. 411.

性的东西(negations)……也不是偶性,因此,有某些积极的东西从其本身规定着性质。①

个别的形而上学结构包含两重要素:共同性质和“这个性”;通过前者,在同一个属内的一个个别与另一个个别具有属的统一性,通过后者,一个个别与另一个个别得以区别开来。个别的“这个性”之所以是这个个别的肯定性的实在要素,而不是否定性要素,是因为具有“这个性”的个别与另一个个别的区别不在于它没有与之相区别开来的那个个别的特征,而是恰恰它具有它的“这个性”而与另一个个别区别开来;它之所以不是偶性,是因为它是个别实体的实在的要素,而实体在本质上先行于偶性,这也就是说,偶性不是个别化原则。然而,我们必须马上指出的是,尽管共同性与“这个性”是构成一个个别的两重要素(更精确地说,是两类实在或形式),但是,在实在上,共同性质与“这个性”并非是两个有分别的东西,相反,它们在实在上是同一的,这是因为共同性质所在的个别与“这个性”所在的个别是同一个个别,而个别之作为个别,如司各脱所说的那样,就在于“这个性”规定共同性质,使共同性质成为一个个别,就是说,“这个性”作为一个收缩因子,将共同性质收缩为一个个别。既然惟有“这个性”才在数目上是一,才具有特殊性,所以通过“这个性”而被收缩为一个个别的共同性质在数目上是一,并具有特殊性。

如前所述,司各脱同意阿威森纳说,“马性仅仅是马性”,认为共同性质既可在个别之中,也可在理智之中,但它本身对于它能够成为这两种存在状态是中立。就此而言,司各脱的立场只是在重复阿威森纳的观点。然而,与阿威森纳不同,司各脱认为,共同性质不仅是中性的,更重要的是,它是共同的。“因此,在司各脱的共相本体论中,我们找到的是一种共同性质的学说,而不是阿威森纳的中立的学说。”②说性质不仅是中立,而且也是共同,就是说,共同性质不只是能够存在于个别或理智之中,而且它既能够在个别中被“这个性”个别化而具有特殊性,也能够在理

① *Five Texts on the Mediaeval Problem of Universals*: *Porphyry*, Boethius, Abelard, Duns Scotus, Ockham, Translated and Edited by Paul Vincent Spade, Hackett Publishing Company, Inc., 1994, p. 102.

② Peter King, *Scotus on Metaphysics*, in The Cambridge Companion to Duns Scotus, Edited by Thomas Williams, Cambridge University Press, 2003, p. 110.

智中被概念化为完全的共相;所谓共同性就是对于个别化和概念化是共同的。其实,司各脱与阿威森纳之间的关键区别不是"共同性质"学说与"中立性质"学说之间的差别,而是司各脱在"共同性质"学说的基础上所提出的独特的个别化学说,也就是说,共同性质具有"可收缩性",而这种学说是阿威森纳所没有的。

共同性质本身在数目上既不是一,也不是多;它本身具有非数目的统一性。它既不是普遍的,也不是特殊的。然而,当它存在于个别之中时,它就被数目上为一并具有特殊性的"这个性"收缩为数目上为一并具有特殊性的个别,而在数目上不同的个别中,它被不同的"这个性"收缩为不同的个别。人性在苏格拉底中在数目上是一,而在其他不同的人中在数目上是多。

共同性质与"这个性"在实在上是同一的。它们具有实在的同一性。具有实在的同一性的两个东西在逻辑上不可以分离开来的,正如个别(在同一个属内)不可以分割一样。但是,毕竟它们的定义不同:共同性质不是"这个性",或者说,"这个性"不是共同性质。这就是说,它们在概念上不同。然而与纯粹出于理智的原因而造成的概念的区别(如"晨星"与"暮星"的定义之间的区别)不同,共同性质与"这个性"的定义(如果"这个性"能够被定义的话)之间的区别有实在的基础。司各脱认为,在同一个事物(个别)之中的两个具有实在的同一性的实在或形式之间在定义或概念上的区别的实在的基础就在于它们之间存在着形式上的区别。司各脱说:

> 因此,凡是共同的而又是可规定的东西,仍然能够被区别(不管它在多大程度上是一个事物)为若干形式上有分别的实在(several formally distinct realties),而在其中,这一个实在并非在形式上是那一个实在。这一个实在在形式上就是具有单一性的东西,而那一个实在在形式上就是具有(共同——引者所加)性质的东西。这两类实在不可被区分成"事物"与"事物"……宁可说,当它们在同一个事物中,不管是在一个部分,还是在一个整体中,它们总是属于同一个事物而在形式上有分别的实在。①

① *Five Texts on the Mediaeval Problem of Universals*: *Porphyry*, Boethius, Abelard, Duns Scotus, Ockham, Translated and Edited by Paul Vincent Spade, Hackett Publishing Company, Inc., 1994, p. 107.

司各脱在这里特别强调,“这一个实在”即个别性或这个性(个别化原则)与“那一个实在”(共同性质)在实在上是一个并且是同一个事物,这就是说,它们都是在同一个个别之中,并且它们在实在上彼此不能区分,尽管如此,它们在定义或概念上是有分别的,而这种分别的实在的基础就是它们之间在形式上的分别。“在性质(natura)与这个性(haecceitas)这两个因素之间,有一种形式的区别,它是 a distinctio a parte rei,是这样一种区别,它不仅在根源上是概念的,而且是建立在一种在实在本身上的客观根据的基础之上。”[①]。当代著名的中世纪哲学研究专家亚当斯将司各脱的形式区别更清晰地定义如下:

> x 与 y 是形式上有差别的或不是形式上的同一的,当且仅当(1)x 和 y 存在,或者存在于在实在上是一个并且是同一个事物的东西(res)之中;(2)如果 x 和 y 能够定义(在严格的亚里士多德的意义上,依据种加属差),那么 x 的定义不包含 y,并且 y 的定义不包含 x;(3)如果 x 和 y 不能定义,那么假如它们是可定义的话,那么 x 的定义不会包含 y,并且 y 的定义不会包含 x。[②]

它们具有实在的同一性,是因为它们彼此不可分割(甚至全能的上帝也没有办法将其分割开来,也就是说,它们在逻辑上不可分割)并在同一个事物即个别之中;但它们的定义不同,而这种不同的实在的基础就在于它们在形式上不同。值得注意的是,当我们说 x 与 y 不是在形式上同一的事物的时候,这并不是 x 与 y 不是同一个事物,而仅仅是说它们不是在形式上相同的。比如说,“人并不必然地是白人”一样,这里否定词所否定的是“必然地”,而不是“白人”(即不是说“人必然不是白人”)。“司各脱是在副词(formaliter)的意义上谈论‘形式上的区别’,而不是在名词(forma)意义上谈论‘对形式的区别’……”[③] 严格地说,否定词是要否定作为模态

---

① C.R.S.Harris, *Duns Scotus*, Volume II, Thoemmes Press, 1995, P. 95.

② Marilyn McCord Adams, "*Universals in the Early Fourteenth Century*", in The Cambriage History of Later Medieval Philosophy, Edited by Norman Kretzmann et al, Cambridge University Press, 1982, p. 415. 实际上,“这个性”即个别化原则是不可定义的,因为它是不可进一步分析的终极的实在。但这只是就肯定的定义而言的,其实如果否定的定义也是定义的话,那么至少可以把“这个性”定义为:“这个性”不是“共同性”,或不是“那个性”。然而,司各脱认为“这个性”是一种肯定的或积极的实在,所以严格地说,“这个性”是不可定义的。

③ 赵敦华:《基督教哲学 1500 年》,473 页,人民出版社,1997。

算子的“形式上”,因为这样就不大容易由形式上的区别而造成复多性或复合性之存在的本体论承诺:毕竟它们具有实在的同一性。共同性质与个别化原则(“这个性”)都不是由纯粹理智造成的东西,都是实在存在的形式,因而都具有实在性;它们存在于同一个事物之中,这意味着它们中的任何一个都不可能与它们所在的同一个事物相分离,因而它们具有实在的同一性;尽管如此,它们的定义不同,它们之间存在着概念的差别。既然它们具有实在的同一性,而它们的概念(或定义)有区别,这说明它们在概念上的区别是出于理智的原因,然而由理智所造成的概念的区别如果不是主观的,那么概念的区别必须要有实在的基础,司各脱认为,概念区别的实在的基础就在于形式的区别。显然,从认识论的角度来看,形式的区别的作用就在于确保那些有区别的概念的客观基础。正如司各脱专家沃尔特所说:

> 采用这一区别主要是为了确保概念的客观性这一认识论目的,这些概念表达了关于某一实在的部分洞识但并非全部真理,而这一实在在实在上并没有不同的部分……①

共同性质与个别化原则(“这个性”)之间的形式的区别是司各脱的实在论的终极的本体论的基础。没有形式的区别,就没有司各脱温和的实在论,因为如果共同性质与个别化原则(“这个性”)之间没有形式的区别,既然在一个个别中它们具有实在的同一性,那么这实际上也就意味着,个别在形式上没有一种与个别性相区别的共同性质,也没有与共同性质相区别的个别性,更不存在共同性质被个别性收缩为一个个别的问题,宁可说,一个个别之所以是一个个别就因为它作为个别是一个基本的事实,而众所周知,认为个别是一个不容进一步分析的基本事实,这恰恰是唯名论的基本直观。

① Allan B. Wolter, *The Philosophical Theology of John Duns Scotus*, Cornell University Press, 1990, p. 29.

五、作为逻辑概念的完全共相

现在让我们回到共相问题上。如上所述，在司各脱这里，共同性质本身具有非数目统一性即小于数目的统一性，既不是数目上的一，也不是数目上的多；既不是特殊的，也不是普遍的；然而，当它存在于个别之中而被“这个性”个别化为个别时，因为“这个性”本身在数目上是特殊的，所以共同性质本身虽是中立的，但也能够是数目上的一(被“这个性”所收缩)，也能够是数目上的多(被不同的“这个性”所收缩)。同样地，共同性质当其存在于理智之中时，它也能够是普遍的，也就是说它能够是可谓述个别的共相。首先，我们必须注意到，虽然共同性质能够在理智中经过概念化而成为具有普遍性的完全共相，但是正如我们在前面已经指出的，司各脱反复强调，共同性质本身没有普遍性[①]，它本身不是共相。如果它本身是普遍的，那么它就不能被个别化；如果它本身即在它的定义中包含着普遍性，那么它就不能谓述任何一个个别，因为没有一个个别是普遍的；此外，共同性质就其实在存在而言也不是完全的共相，因为存在在个别之中的性质被个别化而成为数目的一并是特殊的，但具有特殊的东西不可能谓述数目上为多的个别。由此可见，无论就其本身，还是就其在实在上存在而言，共同性质都不可能成为完全的共相。因此，它要成为完全的共相，它必须成为理智的对象，必须存在于理智之中。

共同性质只有存在于理智之中才能取得普遍性，达到完全的共相。这当然意味着，理智的概念化活动或抽象活动是形成共相的原因，没有理智，就没有共相。司各脱认为，当共同性质成为理智的对象、理智对共同性质加以理解时，理智需要双重概念化活动，并由此最初生成形而上学的一阶概念，最终生成逻辑的二阶概念。这个逻辑概念就是完全的共相。司各脱说：

> 但是，不仅性质本身对于在理智中的存在与对于在一个殊相中的存在是

---

① *See Five Texts on the Mediaeval Problem of Universals*: *Porphyry*, Boethius, Abelard, Duns Scotus, Ockham, Translated and Edited by Paul Vincent Spade, Hackett Publishing Company, Inc., 1994, p. 64.

中立的——并且它也可是普遍的和是特殊的或单个的。甚至当它确实具有在理智中的存在时,它并不在首要的意义上具有普遍性。即使它是在普遍性之下(如在理解它的方式之下)被理解,普遍性也不是它的首要的概念的一个部分,因为普遍性不是形而上学概念的一个部分,而是逻辑概念的一个部分。根据他的看法(编译者 P. V. 斯佩德在此作注说,不知道这里所指的“他”是谁——引者加),逻辑学家考虑的是被应用于第一意向的第二意向。因此,最初的理智化是性质的理智化而没有任何共同的被理解的方式……[①]

这里有必要首先对司各脱所说的“意向”一词作简要的解释。“意向”(intentio)这个术语来源于阿威森纳[②],司各脱在使用这个术语时赋予了它四层含义:意志活动、倾向性、形式的理智物(ratio formalis)和概念[③]。其中,后两者是与我们这里讨论的问题有关的。实际上,“意向”本身就具有双重特性,一方面作为具有意向的东西是在理智中的思想即概念,另一方面这种思想又指涉它之外的东西。当性质最初存在于理智中时,理智以各种活动和方式理解它的思想内容,由于在起初阶段这些方式和活动都是彼此分立的,所以,理智对于这些思想内容所形成的概念尚未完全脱去特殊性,这样的概念就是不含普遍性的形而上学概念,形而上学概念就是第一意向概念。任何概念本身无论如何都离不开理智,都是理智的认知活动的产物,然而,意向概念虽在理智之中,但理智能够通过它指涉理智之外的事物即“形式的理智物”。实际上,意向本身就是“形式的理智物”。根据特威戴尔的解释,

“意向”(intentio)与“理智物”(ratio)实际上是同义词,两者的意思都指事物可能具有的某种特征……某个是一种理智物的东西,就其存在来说,它不必依赖于思维,尽管称之为一种理智物当然暗含着它至少是思维的潜在的对象。[④]

---

① *Five Texts on the Mediaeval Problem of Universals: Porphyry*, Boethius, Abelard, Duns Scotus, Ockham, Translated and Edited by Paul Vincent Spade, Hackett Publishing Company, Inc., 1994, p. 64.

② See Martin M. Tweedale, *Scotus vs. Ockham - A Medieval Dispute Over Universals*, Volume II: Commentary, The Edwin Mellen Press, 1999, p.520.

③ Ibid, p. 608.

④ 同上。

意向作为概念，它是在理智中，是理智的对象，这个概念所指涉的对象未必一定是心理的东西，而是其存在不依赖于心理或理智的东西。在这种意义上，"第一意向"指涉就是理智之外的事物即"心外的性质"（the extramental nature）①。当理智统合它的各种分立的理解活动或方式，中立地构想各种分立的思想内容时，理智就脱去了各个思想内容的特殊性，形成了具有普遍性的逻辑概念即第二意向的概念。再一次，作为概念，它离不开理智活动，并且更深地依赖于理智；而作为意向概念，它指涉自身之外的东西即第一意向。"这个包含普遍性的概念是第二意向，就是说，是一个概念的概念（a concept of concept）。"②逻辑概念比形而上学概念更多地依赖理智，更多地出于理智的原因。既然惟有逻辑概念才是能够谓述多个个别的共相，而逻辑概念更深地根植于理智活动，所以，我们可以说，没有理智的抽象活动，就没有共相。正如莫勒所说：

> 仅仅当共同性质以概念的方式存在于理智之中，抽去个别，它才可谓述许多主体。它必须通过理智的抽象能力，好比说，释放开它与个别联系的纽带，然后才完全满足共相的条件。总之，共相仅仅存在于理智之中。③

共相是存在于理智之中的概念。在理智的活动中，从"性质"（即与"这个性"具有实在同一性的性质）经形而上学概念到逻辑概念，是一个脱除特殊性，实现对一切个别的中立性，从而形成一个具有完全普遍性的逻辑概念的概念化过程。最终形成的逻辑概念就是共相，惟有这样的共相才能满足亚里士多德共相标准即能够对属内的一切个别加以谓述。当我们说"苏格拉底是人，柏拉图是人"的时候，这里的"人"就是一个普遍的逻辑概念，是一个完全的共相，它可以中立地、无关乎任何一个个别而谓述所有的个别的人。

---

① Allan B. Wolter, *John Duns Scotus*, in The Individuation in Scholasticism: The Later Middle Ages and The Counter-Reformation 1150-1650, Edited by Jorge J.E. Gracia, State University of New York Press, 1994, p. 276.

② Ibid, p. 276.

③ Armand A. Maurer, *Medieval Philosophy*, Random House, Inc., 1962, pp. 234-235.

六、形而上学实在论

我们在前面已经指出，根据亚里士多德的共相定义，严格意义上的共相是指能够谓述数目上为多的个别的形而上学性质，而实在论是对共相是否在实在上存在这个问题做出肯定回答的一种形而上学理论。现在，我们已经看到，在司各脱这里，只有存在在理智中的逻辑概念才是完全的共相，才能够谓述数目上为多的个别。既然能够谓述个别的共相是作为概念而存在于理智之中的，那么看起来，有人可能会认为，在司各脱看来，共相只是概念，是存在于理智中的概念，也就是说，共相并不是独立于理智而在实在上存在，由此有人可能说，司各脱的共相理论其实是一种概念论，而不是实在论。的确，从表面上看，当司各脱认为具有谓述功能的共相只是理智通过抽象活动而形成的具有普遍性的概念时，这看起来也是一种"抽象共相论"，它似乎与我们在波埃修那里所见到的那种亚里士多德式的抽象共相论没有什么不同。在讨论波埃修的亚里士多德式的共相理论的时候，我们曾经说过，这种抽象共相论因为将共相建立在理智抽象活动的基础之上，实际上具有隐蔽的概念论的倾向。我们首先必须承认，仅仅就共相是一种具有普遍性的逻辑概念而言，也就是说，仅仅就逻辑概念是理智的产物而言，司各脱的共相论与亚里士多德式的抽象共相论确实是一致的。尽管如此，这两种表面上一致的共相论却有实质上不同的本体论基础，正是基于它们本体论基础的不同，一个共相论是实在论，却是暗含概念论倾向的实在论，而另一个共相论是实在论，却是深度的、地道的实在论。

亚里士多德式的共相论的本体论基础实际上就是个别物本体论，即惟有个别才在第一性的意义上存在。个别之所以是个别在于它具有个别性即特殊性或单个性，这样的单个性在实在上存在。正如波埃修对亚里士多德主义者亚历山大的共相论所做的解释，由理智或思想抽象得出的种属是共相，具有普遍性，而作为思想抽象的实在根据的个别是单个物，具有单个性。从最广泛的意义上说，司各脱的实在论也是建立在亚里士多德的个别物的本体论的基础之上的，司各脱也认为个别在第一性意义上存在，然而，司各脱实在论的独特之处在于，他认为个别具有双重形而上学形式结构:共同性质与个别化原则,而共同性质,如前所述,具有实在的(非数目的)统一性,所以具有实在性的共同性质是司各脱共相论的本体论的基础,但这个基础是亚里士多德式的共相论所没有的。这就是这两种实在论的根本区别所在。当然,有人可能会提出反对意见说,既然司各脱认为,共同性质与个别化原则具有实在的同一性,那么,共同性质当其实在存在时,是存在于个别之中,也就是说,它被个别化原则收缩成为一个个别,因而具有个别性或单个性,而在这一点上,司各脱的共相论的实在基础,依然像亚里士多德式的共相理论一样,是实在的单个性。不错,如果我们仅仅看到司各脱的实在的同一性的观念,我们很难将他的共相论与亚里士多德式的共相论区别开来。但是,我们不要忘记,司各脱在肯定共同性质与个别化原则的实在的同一性的同时,他特别强调,它们之间存在着形式的区别。正是在这种形式的区别的基础上,在形式上与个别化原则相区别的共同性质构成了司各脱的共相论的实在的基础;既然共同性质就其本身而言是先行于理智的,具有实在性,那么,司各脱的共相论虽然肯定完全的共相作为概念是由理智产生的,但其产生的实在的基础是具有实在性的共同性质,因此,司各脱的共相论是实在论。共同性质本身不是共相,但“它是共相的物理的基础”。[①]从这个意义上说,“因为共相是多中之一,所以它是共同性质,而后者本身并不适合谓述多。这样的共相就是物理的共相(the physical universal)”。[②] 从这里,我们可以看出,司各脱的形式的区别对于确立他的实在论具有十分关键作用。这就是为什么我们在前面说,形式的区别是司各脱的实在论的终极基础。

在把司各脱的共相论与亚里士多德式的共相论区别开来之后,我们还需要进一步弄清楚,就司各脱的共相论本身而言,究竟在什么意义上共同性质是共相论的实在的基础?首先,如上所述,完全的共相是逻辑的概念,是概念的概念;概念是理智抽象或构造的结果,概念存在并依赖于理智,而概念的概念则更加依赖于理智。然而,完全的共相同时是第二意向的概念,概念的意向性表明,它指涉它之外的东

---

① Efrem Bettoni, *Duns Scotus: The Basic Principles of His Philosophy*, Translated and Edited by Bernardine Bonansea, The Catholic University of America Press, 1961, p. 56.

② Ibid, p. 57.贝托尼在这里将司各脱的共相归纳为三重含义:物理的共相、形而上学的共相和逻辑的共相(See Ibid, p. 57)。也可参见赵敦华在《基督教哲学1500年》中的评论性的三重区分(赵敦华:《基督教哲学1500年》,471~472页,人民出版社,1997)。

西，就是说，第二意向的概念指涉形而上学概念即第一意向概念，而后者又指涉理智之外的性质。因此，作为完全的共相的逻辑概念通过形而上学的意向概念而与实在的性质联系起来，这种联系为理智之中的共相提供了实在的基础。其次，完全的共相是理智通过脱离个别性活动而以中立的方式所构造的概念，因此共相具有中立性(indifference)或未规定性(indeterminateness)。所谓"中立性"或"未规定性"，在这里当然是指共相对个别的特殊性的中立性或未规定性，而这显然就是说共相是普遍性的，正因为如此，它才能无关乎某个特殊的个别而能够普遍地谓述任何具有共同性质的个别。当然，这里所说的"中立性"或"未规定性"是理智构造或抽象的结果，是概念的特性。然而，概念的"中立性"或"未规定性"虽出于理智活动，但理智活动的实在的基础恰恰就在于，当共同性质成为理智的对象时，理智所理解的共同性质本身具有"中立性"或"未规定性"。概念的"中立性"或"未规定性"的实在的基础就是实在的共同性质本身所具有的"中立性"或"未规定性"。我们已经指出过，共同性质的中立性就是指它本身虽不是普遍的，但当存在于理智之中时，它能够成为普遍的。

众所周知，亚里士多德在《解释篇》中认为共相的定义性特征在于它的可谓述性，而它之所以具有可谓述性，是因为与第一实体即个别不同，它不是"这个"(a this)而是"这类"(a such)：

> 一切实体似乎都表示某一"这个"(a this)。至于第一实体，毫无疑问，它们的每一个都表示某一"这个"；因为被揭示的事物是个别，并是数目上的一。但是，至于第二实体，虽然从名称的形式来看——当我们谈到人或动物时——第二实体似乎同样也表示某一"这个"，其实并非如此。宁肯说，它表示某一"这类"(a such)；因为主体不像第一实体那样是一，人和动物是被用来述说许多事物的。①

① *The Complete Works of Aristotle*, The Revised Oxford Translation, Vol. 1, Edited by Jonathan Barnes, Princeton University Press, 1984, p. 6. 这里需要注意的是，在巴恩斯编《亚里士多德全集》(牛津修订版)中，亚里士多德的《范畴篇》采用的是阿克里尔(J. L. Akrill)的译文，该译文没有用"a such"，而是用"a certain qualification"，仅就这个词而言，我改用了特伦斯·欧文(Terence Irwin)的引文译文(Terence Irwin, Aristotle's First Principles, Oxford University Press, 1990, p. 79)。秦典华将该处的词译为"某种性质"(亚里士多德：《工具论》(上)，10 页，中国人民大学出版社，2003)。从实质意思上说，这些译文用词没有任何差别。

第一实体即个别是“这个”,而第二实体即种属共相是“这类”。共相既不是“这个”,也不是“那个”等等,而是“这类”,它是某一“非这个”(not - this),正因为如此,它才能够中立地、普遍地谓述“这个”、“那个”等等。所以,“这类”可定义为:“x是这类,当且仅当x不是这个。”①“这类”的这个定义更明显地显示它对“这个”的中立性:“这类”就是“非这个”。当司各脱说完全的共相是“中立的”时,他的共相完全满足亚里士多德的共相定义的要求。当然,共相是概念,共相的中立性就是概念的中立性。但是,概念的中立性的实在的基础恰恰是共同性质的中立性。司各脱说:

在实在上存在着共同的东西,它本身不是某一“这个”(this)。因此,成为“非这个”(not - this),这与它本身并非不相容。但是,共同的东西不是现成的共相,因为它缺少共相据以成为完全普遍的那种中立性,就是说,缺少这样的中立性,据此它本身作为恰恰同一的东西通过某种同一性而谓述每一个个别,这样每一个个别就是它。②

这里所说的“共同的东西”就是共同的性质,它本身不是“这个”,它本身对“这个”是中立的。正因为如此,当它成为理智的对象的时候,它通过理智的活动才能够成为现实的“非这个”,也就是说成为“这类”。就它本身来说,当然,它的中立性可以说是潜在的,而通过理智活动,这种潜在的中立性构成了概念化的、现实的中立性,即具有普遍性的“这类”。这样“这类”就可用来谓述“这个”、“那个”,说“这个”是“这类”,“那个”是“这类”。比如说“苏格拉底是人,柏拉图是人”,这里,“人”就是“这类”,而谓述不同的主体的“这类”是同一的。总之,共同性质的中立性是共相的中立性或普遍性的实在的基础。

实在论是肯定共相在实在上存在的一种形而上学理论。司各脱认为虽然作为逻辑概念的完全的共相是理智抽象的结果,但是理智抽象的实在的基础在于共同性质的实在性。司各脱的共相论是建立在他的共同性质的学说的基础之上,他肯

① Frank A. Lewis, *Substance and Predication in Aristotle*, Cambridge University Press, 1991, p.34.

② *Five Texts on the Mediaeval Problem of Universals: Porphyry*, Boethius, Abelard, Duns Scotus, Ockham, Translated and Edited by Paul Vincent Spade, Hackett Publishing Company, Inc.,1994, p. 66.

定共同性质在实在上存在,并且它是一种具有小于数目的统一性的实在的东西。因此,司各脱的共相论是一种严格意义上的形而上学实在论。司各脱克服了亚里士多德式的实在论内部存在的困难,发展了中世纪形而上学实在论。

(作者单位:中央民族大学哲学与宗教学系)

形而上学与第一哲学

江 怡

自从亚里士多德在《形而上学》中把研究“存在(是)作为存在(是)”的根据作为“第一哲学”以来,西方哲学家们大都把形而上学研究看做哲学中的主要部分,也是哲学研究的基础。然而,由于对形而上学的反叛,现代哲学家对“第一哲学”概念也有了新的理解,这就使得形而上学与第一哲学的关系变得比古代和近代都更为复杂起来。在本文中,我将根据现代哲学的理解,重新考察形而上学在当代英美哲学中的发展历程,着重分析西方哲学家对第一哲学的不同理解,指出形而上学与第一哲学之间的复杂关系。

一

我们知道,传统的形而上学研究是对世界本源的探索,把世界万物都归结为某个或某些被认为是最基本、最简单的东西,因而是对经验之外的某种东西的研究。但这种传统研究在现代哲学中遭到了来自两个方面的谴责。在欧洲大陆哲学家中,海德格尔以提出形而上学问题的发问者的身份把传统的形而上学问题置于“此在”(Dasein)的视野之中,这样就抽去了形而上学赖以存在的基础,因为不同的“此在”对相同的形而上学问题会有着不同的理解。与此不同,英美哲学家则以相反的思想倾向表明,传统形而上学的错误并不在于关于世界及其本质的看法存在什么问题,而是形而上学命题的提出本身就是错误的,就是说,是以违反语言的逻辑句法的形式提出的无意义的问题。这样，一旦澄清了这种命题的逻辑形式，我们就会看到传统的形而上学问题消失了。

德国哲学家施太格缪勒认为，整个当代哲学是对传统形而上学的不同反应的结果，或者赞成，如欧洲大陆哲学中的现象学、存在哲学等；或者反对，如英美哲学中的分析哲学，但这其实只是看到问题的表面现象，因为欧洲大陆哲学并不是简单地赞成形而上学，如海德格尔的存在哲学；而英美分析哲学也并不是完全否定形而上学，如斯特劳森的“修正的形而上学”。当然，无论是赞成还是反对，这恰恰表明，形而上学在当代哲学中始终没有被哲学家们所遗忘，相反，对形而上学的关注倒是成为哲学家认识语言现象普遍性和探讨思维逻辑结构的最后根基。

从当代哲学对形而上学的浓厚兴趣中，维特根斯坦的思想对形而上学复兴具有双重影响。一方面，他认为，形而上学应当被划入不可说的领域，并为这个领域确定了范围及其在我们认识中的作用，这就是“不可说但可以显示”的神秘领域。他从现象学中找到了如何显示形而上学的方法，即现象学还原的方法。维特根斯坦在重返剑桥初期，曾多次用现象学方法描述自己的新哲学的成果。这种对现象学的推崇在通常被看做拒斥形而上学的分析哲学阵营里是绝无仅有的，也被欧洲大陆哲学家看做他们在英美哲学中的知音。另一方面，维特根斯坦对世界本质的看法以及用世界的逻辑结构解释命题和思想的逻辑结构的方法，对后来形而上学在分析哲学中的复兴起到了重要作用。

尽管卡尔纳普早在20世纪50年代就提出用区分不同说话方式的办法来谈论对象的存在问题，但这个建议只是在逻辑哲学、形式语义学等具体研究中得到响应和贯彻。历史的事实是，对象的存在问题本身并没有随着“清除形而上学”的口号而完全被遗忘，相反，在50年代之后的英美哲学中，存在问题或者说形而上学问题又被重新提出来，并被看做分析哲学和语言哲学未来发展的出路。当然，说形而上学问题被“重新提出来”，并不是说英美哲学家曾经放弃了对形而上学问题的关注。事实上，当我们现在重新评价维也纳学派对形而上学的抛弃这种做法时，要清楚地看到，这种抛弃只是一种表面的现象，或者说只是对传统哲学中的形而上学命题的不满。正如许多哲学家指出的那样，包括维特根斯坦的前期哲学在内的早期分析哲学思想中，实际上包含着浓厚的形而上学色彩，这就是说，它们表面上以经验为根据，以逻辑为手段，但在哲学的继承关系上却被公认为是传统认识论的继续，尽管是以现代的方式。而且，这种继承关系还体现在这些理论本身所具有的独断性，比如维特根斯坦的图像论、维也纳学派的证实原则等。当然，对分析哲学与传统哲学的关系的这种评价还只是后人对分析哲学的分析。当代英美哲学家公开宣称自己的哲学就是一种形而上学理论的，首推英国牛津的哲学家斯特劳森，而且他明确地以推进康德哲学为己任，提出一种所谓"描述的形而上学"。

按照亚里士多德和康德的思路，斯特劳森把形而上学分成了两种：一种叫做"描述的形而上学"，就是指满足于描述我们关于世界之思想本来结构的概念体系，另一种叫做"修正的形而上学"，这是关注于产生一个更好思想结构的体系。斯特劳森用后者指在历史上盛行的那些力图展现终极性第一原则的形而上学，它们不满足于语言结构中呈现的现实世界，而是力图用理性的思维或直观去寻找那些超越了日常语言方式和思维方式的事物，并认为只有这些才是真正根本的东西，它们提供了某种关于世界的图像，如普罗提诺的太一原则、莱布尼茨的没有窗户的单子、黑格尔的绝对精神等。这些体系不一定是对日常思维的修正，但一定是对前辈哲学家体系的修正。哲学家们提出的这些图像一般都远离现实的思维方式，而且贬低人们日常的思维方式，劝说人们从不同的思维角度来看待世界。斯特劳森指出，所谓"描述的形而上学"，就是描述我们的概念框架或图式，它不是直接地去谈论"世界上有什么东西存在"，而是要讨论"我们认为这个世界上有什么东西存在"，通过考察我们谈论世界的方式去揭示呈现于我们理智的世界。由于我们对世界的理解只能通过我们的语言来进行，因而现实也只能在语言结构所规定的范围内去讨论。这样，形而上学要讨论的不是宇宙、上帝、灵魂，而是我们用于讨论它们的概念以及这些概念之间的联系。

斯特劳森认为，作为探索概念结构的描述的形而上学，同时也是逻辑学（语言哲学）和知识论（心智哲学）。因为概念的生命全在于它在判断中的作用；而逻辑则是对判断的一般形式的研究。进一步说，判断的目的是要获得真理，逻辑概念必定与经验相联系。于是，形而上学又是知识论。这种规定打破了分析哲学传统在逻辑学、知识论和形而上学之间造成的对立。斯特劳森对两种形而上学的区分从根本上纠正了逻辑经验主义的偏激，他表明，维也纳学派所抛弃的形而上学只是形而上学中的一种，而且他们自己的哲学并没有完全摆脱这种形而上学。斯特劳森明确指出，维也纳学派所提倡的那种所谓科学的哲学，也只能在描述的形而上学意义上才是完整的。

可以看出，斯特劳森是把分析哲学的传统重新拉回到形而上学的框架。他对形而上学的区分不但克服了以往英美哲学家对形而上学的偏见，而且一针见血地指出了语言哲学、科学哲学以及心智哲学等分析哲学家所从事的哲学事业所具有的形而上学本质。斯特劳森用于集中阐述他的描述的形而上学思想的代表著作《个体:论描述的形而上学》(1959)出版后，英美分析哲学就完全开始改变了自己对待形而上学的态度，而逻辑与语言也被结合形而上学来加以讨论，许多原来被放弃的形而上学论题重新成为分析哲学的中心话题。

在美洲大陆，一种对"何物存在"的不同声音，对形而上学和本体论的不同论述，同样在 20 世纪 50 年代被提出来了。这就是美国的蒯因所阐发的所谓的"本体论的相对性"和"本体论的承诺"观点。早在他的《论何物存在》(1948)这篇著名论文中，蒯因就提出应当把"存在"问题看做一个纯粹的逻辑问题，被假定为一个存在物，纯粹就是被看做是一个变项的值而已，而整个本体论也都是在"有一个东西"，"没有一个东西"或"一切东西"等这些量化变项所涉及的范围之内；而且，当且仅当为了使我们的一个断定是真的，我们就必须把所谓被假定的东西看做是在我们的变项所涉及的东西范围之内，才能确信一个特殊的本体论假设。

在蒯因那里，本体论的相对性有三层含义，即相对于背景语言、相对于翻译手册和相对于关于量词的指称解释。他说，本体论确实在双重意义上是相对的，即惟有相对于某个背景理论，相对于某个选定的把一种理论翻译为另一种理论的翻译手册，才能有意义地限定一个理论的论域。此外，在蒯因那里，本体论问题又是与量词、变项相关的。他指出，对于一个理论来说，如果它的量词只是得到替换解释，那么本体论对它来说就没有意义。只有通过把这个理论解释为或翻译为另一个背景理论，相对于这个背景理论而言，本体论才对原本的理论具有了意义。这里重要的在于这种翻译或替换的方式。在蒯因看来，由于本体论具有这样的相对性特征，因而本体论的选择最终就被归结为概念结构、说话方式或语言形式的选择。而且，选择不应当以是否符合实在为标准，而应当以是否方便和有用为标准。蒯因关于本体论相对性的思想充分反映了他的逻辑实用主义特征,即以逻辑手段对自然语言做出分析,而对这种分析的结果做出实用主义的解释。

总之,无论是斯特劳森还是蒯因,他们都是从语言和逻辑的角度重新审视形而上学和本体论问题,这是分析哲学在20世纪50年代后发展的一个显著特点。但他们的基本思想和做法却有所不同。在斯特劳森看来,形而上学问题并不仅是个语言和逻辑问题,它们反映了人类思维的一般特征。逻辑研究可以解决思维的基本形式问题,但却无法解释不同的人们使用相同的逻辑形式如何表达不同思想的问题。而且,思维的表达本身也不仅仅是个语言形式问题,更重要的是涉及表达者本身的文化背景和表达的不同场景等各种因素。其中,起着关键作用的还是人们共同使用的某种或某些概念框架。斯特劳森相信,概念虽然会随着思想的变化而发生变化,但人类思维中有一个核心是不变的,这就是由一些范畴和概念组成的概念框架,它们是思维中最不加修饰的、最为平常的东西,但又是最为精致的人类概念中所不可缺少的核心。他所提出的描述的形而上学就是要关注这种为一切有正常思维的人所共有的核心范畴和概念,并发掘它们的相互联系以及它们的结构。

但在蒯因看来,形而上学和本体论似乎并没有这番宏伟的计划。他的本体论只是人们为了解决在面临日常思维中的所谓共相或殊相等问题在逻辑中面临变项时所采取的一个步骤而已。蒯因把本体论问题分成两类:一类是本体论的事实问题;也就是说实际上有什么东西存在的问题;另一类是本体论的承诺问题,就是说某个理论在说有什么东西存在的问题。在他看来,真正的本体论应当研究的是后一个问题,而不是前一个问题。因为前一个问题在严格的意义上应当属于科学研究的范围,只有后一个问题才是真正的哲学问题,而且在本质上还是一个语言问题,属于知识论的范围。所谓的"本体论承诺"就是通过使用约束变项而承认那些被看做存在的对象:对于名称来说,把它们所指称的对象看做是变项的值;而对于一个理论来说,则是通过使用约束变项而使这个理论为真。但本体论承诺的标准,并不是根据某个名称或理论所指称的对象存在与否,相反,这是根据这个名称或理论是否有效,即通过消除存在谓词而保留它们原有的意义,虽然蒯因竭力反对使用"一"这个词。

当然,无论是斯特劳森的"描述的形而上学"还是蒯因的"本体论承诺",它们对形而上学的论述与传统形而上学相比,有着一些带有根本性的差别,虽然它们都使用"形而上学"这个概念。这些差别体现了形而上学在现代英美哲学语境中的特征,同时也反映了英美哲学家思考哲学基本问题的一些思路。这些差别主要表现在以下几个方面。

首先,现代英美哲学中的形而上学并不讨论世界的本质或终极存在问题,也不讨论那些被看做属于纯粹思辨的问题,如神的存在、永恒的时间概念、自我的概念等问题。当然,在当代欧洲大陆哲学中,这样的或类似的问题经常成为哲学家们讨论的中心话题,甚至成为某些哲学家的终身事业和追求。但在英美哲学中,"形而上学"仅仅意味着通过揭示命题的逻辑形式可以显示在我们之外的世界的结构,或者表明了我们固有的概念结构,而且这些结构是为所有的哲学传统和文化所共有的。前一种看法的代表是维特根斯坦,而后一种的代表则是斯特劳森。他们处理形而上学问题的共同特点,在于运用逻辑的手段对实在或思想本身有所阐发和交代,其目的并不是要发现某种或某些永恒的真理,而是要确定人类思维活动具有某种共同的东西,这些东西可能是相对比较稳定的。即使少数命题或陈述出现了问题,也不会影响到其他的命题或陈述。

其次,现代概念中的形而上学在很大程度上都被处理为一种"权益之计",就是说哲学家们并没有希望建立一套所谓的形而上学体系,也不指望通过形而上学的研究或本体论的承诺,就可以一劳永逸地解决了所有的哲学问题。毫无疑问,形而上学始终没有也不可能作为哲学王国的基础,甚至没有被看做哲学研究中必不可少的内容。正如蒯因所做的那样,形而上学更主要被看做一种"承诺",即当我们在语言中使用到关于存在的陈述时,我们实际上就承诺了某种东西的存在,而对这些东西的存在的研究则被排除在哲学研究之外。"本体论的承诺"意味着一种"悬置",把事物的存在问题搁置起来。在以往逻辑经验主义对待形而上学的态度中,形而上学是完全被抛弃了,但蒯因的态度则采取的是实用主义的原则,只要不损害科学理论的意义,承认本体论意义上的存在也是可以接受的。

第三,尽管形而上学在欧洲大陆哲学中大行其道,而且在欧洲大陆的形而上学与英美哲学的科学主义之间的对抗中,前者被认为是取得了某种程度的胜利,但英美哲学家仍然我行我素,并没有因为欧洲大陆的形而上学而放弃对自己哲学目标的追求。而且，我们从分析哲学家们的著作中就可以看出，他们所关心的与形而上学有关的问题都与知识论有关，如经验的还原、感觉经验与物质对象的关系、真与知识的关系、意义与理解、因果说明以及自由与必然等问题。这些问题在传统哲学中主要属于认识论的范畴，有些在传统哲学中则根本没有被提出过，如意义与理解问题等。不过，当代英美哲学家在讨论这些问题时，主要是从分析哲学的角度，探讨它们与我们通常所理解的或具有的概念系统之间的关系。

普特南对形而上学在分析哲学中的演变过程有过一个精彩论述："自从逻辑实证主义问世以来，'形而上学'就变成了一个非常肮脏的词，就连新科学实证主义者，就像我本人，也不说在从事形而上学的研究。蒯因在其论文《论存在什么》里，也没有断言这一点。但逐渐被人接受的是：如果蒯因在《论存在什么》一文里所持的观点是正确的，那么人们就不再能断言：像'数真的存在吗？'和'集合真的存在吗'之类的问题，如实证主义所说的，是一些'假问题'。一旦有关数和集合的真实存在性的问题已经复活（正如我上文所提及的，蒯因为'是的，确实存在'这一答案，提出了他的'不可或缺性论证'），那么，提出与下述问题相关联的若干论证（有时是以同样的风格），就为时不远了：这些问题是，例如，'虚构的客体真的存在吗？'，'可能世界真的存在吗？'，诸如此类。人们终于坦然地将自己说成是'形而上学家'，而在数年前，这也许与作为'分析哲学家'这一点很不协调；而且，也开始听到'分析的形而上学'这一用语。美国的分析哲学，随后是英国的分析哲学，开始拥有一种'本体论风格'。这里，发生了奇怪的角色颠倒现象。英美分析哲学，在其实证主义时期，将自己描绘成反形而上学的，却逐渐演变成为世界哲学舞台上最显眼的形而上学运动。"①

二

正如斯特劳森指出的那样，在传统哲学中，"形而上学"一词并不具有完全一致的意义，不同的哲学家事实上提出了许多不同的形而上学，他们都使用这个相同的

① ［美］普特南：《从内部看哲学的半个世纪》，载陈波主编：《分析哲学》，99页，四川教育出版社，2001。

词,或在这个词的名义下,讨论着不同的问题。但在词源上,“形而上学”当然是指所谓研究事物本质或世界本原的知识领域,它超越了以经验为基础的归纳科学的领域。这一点是所有的哲学家都不会否认的。

我们知道,这个词来自于公元一世纪,是古希腊学者安德罗尼克在编撰亚里士多德全集时给其中的一部手稿起的名字。亚里士多德自己把这部书稿叫做“第一哲学”,也就是研究那些高于物理对象的事物,寻求可以感觉的世界的终极原因。所以,把这种哲学命名为“形而上学”(即“物理学之后”之意)恰好符合了亚里士多德的初衷。在亚里士多德那里,第一哲学还有另一层含义,这就是要研究“作为存在的存在”。他通过对主谓句型的分析提出了四种基本谓词,进而得出十类范畴。由于世界就是我们所谈论的世界,因而,用这些主谓句型说明的世界上的事物也可以做出这样的区分。在他看来,“第一哲学”就是要研究这些不同种类的“存在”或“是”的相互关系和结构,以“存在”或“本体”为中心。这样,亚里士多德的“形而上学”就有了两层含义:一个是追求终极原理,一个是探讨概念结构。它们在中世纪分别被叫做“特殊形而上学”与“普遍形而上学”。在以后的西方哲学中,形而上学主要是在第一种含义上使用,就是以理性为工具却研究超越感官经验的原则,并从那里推出现实世界的结构。应当说,这种形而上学构成了整个西方哲学的主要传统,尽管不同的哲学家对终极实在有着不同的看法。

罗斯把亚里士多德的第一哲学解释为对最高实体的研究:“若有任何不可改变的实体,对它的研究就将是第一哲学,而且这种研究是普遍的,恰恰因为它是第一的。”① 亚里士多德在《形而上学》中则明确地把研究“存在作为存在”或“是其所是”的学问称做“第一哲学”,因为惟有这门学问研究的“存在(是)”是一切“存在(是)”中最根本的,第一位的。正是根据亚里士多德对“第一哲学”的这种解释,后来的哲学家就把研究哲学中的最根本问题的部分称做“第一哲学”。由于哲学家们对什么是“哲学中最根本的问题”有着不同的理解和解释,因而,在不同的哲学家那里,“第一哲学”的内容也就各不相同了。

在笛卡儿看来,哲学首先要解决的问题是确定我们一切知识的基础,只有建立

---

① [英]W.D.罗斯:《亚里士多德》,王路译,173页,商务印书馆,1997。

在毫无怀疑的、确定的基础之上,我们才能获得关于外在世界的知识。这样,"第一哲学"就只能是对知识基础的清除,这样的清除工作就是要对我们的一切现有知识提出怀疑,由此确保知识的基础坚实牢固。笛卡儿的"第一哲学"通常被理解为"彻底的怀疑论",但事实上,笛卡儿的怀疑并非他哲学的目的,也不是他第一哲学的主要内容。在他那里,怀疑仅仅是为了建立确定的知识基础开辟道路,而怀疑的方法则是根据逻辑的分析找到知识大厦的"阿基米德点",这就是他所谓的"我思"。虽然笛卡儿使用的逻辑分析方法还非常简单,但逻辑分析在他那里也并非目的,而是为了确定"我思"的手段。通过分析,我们可以从简单事物的确实性推导出复杂事物的确实性,同时也可以从复杂事物的确实性中看到它们确定的基础。这个基础一定是在怀疑之外的,是一切怀疑的根据。正是由于"我在怀疑"是无法怀疑的,所以,"我在思想"也是无法怀疑的。由此,笛卡儿就把"我思"确立为一切知识的基础,也成为他的"第一哲学"的核心。

自笛卡儿以后,近代西方哲学家虽然很少把自己的哲学称做"第一哲学",但他们在讨论哲学问题时仍然强调某些问题应当被看做"哲学的基本问题"或"根本问题",而他们对这些问题的不同处理就构成了他们各自哲学理论的主要部分。莱布尼茨把哲学的基本问题称之为"二迷宫":一个是关于自由和必然的大问题,特别是关于恶的产生和起源的问题;另一个是关于连续性及其要素之不可分的问题。自由和必然的问题实际上是自古希腊以来哲学家们一直在追问的重大问题,虽然在不同的哲学家那里,这个问题被放到了不同的地位。莱布尼茨明确地把这个问题看做哲学的基本问题,因为在他看来,人类的一切活动都受到上帝的安排,因而从逻辑上说,人类的一切活动只能是必然的。这种必然性毫无疑问是与上帝的存在联系在一起的,因为上帝是一切可能事物的源泉,由于"一切可能性的总和就是必然性",所以上帝就是一切必然性的根据;而且,只要是偶然事物的存在具有充足的理由,这些理由本身就必须追溯到偶然事物的存在之外,这样就证明了一个必然实体的存在。可见,莱布尼茨所理解的必然和自由的关系主要是一种逻辑关系。但由于人类具有自由选择的能力,一旦最后的选择违反了上帝的必然规定(即"预定的和谐"),则会产生"伦理上的恶"。因而,恶的产生完全是人类自由选择的结果。关于连续性与间断性的问题,莱布尼茨试图用他的"单子论"加以解决。在他看来,单子是以混乱的方式追求无限,追求全体,但它们又是按照知觉的清晰程度受到限制和区别。这样,每个单子就具有表现其他一切事物的关系,因而就成为宇宙的一面永恒活动的镜子;每个单子在这种表现关系中相互联系,由此形成了一个整体,而且从这样一个整体看,每个单子之间就具有了一种恒定的连续性,虽然它们之间的差别远比看上去的要大得多。莱布尼茨对连续性和间断性的这种理解,引出了他对时间-空间以及身-心问题的独特看法,正是这些看法构成了他对哲学基本问题的回答。

莱布尼茨哲学的意义至今尚未得到哲学家们的充分重视。事实上,他提出的"二迷宫"问题已经包含了后来哲学发展的基本方向。特别是莱布尼茨哲学的直接继承者沃尔夫(Christian Wolff)首次提出"本体论"概念,并把本体论研究称做"第一哲学"。在沃尔夫那里,"本体"已经超越了亚里士多德意义上的"实体"概念,更具有观念上的"存在"意义。所以,他把上帝、灵魂和世界都看做"本体",把对这些本体的研究称做"自然神学"、"心理学"和"宇宙论"等。这样,在沃尔夫那里,"第一哲学"就具有了比亚里士多德更为广泛的意义。但正如后来哲学家所批评的那样,沃尔夫也由此把莱布尼茨的哲学变成了一种抽象生硬的"独断论",甚至把莱布尼茨哲学"庸俗化了"。

近代英国经验论者在与唯理论者的论战中持有的一个重要论点是,一切所谓的"天赋观念"都没有经验上的根据,因而建立在这种观念基础之上的形而上学应当被"付之一炬"。在这种意义上,英国经验论者大多不承认有一种"第一哲学"存在,更多的是把这种哲学看做"形而上学"的代名词。但在他们的哲学观念中,仍然有在他们看来属于哲学基本问题的东西,如洛克提出的"第一性质"与"第二性质"观念的区分;贝克莱论证的视觉与观念的关系问题;休谟区分的关于观念关系知识与关于事实的知识,等等。这些问题表面上看仅仅与经验和认识活动有关,然而,这些哲学家在论述它们时却不仅仅是从认识论出发,他们的落脚点最终是在本体论上,就是说,他们是通过经验的论证,表明唯理论者提供的本体论证明是站不住脚的。

历史地看,自莱布尼茨之后,近代欧洲大陆的哲学家都是把"第一哲学"理解为一种"本体论"或"形而上学"。虽然大多数哲学家对这种"本体论"或"形而上学"持批判态度,但他们对哲学存在着一种基础性的观念却毫不怀疑。在某种意义上,正是这种观念引导着哲学家们不懈地追问知识的基础和认识的来源问题,导致了对观念的追求成为整个近代西方哲学的发展主线,这种哲学倾向经过了康德的改造,直到黑格尔那里达到了极至。我们今天所看到的德国古典哲学,在整体上是把形而上学作为哲学大厦的基础,正如康德所指出的,只有确定了我们的知识基础,我们才能在坚实的基础之上构造我们的知识大厦。康德明确地把这样的基础奠定在"纯粹理性"之上,认为所谓的形而上学只能是关于纯粹理智和纯粹理性的知识,这样的知识仅仅包括了先天判断,但这样的判断并非是分析的,而只能是综合的,即它们只能是"先天综合的"判断:"先天"是由于形而上学只能来自纯粹理性;"综合"是因为形而上学的目的是为了扩大我们的知识。在康德看来,形而上学之所以能够成立的关键根据,就是因为它所用的方法与在其他任何一个知识种类中使用的方法没有什么不同,这就是"只求通过**分析**来使概念明晰起来";而形而上学的基本内容则是先天**概念**加上感性**直观**,最终产生先天知识以及先天综合命题。康德试图用这种形而上学取代在他之前的以及当时的神学形而上学,并按照纯粹数学和纯粹自然科学的模式,建立"任何一种能够作为科学出现的未来的形而上学"。

我们知道,黑格尔在哲学上的抱负远比康德更为远大。他以"绝对理念"建立的哲学体系不仅解释了人类精神的发展,而且描绘了自然界和人类历史发展的进程。在整体上,黑格尔把形而上学理解为一套体现实在的理性推演体系,这是由正题、反题和合题反复组成的辩证系统,包含了逻辑学、自然哲学和精神哲学三大部分。但在这个体系中,他又把"形而上学"看做对超验对象的研究。由于这与他体系自身的辩证性质相悖,因而遭到了黑格尔本人的抛弃。但从黑格尔的思想中,我们可以清楚地看到,他建立这套绝对理念的演绎系统并非是为绝对理念本身寻找根据,而是为了"哲学"寻找根据,这个根据就是他所理解的一种作为"精神现象学"的科学。这就给我们一个重要的启示:**其实无论是古希腊的亚里士多德还是近代的康德、黑格尔,他们对哲学的最大贡献,就是使哲学真正摆脱了"经验材料"的束缚,以各种方式证明"哲学"是一门"科学"**。

把"哲学"理解为"科学",隐含着这样几个前提:第一,它一定是对象化的,就是说,哲学研究应当像科学研究一样,可以是对超越于哲学主体的对象的研究,这样,哲学就必须具备客观的性质；第二，哲学必须是一种理性自身的活动，它不能受制于外在的因素，只能是“自由的”、“能动的”，正如科学研究只有在自主活动的基础上才有可能；第三，哲学必须是具有“体系”的，就是说，它在逻辑上必须是自足的，必须保证其自身逻辑的一致性，达到“自圆其说”；第四，也是最为重要的是，哲学必须以某种东西作为自己的基础，正如科学研究必须以经验材料为基础一样。但哲学与经验科学的最大区别就在于，哲学不是把基础作为自己研究的出发点，而是作为哲学得以展开的最终根据。当黑格尔说“哲学无所谓起点”时，他的意思是说，哲学不是从任何一点展开的，而是把所谓的起点又当做终点。这样，哲学在起点上直接采用的观点，必须在哲学体系的发挥过程中转变成为终点，也就是成为最后的结论。这就是黑格尔为我们划定的“哲学圆圈”，实际上也就是哲学的一种体系。

现代西方哲学（特别是英美哲学）的历史起点就是对黑格尔哲学的批判，而在这种批判中，最有代表性的一个观点是反对黑格尔哲学的体系特征。哲学家们不仅抛弃了黑格尔的哲学体系，而且认为一切哲学都应当是没有体系的，尽管他们仍然承认“哲学是一件既需要敏感、历史知识和智慧又需要技巧的庄严的、永垂不朽的事业”。在 19 世纪末 20 世纪初出现的“反黑格尔阵营”中，不仅有杜威、桑塔亚那这样的哲学家，他们在某种程度上是怀着“沮丧的心情”告别了黑格尔主义，还有罗素、摩尔、维特根斯坦这样的哲学家，他们对黑格尔哲学及其风格几乎是彻底抛弃。“他们之所以这样，不仅因为有些人认为形而上学毫无意义而加以抛弃，而且也因为他们没有一个人认为哲学是超等学科，是文化批判的工具，或者是宗教的替身。”①

但是，我们也必须看到，在抛弃了黑格尔这条“死狗”之后，西方哲学家们似乎并没有真正摆脱形而上学的纠缠；相反，正如我们在前面指出的那样，形而上学的问题并没有在现代哲学中完全消失，而是以不同于传统的方式逐渐占据了哲学家们讨论的中心。这不仅在欧洲大陆哲学中表现得极为明显，就是在英美哲学中，对“存在”以及“实在”和“经验”等问题的讨论从来都是重要哲学场合的话题，但无论他们采用什么方式，无论他们对形而上学本身采取了什么态度，现代西方哲学家们

① ［美］怀特：《分析的时代》，杜任之等译，11 页，商务印书馆，1981。

仍然有一种形而上学的“情结”,我把它叫做“基础主义情结”。一些后现代主义哲学家主要是从认识论上反对这种基础主义,但我更把这种情结理解为一种形而上学,因为在我看来,**对基础的追问就是对超越之物的追问**。

三

通过以上的分析我们可以看到,在不同的西方哲学家那里,对形而上学与第一哲学的关系的理解是各不相同的。虽然自近代哲学以来,很少有哲学家继续直接把形而上学称为“第一哲学”,但正如我们在前面指出的那样,由于大多数哲学家仍然把存在问题看做是哲学的“基本问题”,所以在他们的心目中,对这些基本问题的研究就应当是“第一哲学”的内容。

在当代哲学中,明确地把自己的哲学称做“第一哲学”的哲学家是胡塞尔。他在1923—1924年完成的《第一哲学》构成了他从《纯粹现象学和现象学哲学的理念》(1913)到《笛卡儿式的沉思》(1929)之间的思想进程中现象学发展的里程碑和高峰。[①] 胡塞尔心目中的“第一哲学”就是他所谓的超越论的现象学哲学,认为它是一种由最终根源奠立的普遍科学之开端部分和基础部分,就是研究那些最初的东西和自身包含了一切存在与真理之起源的东西,也就是“超越论的主观性”或“纯粹的自我”。根据胡塞尔的解释,这种第一哲学是把严格科学的哲学作为自己的最高目的,因为这样的严格科学是最彻底的和有根据的科学,是以确定的绝对自明的基础为根据的,是按照最为严格的方法自下而上地建立起来的。可见,胡塞尔完全是在追求基础的意义上理解他的“第一哲学”,他的目的就是要为一切科学以及人类思想的研究提供一个确定无疑的基础和开端。在这种意义上,他的思想与笛卡儿的出发点是一样的。然而,与笛卡儿不同的是,胡塞尔并不是把这种开端确定在思想本身,而是奠定在“实事”或“事物”(Sachen)本身之上,用他的话说,“哲学本质上是一门关于真正开端、关于起源、关于万物之本的科学”。[②] 这种科学要求它必须以绝

① 王炳文:《作为第一哲学的超越论现象学》,载《世界哲学》,83页,2005(2)。

② [德]胡塞尔:《哲学作为严格的科学》,倪梁康译,69页,商务印书馆,1999。

对清晰的问题作为自己的开端，而且，它在任何地方都绝不能放弃彻底的无前提性，就是说，不能把它所追求的"实事"或"事物"与经验的事实等同起来。这就要求，这样的科学必须是真正摆脱了经验科学的束缚，最终求助于直接的"直观"，因为它的工作就是在直接直观的领域中进行的。胡塞尔希望，我们一旦借助于正当意义上的哲学直观，借助于现象学的本质把握，我们就可以看到这样一种科学向我们显露出来，它不带有任何间接的符号化和数学化的方法，不带有推理和证明的辅助，但却获得了大量最严格的并且对所有进一步的哲学来说是决定性的认识。

与胡塞尔的这种追求基础和根据的理想相反，在当代英美哲学中，哲学家们很少相信我们人类能够得到这样的基础和根据。因为在他们看来，我们的一切认识活动都应当或只能是来自于经验，而经验提供给我们的只能是"片面的"、"流动的"和"不确定的"东西。的确，在对待知识基础的问题上，英美哲学家与欧洲大陆哲学家表现出了完全不同的思维方式。在英美哲学家的心目中，人类的知识基础只能是经验，而从经验到理论则完全是一个具有或然性的不确定过程；当他们以逻辑方法处理经验时，他们并不是把某种先在于经验的形式运用于我们的经验活动，相反是把形式解释为人类经验活动过程中约定而成的产物。这样，追问一切知识的基础以及经验背后的实在，在英美哲学家看来就是无法解答的"形而上学假问题"。然而，在欧洲大陆哲学家看来，正是由于我们的经验是不确定的、片面的，所以我们需要一种能够囊括一切经验的概念，而这样的概念本身无法来自经验，它们应当被看做先验的，但又是能够作用于经验的，并且最终作为一切经验认识的基础。从哲学史上看，欧洲大陆哲学家的这种思路符合康德以来的德国哲学传统，亦即"形而上学"的传统，虽然尼采、海德格尔等人竭力声称自己的哲学是对"形而上学"的最后终结。

如果说当代欧洲大陆哲学家在思想传统上还与传统形而上学有着明显的血缘关系的话，那么，当代分析哲学与形而上学的关系则比较复杂。虽然分析哲学家们大多数在表面上都表现出对形而上学的坚决拒斥，但在他们的思想深处却常常流露出对哲学基础的关怀，这特别明显地表现在维特根斯坦的思想当中。

我们知道，虽然维特根斯坦在《逻辑哲学论》中表现出了对传统形而上学的反对，但他的思想从骨子里并没有抛弃形而上学，只不过是为形而上学划定了一个可表达的，也是可思想的界限；进一步地说，他是为形而上学的合法地位寻找一个更为坚实的基础或提供一个更为可靠的根据。例如，在《逻辑哲学论》中，维特根斯坦认为，思想的结构反映着世界的结构，命题的结构同样“映射着”世界的逻辑，这种结构和逻辑形式正是使思想和命题为真的基础，这样，一切思想和语言都必须而且只能成为世界的逻辑图像。在这里，维特根斯坦不仅承认世界本质的存在，而且承认基本事实是一切事实的基础。他认为，不同的基本事实是相互独立的，因而得到或没有得到某个基本事实与其他基本事实的存在无关；基本事实的这种独立性反映在基本命题上，就表现为基本命题在逻辑上是独立的。同时，基本事实也是最简单的事实，它们不是由任何成分构成的，相反，它们是构成实在的最小单位；基本事实的这种简单性反映在基本命题上，就表现为基本命题中的名称在逻辑上是简单的，就是说，这些名称是不可分析的。然而，维特根斯坦同样表达了这样一种思想，即语言与实在是不对称的：语言仅仅是对实在的摹本，不是实在本身。因为任何命题都存在着肯定或否定这样两种可能，但对象的存在却只有一种。我们只能说对象存在，但我们不能说对象不存在，否则我们就会陷入用名称讨论并不存在的对象的悖论。正因为这样一些思想，许多研究者都认为，前期维特根斯坦在表面上反对形而上学，但他的思想本身却是“形而上学的”。

维特根斯坦的后期思想通常被看做是对前期的反叛，特别是在抛弃形而上学的态度上，似乎比他的前期更为彻底。然而，如果我们仔细阅读维特根斯坦的著作就会发现，这时的维特根斯坦其实仍然怀有很深的形而上学情结，这突出地表现在他对“确实性”的追求。他在批评摩尔的常识论观点在哲学上的软弱时，提出的一个主要论据就是，摩尔的所有命题都具有这样一个特点，即不可能设想任何的证据来反对这些命题。然而，对哲学命题来说，这却是致命的弱点，因为如果我们对某个命题无法提出反对意见，而且任何可能提出的对它的反对都会被看做无意义的，那么，我们就很难把这样的命题看做真正的哲学命题。在维特根斯坦看来，一切真正的哲学命题(如果存在哲学命题的话)，都应当是逻辑命题，它们构成了经验科学的基础。但即使是这样的命题仍然是可以提出反对的，这就是逻辑上的否定命题。摩尔用他的命题其实是想表明这些命题是不可怀疑的，但他的论证方法却使他陷入了非此即彼的怪圈。维特根斯坦指出，要想证明常识的不可怀疑，就必须承认存在着某些没有基础的、不可怀疑的信念,作为我们思想的基础。因为怀疑总是与相信结伴而行的,存在相信就必定存在怀疑,两者都是相对而言的。而要真正彻底排除怀疑,只有一种可能性,那就是要同时排除用于支持信念的理由和根据。这样,我们的一切相信和怀疑都建立在某些不受怀疑的命题之上,因为这些命题是没有任何东西作为基础的。这就是维特根斯坦所谓的“思想的河床”,而我们的一切语言游戏也都最终依赖于我们共同具有的“世界图式”或“生活形式”。维特根斯坦的经典说法是:“如果你想怀疑一切,你就什么也不能怀疑。怀疑这种游戏本身就预先假定了确实性。”“只要我们验证什么东西,我们就已经在预先假定某种不受验证的东西。”“在有充分理由根据的信念的基础那里存在着没有理由根据的信念。”① 这些话都清楚地表明了,维特根斯坦的心中的确是要把一切语言游戏以及人类的一切活动都建立在某种不可怀疑的和没有基础的东西之上,而这种东西即他所谓的“世界图式”或“生活形式”,它们应当是哲学的最终目标,当然也是生活的最终基础。我认为,正是由于维特根斯坦思想中深藏的这种对“基础”和“最终确实性”的追求,使得他与维也纳学派以及其他分析哲学家的关系若即若离,甚至被一些哲学家划入了欧洲大陆哲学家的行列。

当然,对哲学基础的追问并不一定构成一种形而上学。事实上,从维也纳学派开始的分析哲学一直都试图寻求经验认识的基础,努力通过建构符合逻辑句法要求的语言形式最终解释经验命题的意义。经过一个世纪的发展,分析哲学家们对这种基础的认识已经逐渐发生了变化:从逻辑句法到语言的使用,从语言结构到心灵结构。如今,越来越多的语言哲学家开始承认,对语言的研究最终需要走向心灵研究,他们逐渐认识到,语言分析活动的目的是为了揭示心灵活动的结构,并由此说明语言自身的结构。

早在20世纪80年代,塞尔就把“心灵哲学”称做“第一哲学”,以取代“语言哲学”在哲学领域中的领先地位。到了20世纪末,他更是明确地把心灵哲学与认知科学结合起来,把这种结合看做未来哲学的发展方向。他认为,心灵哲学之所以在过去的二十年中逐渐取代语言哲学而成为当代哲学的核心,原因有二:其一,越来

① [奥]维特根斯坦:《论确实性》,第115、162、253节,张金言译,涂纪亮主编:《维特根斯坦全集》,第10卷,河北教育出版社,2003。

越多的哲学家认识到,我们对许多重要问题的理解,如意义问题、合理性问题以及语言的一般性质等问题,都假设了对根本的心理过程的理解。例如,对语言作用方式的理解依赖于心灵在生物学意义上的作用。其二,认知科学这门新学科的出现,完全是哲学家和认知心理学家、生理学家、语言学家、人类学家、计算机科学家共同努力的结果,也是反对传统心理学上的行为主义的结果。塞尔由此认为,当前哲学中最为活跃和最有成果的研究领域当属认知科学。

值得注意的是,塞尔甚至认为语言哲学正在走向终结。在他看来,语言哲学中最为成功的部分已经逐渐进入语言科学,如他在三十年前从事的言语行为研究和语言用法研究,如今已经成为语言学中的重要组成部分,即语用学的基本内容。用他的话来说,语言哲学的这个部分已经被踢出了哲学的领地,进入了社会科学。而且,语言哲学的主要论题正在经受着认识论的困扰,坚持经验主义和行为主义就会使哲学家竭力探寻意义问题,把听话者的理解解释为根据说话者的外在行为或根据说话者说出话语的不同环境和条件。塞尔认为,这样的工作在当代语言哲学中已经不再是最为重要的了,因为即使我们知道了说话者的意义,这并不能帮助我们区分听话者认为他听到的东西和听话者实际听到的东西。最为重要的是,在塞尔看来,当代语言哲学的最大来源是基于一个根本性的错误,即把语言的意义理解为说话者头脑中的产物。虽然后来出现了外在主义和内在主义的区分,但它们都没有真正解释说话者说出的语言与外在对象之间的因果关系;虽然哲学家们普通接受意义外在于心灵的观点,但没有人能够由此对意义给出一个连贯的说明。这些都表明,语言哲学家们缺乏一种对语言之外事物的整体理解;如果对语言的哲学研究仅仅限于语言本身,就无法真正揭示语言的意义。

通过对当代欧洲大陆哲学和英美分析哲学发展历程的比较,我们可以明显地感觉到,形而上学在当代西方哲学发展中起着非常重要的作用:一方面,反叛传统形而上学是整个当代哲学的历史起点,19 世纪末 20 世纪初出现的几乎所有哲学理论一开始都是打着"反形而上学"的大旗;另一方面,哲学在 20 世纪的历史发展又在逐渐告诉人们,如果一种哲学没有对形而上学的追问,那么,它最终就会或者是完全落入经验的窠臼而缺乏普遍有效性的特征,或者是完全没有坚实的理论根据而不堪一击。这种形而上学并不一定是"研究事物本质的知识领域",但它一定是

关于我们一切知识的最为基础的和最后的根据，而且这样的根据是无法从经验中获得的。用康德的话来说，它应当是“先天综合的命题”；用胡塞尔的话说，它是“最高的理论需求”；用斯特劳森的话说，它是“我们概念结构的最一般特征”。无论哲学家们是否把这样的形而上学仍然称做“第一哲学”，但它毫无疑问地构成了整个哲学大厦的基础。

“第一哲学”与“地缘哲学”

李　河

“地缘哲学”一词出自法国人德鲁兹的著作《什么是哲学?》第一篇第四章的标题。① 作者把“哲学”和“地缘性”两个看似矛盾的要素放在一起,将源于希腊的“哲学”与其他文明思想传统引为参照,讨论了“狭义的哲学”是怎样一种“创造概念”(creating concept)活动,它自身在发展中显示了怎样的特性。本文将接着这个叙述试验,以亚里士多德的“第一哲学”和中国传统小学的“六书”理论为例证,说明西方哲学与中国传统思想在“**思想制度**”层面的“不可译性”。

根据这个目的,本文对“第一哲学”的叙述任务就是识别出以“亚里士多德”命名的、对后世西方哲学具有**典范意义**的哲学活动方式。这种叙述承诺着一个翻译语境,它要说明那些为亚里士多德或西方哲学所特有,中国传统思想所无的东西。由此会引出以下问题:

(1)“第一哲学”中的“第一”蕴涵着怎样一种知识或学科的等级分类系统,怎样的“智慧”等级系统,怎样的问题等级系统?

(2)《工具论》在亚里士多德理论中具有什么样的地位?“思维工具”意识对西方哲学的概念生产有怎样的影响?逻辑学何以会成为后世形而上学典范转移的源头性资源?

(3)亚里士多德“第一哲学”对“是”或“存在”问题的追问是否与作为“表音语言”(phonographs)的“自然语言类型”有某种关系?表音语言是否为西方哲学的“所

---

① 参见 G. Delueze, Geophilosophy(地缘哲学),载于 *What Is Philosophy*? Columbia University Press, 1994。

指中心”倾向及其对“是”进行追问和论证的传统，提供了**必要的虽然未必是充分的**语言条件？

与上述关注形成对照，本文还将以一向属于汉语文字学的“六书”为例证，考察中国传统思想的制度性特征，由此引出以下论题：

(1)“六书”凸显了汉语这一“自然语言类型”的独特性质，即汉语的“能指符号”自身具有意义，其“能指”和“所指”从根源上说是“意义同构”的。这与拼音语言显然不同，在那里，“意义”只能出现在符号的“所指层面”。

(2)“六书”将“文”赖以生成的“象”当做原子性的、不可再分的东西。由此可以论定：相对于“道－气”、“天－地”、“本－末”等通常所谓“中国形而上学”的概念，**“象”这个概念更能刻画出中国传统思想制度的特性**：从对象来说，万物莫不呈现为“象”；从语言来说，“观物取象”是汉语“文－字”的初始性构成原则；从分类意识来说，“依象取类”是中国传统自然分类概念赖以生成的主要方式；甚至从对“道”或“无”的论述来说，“取法乎象”也是一个相当重要的讨论手段；最后，从认识论立场来说，“象”典型地表现出中国传统思想的“知止”态度。相对于西方哲学中的“分类概念”和对“是”的追问，我们将提出中国传统思想中具有“**象类**”和“**如在**”概念。

(3)以“象”为核心的思想制度必然使“是”的问题隐而不显，它可以与传统汉语文献语法中“**系词缺位**”的现象形成循环解释。这无非说明，中国传统的概念世界是栖身于“六书”所描述的“自然语言类型”之中的，正如西方形而上学对“是”的追问栖身于拼音语言这种“自然语言类型”一样。

在进化论或效果史的意义上，源于西方的“第一哲学”获得了“第一－哲学”身份，它在自身的“解疆域化”(deterritorilized)过程中也触发了对其他古典思想传统的“解疆域化”。相对而言，中国传统思想正在或已经沦为思想领域中的“外语”。它是否可能在保持“中国的”或“东方的”这类定语的同时，也成为“世界的”？这是个悬而未决的问题。

在展开讨论之前，让我们先对“思想制度”这个概念作一个先行界定。

一、"第一哲学"的含义和"思想制度"概念

"第一哲学"是现代狭义"哲学"的主要源头,撇开其超验性和普遍性诉求不论,让我们先通过以下提问看看它具有怎样的"地缘性"身份,即当我们使用"第一哲学"这个词时,它可能指示什么?

毫无疑问,"第一哲学"首先是指以"亚里士多德"这一名字作为定语的理论。知识在那里被分为等级,而追问一切存在者之最终存在根据的"神学"被视为"第一哲学",后人将其命名为"形而上学"。[①]

"第一哲学"还可能有第二重含义,它是指亚里士多德(当然也包括苏格拉底和柏拉图等)为西方哲学创立的思想制度典范,由此"第一哲学"的人名定语被一个地域性定语置换,它由此成为"**西方的**哲学"。的确,自亚里士多德之后,"形而上学"不仅一直是西方哲学的重要理论主题,而且更是一种骨干性的思想制度。尽管该制度经历了许多内部调整,但其作为"科学之上的科学"的诉求不变,其"为思而思"的态度不变,其对"是"的彻底追问努力不变。这种形而上学思想制度在理想上一直承诺着某种具有"超验所指"特征的"原本",围绕着这一母题的各种理论(包括亚里士多德本人的学说)犹如这一原本的不同"译本",每个译本都有一个人名定语,如"莱布尼茨"、"笛卡儿"、"康德"、"黑格尔"或"斯特劳森"等。他们就像德鲁兹所说的"思想戏剧中的主人公"(conceptual personae),[②] 一次次上演和重新诠释着"超验所指"的脚本。

"第一哲学"所标志的"形而上学"还可以有第三重含义,这也是最让人困惑的含义,这就是它在语际翻译中的情形,我们在当代汉语语境中对此已十分了然。"形而上学"的汉语译名源于《易经·系辞》,即"形而上者谓之道,形而下者谓之器"。

---

① [古希腊]亚里士多德:《形而上学》,吴寿彭译,"译者附志",329页,商务印书馆,1996。本文关于亚里士多德的讨论除依据《形而上学》和《工具论》等亚里士多德本人的文本外,还参照了汪子嵩先生的著作《亚里士多德关于本体的学说》,汪子嵩等人所著《希腊哲学史》第二卷,王路先生所著《亚里士多德的逻辑学说》,王路所译罗斯的《亚里士多德》以及斯特劳森、格莱西亚论"形而上学"的文字,文献出处在下面会陆续注明。

② 语见 G. Delueze, *What Is Philosophy*? 第一篇第三章标题。

这种道/器之别看起来颇似于西语 metaphysics 所暗示的思想制度结构,如此看来"形而上学"的确是个好译名。[①] 问题在于,该译名进入中文就发生了**所指分裂**:它一方面被用来指示亚里士多德的哲学或他所开创的西方哲学典范;另一方面又被用来涵盖中国传统思想。这样,"形而上学"或"哲学"获得了一种与"西方的"全然不同的地缘性身份定语,由此而有"**中国的**形而上学"或"**中国**哲学"。这种所指分裂似乎有一定道理,因为如果断定中国没有"形而上学",那好像是说中国古人没有超越性的思想取向,没有理性,没有思想语法,没有概念、分类或范畴意识,这当然是荒唐的。此外,这似乎也违背了"形而上学"自我期许的"普遍性"价值,即它存在着不同的变体。

"第一哲学"还可以有第四重含义,即意味着"**第一－哲学**"。它在黑格尔的目的论历史观和孔德的进化论历史观中是个褒义概念:所谓"第一－哲学"蕴涵着"关于一切所思的思的第一"、"以自我为对象的理性的第一"、"自我意识的第一"、"超验所指的第一"、"真理承诺的第一"以及"分析性理智的第一"。这种"第一"要求超越一切疆域化的自然语言和自然态度,因而它是一切语言之上的"第一语言",是终结一切自然语言的"第一语言",这种以语言形态存在的语言终结者又被称为"逻各斯",所以它又是"逻各斯的第一"。总之,"第一－哲学"意味着"第一文明",如果把 meta 解读为时间意义的"之后",那么"第一文明"就意味着"各种复数性文明之后的单数性文明"。中国传统思想显然被排除在这个"第一"之外。不过,在当代多元性的和解构性的哲学叙述中,上述"第一"往往又沦为批判的对象,这样,被排除在"第一"之外的中国传统思想似乎又被视为疗治"逻各斯第一"的备用药方。

在"第一哲学"的上述四种含义中,其"地缘性"特征逐步显露出来。所谓"地缘性"在德鲁兹那里"不仅是指特定的自然景观和人类学景观,而且尤指一种思想景观(mental landscape)",德鲁兹又把这种景观称为"思想氛围"(milieu 或 ambiance)。[②] 特定的思想氛围是"创造概念"的具体条件,或者说,不同思想氛围是造成思想构成物之**差异**的基本原因。然而,"思想氛围"的说法其实只提供了对概念创造活动的

① 本文关于 metaphysics 的讨论参照了赵敦华先生的《中西形而上学有无之辨》一文。参见宋继杰主编:《Being 与西方哲学传统》,河北人民出版社,2002。该文集汇集了许多国内关于中西讨论的重要文献。

② *what is philosophy*? p.96.

"外缘性"解释。在本文看来，**对这种创造活动的"内缘性"解释应当落实到制度层面**。在当代英美哲学中，人们往往用"概念图式"(conceptual schemes)、"范式"(paradigms)等复数性语词来描述这种思想构成物的制度。戴维森因此说："**概念图式有什么不同，语言也就有什么不同。**"[①]

但正如许多西方**哲学家**一样，戴维森对"概念图式"或"语言"的使用是模糊的——亚里士多德和康德固然因为拥有不同的概念图式而对"形而上学"给出了不同的叙述文本，但这些文本还因为其"概念图式"之间存在着某种相关性和谱系性的制度性特征才被识别为"**同一个**"形而上学传统。如果把西方具体的形而上学理论各自拥有的概念图式缩写为 Cs_1，Cs_2，Cs_3……Cs_n，那么，它们的相关性和谱系性就体现着一个在传统层面上的、更大的"概念图式"，为叙述方便，我们不妨将其称为"**思想制度**"，即 TS。传统层面上的"思想制度"与各种具体的"概念图式"遂有以下关系：

TS 包含 Cs_1，Cs_2，Cs_3……Cs_n

这样一来，"概念图式有什么不同，语言也就有什么不同"这个句子包含两重含义：一方面，它可以指同一传统内的 Cs_1 与 Cs_2 的区别，如牛顿物理学理论与爱因斯坦物理学理论的区别，或者莱布尼茨哲学与笛卡儿哲学的区别；另一方面，它还可能指两种不同传统所分别代表的"思想制度"TS_1 与 TS_2 的差异。后文将要论及的西方形而上学传统与中国传统思想就显示出这种思想制度的差异。

广义地说，无论是 Cs_1 与 Cs_2 的区别还是 TS_1 与 TS_2 的差异，都蕴涵着思想构成物的"地缘性"。它成为解释学意义上的翻译研究的主题。"翻译"在前提上必须承诺思想或语言的"地缘性间距"，该间距在"原本/译本"这个翻译二项式里被形象地表达为间隔符号"/"。[②] 当人们将"/"理解为趋向于"="的符号"≈"时，它表达着以间距超越为目的的"可译性"；然而，不同文本之间还存在着"不可译性"，即将"/"改写为"≠"。从叙述策略来说，"不可译性"才更有助于显示和识别栖身于不同语言

---

① D.戴维森：《论概念图式这一观念》，载牟博为其编译的文集：《真理、意义、行动和事件》，112 页，商务印书馆，1993。

② 虽然严格意义上的"第一哲学"一开始就以超越这个"/"为目标，但它在漫长反省过程中日益意识到这个"/"的存在。康德的划界问题、早期维特根斯坦关于"可说"与"不可说"的分别、从奎因到戴维森的"翻译理论"，其中都多少承诺着这个"/"，更不用说现代解构理论中所使用的"差异"概念了。

中的“概念图式”或“思想制度”的不同。戴维森便说，假定两种语言是“可互译”的，则证明它们具有相同的概念图式。而从差异性角度来看，“可互译性的失败是显示概念图式差异的一个必要条件”。[①]

需要说明的是，所谓“思想制度”，正如“概念图式”或“范式”，只是一种思想生产的“不成文法”。它只有在人的思想活动中、在文本性的叙述中得到**表现**和**识别**。“识别”的主要方式无非是选取例证。一个好的例证可以使我们对这种制度获得恰当直观。下面，我们先来讨论亚里士多德的“第一哲学”。

二、作为西方思想制度典范的“第一哲学”

亚里士多德在西方哲学中的源头性地位，使其“第一哲学”同时获得了作为个别理论范式 Cs 和作为传统层面上的思想制度 TS 的双重身份。这种双重身份用一个词来表达就是“典范”。“典范”的解释学意味在于：亚里士多德的“文本”具有“现世生命”(life)和“来世生命”(after-life)。他的“文本”不仅是他自己塑造的，也是后人参与塑造的。

哲学史研究表明，亚里士多德哲学的“典范角色”塑造，在他去世后不仅就已经开始了。一个明显的证据就是，如今归入“亚里士多德”名下的许多文献不一定是他本人的作品，而只是托名为“亚里士多德”的作品。所以，《亚里士多德全集》在一定意义上是集体写作的产物。这个现象并不奇怪，在各大思想传统的源头处，作为“典范”的作品通常包含着“托名写作”的内容。这里的“被托名者”，如柏拉图笔下的“苏格拉底”、中国的“孔子”或“老子”，都如前面所说的“思想戏剧中的主人公”，他们以权威者身份诉说着归入他们名下的、具有典范意义的思想。

单纯置身于西方哲学史语境，“思想制度”一词并无引入的必需，因为大量西方哲学史著作都是根据这种制度标准来写的。但当我们把 metaphysics 译为中文“形而上学”，并由此引入中国传统本体论、认识论或辩证法这套叙述时，将 metaphysics

① D.戴维森：《真理、意义、行动和事件》，112、119 页。

作为一种独特的“思想制度”来识别的必要性就出现了。近代中西思想家对“中国是否有哲学”多有争议，但其讨论往往不富于成果。因为，如果仅仅把 metaphysics 抽象界定为“对超越性问题的关切”、“理性能力的运用”、一种“概念系统”或“分类意识”，那就必须承认包括中国在内的任何文明群体都有形而上学传统。德国思想家西美尔在谈到宗教时曾对“宗教性”与“宗教”进行区别：前者是根植于人的内心的普遍精神需求，凡有人群的地方莫不有“宗教性”；后者则指具体的宗教制度。在不同地域和不同历史阶段，这种“宗教制度”可以很不相同。[①] “制度”(institution)这个词很重要，它是一个历史构成物。由此出发，**我们就应当在“形而上学性的”和“作为一种思想制度的形而上学”之间作出区别**。全部的问题不在于中国是否具有“形而上学性的思想”，而在于以下的制度性问题：这是**怎样一种**“理性能力的运用”？怎样的“概念系统”或“分类意识”？

基于这个考虑，本文准备从以下几方面观察亚里士多德“第一哲学”的“典范”含义：

其一，“第一哲学”所蕴涵的“学科分类”意识；

其二，作为“思维工具”的逻辑学在亚里士多德理论中的地位及其对后世的典范意义；

其三，亚里士多德对“是”的不同追问方式成为后世形而上学典范转移的源头性资源。

1.学科分类：“第一哲学”概念的形成条件

亚里士多德在多种著作、从多个角度提到的“第一哲学”概念在《形而上学》这部合集中得到了集中展示，尽管该集中的若干卷不一定出自亚里士多德本人的手笔。

在该书第一卷，亚里士多德说，哲学追求“智慧”。智慧是对事物的原因进行探究，即不仅要“知其然”，而且要“知其所以然”。根据这一尺度，有感觉能力的人不

---

① [德]G.西美尔：《现代人与宗教》，曹卫东等译，7页，汉语基督教文化研究所出版；尤其是刘小枫所撰写的编者导言，见该书 xxxix 页。

如具有某种经验的人有智慧，而有经验的人也不过是“知其然”，不如可以制造产品的工匠有智慧，但工匠的智慧又不如那些理论学科中的学者，而从事具体理论学科研究的学者又不如那些具有“最高级普遍知识的人”（即哲学家），更有智慧。哲学家因其只对事物的最终原因有兴趣，所以不旁骛于各种功利的目的去思考，而纯然是“为思而思”，为了学术自身的目的而思想。哲学家“不安分于人间的智慧”，敢于窥伺“天机”，以寻求用神的名字命名的第一原理，所以哲学是神圣的学问，是“神学”。从这两个意义来说，任何其他学术都比不上哲学。而“哲学”的含义也不简单就是“爱智慧”，而是**“爱最高的智慧”**。从这个意义来看，哲学在本质上就是“第一哲学”，**它意味着哲学在智慧等级上是第一位的。**[①]

从智慧的等级看哲学，这是希腊“哲学”（philosophia）一词的题中应有之义。在这同时，亚里士多德还在学科分类意义上反复强调“哲学”的至上地位。首先，他根据基本宗旨的不同，将知识分为“理论科学”、“应用科学”和“创造科学”三种基本形态，这种分类对西方哲学的影响一直延续至今。此外，他还把理论科学进一步细分为物理学（研究独立自存的、可变的事物）、数学（研究不可变的、但不能独立自存的事物）和哲学（研究既不可变又独立自存的事物）。在《形而上学》第六卷中，亚里士多德总结说：“假如世界上有一个不动变体，则研究它的学科必然优先，而成为第一哲学。既然这里所研究的是最基本的事物，它就应是普遍性的。”[②] 因此，“哲学”在以物理学（physics）为代表的经验科学之上获得了“形而上”（meta）的地位，成为“科学之上的科学”，它是作为一切具体知识之前提的最高知识。**“形而上的科学”这个名称就蕴涵着一个学科分类等级系统，它在该体系中是“第一的”。**

最后，在亚里士多德那里，“哲学”之作为“第一科学”的意思还取决于它的特定研究对象——它不满足于研究某个具体“是者”的存在原理，而要追问作为一切“是者”之所以是或一切“存在者”之所以存在的普遍原因。其追问方式大约可界分为两种：其一是对“是什么”（whatness）这一问题的分析。需要说明的是，这种分析不是在自然语言之内、凭借日常经验进行的，它需要借助特定的“思想工具”，即对“S是P”这一逻辑表达式的分析。在这种分析中，定义成为确定某物（即S）之“所是”

① 《形而上学》，4～6页。

② 同上，120页。

的普遍方式;定义的前提则是确定以“同一性”为基础的属种关系。而无论作为S的“实体”,还是作为对“S”有所陈述的P谓词,以及这种陈述所依赖的条件,都可以被归属于某些最简单的思想类型,即范畴。其二是对事物之成因(whyness)的分析。在这里,“某物之成为某物”必定有其原因,而原因是一个由最近及远以至终极的多级链条。“哲学”应循着这个链条达到极至,从而使“某物之所是”获得最终根据,这个向最终因的推溯使哲学的思考迅速离开或超越于日常经验领域。

“whatness”的确定与“whyness”的推溯最终都是从“是”(is, einai)这一源头性问题而发生的。**任何主词和谓词都有“名”,但“是”本“无名”**。“无名”之“是”却是使一切“名”得到最终落实,并获得普遍性根据的原因。所以,哲学应给这个“是”以明确的思考。“是”在此语境下就成为“常名”(isness, Being 或 to on)。叶秀山先生对此给出了一个切中的说法:“古希腊人**把那在‘什么’之前的‘是’,也作为‘什么’来研究**,要问那个‘什么’的‘是’,又‘是什么’。”① 由此,“‘是’是‘什么’”成为哲学不同于其他一切学科的独特的、最终的追问主题。**哲学之所以“第一”,与其追问的“第一问题”密切相关**。

以上分析旨在展示亚里士多德“第一哲学”在学科分类体制中的含义。这种含义即使在今天对于明确哲学与其他学科的身份区别也是重要的。海德格尔曾谈到这样的看法:

> 按照种种不同的存在领域,存在者全体可以成为对某些特定事情的区域进行显露和界说的园地。这些事情,诸如历史、自然、空间、生命、此在、语言之类,又可以在相应的科学探索中专题化为对象。科学研究简单粗糙地将这些事情的区域发掘和固定下来。借事情的区域的基本结构将这种区域规定出来……那些如此这般生长出来的“基本概念”保持为最初开展这种区域的指导线索。②

---

① 叶秀山:《中西关于“形而上学”问题方面的沟通》,载《Being与西方哲学传统》,74页。

② [德]海德格尔:《存在与时间》,陈嘉映译,12页,三联书店,1987。

在这段引文中,“事情的区域”-“专题化及其对象”-“具体科学”-“基本概念”,这些现象学用语展示了西方思想谈论“事情”(Sache)的制度性方式。在后文谈到中国传统思想时,我们会更加深切地感受到这种“学科分类意识”的存在对于区别此一或彼一“思想体制”是何等重要。除了学科分类意识之外,让我们再看以下亚里士多德思想中的另一典范性工作,这就是逻辑学。

2.“工具论”:“第一哲学”的思想工具

亚里士多德的学科分类系统没有将一门非常重要的学术涵盖其中,那就是逻辑学。这大概是因为,在亚里士多德活着的时候,该学科的发育尚未成熟。西方哲学史家的研究表明,“逻辑”(logic)一词在西塞罗时期才出现。而被后世一直奉为亚里士多德逻辑学经典文集的《工具论》,其中若干文献可能是伪作,连“工具”(organon)这个名称也是在亚里士多德死后几百年才正式挂在他的名下的,[①] 但所有这些都不能改变这样一个事实:在以亚里士多德之名命名的理论整体中,逻辑学是一个重要组成部分。更重要的是,以“亚里士多德”命名的逻辑学对后世西方哲学的发展产生了强烈的典范意义,它成为西方形而上学的一个支柱性学科。即使现代分析哲学在追溯其理论谱系时,也要特别要提到亚里士多德的《工具论》,正如它在柏拉图那里必定提到《克拉迪鲁篇》一样。[②]

用来命名亚里士多德逻辑学文集的“工具”是 Organon,其本意是“动物器官整体”,由此引申出“机器整体”的含义。这里蕴涵着一切动物都是机器的观念,按照美国著名技术思想家刘易斯·芒福德的看法,早期文明的人类机器概念是“近取诸身”(body-oriented)的产物。从文明发展效果史的角度看,“工具”隐喻的出现具有十分重要的意义。它不是自然物,但却必须按“物理”去构造自身;它的产品虽然仍具

① 参见[英]W.D.罗斯:《亚里士多德》,王路译,23 页,商务印书馆,1997。

② M.达米特专门提到“思想哲学”一词,他说:“思想哲学一直被视为哲学的起点。亚里士多德的哲学就始于《范畴篇》……逻辑学的每一步进展同时也是思想哲学的进展。”参见任晓明等译:《形而上学的逻辑基础》,2 页,中国人民大学出版社,2004。

有自然物形态，但却源于人的思想并更符合人的目的；[1] 它虽出自人的制造，可一旦在这种制造中引入知性意义上的"合理性"诉求，它就会按照"反身抽象"(self-reflection)的自身逻辑复杂精致地发展起来，甚至会使"人"也成为它自身的组成部分。它对**合理性系统**的要求，使其可以迅速成长为**优势性系统**。"理性"一旦"工具化"，就会迅速膨胀起来，任何自然文明的"理性"如果缺乏这种知性意义的"工具化"的洗礼，就仅仅是"原始理性"。[2]

从这个角度来看以"工具论"命名的亚里士多德逻辑学，我们就不难看出它在西方思想中的独特制度性意义。这里的"工具"不是指物质手段，而是指"思维工具"。人们通常只在狭隘的"思想表达手段"上来看待这一工具，这是不准确的。自然语言也是"思想表达手段"，但它却没有逻辑学那样的效应。虽然逻辑学作为证明手段并不直接生产思想内容，但却提供了类似思想实验室的环境，从而使思想获得"真理"的生产许可证。正因为这一点，西方哲学的大量论著，即使是强调知性与理性差异的论著，都愿意挂上"逻辑学"或"逻辑研究"的标题。此外更重要的是，逻辑学在强调"证明"的同时，也像物质工具系统的发展那样，不断进行着"**证明工具的自我再生产**"，在这一点上，它与形而上学的"对思想的思"的这一基本要求是一致的。"证明工具的自我再生产"与西方形而上学的概念再生产是不可分割的。它使一种地域性的思想从对合理性的诉求成长为优势性系统。

在亚里士多德逻辑学中，我们需要把两个层面的问题区别开来。其一，亚里士多德逻辑学优先关注的是"证明"或"论证"问题。虽然如前所述，他本人没有使用过"逻辑学"这个词，但在《前分析篇》中，它将其逻辑理论界定为"关于证明的科学"，"它研究的对象是证明"。[3] 毫无疑问，三段论推理、辨谬论证都是研究"证明"

---

① 在《形而上学》第七卷中，亚里士多德对"自然"与人类"制品"有一段精彩的论述："一般来说，万物所由生成者为自然，万物所赖以生成的方式亦为自然，其所生成的一草一木，或一动物皆有自然本性……自然是这样生成的，而其他产物则称为'制品'。关于制造过程，一部分称为'思想'，一部分称为'制作'——起点与形式是由思想进行的，从思想的末一步再进行的工夫为制作。"参见《形而上学》，136～137页。

② 出于本文的叙述目的和篇幅限制，我们没有细论"理性"与"知性"概念的区别。实际上，也正是因为这种区别意识，狭义的逻辑学在黑格尔那里受到诸多批判。但逻辑学在西方理性概念的发展中的确具有重要的中介意义。本文从思想制度的角度说明，这种中介的存在与否是西方思想的"理性"与其他文明中"理性"的重要区别之一。而且，由于逻辑学作为中介性的工具系统有其自身的逻辑，它自己会发育膨胀起来，以至成为对寻求超越性根据的理性进行裁判的东西，这大约可以被称为"**思维工具理性的异化**"。

③ 苗力田主编：《亚里士多德全集》，第一卷，83页，中国人民大学出版社，1997。

的。“证明”在希腊时代一向有旨在加强说服力的修辞学含义，在现代分析哲学中我们也常常强烈地感受到这一点。但“证明”在逻辑学的意义上已不是诡辩技术，而是要以思想和概念的精确性、可靠性来说服人或统一人的思想；其二，也是更重要的，《工具论》六篇文献中有一个一以贯之的方法，即“分析方法”：推理可以被分析为三段论的格；三段论的主干又可以被分析为命题（如 A 是 B）；而命题这种语词复合又可以被分析为其最简单的要素——词项。为什么要将人的语言表达分析到要素水平？这里体现出两个重要的观念：

(1)分析就是“识别”(identifying)；

(2)分析为了“构造”(constituting)。

我们先来讨论“分析就是识别”。它体现了逻辑学与自然语言的重大区别。在自然语言中，人们经常使用到包含“S 是 P”形式的各种陈述，但这些陈述的目的是当下交流，而不是对使陈述成为可能并有效的要素或规范有所“识别”(identifying)。“识别”的过程是在**当下交流中断**的时候才发生的。对陈述要素或规范的识别活动由此超越出了自然语言和主观理解的领域。在这个意义上，逻辑不是自然语言，也不是自然思维。①

此外，“分析为了构造”是什么意思？我们知道，机器的构造总要从部件开始，并由各部件构成一个关系整体。无论是部件还是整体机器虽然都取材于自然物，但它们已经彻底改变了自然物的形态，成为一个人工的、具有特定效能的整体。逻辑学也是这样，它对要素或规范的识别当然要取材于自然语言中的语句，但这些语句仅仅具有作为实验室“标本”的例证性含义。逻辑以分析方法将这些语句标本分解到语词的要素水平，然后按照一定标准给它们“分门别类”。在《工具论》中，导论性的《范畴篇》和后面的《辨谬篇》中包含着大量的由“分解到要素”到“对要素进行分门别类”的工作。由此而有：(1)最简单的语词；(2)在“S 是 P”的标本语句中担当

---

① 这里蕴涵着这样的意思，逻辑学乃至西方一切自然科学中的陈述，都不是生活语言，它们不是“交流理性”发生的场所。法国思想家利科曾指出：“我对日常语言的关注总是比照着科学语言来进行的。科学语言不具有真正的交流或个体间对话(inter-personal dialogue)的功能。因此，保持日常语言的权利就是相当重要的，正是在那里，经验的交流具有首要的意义。”参见 P. Ricouer, “Myth as the Bearer of Possible Worlds”, In *A Ricouer Reader*: *Reflection and Imagination*. Edited by Mario J. Valdes, Harvester Wheatsheaf, 1991, p.490。

不同功能的语词，即作为主词的语词和作为谓词的语词；[①] (3)作为主词的语词所归属的范畴，即"个体性实体"，作为谓词的语词所归属的范畴，如数量、性质、关系、何地、何时等；(4)作为主词的"实体"与作为谓词的范畴词之间的个体－属－种关系；等等。[②]

需要强调的是，"基于分析而构造的类"与自然语言中的"分类意识"完全不同。我们在后面关于中国传统思想中的"分类意识"中可以看到，那里的"分类"往往是按照"象"的原理，通过"依象取类"的方式生成的。它与自然语言、人的自然态度、历史想像传统有密切的依存关系。但逻辑学的分类源于自然语言却不能还原为自然语言，它将概念、意义、所指等所有思想构成物放在"同一性"范式下来构造。由此，逻辑语言获得了人工语言的身份。尽管"人工语言"是近代分析哲学的语词，但在它之前的经典哲学已经在谈论一种"思想语言"。没有这种基于分析的识别与构造，康德的"先验范畴"学说就不可能建立。

3.主谓词识别逻辑与成因推溯逻辑："第一哲学"内部的两种论证典范

以上对亚里士多德逻辑学的讨论已经提出一个疑问：逻辑学与亚里士多德本人的第一哲学究竟是什么关系？从事实上看，由于亚里士多德本人没有将逻辑学纳入它的学科分类系统，所以我们似乎可以说，它不是"形而上学"。此外，亚里士多德研究专家W.D.罗斯还从研究对象上谈到了"逻辑学"与"形而上学"的区别：即在亚里士多德那里，逻辑学的日的是研究"关于事物本质的思维"，而形而上学则直接关注"事物本质的结构"。[③] 然而，一旦我们将目光放大到西方形而上学发展史，就会发现罗斯所说的"逻辑学"与"形而上学"的区别，实际上是西方两种"形而上学典范"的区别。在这里，我们就不能简单地认为，逻辑学是形而上学以外的东西。让我们来看达米特的这样一段话：

---

① 亚里士多德尚未注意到，系词"是"与谓词B属于一个断定行为整体。参见［英］罗斯：《亚里士多德》，32页。

② 《亚里士多德全集》，第一卷，《范畴篇》。

③ ［英］罗斯：《亚里士多德》，24页。

> 哲学所能做的只是让我们可以掌握我们借以思考世界的那些概念,并由此更牢固地掌握我们在思想中表达世界的方式。由于这个原因,也正是在这个意义上,哲学才是关涉世界的……逻辑规律不是自然规律,而是自然规律的规律……可称之为思想哲学的东西乃是其他一切哲学的根基。[①]

实际上,究竟是以全能性(comprehensive)观点直接谈论"实在的结构",还是谨守着"思想的结构"来关涉性地谈论实在的结构(甚至反对谈论实在问题),这构成了作为西方哲学思想制度的形而上学内部的两种基本"典范"。

英国哲学家斯特劳森在《个体:一种描述的形而上学》一书开篇提出了"描述的形而上学"(descriptive metaphysics)与所谓"修正的形而上学"(reversionary metaphysics)的区别。前者旨在"描述关于世界的实际的(factual)思想结构",后者则是"构造(produce)一种更好的(better)结构"。所谓"实际的思想结构"是说,虽然"思想结构"固然要涉及语言陈述、命题表达或范畴条件,但其根本任务是要使基于实际经验的具体对象得到"识别"。反之,所谓"更好的结构"则可能在超越具体经验对象的条件下提出更多的、思辨性的"概念构造"要求,以寻求对理智和实在的全能说明。因此,**"更好的"很可能≠"实际的"**。[②]按照他的分类,亚里士多德是非常具有现代意义的"描述的形而上学"的开创者。

美国哲学史家格莱西亚在《个体性:形而上学的基础》一书提到,斯特劳森关于两种形而上学形态的区分尚欠准确,他更愿意引入另外一种区别,即"实在论形而上学"(realistic metaphysics)和"现象主义的形而上学"(phenomenalistic metaphysics)。[③]前者相信我们可以直接把握"世界的存在方式"本身(the way the world is);后者则比较谦虚,认为我们重点应关注"我们思考世界的方式"(the way we think about the world),或者说,关注我们关于世界的"概念框架"(conceptual framework)。格莱西亚由此认为,斯特劳森给亚里士多德的评价太高了。因为亚里士多德形而上学的主

---

① [英]达米特:《形而上学的逻辑基础》,2页。

② P. F. Strawson, *Individuals: An Essay in Descriptive Metaphysics*, Methuen, Inc. 1971, p.9.

③ Jorge J. E. Gracia, *Individuality: An Essay on the Foundations of Metaphysics*, State University of New York, 1988, p.xv.

体，即使按照斯特劳森的区分法，也应当属于“修正的”而非“描述的”传统，而按照格莱西亚本人的区分法，亚里士多德应被归入“实在论形而上学”，而“现象主义的形而上学”则肇始于康德。康德的两种方法在20世纪促成了两大潮流的出现：其一是现象学，它致力于发展经验描述的方法；其二是分析哲学，其目的是对我们赖以表达的语言进行分析和研究。描述经验和分析语言都是在刻画“我们思考世界的方式”，而关于“世界是什么”的这类实在论问题则在很大程度上被交付给自然科学和不可知世界。我们可以将上述讨论简化为以下几点：

(1)作为西方哲学骨干的形而上学分蘖为两类：斯特劳森将其概括为“修正的/描述的”；格莱西亚将其概括为“实在的/现象主义的”。其分蘖点在于是直接关注“实在自身的结构”，还是直接关注“思想的结构”。这在形而上学的“思想制度”TS中构成了两大不同思想范式，即C_{S1}和C_{S2}。

(2)斯特劳森将亚里士多德归入“描述的形而上学”，格莱西亚则反是，认为亚里士多德属于“修正的或实在论的形而上学”。

(3)实际上，斯特劳森和格莱西亚之所以会有分歧，是因为他们谈论的是**两个不同的亚里士多德**：一个是以《工具论·范畴篇》为代表的逻辑学的亚里士多德——事实上，斯特劳森的《个体》一书从内容到篇章结构都与《范畴篇》一脉相承；而格莱西亚的亚里士多德则是以《形而上学》作为其主要代表作的。两个亚里士多德分别成为后世两种形而上学典范的源头，① 从这个意义来说，我们就不能说亚里士多德的逻辑学是其形而上学以外的东西，而应将它视为亚里士多德形而上学差异整体的重要组成部分。

《范畴篇》是以关涉实在的方式谈论思维方式本身，《形而上学》则更强调一种把握“实在自身结构”的信念，这种旨趣上的差异在关于“实体”的谈论中明显表现出来。哲学史家一般都会谈到，在亚里士多德那里有两种“第一实体”：在《范畴篇》中，第一实体是个体事物；而在《形而上学》中，“个体事物”基本上不再享有“第一实体”的荣耀，亚里士多德在不同语境下讨论了许多不同的“实体”，而最终，他把以自身为目的的“理性”、“善”或“神”当做了“第一实体”。

① 《形而上学》中也有大量的逻辑学讨论内容，如第一章中关于定义的讨论。

我们注意到,《范畴篇》对"第一实体"概念的规定主要是基于一种"**主谓词识别逻辑**",所有的分析围绕着"S 是 P"这个一阶逻辑表达式而展开;而在《形而上学》中,对"第一实体"的谈论主要诉诸一种"**成因推溯逻辑**"。两种论证可以简要概括如下。

在《范畴篇》中,亚里士多德赋予经验个体以"第一实体"的地位。它是经验观察的出发点,是"S 是 P"这一命题表达式的重心所在。他说:

> 实体,如"个别的人"、"个别的马",在最严格、最原始、最根本的意义上说,是既不述说一个主体,也不存在于一个主体之中。而人们所说的第二实体,是指作为属而包含第一实体的东西,就像种包含属一样,如某个具体的人被包含在"人"这个属之中,而"人"这个属自身又被包含在"动物"这个种之中。所以,这些是第二实体,如"人"、"动物"。①

显然,不同的语法地位——即主词位置还是谓词位置——成为辨别"第一实体"与作为"属-种"的"第二实体"以及其他属性词的识别标准,它导致了两种实体的性质差异:

(1)作为"第一实体"的个体**不表述一个主体**(=主词 S),相反,它是作为一个主体而被作为共相语词的"属"或"种"来表述的,如苏格拉底(个体)是人(属);

(2)作为"第一实体"的个体也**不存在于一个主体之中**,相反,它是作为一个主体而使其他相关属性存在于它之中,如苏格拉底(个体)是聪明的(属性)。

由此,亚里士多德对作为个体的"第一实体"、作为"属-种"的"第二实体"和作为各种性质的"属性"在"S 是 P"中的地位做出了以下三种区分:

(1)作为"第一实体"的个体只能作为主词 S,不能作为谓词 P。这意味着它只能是被描述者,而不能描述他物。

(2)所有诸如"白"、"聪明的"、"全副武装的"、"五尺长"等属性语词都只能作为谓词 P,而不能作为主词 S。

---

① 《亚里士多德全集》,第一卷,6 页。在该译本中,substance 一词都被译为"实体"。而汪子嵩和商务印书馆版《形而上学》的译者吴寿彭等人将其译为"本体",以强调 substance 作为诸属性载体的意思。

(3)惟一的例外是作为“属－种”的“第二实体”：它们既可以像其他属性词(如“聪明的”)一样作为谓词P来描述作为个体的“第一实体”，也可以像作为个体的“第一实体”一样作为主词S而存在，所以才被称为“第二**实体**”。如苏格拉底(个体＝S)是人(属＝P)；人(属＝S)是动物(种＝P)；动物(种＝S)是生物(更高的种＝P)……[①]

可见，相对于“属－种”或其他属性语词，“第一实体”是个类似于“托子”的承载者，这是亚里士多德在《范畴篇》中赋予其本体论优先地位的原因。

在《范畴篇》的“主谓词识别论证”中，“S是P”表达式是一个**以“主词”为重心的偏心轴构造**。从语法意义来看，它强调“主词”在命题中的中心地位；而从哲学观点来看，主词获得中心地位的基本根据在于它指示或表达着一个外部的、个体性的经验对象。正因为这一点，本文认为《范畴篇》中的逻辑学并非与形而上学和认识论完全无关。它承诺着一种经验论立场，一种基于经验的谈论“实体”的方式。这种将经验个体视为“第一实体”的观念对后来的分析哲学产生了很大影响。弗雷格在类似的意义上将命题分为“对象”和“概念”两个要素，认为作为主词的对象是“完整的和饱和的”，而如果不与主词有所联系，作为断定性谓词的概念是“不完整和不饱和的”。[②] 为什么对象是“完整的和饱和的”呢？按照斯特劳森的解释，主词的任务无非是把“殊相”引入命题，但这种引入先行需要一种关于特定经验事实的知识，而引入作为“谓词”的共相则不需要。换句话说，**主词在与某个特定的谓词发生关联之前，其本身就可以构成一个与外部经验事实有关的指称表达式**——它可以是一个专名表达式，一个摹状词，等等。所以斯特劳森说：

> 以识别性的方式把殊相或共相引入话语，就蕴涵着知道了把这个殊相或共相引入表达式是指什么，或想要引入什么东西。知道了殊相是指什么，就是知道了，或有时(在听话者的情况中)从所引入的表达式中知道了，某个用来确

---

① 在此可以看到，如果把任一“第二本体”当作描述词P来述说S，就会产生被称为“定义”的东西。因此亚里士多德说“第二本体”是“第一本体”的本质。

② Strawson 在 *Individuals: An Essay in Descriptive Metaphysics* 一书中对此进行了深入的讨论，参见该书前引英文版，p.137。

定那个殊相的经验事实，而不仅仅是知道它就是正在被引入的殊相。但知道共相是指什么，并不是以同样的方式意味着知道了经验事实：它只是意味着知道了语言。[①]

斯特劳森在“知道经验事实”与“知道语言(的含义)”之间划出了界限，这种划界是他把“描述的形而上学”与“修正的形而上学”区别开来的基本判据。后者往往不满足于“知道经验事实”这一点，而且要穷究和思辨超越经验界的本体意义上的存在，这种取向在亚里士多德的《形而上学》中得到了强烈表现。

根据哲学史家的研究，《范畴篇》的形成在总体上早于《形而上学》。《形而上学》中十四卷的形成时间或早或晚，其中有些章节的内容与《范畴篇》相近或相互衔接，但从差异性角度观察，《形而上学》与《范畴篇》的最大不同是它假定存在着一种最高的“第一实体”。[②] 需要说明的是，《形而上学》引入了对“第一实体”之“第一”标准的复杂性分析。由此，“第一”呈现出绝对意义上的和相对意义性的区别。

该书第七卷将《范畴篇》所使用的“第一”标准概括如下：

事物之称为第一(原始)者有多种意思——(1)它对于定义来说是起点；(2)它是认识次序的起点；(3)它在时间上是起点——因为其他范畴都不能独立存在，所以实体在时间上必然是在先的。[③]

然而，在《形而上学》中，亚里士多德又引入了新的观察角度。在第二卷和第五卷中，他指出，哲学要考察“真知识”，而真知识不单是描述 what a thing is(“是什么”)的问题，而且是关于 whyness(“何以是”)的“原因”阐释。[④] 这样，关于主谓词表达式的描述性考察就被关于“事物原因”的穷究性思辨所取代，如果说那里也存在着大量的逻辑论证，那么其中最抢眼的应当被概括为“**成因推溯逻辑**”。

① *Individuals: An Essay in Descriptive Metaphysics*, pp.185 - 186.

② 汪子嵩：《亚里士多德关于本体的学说》，31 页，人民出版社，1997。

③ 《形而上学》，126 页。

④ 同上，卷二，993b、994a；卷五，1022a。

所谓“成因”抽象地说就是使一物成立为一物的根据。亚里士多德将“成因”分解为四种,即四因说(即质料因、动因、形式因和目的因)。[①] 该理论虽然也从“个体”出发,但却将个体视为不同的“因”聚合而成的结果。而不同的“因”在独立的意义上都获得了“实体”的含义。从质料因和形式因的区分来看,作为个体的具体事物可以分解为另外两种“实体”,即形式和质料。而在这两者之中,由于“形式”才是使某物成为某物的东西,因此它是“第一实体”。从生成毁灭的运动角度来看,质料在未获得形式之前只是潜在之“是”,获得形式才成为现实之“是”,由此,运动着的个体又预设着作为其动因的“使动者”的存在,使动者也是一个在先的“实体”。除四因说外,亚里士多德还在其他意义上对“实体”及其“第一”的含义进行过讨论。如作为个体的实体包含着“偶性”特征和“本质”特征。二者相比,“本质”特征显然应为“第一”。而本质特性在定义中是由“属－种”概念所包含的,因此,在《范畴篇》中被置于“第二实体”地位的东西在此获得了“第一”的含义。

从《范畴篇》中对“第一实体”的断定,到《形而上学》对“第一”含义的多种解说,其中出现了一种观察视角的变化。对此,亚里士多德在讨论“先于”和“后于”这两个概念时说道:“定义上‘先于’的并不对应于感觉上的‘先于’。在定义上以一般为‘先于’,关于感觉则以个别为‘先于’”。[②] 由此就可以理解,为什么《范畴篇》里会假定“**个体在先**”。而在《形而上学》中会出现大量“原因在先”、“形式在先”或“本质在先”的议论。

然而,以上谈到的还只是《形而上学》中**相对的“第一”**概念,那里还有一个绝对的“第一”。W.罗斯认为,亚里士多德眼中的世界是一个等级系统:形式之上复有形式,质料被嵌入于不同等级的形式之中;[③] 动因之外复有动因,由最近动因可以推溯到较远的动因,直至第一动因。在《形而上学》第十二卷第六章中,亚里士多德明确谈论到对“第三原因”、“第二原因”乃至“第一原因”的追溯。这个原因链条可以被概括为:如果 A 是 B 的原因,而 B 是 C 的原因,那么 A 也是 C 的原因。在这

---

① 亚里士多德在《物理学》第二卷第三章中已经对四因说进行了系统论述。

② 《形而上学》,卷五,1018b。在这里,亚里士多德讨论了多种语境下的“先于”(“后于”)概念,如空间上的“先于”、时间上的“先于”、潜能和现实意义上的“先于”、使动和受动意义上的“先于”等。

③ [英]罗斯:《亚里士多德》,184 页。

里,B 作为 C 的原因,其"第一"的地位只是相对的,亚里士多德有时又将这个 B 称为"间体"(intermediate)。而作为整个链条的起点,A 才是"绝对的第一实体"。这是对"成因推溯逻辑"的经典表述。[①] 在经过繁复论证后,以自身认识为目的的"理性"、作为万物之目的的"善"以及作为所有运动者之最终推动者的"神"被当做绝对的"第一实体"。

总之,将"主谓词识别逻辑"与"成因推溯逻辑"区别开来,我们可以看到西方形而上学的"典范转移"在亚里士多德那里都有根苗。斯特劳森与格莱西亚关于亚里士多德的不同评价恰恰表明,亚里士多德以分裂的方式成为两种形而上学典范的始作俑者。值得一提的是,当培根在《新工具》一书中对亚里士多德的逻辑展开激烈批判时,其矛头指向的并不是被视为《工具论》作者的亚里士多德,而是那种尝试着"成因推溯逻辑"的亚里士多德。

4.小结

以上我们从亚里士多德思想中挑选出几个要素来论证其作为西方哲学"思想制度典范"的意义,它们包括:学科分类意识、逻辑的分析-构造手段以及具有典范意义的"主谓词识别逻辑"和"成因推溯逻辑"。这种选择既非全面,也很难说完全中肯。我们只想通过这种实验分析展示西方形而上学"思想制度"的这样几个特征。

第一,西方形而上学虽然从发生学上是一种"地缘性"的历史构成物,但它在理想上却试图成为"超地域性的"思想体制。

第二,"超地域性的"思想诉求使它必定把"思维工具的再生产"或"概念再生产"当做对世界进行深度理解的前提。这种再生产使其理论必定呈现出"知识增长"或"知识进步"的发展特征,从而生成广大的概念空间。

第三,面对这种概念再生产,以自然历史语言为基础的、以"近取诸身"为主要特征的概念知识系统丧失了其合法性基础。"自然理性"、"自然分类意识"、"基于

---

① 《形而上学》,卷十二,1072a。

自然态度的世界观”或者需要转型，或者只具有人类学含义，或者只能被遗忘。人，当其依然保留着“理性动物”这一本质属性时，似乎已经丧失了其“生活性”和“历史性”属性。总之，人、思想、概念、秩序和世界都开始因为“是”的“是者化”或“存在”的“存在者化”而沦为整齐划一的物。

最后，这个看法构成了现代西方“反形而上学”(anti-metaphysics)思考的一个重要内容。但“反”(anti-)这个前缀无非是以“对成律”的方式再次伸张了“形而上学”的特定语境。“反形而上学”是“形而上学”传统的“副现象”。正因为这样，“反形而上学”通常会以“真正的形而上学”这个名义出现。即使像海德格尔那样强调以“此在的生存论分析”为重点的思想家，也依然是以对“是”或“存在”的追问作为指导线索的。本来，万物皆“有名”，“是”本“无名”，“是”只是使各种“是者”或“存在者”不断出场的“无名”力量。但西方形而上学传统对“作为在者的思”和“作为思之对象的在者”的生产，往往是借助“是者化”的工具——即逻辑来实现的。这种生产**极大地开展了“是者”或“存在者”的空间——即“有”的空间**。同时，其开展效应也波及到对“是”的思考，由此造成用“什么”即“在者”的意义来解读“是”，从而将这个“生生性的”、作为“无状之状、无象之象”的东西理解为一个动名词意义上的“是者”或“存在者”。“是”的“是者化”，同时就意味着“思的物化”、“人的物化”。面对这个局面，海德格尔对“是”的追问不是从“‘是’是‘什么’”的思路出发，而是要从“无名之是”中解读出属于生存和时间的“无”的力量来。

西方这种“反形而上学”的出现似乎使正在沦为物理时间意义上之“过去”的中国传统思想看到了再生的机缘。我们因此看到一些基于“后现代”与“前现代”会通意识的关于中国传统思想的讨论。但这里必须注意两点：

其一，西方的“反形而上学”是在“形而上学”语境下出现的，因此它们很难脱离同一个“思想制度”。具体来说，正是由于形而上学在“有”的领域开辟了巨大空间，“反形而上学”对“无”的追问才显得更加“深切”；正因为“形而上学”在寻求同一性的“大地”这方面做得十分过分，对“疆域性”的差异性主题的展示也才更有力量。“形而上学”和“反形而上学”很类似于德里达所说的“双重游戏”(double-play)。

其二，与上述“**反**形而上学”相比，中国传统思想从“思想制度”的意义来看属于一种“**非**形而上学”。以下对中国传统“六书”理论的讨论将力图展示这一论断。

三、过渡:从"不可译性"看中西"思想制度"差异的自然语言基础

亚里士多德"第一哲学"是西方哲学的"思想制度典范",但随着西学东渐的翻译进程,这种典范超越了中/西思想地缘的分界,成为改写中国传统思想的一种支配性叙述模式。中国传统思想在经历了数千年的发展之后,居然成为"西方哲学=哲学"或"西方形而上学=形而上学"的一个"译本"。应当如何看待这种"翻译"呢?这是本节提出的第一个问题。

显然,没有人会否认西方哲学的"译入"所产生的积极影响,但全部问题在于,用西方哲学的"思想制度"来框定中国传统思想,是否同时遮蔽了后者在概念形成、思想论证和理论评价方面所一向依赖的"思想制度"?这个"思想制度"对于在希腊产生的哲学思想制度来说是一种"外语"。为此,我们需要说明"外语"是什么意思?它是否只代表着"语义意义"的差异?这是本节关注的第二个问题。在那里,我们将特别强调"语言的物理形态"和"语法规则"等一向被人们忽视的因素具有怎样重要的意义——它们表现着"外语的他在性",这种"他在性"是"思想制度"不可翻译的根源。

最后,我们会简单谈论西方哲学对"是"的追问与"表音语言"这种特殊的"自然语言类型"具有怎样的关系,从而为后文从"表意语言"(ideography)的角度谈论中国传统思想制度做出铺垫。

1."中国哲学":"以外翻内"的产物

百年来关于"中国哲学史"的叙述有一个强烈的翻译背景。20 世纪初,梁启超曾把翻译的一般形态区分为"以今翻古"和"以内翻外",[①] 但这似乎是不够的。因

① 梁启超:《中国佛教研究史》,81 页。

为我们今日对中国传统思想的重新解读和改写固然属于“以今翻古”，但它其实更接近梁氏没有提及的另一种翻译形态，即“**以外翻内**”——尽管这种翻译往往是通过“以内翻外”而达成的。

“以外翻内”的明证之一是依据西方“形而上学”的学科分类框架来改写中国传统思想。自胡适的《中国哲学史大纲》上卷和冯友兰的《中国哲学史》之后，改写形成了这样一个主流模式：从儒家经传或诸子书中选择“有－无”、“天－道”、“理－气”、“本－末”等概念来谈论中国传统的形而上学；选择“心知”、“真知”、“知体行用”等概念来谈论中国传统认识论；或选择“坚白论”、“白马非马”、“名实之辨”等来谈论中国的逻辑学；等等。这些讨论的积极方面是打破了中国传统思想研究中“经本传译”的流传性叙述体制，拓宽了相关思想的开放空间。但它在为传统思想“开窍”的同时，也使这种思想面临“凿窍而死”的危险。

所谓“凿窍而死”，是说以“寻章摘句”方式挑选出来的那些概念陈述本来是从属于中国传统中固有的“思想制度”的，这个制度造成了中国特有的概念生成方式、分类方式、论证方式以及概念评价方式。正是在这个制度层面，我们发现西方“形而上学”框架的译入会遇到许多无法克服的“不可译”问题。比如，亚里士多德“第一哲学”所暗含的学科分类系统其实是中国传统思想体制中缺乏的；西方“形而上学”的“对一切思想的思”的彻底态度，逻辑学中的分析－构造取向以及由此而来的对“思维工具”的重视，都是奉行“学以致用”的中国传统思想不多见的。所以，在用“哲学”翻译中国传统思想之后，我们又会看到大量指说中西思想差异的著述，如中国传统重人文和道德，西方思想重自然和分析；中国传统重实用理性，西方思想重理论理性；中国传统重内在超越，西方思想重外在超越；等等。

“指说差异”就是在谈论“不可译”问题。但以往我们关于“不可译性”的讨论多集中在不同语言的“语义层面”。“语义层面”的“不可译”其实总是短暂的和可以变通处置的，真正顽固而持久的“不可译”问题其实是与自然语言的“物理形态”直接相关的——除非这种“物理形态”本身得到改变，否则就总有根本的翻译局限。也正是因为这个缘故，我们看到传统汉语的“物理形态”在百年中发生了重大变化：它的字型在中国大陆的汉字改革中被“简化”；它的文献语言中大量出现了系词“是”——而这在传统文献中是隐而不显的；它的内容连同理论用语也在急剧更新。

在这个背景下出现了"现代汉语"和"传统汉语"的区别。这无非说明,"传统汉语"已经沦为"我们的外语"。这个词准确地刻画了我们的一种特定生存境况,即 at home abroad(居住在"故乡的他乡")。① 总之,在传统起源意义上的"故乡"已经成为"他乡"。

然而,即使作为一种"外语",中国传统思想也应具有一种独特含义,因为如果它真正沦为其他思想的"译本",那么就不再有"可翻译性"价值。从这种看来似乎吊诡的观点出发,我们更应当强调它的那些"不可译",这种"不可译性"并不等同于"不可理解性",相反,它正是使其"自身可理解性"得以实现的前提。

2."外语的他在性":"自然语言类型"的"不可译"

对于"不可译"现象,中国古人已多有归纳。晋高僧道安提出"五失本,三不易";《翻译名义集》中记载了玄奘的"五种不翻",②其中涉及语义的有三种,如"秘语"、"多义"和无对应指示对象。清末学者胡以鲁在《论译名》一文对"不可译"的原因给出了较为常识性的概括:"事物固有彼土所有而此土所无者。"③ 这里,胡氏关于"彼土/此土"之"所有/所无"的概括主要还是从语义内容的角度出发的,他的论断无非是说:**一种自然语言所命名或指示的事物"固有彼土所有而此土所无者"**。

从"语义层面"谈论汉语与其他语言的翻译,表现着传统翻译理论的一个教条:即翻译无非是把语言 A 转换为语言 B,以传达语言 A 的"意思"(meaning)。如果转换不能"尽意",则有所谓"不可译"。这个教条的核心是把包括汉语在内的一切语言**优先视为"指示性系统"**——其命名符号总要指示什么。在前现代时期,某一生

---

① 该说法出自 Jeffrey M. Green, *Thinking Through Translation*, The University of Georgia Press, 2001, p.83。

② 《大品般若经序》:"译胡为秦,有五失本也。一者,胡语尽倒,而使从秦,一失本也;二者,胡经尚质,秦人好文,传可众心,非文不合,斯二失本也;三者,胡经委悉,至于咏叹,叮咛反复,或三或四,不嫌其烦,而今裁斥,三失本也;四者,胡有义说,正似乱辞,寻说向语,文无以异,或千五百,刈而不存,四失本也;五者,事已全成,将更傍及,及腾前辞,已乃后说,而悉除此,五失本也。"此外,唐玄奘法师论五种不翻是由周敦颐转述的:"一、秘密故,如'陀罗尼';二、含多义故,如'薄伽',梵具六义;三、此无故,如'阎浮树',中夏实无此木;四、顺古故,如'阿耨菩提',非不可翻,而摩腾以来,常存梵音;五、生善故,如'般若'尊重,'智慧'清浅;而七迷之作,乃谓'释迦牟尼',此名'能仁'。'能仁'之义位卑周孔;'阿耨菩提',名'正偏知',此土老子之教,先有无上正真之道,无以为异;'菩提萨埵',名'大道心众生',其名下劣,皆掩而不翻。"

③ 陈福康:《中国译学理论史稿》,187~190 页,上海外语教育出版社,2000。

活世界充满了许多其他世界“彼无我有”或“彼有我无”的自然物和历史构成物，由此造成大量指示对象的“不可译”。就自然物而言，玄奘谈到“此无故”时举例说：“阎浮树，中夏实无此木”，类似例子还很多。而历史构成物方面的差异则更为明显。胡以鲁曾将其分为十数类，包括神话－历史人物或事件，独特器物和建筑、官制等等。由于这些自然历史差异，特有专名的初译多采用“音译”。音译提供了作为“空集”的符号，它可以在不同文化的接触中慢慢得到“语义充实”：我们引种了“一枝七叶”的菩提树，该名所指就得到充实；我们引进了佛教寺院和仪式，有关的许多名义也就得到落实。这表明，“语义层面”的“不可译”问题终究是一个短暂的过程。这一点在此毋庸赘议。

不过，相对于指示性意义上的“不可译”，尚有一个更为原初的“不可译性”事实：即**某一语词世界在被理解为表达实在的符号系统之前，本身已然是一种“彼无我有”或“彼有我无”的特定实在**。假定一个西方人（如莱布尼茨）面对作为“外语”的汉语文献，他面临的理解困难显然不同于他在自己的“同质语言共同体”（homo-language community）中所遭遇的困难——后者的理解困难产生于伽德默尔所说的“对熟悉语言的陌生性使用”。而在面对汉语时，使他感到陌生的是这种语言特有的物理形态。这首先是指汉语的特有字型、语音，其次是汉语语法规则，最后还体现在语言的各种软因素上，如语句表达中特有的韵律、情感蕴涵，等等。这一切都对这个外部理解者表现出“**不可进入性**”（inaccessibility），该特性凸显出汉语的“地缘性”，一种类似于外部物理对象的“他在性”（anotherness）。它使与汉语相关的生活世界具有特定口音和阅读符号。以汉语为例证的自然语言的这个特点表明，“外语的他在性”是“不可译性”的首要根源。当我们说语言的物理形态相对于语义内容来说具有“外部性”时，它对翻译者却表现出一种不可转移的“内部性”，它只属于某一“地域性”的生活世界。

对“外语的他在性”的讨论并非游离于本文主题。它恰恰要表明，当我们谈论中西两种“思想制度”时，一定要注意到，这些“思想制度”并非只栖身于那种纯净的“语义世界”。实际上，它与特定的“自然语言类型”有更深的栖身关系。

3."自然语言类型":地缘性"思想制度"的自然语言条件

一种自然语言的"物理形态"、"语法规则"和作为历史构成物的"语义内容"构成了所谓"自然语言类型"的整体含义。这种类型的"他在性"特征不仅使它对陌生者表现出不可进入性,更可能对栖身于这种语言的概念世界和思想制度产生约束性影响。我们可以从以下两个方面来观察这种影响。

其一,**自然语言的语法规则对思想制度的影响**。前文引述道安的"五失本"之说,第一条是"译胡为秦,胡语尽倒",意思是说梵文语序与汉语不同,因此在翻译时需要"句法倒装"。这是语法差异之一例证。但这种语序差异对我们现在谈论的问题不关痛痒。我们关注的问题是,如果把 metaphysics 译为传统中文,什么东西是很难"译入"的?

如今许多学者都注意到,作为西方形而上学核心的本体论问题,其产生与拼音语言中系动词"是"的存在有很大关系。今天西语中广泛使用的"本体论"(ontology)一词直接脱胎于希腊语中的 to on,它是具有述谓功能的系词 einai 的动名词形式。因此,以 to on 为中心的本体论意味着,对"'是'是'什么'"的讨论,对于谈论一切具体的"是者之是"来说具有优先地位。此外,系词 einai 还有一无人称单数形式 estin,在巴门尼德那里,它与 to on 等价,但包含着"存在"的意思。

本文的目的不是进行 ontology 的词源考证。但上面所提到的"系词"、"动名词"、"无人称单数形式"等显然是拼音语言的语法特有的。这种语法形式的存在不单使"本体论"问题的提出获得了自然语言条件,而且为其本体论探讨提供了多种语言论证手段。类似的例子在海德格尔那里得到了充分的展示。此外,如动词时态所具有的时间含义,人称代词的多种变格形式,都为西方哲学提供了大量提问和论证资源。相比之下,传统汉语文献语言的语法规则中就缺乏这个"是"的显明结构。我们所有的只是诸如"有"、"无"、"有名"、"无名"、"真如"等论断语词。因此,像"S 是 P"这类逻辑表达式,像对"是"的穷究式追问,就缺乏相应的自然语言基础。鉴于国内目前对这个问题多有讨论,这里就不再细论了。

其二,**自然语言的"物理形态"对思想制度的影响**。这是目前学界关注较少的话题。自索绪尔《普通语言学教程》之后，语言的“能指/所指”区别已为人们耳熟能详。但中国古人就已经意识到一个事实，即拼音语言的能指符号与传统汉语的能指符号存在着巨大差异。北宋思想家郑樵对此曾有细密的观察描述：

> 梵人别音，在音不在字。华人别字，在字不在音。故梵书(指字母)甚简，只是数个屈曲耳，差别不多，亦不成文理，而有无穷之音焉。华人苦不别音……华书制字极密，点化极多，梵书比之实相辽邈，故梵有无穷之音，而华有无穷之字……梵人长于音，所得从闻入……华人长于文，所得从见入。[①]

这段文字刻画了作为“表音符号系统”的拼音语言的一个重要特征，即拼音符号自身是没有意义的。正是基于这种语言经验，西方语言理论形成了三个支配性观点：(1)能指符号和所指内容是有区别的；(2)能指符号是物理性或生理性的，所指内容是认识性的、观念性的或社会性的；(3)能指符号与所指内容之间只有“**任意约定**”的关系。

必须注意的是，能指符号本身的无意义为凸显“所指层面”的优先地位提供了重要的语言条件。**“所指层面”的优先有利于使“事”**(Sache)**、“对象”、“意义”获得独立于自然语言的客观地位**，这对于西方哲学“思想制度”的形成具有重要意义。德里达就注意到了这一点。在他那里，基于拼音文字的“语音中心论”与“语义中心论”、“超验所指中心论”，一言以蔽之，与“逻各斯中心论”具有密切的血缘联系。[②]当然，我们不能说所有的拼音语言都会自发地产生出西方哲学的思想制度，但却可以说，西方哲学思想制度的形成在拼音语言中具有**必要的**自然语言条件。

如果说拼音语言的“物理形态”是西方哲学思想制度形成的一个必要条件，那么“六书”所表述的汉语构成制度对揭示中国传统“思想制度”就显示出更加重要的意义。

它首先体现在汉语文字学与传统经义观念的关系上。作为传统“小学”核心内

---

① 《论华梵下》，载[宋]郑樵《通志二十略》，351页，中华书局，1995。

② [法]德里达：《论文字学》，汪堂家译，上海译文出版社，1999。尤其是“题记”、第一章《书本的终结和文字的开端》、第四章《从替补到起源：文字理论》。

容的“六书”,其旨趣虽在文字,但却与含摄中国传统经义的“大学”相通。中国上古文字学的集大成者《说文解字》,这部“字经”的作者许慎在《说文·叙》中指出:

> 盖文字者,经艺之本,王政之始,前人所以垂后,后人所以识古。故曰**本立而道生**。知天下之至啧,而不可乱也。

值得注意的是,“本立而道生”一语原出于《论语》,孔子在那里强调“孝”为立身之本,有了孝,其他做人的美德自然就会发生出来。许慎将其挪用过来说明“文字”,其中可分出两种含义:

(1)作为上古思想构成物的各种经典是靠文字记载的,只有明了这些文字的本义,才可以准确把握经典的各种义理陈述。所以许慎在《叙》中说:“用己私是非(经义解释者的主观猜测),无正巧说衺辞,使天下疑。”郑樵在《六书略·序》对此更明确地解释说:“圣人之道,惟藉六经。六经之作,惟藉文言,文言之本,在于六书。六书不分,何以见义?”[①]当然,这种“小学”与“大学”关系的辨析并非中国独有。在西方传统,作为“小学”的语文学(philology)或词源学(etymology)一向也是治读古代经典的手段,宗教中的“解经学”(exegesis)就是训释宗教典籍的必备功夫。

(2)“本立而道生”在这里的另一重含义与本文的谈论密切相关。“本立”和“道生”用草木生长隐喻表达了这样的意识:**不同的“本”可生出不同的“道”**。不同的“自然语言类型”可生发出不同的概念世界,以及该概念世界赖以生产的思想制度。

那么,作为不同的“本”,中国“六书”所描述的语言与西方拼音语言的“根本”不同是什么呢?那就是:**传统汉语的“能指”与“所指”在观念上具有同构关系**。这种同构体现着一个在中国传统中具有支配地位的思想范式,即“天－地－人－文”之间彼此参证的耦合关系。所不同的是,传统经典义理侧重展示**“天地(取法对象)/人文(义理内容)”**之间的对应关系,而“六书”则重在展示**“天地人/文”**之间的对应关系。也正是在这个意义上,我们才可以理解为什么许慎会认为文字是“经义之

---

① 《六书略·序》,载《通志二十略》,233页。明代学者吕楠在为汉代刘熙的《释名》一书所作的《重刊后序》中也说:“今夫学者将以为道也。欲为道而不知义,则于道不乐进。欲知义而不辨言,则于义不可精。欲辨言而不正名,则于言不能审。”

本，王政之始”和历史之“法”。

以物理形态出现的“能指符号”居然自身具有意义，而且与在“所指层面”上出现的经义陈述若合一契，这是作为“表意符号”的汉语所独有的。至少从卢梭、黑格尔以来，欧洲思想家们已经注意到中国思想传统与这种“表意文字”有一种内在相关。德里达在《论文字学》中多次对这种表意文字进行讨论，认为它是有别于“语音中心论”语言的一个实证。此外，德鲁兹也专门提到了汉语“六书”(hexagrams)在中国传统思想中的代表性意义。[①] 不过，由于他们都不懂得汉语，因此所作论断不免带有很大想像成分。但是，德里达本人似乎就意识到，“在某个中国本地人面前伪装成会说中文的惟一方式就是对他说中文”(the only way of pretending to speak Chinese when speaking to a Chinese citizen is to address him in *Chinese*)。[②]显然，对“六书”进行思想探讨显然是我们汉语学者责无旁贷的任务。

比较语言学通常只满足于描述“表音文字”和“表意文字”的语言学差别，而本文下面则希望从作为传统汉语构成制度的“六书”中拾取一些证据，引申出中国传统特有的概念形成方式、自然分类意识以及概念论证方式。这一切都为揭示中国传统思想中的“思想制度”提供了客观依据。

四、中国传统思想制度(上)：从“六书”看“象类”与“如在”观念

我们说中国传统思想只属于“非形而上学”，并不是说它在语义层面上与西方形而上学的文献没有互译的可能，而是说，它的概念生成制度一旦被另一套语言所“覆盖”，这些概念就会蜕变为某种物理性的“记号”(sign)，而不再是具有特定内容的“符号”(symbol)。引入“六书”的讨论，就是为了使那些已经沦为“记号”的概念语词再次获得其可理解的符号内容。

需要说明的是，传统汉语本身是一种历史构成物，其构成法式从源头来看体现着作为集体无意识的思维方式。而“六书”只是在秦汉以后才逐渐成为具有支配性

① 参见 Delueze：*What is philosophy*? p.89。

② Vincent Descombes：*Modern French Philosophy*. Cambridge University Press，1980，p.139.

地位的理论解释(自秦汉至清末,包含这种解释的文献逾数百种)。不过,这种理论解释虽然晚出,但却可以与中国传统中居于统治地位的"大学"经义论述互相印证。因此,它对识别中国传统中占据支配性地位的"思想制度"具有重要的考察价值。

语言学将传统汉语命名为"表意符号系统",但准确说来它应是"表象性符号系统"。我们知道,表象性符号类似于"造型"艺术,其主要特征在于摹状赋形,郑樵所说"书与画同出,画取形,书取象"① 就表达了这个意思。《系辞传·下》有一段著名文字:"古者包羲氏之王天下也,仰则观象于天,俯则观法于地,观鸟兽之文与地之宜,近取诸身,远取诸物。于是始做八卦以通神明之德,以类万物之情。"这虽是谈论易卦缘起,但亦可用于解释汉字。东汉许慎在《说文·叙》开篇就引述了上段文字,接着便提出了他对"六书"(象形、形声、转注、假借、指示、会意)的基本界定,该界定在唐代学者徐锴的为《说文》所做的系传中得到较为完备的表述:

> 凡六书之义起于**象形**,则"日"、"月"之属是也。**形声**者,以形配声……"江"、"河"是也,水其象也,"工"、"可"其声也……六文之中,象形者,仓颉本所起,观察天地之形谓之文,故文少。后相配合孳,益为字则,形声会意者是也,故形声最多。**转注**者(略)。**假借**者,古省文从可知,故"令"者"使"也,可借为"使令"。"长"者"长"也,可借为"长"……今假借为少——假者,不真也;借者,同门也……凡**指事**,象形义一也。物之实形有可象者,则为象形,山川之类皆是物也。指事者,谓物事之虚无不可图画,谓之指事,形则有形可象,事则有事可指。故"上"、"下"之义无形无象,故以"丨"、"丨"指事之,有事可指也。故象形指事大同而小异。**会意**亦虚也,无形可象,故会合其意以序言之。"止"、"戈"则为"武"……"人"、"言"必"信",故曰比类合义。
>
> 大凡六书之中,**象形指事相类,象形实而指事虚**;形声会意又相类,形声实而会意虚;转注则形事之别,然立字之始,类于形声,而训释之义,与假借为对。假借则一字数用,如"行-茎"、"行-杏"、"行-杭"、"行-沆";转注则一义数

---

① 《六书略·象形第一》,见《通志二十略》,234 页。

文借，如"老"者，直训"老"耳，分注则为"耆"为"耋"为"耄"为"寿"焉。[①]

作为汉字构成制度的权威解释，"六书"分类及解释体现了秦汉以来中国人对"天－地－人－文"所持有的独特"概念图式"或理解"范式"，而"象"则成为这个图式中最重要的概念(concept of all concepts)。我们可以从以下三个方面对这种制度进行解析。

1.从文字构成制度本身看"象"的优先地位

从汉字本源看，"观物取象"的"象形"是第一原则。"凡六书之义起于象形"就说明了这一点。"观物取象"强调以外部事物为模拟对象，如"天地之形"、"鸟兽之文"或"山川之类"，它们在逻辑上构成了汉字字型的第一义根源。

不过，外部事物并非都以可见图象方式存在，还存在着一些"事"或"事的关系"属于"不可图画"的。但虽然"不可图画"，毕竟还是"视而可识，察而可见"(《说文解字·叙》)的，如事物的"上、下"关系。这时就需要以一种与"观物取象"相反的方式——即"设形指事"的方式——给出字型图象，这就是"六书"中所说的"指事"。这个形不仅是心理学意义上的image，而且外化为直观符号形态。如表达"给与"关系的"与"，是从"一勺"演变而来；如"争斗"的"争"，由"两手而竞一物"表现出来；如"语言"的"言"，"从上从舌"，意味着"言"是舌上发出的声音；如"分解"的"分"，意味着用"刀"将某物一分为二，等等。总之，"象形"和"指示"涵盖了许多有图象的事物和虽无图象、但可以"设形"表达的"事情"。

不过，通过直接模拟外部事物图象而产生的文字符号毕竟有限。惟有将那些基本"象形"符号加以组合，才可得出更多的文字。这是"凡六书之义**起于**象形"的另一个意思。由此，传统汉语中的文字可以分为两大类，其一是"**原子字型**"；其二是由原子字型复合而成的"**分子字型**"。《说文解字》标题中的"文"与"字"就表达了

---

① 有趣的是，维科在《新科学》中曾谈到，拉丁文的一些语词由于具有"类似的隐喻关系"，因此形成了某种类的衍生联系。他由此得出结论说："一些表达物体和抽象心灵的语词运用之间所具有的类似的隐喻一定是在各种哲学正在形成的时期就开始了，其证据就是，在每个语言中，精妙艺术和深奥科学所需用的词都起源于村俗语言。"为此，他举出了许多文字关联的例证。《新科学》，朱光潜译，240段、404段和428段以下，人民文学出版社，1986。

这种区别。在《说文·叙》中,许慎谈道:"仓颉之初作书,盖依类象形,故谓之文。其后形声相益,即谓之字。文者,物象之本;字者,言滋乳而浸多也。"郑樵更因循"文"与"字"的区别,提出了"**文母字子**"的说法:

> 书契之本,见于文字。独体为文,合体为字。文有子母,主类为母,从类为子。凡为字书者,皆不识子母。文字之本,出于六书。象形,指事,文也;会意,谐声,转注,字也,假借者,文与字也。①

"象形"和"指事"都是独体之"文",它们的不同组合变成作为分子字型的"字"。在"字"中,"文"是作为"表意"或者说"表象"部首而存在的。这就使奠基于"象"的汉字大大丰富起来。

以上所说"观物取象"或"设形指事"都昭示了汉字的一个特征,即语义层面的"指示"需与能指层面上的"形象"统一起来。如前所说,这提示着传统汉语这一"自然语言类型"与拼音语言的重大区别。拼音语言中的语词符号是"任意约定"的,它与所指只有约定关系,因此在谈论实在时,语义内容就可能作为独立的部分彰显出来。而在汉字中,能指即语型符号虽是约定的,却不是"任意"的,它与所指对象存在着一种"取象"关系。当然,"象"在西方思想中也经常会提到,康德曾指出,在经验和相关概念之间存在着一种心理意义的"图象"(image),此外,布伦塔诺也提到与概念相关的"表象"(presentation),但这些"象"大体都是经验的心理存在方式。它不像传统汉语那样,使"象"在语词符号的能指方面确定下来。

十分有趣的是,汉语文字学意义上的"象"是一个在多重意义上"自相关"的语词,它可以同时表达对象性的、符号性的、心理性的和评价性的等多重含义。韩非子曾谈到"象"字这种多义性是如何产生的:

> 人希见生象也,而得死象之骨,案其图,以想其生也。故诸人之所以意想者,皆谓之象也。②

---

① 《通志·总序》,载《通志二十略》,5页。

② 《韩非子·解老第二十》。

在这里，作为动物的“大象”、作为图画的“图象”、作为想像物的“意象”之间存在着一种“形义自相关联系”。我们由此还可以加上诸如“象”与“不象”这样的评价语词。这种“多义自相关”使我们可以把“象”当做中国汉字构成制度乃至中国传统思想制度中的一个**“元概念”**。

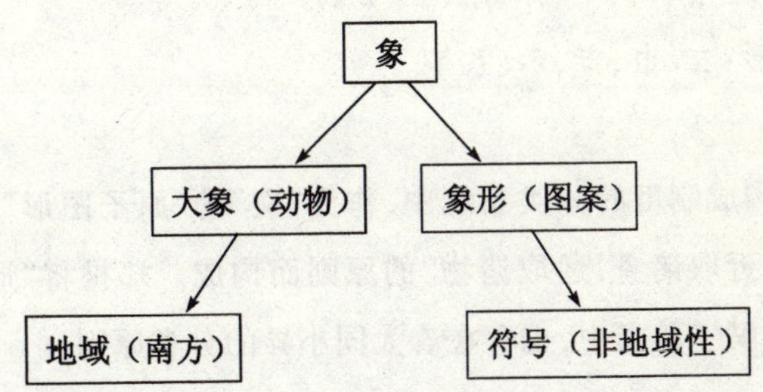

2.“象类”：传统汉字构成制度中的“自然分类”观念

从“取象”原则出发，“象”同时成为评价语词，即“象”与“不象”。从这个评价原则出发，我们又可以识别出中国传统思想中的“自然分类概念”，本文将其称为**“象类”**。许慎《说文解字》对语词分类原则的一段论述十分适合于对“象类”的说明：

> 方以类聚，物以群分。同牵条属，共理相贯。杂而不越，据形系联。引而申之，以究万原。

显然，“类聚”、“群分”、“条属”等都是涉及分类的语词。而四方万物的分类，是以**“据形系联”**为基本原则的。这一原则形成了汉语特有“义类”生成基础。《六书略》把作为原子字型的象形之“文”（即象形“正生”）分为十类，共417个字：

> 天物之形：如日、月、天、旦、云、回、雨等。
>
> 山川之形：如山、丘、广、厂、石、川、水、卤（碱地）、凹、凸等。
>
> 井邑之形：如井、田、高、穴等。
>
> 草木之形：未、木、出、禾、米、个、瓜等。

人物之形:如人、匕(化)、身、儿、元、六、立、手、心、力、口等。

鸟兽之形:丫、采、羊、角、虎、马等。

虫鱼之形:鱼、白、丁、乙等。

鬼物之形:(略)。

器用之形:弋、戈、斗、升、斤、豆、方、尺、勺、刀等。

服饰之形:衣、巾、市、示、系等。

在基于汉语构成制度的分类系统中,作为“文”的“原子图形”是个总类。而其下的部类则根据“近取诸身,远取诸物”的原则而构成。郑樵将“形”这个总类分为十个部类,在其他汉字辞书中,也存在着大同小异的分类原则。

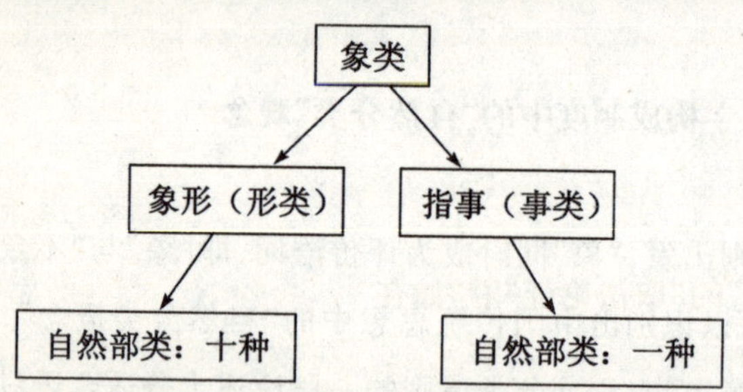

由上表可知,所有原子字型或是取自某个**惟一对象**的“象”,如“日”、“月”等;或是取自某个事物的“象”,以表达“一类”事物,如“山”、“川”、“木”、“羊”、“刀”、“衣”等。这表明,**汉字是根据可见的“象”来划分“义类”的**。这个“象”是最基本的、不可再“分析”的原则视觉单位。

前面我们在讨论“第一哲学”时指出,亚里士多德的分类原则核心是区别“个体与共相”,而这种区别与对“S 是 P”这一命题表达式的“分析”密切相关的。而汉语的构成制度表明,在这里重要的不是“语句”,而是“单字”,尤其是作为原子字型的“文”。我们当然可以说,任何“文”都像一个“专名”那样包含着一种对“对象”的陈述,但该陈述在汉语的“文”中只是以“隐而不显”的方式存在的,因而它无法成为“分析”对象。

用“象类”来表达汉语构成制度中体现的“分类原则”是恰当的。由于“象”的多义性,“象类”概念本身就具有双重含义:一方面,它是指传统汉语“义类”的前提是

“取象”;另一方面又表明这种“象形分类”与源于西方的“属－种分类”只是“相象”,并不相同。

由于汉语字型分为“文”和“字”两级,所以,表达某一“象类”的“文”又可以作为一个“表意”或“表形”部首而将其“象类”观念代入作为分子字型的“字”中。这样就会使许多“文义”差别很大的字,在“同源”或“同门”的意义上被视为一个“义类”,如古汉语的“仁”字(“身”上“心”下)、“忠”、“恕”、“思”、“惑”、“蕊”等,都有从“心”的特征。尽管其中的“蕊”字可用来表达一个外部对象,而其他字则表达的是内省对象。

以上我们基于传统汉字构成制度分析了“象类”概念。需要说明的是,这并不是中国传统思想中惟一的“自然分类”方式。在《说文解字》和《六书略》中,我们还看到关于“天干”的分类方式和“五行”的分类方式。尤其是“五行”,它可以衍生出诸如五材、五方、五味、五音、五脏、五季、五土等“自然分类”,而且这些分类可以通过“相配”的方式构成一个完整的解释系统,但在所有这些“自然分类”中,“象”无疑是最基本的分类法则。

3.从“……若……”的“取法论证”看“如在”观念

传统汉字构成制度中的“观物取象”体现着一个支配性挂念,即“文”是人“取法乎天地”的产物,《老子》中所谓“人法地,地法天,天法道,道法自然”就表达了这个意思。不仅如此,“取法乎象”还成为中国传统概念描述、修辞和论证的一种主要方式。

“观象”既含有“直观”之义,更有作为体悟的“格”的含义。“格”的结果通常会诉诸诗化的模拟性叙述,如《中庸·二十六章》论“至诚”说:“博厚所以载物也,高明所以覆物也,悠久所以成物也。博厚配地,高明配天,悠久无疆”。在这里,“博厚”、“高明”、“悠久”分别是对大地、日月和时间的摹状。而在《系辞》开篇的“天尊地卑,乾坤定矣;卑高以陈,贵贱位矣”这一论断中,“卑高”也是从对“天地”的摹状,从而引申出“贵贱位矣”这一伦理论断。

值得注意的是,在强调“象”或“象类”在中国传统思想制度中的核心地位时,必须要处理传统道家思想十分强调的“道”或“无”的问题。因为在中国道家传统的经义陈述中,这是一些至极概念。前面我们在对汉字系统的分析中特别强调了"象"与"文"的重要意义,但它们都只是"有"或"有名"。而"道"或"无"是在此之前的否定性概念。《老子》开篇即谈道:"无名,天地之始;有名,万物之母。"[①] 这里的"名"通"明",故有第四十一章"道隐无名(明)"的说法,在这里,"(名)明"是与"隐"对举的状态。一切文字,无非是"有名",而一切"象",无非是"有明",即"显现之形"。

尽管前面谈到,"文"所取法的"象"是原子性的、不可分割的"有名"单位,但由于受到道家和阴阳家思想的影响,这种"有名"的单位虽不可分割,但依然有生化简繁之别。因此许慎在《说文解字》中特别谈到其文字叙列的原则:"其建首也,立'一'为端……毕终于'亥'","一"是最原始的"象"。这个文字序列原则显然体现着"道生一,一生二,二生三,三生万物"或"天下万物生于有,有生于无"的思想。

但中国传统思想对"无"或"道"的追问制度与西方思想不同。从语言形态来说,它不是凭借对以系词形态显示出来的"是"的否定性思考来开展的。靳希平先生曾提到,魏晋时期佛教知识分子由于受到玄学思想影响,因而用"本无"或"如性"来翻译佛教用语 Bhutatathata。但这个梵文词的词根 Bhu 本来相当于英语中的 become 或德语中的 Werden(即"变成"或"成为"之义),我们知道,它们在语法上都属于广义的系词形态,表达着"变动不居的存在"。另一个证据是海德格尔也曾将 Bhu 当做 sein(即系词形态的"是"或"在")的词根的三重来源之一。[②]

中国古人,包括老子,关于"道"或"无"的谈论大多还是以"取法乎象"的方式来进行的。"道"的含义取法于"道路"之义,这已为我们耳熟能详。即使是"无"这个最具有否定性力量的语词,在文字上也"有象可稽"。《说文解字》论"巫"字时说:"巫,祝也。女能事**无形**,以舞降神者者也。象人两袭(袖)舞形,与工同意。"这提示着一种原始的宗教记忆:巫者以巫舞的方式与那无形的、不在场的神灵进行沟通。[③] 这里依然是以"象"的方式来刻画"无"或"道"。

更重要的是,在对"道"或"无"的描述中,"取法乎象"成为一种重要的摹状手

---

① 黄瑞云校注的王弼本《老子》将这段话表述为"无,名天地之始;有,名万物之母"。

② 英国思想家 George Steiner 在其 *Heidegger* 中对此有详细的语言学讨论,参见该书英文本,Penguin Books Ltd. 1982,pp.46-49。

③ 古汉语中的"无"字还通"亡",意味着"从有到无"。

段。如老子对“道”的描述：“恍兮惚兮……惚兮恍兮……窈兮冥兮”；或者“豫兮若……犹兮若……俨兮其若……涣兮其若……”；等等。这种“……若……”的关联可以让人们对一些哪怕是极抽象的东西“强为之容”、“强名之曰”，从而引申出天地之理和人生之理。推而广之，**这种基于“象”的模拟含义而出现的义理陈述，构成了中国古代概念论证的一个重要方式。**

如果再次重提拼音语言中“是”的问题，我们可以看到，“……若……”这种“取法论证”只满足于对“物象”的“体悟”和义理引申。它不会追问“是什么”，更不会去问“‘是’是‘什么’”。我们已经说过，这与汉语语法中系词的隐而不彰有一定关系。现在似乎可以说，如果以“……若……”的方式来面对世界，满足于按照“象与不象”的标准对万物之“象”进行领悟和比附，那么传统汉语文献中的系词也确乎没有太大存在的必要。

总的说来，由于“象”、“象类”以及“取法论证”居于主导的地位，在作为“相似性”(similarity)的“象”与表现“同一性”(identity)的“是”的追问之间就存在着一道鸿沟。西方对“是”的追问不仅可能生成所指层面的语义逻辑关联，而且对最终“是者”的追问还与一神论的宗教诉求若合符节。而中国古人所谓“天垂象，圣人则之”(《系辞》)，所谓“六合之外，存而不论”，则**体现了一种认识论、宗教意义上的“知止”态度**。在此背景下，百年来将西方的关于“是”的本体论学问译为中文，并试图以此来概括中国传统的“天－地－人－文”观念，必然会造成**“范畴误置”**的错误。如果一定说中国古代思想中有“在”的观念，那么我们可以从《论语》中的“祭如在，祭神如神在”这个说法，或从“如性”的说法，引申出“如在”(being-like)或“如是”的观念。**“如在”或“如是”与前面所说“象类”体现了一种统一的观念旨趣。**

区别“象类”与“如在”是与西方的“所指中心论”传统进行对照的产物。它无非说明，中国古人有“分类”概念，但其范畴意识与西方不同；中国古人有关于终极存在的关怀，但其关注方式也有不同。它还说明，一旦以西方“所指中心论”意义上的“类”或“存在”概念来翻译中国古代思想(即所谓“以外翻内”)，其中的内容将会变得面目全非。

五、中国传统思想制度(下):从"六书"看"音谐义近"的概念诠释方式

对拼音语言来说,要翻译汉语在语型－语义方面的同构观念已属不可能,而同样不可译的还有中国传统文献中另一种特有的概念论证方式,我们将其概括为"音谐义近、比类合义"的概念诠释方式,它形成于传统汉语特有的"形－声－义"的关联结构。

"六书"不仅论列了汉字的"指示"、"表象"功能,也提到其"表音"功能。自佛经翻译以后,这种表音系统的构造和解释还受到拼音语言的很大影响,由此而有"反切法"。但从主流上看,传统汉语的语音载体不是拼音化的字母或音标,而是经过语音约定的"表象(意)"符号。前文所引"六书"论述,将"形声字"的特征概括为"以形配声"。这是说,一些作为"原子字型"的"文"不仅表象某种意思,同时还被约定为"原子性的"语音记号,而在作为"分子字型"的"字"中,这些语音记号以"表音部首"的形式存在。所谓"右文说"即是概括这种规律的一个尝试。

"象形字"与"形声字"分别代表着传统汉字的两种"表意"方式,即"形－义关联"和"声－义关联"。在"形－义关联"中,无论是"文"还是"字",相似的"形"都提示着它们具有"同源字义",因而它们"义属同门"。如"原子字型"的"耳"与包含"耳部"的"分子字型"都提示着与"耳"相关的源头含义,如"耸"("耸听"之义)、"聂"("耳语"之义)等字。这些意思的"同源"或"同门"并不受名词、动词、形容词等语法分类的限制,也不受自然事物、行为举止或心理现象等实在分类的影响。它们都脱胎于"耳"的初义以及由此而衍生出的各种语义联想。而在"声－义关联"中,无论在"原子字型"和"分子字型"中,具有相似语音部首的字也往往"义属同门"。如"台"、"苔"、"部"等字,它们都在声和义上源出于"台"。必须说明的是,"声－义关联"通常是以"形－义关联"为基础的,因为多数作为"语音部首"的"文"原本就"起于象形",所以它们在根本上是属于"形－声－义关联"。只是随着文字的发展,一些语音部首相似的字也会出现"音差义别",这构成了汉语语音学的溯源主题。

"形－声－义关联"是造成传统汉语中常见的"假借"现象的主要根源,它属于

郑樵所说的"有义之假借"。与此同时，传统汉字中还存在着所谓"无义之假借"，如前文索引《说文解字系传》中提到的"行－茎"、"行－杏"、"行－杭"、"行－沆"，等等。造成"无义之假借"的原因在于，在汉字"原子字型"的构造中，一些相近的"声"可能被配给不止一种"母文"，所以许多字虽有相近的语音，但却没有同源或同门"字义"。但即使这样，出于"误写"或其他偶然原因，一些字源原本不同的"谐声字"之间仍然可以"互换"并被赋予相近的语义。

正是这种"假借"使秦汉以来的学者在经义理解上采用了"音谐义近、比类合义"的概念解释和论证方式。我们知道，**解释就是再命名**。在西方思想传统中，"再命名"之"名"通常只需与被解释的"原名"具有相似的语义即可。但在传统汉语中，这种相似的语义往往是凭借相似的"语音"来导入的。当然，中国古代文献中的概念汗牛充栋，但我们不妨像海德格尔那样，将焦点只聚集在作为"基本语词"的经典概念上，[①] 这些概念对我们的传统来说具有"母题"的意义。汉代刘熙所作《释名》便提供了大量类似解释范例：

> 道者，导也，所以通导万物也；德，得也，得事宜也；武，舞也，征伐行动如物鼓舞也；仁，忍也，好生恶杀，善含忍也；义，宜也，裁制事物使合宜也；礼，体也，得事体也；智，知也，无所不知也……经，径也，如径路无所不通，可常用也……传者，传也，人所止息而去，后人复来而转相传，无相王(忘)也；传(zhuan)，传(chuan)也，以传示后人也……[②]

毫无疑问，文中所涉及的"基本语词"在传统汉语经义中一向具有支配性地位。而对它们的"再命名"完全符合"音谐义近"的诠释方式，这无论如何是不能由西语转译出来的。类似的例子还有很多。如前文提到的"名者，明也"；《荀子》中的"分者，份也"(意思是人群的分层导致身份的差异)。此外，《中庸·二十四章》还有"诚者，自成

---

① 参见 Andrew Benjamin: *Translation and the Nature of Philosophy*, Routledge, 1989, p. 24. Benjamin 指出，海德格尔的概念考察只关注那些在西方思想中的"基本语词"(basic words)，如"美"、"存在"、"艺术"、"知识"、"历史"和"自由"等。从这些语词最易于探讨"存在"被遮蔽的情形。它们与下面《释名》引文中所列出的中国传统的"基本语词"显然是不同的。

② 《释名》，卷四、卷六。

也，而道，自道也”的说法。这些例证多数都属于“有义之假借”的范畴。而在传统汉语文献关于翻译的“译”字的解释中，我们可以看到一些“无义之假借”的例子。

与“译”字具有“音谐义近”关系的字包括“四方谈异”的“异”、“传四夷之言”的“夷”、“解释”的“释”、①“变易”的“易”、②“移译”的“移”、③“义立”的“义”，④“合宜”的“宜”⑤等等。如同下表所示，这些文字构成了“译”字的相同“义类”，即“译”所包含的多重含义。

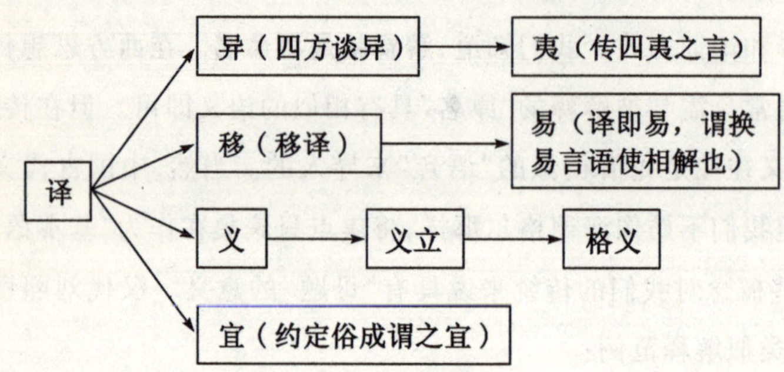

以今日的眼光来看，这几层义类刻画了翻译活动中的一些基本要素：第一层义类中的“异”表达了翻译的基本条件，即它是在异类语言之间的文本转换，而“夷”则是那些与汉语相异的其他语言的总称。即使到了清代，国家所设的翻译机构依然被称为“四夷馆”；第二层义类中的“移”与“易”表达翻译过程，即从原本的语言符号和语义内容向译本的“移易”过程；第三个义类中的“义立”主要是从译本和译者的角度，指明翻译的核心活动是“文格义兴”。其核心是在译本语言中立名达义，而其方式即是广义的“格义”，即从受体语言和文化中寻找相似的概念来表达原本。最后义类中的“宜”则指翻译的后果，它使外来的名与义在受体语言和文化中落地生

① 《释名·重刊释名后序》：“释犹译也，解也。”

② 《翻译名义集·卷一》：“译之言，易也。谓以所有易其所无，以此方之经而显彼土之法。”此外，《冲虚至德真经·译对》：“人有善道远方之言，可以合夷、会戎、交蛮、接狄，与中国之人市易而能不乱者，其名曰译。或从而学之，对曰：吾译之小者也，又何学焉？**夫译，易也。大则能易其心，小则易其语而已矣。**”

③ 《抱经堂文集卷二十九》：“虑其言语不通而移易其轻重也。”

④ “义立”为古代翻译术语，即以译本之言表达原本之义。《翻译名义集·卷二》解释“神密（秘）”二字云：“义以示迹为神，译者义立故云密。”

⑤ 《荀子·正名》：“约定俗成谓之宜，异于约则谓之不宜。”

根,涵化为它的一个固定组成部分。

归纳以上讨论,我们可以得出以下几个结论:

(1)西方语言关于概念解释多是在逻辑上的属种关系或分析性的“同一性”原则基础上进行的。而汉语传统概念的解释则往往是通过“同源语义”或“同门语义”的溯源论证而进行的。这种同源性与作为能指符号的汉语字型有一种历史性的内在关联。“同形近义”或“同声近义”构成了其概念解释和论证的重要依据。从起源处看,“形与义”或“声与义”的原始联系保存着一种“集体无意识的原始体验”。它们在概念解释中被转换为“经义论证”的支持性证据。

(2)在向拼音语言的翻译中,这种基于“形-声-义”关联的“音谐义近”的解释方式是不可译的。因为它的理据不单存在于语义层面,而且与汉字特有的“形”、“声”形态不可割裂。这种“形-声-义”的独特关联有其特定的历史根源,它只属于汉语人群的生活世界。

(3)利用“词源学”来展示哲学概念在西方亦不乏例证。如海德格尔对 sein 的三重词根的考据就是如此。他的许多概念也是通过建立“形-声-义”之间的关联来进行论证的,如通过附加前后缀语词、将动词转换为动名词形式,等等。这种相关在向汉语的翻译中同样遇到“不可译性”问题,从这个意义上说,那也是一种诉诸历史性语言资源的哲学。

六、结语:“解疆域化”——一种“思想制度”覆盖另一种“思想制度”?

以上我们通过分析亚里士多德“第一哲学”和中国传统“六书”,展示了两种不同的思想制度。这两种思想制度的“地缘性”含义不仅是说它们处于不同的自然地域,更指它们栖身于不同的“自然语言类型”。在结语部分,我们将从两个方面谈一下由上述叙述引出的感想:首先是从德鲁兹的“解疆域化”概念解读上述两种思想制度的基本特征及命运;此外,我们还将询问,中国传统思想是否仍具有作为一种“外语”而存在的可能条件?

1."疆域"主题和"大地"主题

德鲁兹把"地缘哲学"理解为两个对立主题的变奏作品。其一是"疆域"主题,我们前面提到,它在"外缘性"意义上指文化地域,尤其是"思想氛围",而在"内缘性"意义上,我们用它来指特定的"思想制度";其二是所谓"大地"主题。正是这个主题的引入,我们可以理解,任何"疆域化"的思想在其变迁中都要经历"解疆域化"(deterritorilization)或"再疆域化"(reterritorilization)的过程。

然而,德鲁兹讨论源于希腊的哲学传统时特别提到,该思想传统虽具有"疆域化"特征,但其制度内部却存在着一种以无限界的"大地"(earth)为指向的内在冲动。在这里,earth(大地)= ground,而 ground 同时具有"大地"和"普遍根据"这两重含义。由此,德鲁兹向希腊哲学发问:"希腊,到底是哲学家的地缘性疆域(territory),还是哲学家的大地(earth)?"[①]用我们的话来说,源于希腊的哲学同时包含着其地缘性身份和超地缘性诉求这两个因素。这使它在其发展中呈现出强烈的"解疆域化"和"再疆域化"力量。

我们在讨论作为一种思想制度典范的"第一哲学"时已经提到,西方思想对"是"的两种追问向度(即"'是'是'什么'"和"'是'本应为'无'"),大大开展了"有"的空间,从而也使"无"的问题以特别迫切的方式彰显出来。就"有"的空间开展来说,无论是"学科分类系统",还是基于分析-构造的概念生产,都体现了"疆域化"-"解疆域化"-"再疆域化"的过程。造成这种状况的一个必要的但未必是充分的原因在于,一切"事"或"意义",都因为拼音语言的特性,在语言的所指层面上获得了"离心的"(centrifugal)、非切身性的地位。虽然经验的获得是一种"近取诸身"的过程,但它从一开始就被还原为所指意义上的"物"或"事"。这样,思想可以按照"逻各斯"的法式对其进行同一性的思考和构造。这是"有"的世界可以迅速膨胀的一个根本原因。

相比之下可以说,中西思想的最大差异并不体现在对"无"的问题关切及其关

① Delueze, *What is Philosophy*? p.86.

切方式上，而**体现在对“有”的问题的不同关切方式及其由此导致的可能后果上。**以“象”为核心的中国传统思想一直以“近取诸身”作为其思考、概念生产、概念论证和概念评价的第一原则。这就使其概念生产具有强烈的“向心的”、切身的特性。“向心的”思想虽然一向是人类智慧的源头，但它缺乏基于知性意义标准的分析与建构，很难使“事”按照意义同一性的法式呈现和制造，这可以成为对中国传统中何以“思维工具再生产”乃至“物质再生产”不很发达提供一种可能解释。

意大利思想家维科在《新科学》曾对“理性的形而上学”与“想像的形而上学”进行区别，这大约可以帮助我们解读中西思想制度的差异：

> 最初的诗人们给事物命名，就必须用最具体的感性意象……人在懵懂无知的时期就把自己当做权衡世间万物的尺度，把自己变成整个世界了。因此，正如理性的形而上学有一种教义，说人通过理解万物来变出万物，想像性的形而上学则表明，人凭借不了解万物而变出万物。[①]

需要说明的是，维科基于对西方古典思想的理解谈到，逻辑(logic)这种思想生产的工具是从原初的逻各斯(logos)脱胎出来的。逻各斯(logos)的初义原本是fabula，即寓言。寓言在希腊文中也被称为神话(mythos)。神话最初是一套精神性的命名符号，所以逻各斯同时意味着“语词”和“观念”。这些符号通过寓意解释(allegorical interpretation)而构成各种具有种、属差别的概念。[②] 由此，他引申出一个一般结

---

① [意]维科:《新科学》,405、406段。

② 本段叙述出自维科《新科学》第二部分“诗性逻辑”的第一章，全书的第401段。文中关于“logic”(逻辑)一词原本脱胎于“logos”(逻各斯)的讨论十分引人注目。维科说，logos对希伯莱人来说是一种“事迹”、“实事”的语词。此外，希腊语中的“mythos”(寓言或神话)本意也是指“关于实物、真事、真话的语言”。所以，logos最初等同于mythos。正是因为logos是以mythos为内容的，因此，关于logos之本意的解读就是所谓“寓意解释”(allegorical interpretation)。所谓“寓意解释”是通过对那些原初的形象性或想像性的寓言、神话、诗歌、隐喻的词源解释，揭示出那些本文中所包含的原初命名经验、分类意识、关于天地万物的原初理解、道德和风俗根据，等等。对原初想像进行溯源性探讨的学科之一是“词源学”，而按照维科的说法，“‘词源’这个词本身的意义是veriloquium(真话)，正如寓言故事的定义是‘真实的叙述’(vera narratio)一样”(第403段)。维科因此称这些内容构成了所谓“想像性的形而上学”(第405段)。特别值得关注的是，“寓意解释”是一个重要的解释学话题，施莱尔马赫在《普遍解释学》的第13部分，狄尔泰在《与早期新教解释学相关的施莱尔马赫的解释学体系》，都专门对此予以讨论。

论，即“想像的形而上学”是以原初逻各斯、神话和诗性叙述为核心的三位一体结构。正因为这样，关于世界的诗性表达才构成早期人类物质和精神生活的主要特征。《新科学》一书因此充斥了大量对诗性智慧、诗性形而上学、诗性逻辑、诗性道德、诗性经济学、诗性政治学、诗性历史甚至诗性天文学和诗性地理学的讨论。

我们很难将中国传统思想比拟为西方古典意义上的“神话－诗性”(mytho-poetic)传统，[①] 但可以说，“逻辑”环节的缺位是我们传统的一大特征。前面提到，这与中国传统思想制度乃至汉语这种表意语言，具有一种循环解释关系。

作为观念的“有”的世界膨胀使“进化论”成为人类文明效果史的一个评价标准。依据德鲁兹的看法，西方思想史内部的“疆域－大地”变奏主题不仅促成了这种思想内部的持续“解疆域化”过程，而且外化为一种世界性的“解疆域化”力量。它在近代触发了对包含中国传统在内的其他文明的“解疆域化”过程。由此，“第一哲学”开始成为“第一－文明”的一种观念象征。这一点从现实的“翻译”就可以获得证据。不论西方思想自身对“普遍性”的诉求是否合理，但**它的确在“向外翻译”过程中实现着其“普遍化”**。而中国传统思想则经历着一种相反的“翻译”，即“以外翻内”。它在这个翻译中面临着“更新即是被覆盖”的危险。

从极端的意义上说，我们这个世界由于西方的存在正面临着一种根本性的翻译：即一切地域性的复数传统正在被翻译为单一的、非地域性的未来。我们虽有不同的过去，但似乎只有同一个未来。在这个语境下，“翻译”成为“消灭翻译”的现实手段。这是中国传统思想面临生存困境的根本原因。

---

① 利科在《作为可能世界承载者的神话》一文中指出，一个自然语言中的认同性根据即表现为所谓“神话－诗性核心”：“任何两个文化之间在政治制度、自然和人的特殊关系方面难得是相同的。这些不同功能在一个既定社会中的分配率是由某种隐藏着的核心(hidden nucleus)决定的，正是在这里我们必须说明文化的特殊认同。在一个社会的自我理解活动之外或之下(beyond and beneath)，存在着一种不能被还原为经验范式或法则的不透明硬核(kern)。这种硬核很难根据某些清晰的模式来解说，因为它对文化的构造先于人们根据某种表象和观念对文化进行表达和反省。惟有当我们试图把握这个硬核，我们才会发现一个社会中那个基础性的‘神话－诗性核心’(mytho-poetic nucleus)。参见 P. Ricouer:“Myth as the Bearer of Possible Worlds”, In *A Ricouer Reader: Reflection and Imagination*. Edited by Mario J. Valdes, Harvester Wheatsheaf, 1991, p.483。

2.中国传统思想是否还具有作为一种“外语”而存在的可能条件?

严格说来,这个问题只表达了我们的心结,它很难是有解的。因为在过去数百年中,我们译入的不仅是哲学意义上的西方思想制度,还包括承担着“心灵塑造”功能的现代教育,一种西方化的语言类型,更包括一种现代生活世界。无论是思想和世界,“外语”的存在都开始成为一种过时的现象。

然而,一个没有“外语”的世界对思想本身来说是悖理的事情。因为思想,如果不是一个物,其创造性本质就在于它一向是以有限性方式来突破有限性限制。这是其“疆域化”-“解疆域化”-“再疆域化”过程的本质。从这个意义上说,活生生的思想需要“外语”,而且不断在生产着“外语”。也正是在这一点上,我们说中国传统思想作为一种“外语”仍有生存的合法性。但它的继续生存首先必须以它在当代思想的平台中“出场”为前提。这里至少需要考虑以下几个条件:

其一,在对中国传统进行“以外翻内”的现代解释时,**必须充分关注这种思想本身的“不可译性”**。“不可译性”不仅体现着它与西方思想、与现代世界的思想距离,而且体现着其自身存在的“**自主性**”。此外,我们必须意识到,“不可译性”并不等同于“不可理解性”。因为“理解”是因缘于一个思想的内部制度或结构的。[①] 换句话说,一旦一个思想传统完全可以被翻译为另一个传统,它就没有翻译的必要和翻译的价值,它就是多余的或死亡的。

其二,一种存在着某种程度的“不可译性”的思想传统可以敞开某个独特的思想视域。它可以使我们看到一些在其他视域难以看到的东西。在这里,我们**必须把一种思想的生存价值与支持该思想的特定论证方式的价值区别开来**。我们在逻辑上了解这样一种论证:假定 Q 是一个真语句,P 是支持该语句的论证,那么,P 的假并不必然导致 Q 的假。应该说明的是,在中国传统的经义陈述中,大量内容是围绕着政治伦理理想而展开的(《大学》中关于“修齐治平”的八大原则就表明了这一

---

① 2004 年 6 月在中国社会科学院哲学所召开的题为“Philosophical Engagement: Davidson's Philosophy and Chinese Philosophy”的国际研讨会上,美国学者 M. Krautz 在其论文“Relativism and Its Schemes”中就曾专门讨论了“不可译性”≠“不可理解性”问题。

点)。它包含着关于“人即‘成人’之教”(human being is being-human)和关于“好社会”的诸种理想。这很难用简单的“真假”来判断其价值,更不能用曾经支持这些陈述的那些论证的真假来否定其意义。西方学者对希腊思想和《圣经》的解读一向采取的就是这种态度。

其三,在谈论中国传统思想时,我们还需明确意识到,**它不仅属于在物理时间意义上是“过去”的东西,还可以作为一种“可能世界”而成为处于“未来”的东西。**克里普克曾根据其构造“后验真理”的需求,在逻辑上设计出“可能世界”的概念,法国思想家利科则挪用这个概念来谈论《作为可能世界承载者的神话》。只有未来的东西才可能真正对“现在”产生积极的、建设性的影响。从这个意义来说,**“传统的”虽然不是“现代的”,但也未必是“反现代的”。**它可能以一种思想上的“可能世界”的身份,参与现代思想的“解疆域化”和“再疆域化”过程。

第一哲学的理由和困难

赵汀阳

一、基本的或重要的

“第一哲学”是哲学中最为奇特的一个问题。一方面，它是哲学中的根基部分，试图确定哲学的问题出发点、基本分析框架和开展问题的道路；另一方面，它涉及对哲学自身性质的反思，从中试图论证什么样的哲学道路是最好的道路。因此，选择什么样的第一哲学就是哲学的基本路线之争。

一般情况下，思想研究事物的各种可能性，而哲学研究思想的各种可能性，所以哲学是反思性的思想。反思总是狂妄的思想，因为，如果反思是有意义的，就不可以是无穷倒退的反思，不能总把问题留到下一个思想层次去，因此，反思就必定走到最后的反思，即**到此为止的反思**。哲学就是最后的反思，对于哲学这种元思想，不再有元元思想，哲学是最后之“元理论”(meta-theory)。

大概只有宗教能够比哲学更狂妄，哲学只想反思到最基本的问题以及**某种**可能的解决，而宗教声称不需要反思，只要相信**这种**宗教，就解决了**全部**问题——在这个意义上，科学主义几乎变成了宗教，尽管科学不敢声称能够解决全部问题，但它却认为，对于任何一个问题，只有科学的解决才是惟一正确的。相比之下，哲学的狂妄稍有一点克制，哲学允许思想的创造性。

当试图把某种哲学说成是第一哲学，无疑是个霸道的说法，因为它暗示着某种哲学问题比别的哲学问题更为基本，**因此**也更为重要。这是个意味深长的暗示。在别的许多学科里也可以说到某个问题或某个分支“更为基本”，比如似乎可以认为理论物理学比应用物理学更基本，或者说纯粹数学比应用数学更基本，但人们不会因此认为，**更基本就因此更重要**，而通常会认为“同样重要”。所谓“基本”，在别的学科里仅仅是个结构性概念，可是在哲学里，更基本被认为同时是更重要的，因为更基本的问题意味着可以支配其他问题。这里已经增加了“权力”的含义，就是说，第一哲学被认为是其他哲学分支所需要的最终根据，它支配着整个哲学的结构和解释，有纲举目张的意思。这是哲学中的一个秘密：哲学中无论哪个分支，无论是形而上学、知识论还是伦理学或政治哲学，它虽然只是**某个角度**，可却都是**全景性的**，都将决定任何一个问题会如何被理解，因此，当以不同的角度作为支配性的角度，就会形成完全不同的整体分析/理解框架，于是第一哲学的定位就成了哲学的原则性选择，它将决定哲学可以长成什么样。对第一哲学的选择就是选择了哲学的分析方式和指导原则，就是选择了哲学的路线，这是一种路线斗争。因此，第一哲学的选择问题就是做哲学(philosophizing)的最基本问题。

追究对第一哲学的不同设置所造成的不同思想效果，是理解哲学的一个关键路径。也许在某些理论中，它的第一哲学并没有现身，但一定暗中在场。第一哲学至少是隐身而在的，就像潜意识的存在一样，这是几乎任何一种哲学**在理论结构**上的必然要求(不排除某种例外)。当发现一种哲学所依靠的是什么样的第一哲学，就可以知道这种哲学在什么样的标准下以什么方式被建构出来。第一哲学的选择表明了思想的底牌。而我们感兴趣的是，选择了什么样的第一哲学，在理论上会有什么样的思想潜力。对**思想潜力**的分析是我们进行最好选择的依据。必须承认，第一哲学可以有多种选择，而且恐怕永远不会有充足理由能够认定哪一种选择是万无一失的。当无立场地去看各种思想方式，就会发现，各种立场都可以兑换成思想空间中的各种可能性，当不同立场被换算成不同的思想位置，就屏蔽了不同立场的顽固价值观而显出了各自的道理。在思想这个只讲道理的纯粹空间中，不可能有一种完全没有道理的思想。比如说，中国哲学和西方哲学有着完全不同的思想框架，古典哲学和现代哲学也有着非常不同的思想框架，它们在纯粹的思想道理上是不可能被完全驳倒的，就是说，各种思想在纯粹的思想理由上都有对的地方，只不过不同哲学所给出的道理不同。因此,当我们选择**这种**而不是**那种**哲学,除了纯粹思想理由的强弱之外,必定还有着思想理由之外的别的理由。

纯粹的思想理由是技术性理由。只要是理性上可理解的,任何一个思想框架**本身**总是合理的。这就像摄影的各种技术都是合理的,都是某种可能的"看法",重要的是用它能够**看出**什么。正如美学理由是一个在摄影技术之外的理由,思想也需要在思想技术之外的某些价值理由。思想不能仅仅是纯粹的知识好奇,不能是没有责任感的"天真无邪"的眼睛,而必须与生活中的真实问题有着相关性(relevance)。**具有相关性就是有意义**。用相关性定义"意义",这比分析哲学的意义标准要宽松得多,它可以容纳各种非实在然而具有影响力的东西,因此能够拯救人们心中永远念念不忘的许多或许荒谬的想像和问题。分析哲学的意义标准基本上接受了休谟的标准,即有意义的命题或者是关于逻辑的或者是关于经验的,这就等于说,一个命题如果是有意义的,那么,它或者是在任何可能世界中都能够被考察的普遍命题,或者是在经验世界中能够被考察的经验命题,而其他五花八门的可能世界(非真实但逻辑上可能的)在思想上就没有意义了。这样极端的意义标准显然太过狭隘,现在已经被证明不够用。事实上,思想并不仅仅服务于科学,甚至并不主要服务于科学,而首先要为生活着想。许多科学癖似乎忘记了这个基本事实:人们念念不忘的问题主要是生活问题。假如不是以生活所需要的各种价值为准,"健全的实在感"(罗素语)就很可能是病态的思维感。从根本上说,思想并不为实在负责——实在为自己负责——而是要为生活负责,这种责任就是思想的相关性或者意义。

二、传统假设

"第一哲学"这个概念可能是亚里士多德首先使用的[①]。按照古典模式,第一哲学通常意味着关于万物/万事的最终基础的探究,大概相当于亚里士多德规定的形而上学领域,以人们喜欢的词汇来说,就是研究关于"终极问题"的终极原理。第一

---

① 在亚里士多德的《形而上学》第4卷、第6卷中,有多处使用到"第一哲学",但也说成是"智慧"。参见《形而上学》,5、60、121、214页,中国人民大学出版社,2003。

哲学的传统模式通常有这样几个基本假设：

(1)**万物有着最终基础，因此就有了终极问题**。这在逻辑上言之成理，在古典因果理论上也顺理成章，这个假设至今深入人心。尽管现代哲学有各种理由看不起这种“头脑简单”(naive)的想像，但这个假设其实很符合人们的心理需要。有个问题往往被科学癖哲学家所忽视，这就是，人们在心理上所需要的世界图景只是个日常世界图景，甚至是个美学化的世界图景，它虽然不见得符合科学标准，但它符合美学要求，这不能不算是个理由。对世界的完整有序解释更容易使人安心，心里塌实，看起来舒服，想起来放心。不过，终极问题虽是心理的合法冲动，但如果超出了美学意义而进一步变成一个认真的思想问题，则非常容易成为使思想不能自拔的陷阱。

(2)**关于终极问题的研究能够得出终极原理**。这个假设就很可疑了，因为它把问题太当真了，期望太高。在知识被落实之前就假定知识具有**无限**能力，这一点从来没有被证明过，也不可能被证明，因为有限知识不能证明无限知识能力。由于假设(2)不能成立，假设(1)的知识论意义就受到严重挑战。如果说，我们假定那里有个终极存在，但又永远不可能知道它，这能是什么意思呢？除了它的美学意义，又能有什么知识论上的意义？显然，假设(2)才是问题的关键，如果承认了假设(2)，就必定把形而上学看做最高的科学。可是形而上学的科学性非常容易受到挑战，当假设(2)名存实亡，假设(1)就由知识问题变成了信念问题，也就变成了神学而与哲学无关了，这是哲学家所不能接受的。可以看出，如果不满足于仅仅作为美学的形而上学，而非要使之成为科学，就必定遇到知识论上的严重困难。于是，哲学不得不寻找某种**非凡知识**，某种高于经验知识的绝对知识，来支持形而上学。

(3)暂且假定(2)能够成立，那么，**第一哲学就成为“科学的科学”或者知识的知识，它将是一切知识或科学的共同基础**。从表面上看，假设(3)似乎是假设(2)的一个分析命题，但其实并非如此简单。关于终极问题的终极原理，或者说关于存在的根本知识，即使有，也未必能够推论出所有的知识细节，显然，由绝对正确的一般原理并不能推论出各种特殊的经验细节。如果按照中国哲学的说法，则是由“本”未必能够推论“末”，由“道”未必能够推论“器”，由“体”未必能够推论“用”，尽管“本”、“体”和“道”当然高过了“末”、“用”和“器”，但“更高”不等于可以囊括“较低”。因此，当认为哲学是所有知识的共同基础时，显然又进一步夸张了(2)的期望。但这一不可信的夸张却又势在必然，因为，如果不能达到(3)的宏伟目标，(2)就变得无足轻重；而且，如果达不到(3)的话，(2)甚至都坚持不下去——既然终极原理不能说明一切，那么就必定有许多知识是终极原理所不能管辖的，这样人们就可以随心所欲地宣布各种各样的终极知识，也就无所谓终极原理了。

从理性试图发现万物的终极问题开始，无论这一追求多么崇高迷人，它都必定走上一条不可救药的荒谬之路，思想的伟大和腐败在此完美地结合在一起。这一结合是个悖论性的宿命：一方面，如果思想不去追求极限的辉煌，它将会变得渺小和卑琐；另一方面，如果去追求极限，则会因为过于当真而变得不严肃。思想神话就是伟大的腐败，它不关心“粮食和蔬菜”，却“以梦为马”(海子诗句)。不过那些按照分析哲学的说法是“没有真值”的思想神话不应该被看做胡说，把伟大的努力看成愚蠢幻想未免草率，像分析哲学家那样只在概念和句子上做些琐碎分析，不仅无聊，而且思想简陋。简陋而正确的思想还不如荒谬而壮丽的思想。一种伟大的思想努力，即使是荒谬的，也不应该从科学的角度去批评它。伟大本身就是一种价值。仅仅从科学和逻辑的角度去批评形而上学是不得要领的，虽然形而上学多半是胡说，但却是优美的胡说。尽管形而上学的意图是要发现关于存在的绝对真理，结果却将错就错地创造了关于世界的审美观点(这一点在后面还要分析)。

一般认为，亚里士多德为确定什么是第一哲学给出了最具古风的理由，不过他的说法多少有些混乱。亚里士多德很可能过于迷恋逻辑(他是逻辑体系的创立者)，以至于对万物的最后原因不能忘怀，他发现物理学研究的只是各种具体事物而不能研究终极存在和存在本身，因此还不是智慧。于是他相信，智慧必须是关于终极原因和原理的科学，这样一种最高的科学就是形而上学，也称第一哲学。既然要研究终极存在，第一哲学就卷入了两个虽然相关但并不协调的问题，对于亚里士多德来说，一方面，第一哲学应该是对最高存在或者“不动的推动者”的研究，这样就创造了神学视角(后来被中世纪神学所利用)；另一方面，第一哲学又必须是关于“存在本身”(being qua being)的研究(这个深刻而空洞的问题使哲学家们乐此不疲)。前者被称为“特殊形而上学”，后者则是“一般形而上学”，即后来所谓的存在论。

三、把大问题摆在什么位置?

历代哲学家在形而上学问题上做出了各种引人入胜的稀奇古怪论证,但在这里我们更关心的是那些形而上学问题在思想上的意义。虽然不可能罗列出所有的形而上学问题,但可以发现,那些问题都是为了解释世界**本身**的,诸如存在、同一、齐一、时间、空间、因果、本质、现象、整体、部分、无限、有限、一般、特殊、个体、共相、变化、永恒、必然、偶然、可能世界等"大问题"。总的来说,研究这些形而上学问题都是为了对世界做出整体或总体的全盘解释。这些问题之所以能够被构想出来,在表面上看,是人们对未知事物的好奇而不断追问的结果,是"为知识而知识"的产品①——亚里士多德的这个说法影响很大,人们喜欢这个圣洁的说法,但它却是对哲学的一种误导,它使哲学沉溺于徒劳的探索,就好像任何问题都值得追问并且能够追问,它诱导人们把世界想像成完整的、有序的和确定的。人们就其本性来说喜欢看到世界有一种美学安排,这不奇怪,古典形而上学在本质上是美学化的世界图景。尽管人们对世界的各种解释有所不同,但却有个共点,即所有"难看的"性质都被排除了(我希望这个猜想是对的)。

古典形而上学问题来自概念和逻辑关系,而非在经验中体会到的。后来的分析哲学家们就发现至少其中的大多数问题只不过是语言和逻辑问题,就是说,古典哲学家误以为是属于世界本身的各种"存在形式"其实是属于语言本身的"逻辑形式",不是在世界"那边",而是在意识"这边"。如果真是这样的话,古典形而上学问题就基本上消解在我们的概念体系、逻辑形式、语法和语言用法之中了。当然,这不是说,形而上学问题就没有了,而是变成了性质非常不同的形而上学问题。

把"大问题"所讨论的各种事情落实在什么位置上,在世界本身还是在思想甚至语言本身,这是古典哲学和现代哲学的一个分界。从休谟、康德到现象学和分析哲学,都是试图把原来以为属于世界本身的各种性质搬迁到思想/语言中来。这一

① [古希腊]亚里士多德:《形而上学》,第1卷,第2节,中国人民大学出版社,2003。

"问题搬迁"真的使这些问题本身的意义发生了什么变化吗？把原来说成属于世界的说成是属于思想的，问题的所在位置虽然变化了，可是**问题本身的意义**变化了吗？对问题的**可能解决**变化了吗？或者说，难道因为问题位置的变化就使得那些问题所提问的事情(the questioned)有所不同了吗？这是一个往往不被反省的问题。现代哲学家喜洋洋地把原来以为很遥远的问题搬到近处，却没有去想想那些问题其实没有什么实质性的变化，我们所能够给出的解释仍然大同小异，无非是措辞有所不同，而原来不能解决的还是不能解决，原来说不清的还是说不清。这就像，我们原来看见有些难以理解的怪异现象，由于无知，因此相信事物本身就是如此怪异，而后来终于知道了，不是事物本身怪异，而是我们的眼睛怪异，因此看出来的东西就都是怪异的——当然我们现在习惯了，可问题并没有变化。惟一的变化是不能解释的问题更多了，原来只是不知道如何解释世界本身，现在变成既不能解释世界又不能解释眼睛。

比如说，当康德论证了时间和空间其实是意识的先天形式而不是事物本身的存在形式，这样并没有使我们对时间和空间有更多的了解；又比如，休谟论证了因果关系并非事物本身的关系，而是我们所习惯了的观念之间的一种经常性联系；再比如说维特根斯坦论证了世界的各种形式无非是逻辑形式，诸如此类，问题不在于如此等等这些理论是否正确(它们显然都是可以争论的)，这些理论在多大程度上是正确的或错误的，这并不重要，关键是，问题的实质都没有被改变，问题也没有被解决，甚至在大多数情况下也没有显示出问题因此变得比较容易解决，准确地说，把对问题的重新表述看做问题的答案，这是答非所问。现代哲学的推进主要只是把关于世界的形而上学改换成关于知识的形而上学(也可以是关于意识的形而上学或关于语言的形而上学)，形而上学问题因此得以改头换面，获得了新的表述，但大多数困难仍然是一样的(如果不说是增加了许多琐碎细节的困难的话)，有的时候新的表述似乎解决了某些困难，比如说，放弃一些"胡说"，但这样又减弱了原来问题的重要性和严肃性。

西方哲学中一次又一次的"革命"或者"转向"，基本上没有解决什么问题，而只是把问题搬来搬去，就好像把家具从一个房间搬到另一个房间，而很少去反思那些家具是干什么用的。问题的不同表述并不很重要，重要的是哪些问题能够真正表述出我们所遇到的真实困难。

四、对形而上学的一种失败批判

对形而上学一直都存在着怀疑和批评,但往往只是表达了对形而上学的不信任,比如希腊怀疑论对关于事物本身的知识的"不置可否"态度。这一谨慎的态度虽然在后来被证明是非常深刻的,但它看起来缺乏革命激情。分析哲学对形而上学的激烈批评使得古典形而上学的宏大叙事终于明显受挫。不过正如前面所说的,分析哲学其实只是做到了让形而上学改头换面。分析哲学的批评风格是不留余地的,尽管是失败的批判,但作为哲学的一种狂热的努力仍然值得一提。

在一篇题为《通过语言的逻辑分析清除形而上学》的檄文式论文中,卡尔纳普声称:

> 在形而上学领域里,包括价值哲学和规范理论在内,逻辑分析都得出否定性的结论:这个领域里的全部断言或陈述都是无意义的。这就做到了彻底清除形而上学,这是早期的反形而上学观点所做不到的……近几十年的逻辑发展给我们提供了足够锐利的武器,所以才能够采取决定性的步骤。①

所谓一个陈述没有意义,就是不具有真值,没有任何必然的理由或证据可以证明它是真或假,这样的陈述是废话,而如果敢于用去说明世界就成了胡说。正如艾耶尔那本纲领性的著作《语言、真理与逻辑》开篇所说的:"哲学家们的那些传统争论大部分是没有道理的,也就没有什么成果。"这话让其他流派的哲学家听来才真正是"没有道理"。分析哲学要求的是能够经得起逻辑和经验的批判的知识,这是强化了的休谟标准,按照这种科学主义的标准,除了自然科学和数学,就几乎没有什么东西能够算做知识了。这样的科学霸权虽然错误,但并非没有力量。艾耶尔有个论证就不得不认真对待:

---

① 参见洪谦主编:《逻辑经验主义》,13~14页,商务印书馆,1982。

> 一个先天的真理无非是重言式命题，而从一套重言式命题，就其本身而言，只能有效地推论出其他重言式命题，因此，以一个由重言式命题构成的体系来充当有关宇宙的全部真理，是非常荒谬的。我们可以得出结论说，从“第一原理”推论出一切知识是绝不可能的。①

分析哲学所以要“拒斥形而上学”，理由大概如此。那么，如果哲学不再有资格提供第一原理什么的，它的合法性又是什么呢？分析哲学的批判隐含着这样的问题：我们真的还需要哲学吗？或者，在科学之外，我们还需要一种对各种知识负责任的知识吗？显然，分析哲学没有大胆到要打倒哲学（那样的话对分析哲学家自己也没有好处），事实是，无论愿意不愿意，人们无论思考什么事情，只要思考得足够深入，就都不得不追溯到哲学问题上去，哲学是任何思想踪迹的汇集点，要怀疑哲学的必要性必定陷整个思想和知识体系于混乱。分析哲学家们从维特根斯坦那里获得灵感（但在很大程度上误解了维特根斯坦），于是给予哲学全新的定位，认为哲学的责任不是提出某些原理而仅仅是一种分析活动，一种针对概念、命题和理论的分析活动，据说这样能够把各种问题说清楚，并且因此认识到只有科学能够把事情说清楚，于是哲学就似乎变成了科学的宣传员，就像哲学曾经一度是宗教的仆从（无独有偶，分析哲学的概念分析和命题分析的无聊程度不下于中世纪哲学的繁琐论证）。分析哲学对哲学的定位似乎意味着：“说什么”不要紧，重要的是“怎么说”。不过如果按照分析哲学关于“怎么说”的标准，其实已经没有太多事情可以说了，因为那些能够让人们觉得深刻、重大和有创造性的思想几乎都会被认为是胡说。分析哲学这把磨得太快的奥卡姆剃刀把思想剃剩下人们基本上不想要的琐碎真话。这里有个让人为难的情况：假如永远只说真话，那么多半是让人恹恹欲睡的废话；而胡说虽然令人激动，却又多半是让人空欢喜的镜花水月。

不过，在蒯因之后的分析哲学已经放弃了对传统哲学问题的杀无赦过激态度，但仍然心照不宣地认为传统哲学的大多数问题毕竟是荒谬的胡说，除非那些问题在合理的语言中得到**重新表述或者改写**才能够得到拯救。这有点类似于作废的货

① ［英］艾耶尔：《语言、真理与逻辑》，48～49页，上海译文出版社，1981。

币必须到银行里兑换成当下合法的货币,不过令人担心的是,在这个有利于当下形势的“银行”里,兑换之后很可能在实际上贬值了。事实如此,经过分析哲学所认可的合法语言的改写之后,许多问题的深度和广度明显被削弱,所允许的解释也因为受到严格约束而失去解释力度,简单地说,就是问题变小了,相应的解释也变得微不足道。把有重大意义的解释都删除掉,思想的“病毒”当然也就被一起删除了,可是这样的“格式化”解决方式恐怕背离了思想的目的,更远离了人们心中真正的困惑,即使是绝对正确的表述也已经无所谓了。分析哲学的种种推进基本上都是以牺牲思想的重要性去换取严格性,这样做是否值得,还是个问题。当然必须承认,分析哲学发展了许多令人赞叹的严格分析技术(逻辑上的和语言上的),只是技术并不能解决根本问题。蒯因之后出现的形而上学回归并没有重新唤起人们对形而上学问题的热情,不是人们不想要形而上学了,而是不想要分析哲学所修改了的**那种形而上学**。如果形而上学再也不许使用想像力,那人们还要它干什么呢?分析哲学所修改过的形而上学是“去魅了的”形而上学。

使传统问题贬值的一个例子是蒯因对存在论问题的改写。古典存在论追问的是如何理解存在本身以及如何理解世界的整体构成。这样的问题确实太大了,它实际上是在要求解释**一切**,这不仅人做不到,甚至连上帝也做不到(假如有上帝的话)①,因此,对这样的问题做出解释就难免想入非非。于是蒯因把存在论问题简化改写为“何者存在”(what is there?)。这个问题虽然意义明确,但问题规模缩小了许多,不再是“解释一切”的问题了。这个问题还可以换个角度说成:“你所谈论的对象到底是什么东西”,这样,存在就只不过是某种理论或语言所能够明确定义的东西,而不再是神秘的事情了。他的“存在论承诺”就是要声明,一个理论总是承诺了某些东西的存在,而如果这个理论确实是有意义的,它所承诺的存在就必须能够成为可量化约束变元的值。当规定了不同的约束条件,就承诺了不同的存在,因此,我们实际上不可能无条件地谈论绝对的存在,而只能交代清楚在特定语言、特定理

① 上帝之所以也做不到,就是因为它创造世界时不够谨慎,把事情玩大了,不但允许出现撒旦这样功力几乎同样深不可测的对手,还允许出现人这样同样具有自由意志和思想能力的存在,人总能够故意想一些出乎上帝意料的事情。福克纳有篇短篇小说《赌注》说的是有个赌徒山姆得罪了撒旦,于是撒旦使魔法让山姆每次赌都输,后来山姆想出了办法,他永远都赌“我想要的东西 x 得不到”,结果,撒旦为了赢,只好在实际上永远满足山姆的要求。

论和特定条件的约定中所规定的具体明确的相对存在。人们可以各谈各心目中的存在,这没有问题,只要有能力给出理论上合法的约束条件,使得能够明确地辨认出存在的是哪些东西。蒯因的存在论是清楚而宽容的,可是这样的结果与人们心中所烦恼的那个根本问题几乎无关了。有趣的是,蒯因自己其实很清楚这一点:

> 如何才能在互相冲突的各种存在论之间做出裁决呢?“存在就是成为一个变元的值”这个语义公式不能给出这样的解决……把约束变元与存在论联系起来并不是为了知道存在着什么,而只是为了知道某个给定的陈述或理论**认为**存在着什么。这严格说来只是个关于语言的问题。存在着什么,则是另一个问题了[①]。

可是问题就在于,人们想知道的正是关于“另一个问题”的答案,而不是蒯因等分析哲学家改造过了的那种不许想入非非的形而上学。

除了削弱传统问题,分析哲学也愿意增加一些新问题,但那些新问题总是让人觉得是在无事生非,是一些没有实际意义的琐碎游戏。关于这类无事生非的问题,我愿意举出“跨世界同一性”。这是个新式的形而上学问题,它并非来自人们的真实烦恼,而是由特殊的语义规定而导致的一个纸上谈兵的问题,让人想起中世纪关于上帝和天堂的种种古怪讨论。这个问题是说,一个东西 x,是否能够存在于多个可能世界中?这个问题以一种新的方式搞乱了传统形而上学中的“本质”问题。假定 x 可以既存在于世界 w 又可以存在于世界 w′,而显然 w 至少必须有一个方面不同于 w′(否则它们就是同一个世界);而由于 w 不同于 w′,那么在 w 中的 x 必定至少有一方面不同于在 w′中的 x′,否则 w 就会有理由被一步一步搞成 w′,于是,我们可以约定:(1)x 和 x′有着同样的本质和某些鸡毛蒜皮的不同性质,因此 x 和 x′只是遭遇不同,但仍然是本质同一的;或者约定:(2)x 和 x′由于存在着至少一个不同之处(不管多么鸡毛蒜皮),因此不是同一个体。不难看出,这里只不过是个有关约定习惯的问题,前者的要求比较宽松而后者的要求特别严格而已(当然还可以发明更

---

① Quine, *From a Logical Point of View*, Harvard Univ, 1961, pp. 15 – 16.

多别的约定,如果不烦的话),这其实没什么大不了的。可是分析哲学家们却过于认真地讨论了这个相当幼稚的问题。在日常生活中,上述的两个约定都很常见,或仁或智,不会有人认为值得较真,比如在谈话中,有人会说到某种"反事实情况"(相当一个可能世界):假如项羽对范增言听计从;或者没有采取复古的分封制而是采用秦的郡县制;或者忍辱逃过乌江卷土重来,如此等等,那么刘邦就不会成功。这样也许有人又会说:那样就不是项羽了,因为项羽不可能是那样性格的人,诸如此类,无非笑谈。

还可以再讨论一个只好苦笑的例子。如果说上述是个"跨世界"问题,那么接下来要讨论的则是一个"跨眼界"问题。按照古典形而上学,同时也就是按照平常人的理解习惯,一个事物 x 总有其本质以及偶然属性。这个观点未必正确,它与其说是关于事物的知识还不如说是关于事物的一种由于方便而习惯了的谈论方式,不应该算是个严重问题,但分析哲学如临大敌地对它进行了过于认真的分析。蒯因有个"数学家骑车悖论"说的是[①]:人们想当然地认为数学家必定是理性的,但不见得有两条腿;骑车人则必定有两条腿,却不见得是理性的,可是如果一个数学家特别爱好骑车,那该怎么说呀?蒯因相信这个悖论对本质和偶然属性的区分构成了挑战,他认为,什么样的属性会被看做本质,这取决于不同人的不同兴趣,而并不取决于事物。恐怕大多数人会马上同意蒯因的观点,因为不会有人非要坚持认为本质必须落实在事物本身。分析哲学的许多挑战似乎直追堂吉诃德。如果一定要分析的话,就这个例子而言,蒯因悖论其实不能成立,因为恐怕没有人会认为任一事物 x 必定具有**仅仅一个**本质属性,尤其是"两条腿"这样的本质。姑且同意那些滑稽的说法,那么当一个数学家特别爱好骑车,就应该说他至少具有"理性并且两条腿"这样的组合本质,至于"耸肩一笑"之类则是偶然属性——如果又有了麻烦,就把"耸肩一笑"再加到本质中去,这并不麻烦。蒯因悖论是生编硬造的,并不存在与之对应的尴尬的实际情形,因为除了某些哲学家,生活中的人们不会也没有必要那样死心眼地理解"本质"。

人们在许多事情上并没有认真的困惑,不知道哲学家苦苦地去澄清那些强加

---

① Quine, *Word and Object*, Cambridge, 1960, p.199.

于人的“问题”是准备要做什么。维特根斯坦也许会笑话说,那只不过是些语言游戏,你或者喜欢或者不喜欢,或者同意或者不同意,如此而已。

五、假如重要的都不可能知道

思想是一种公共事业,思想的询问必须与生活的问题有所相关,这种相关性(relevance)意味着思想必须对生活负责。一旦意识到思想必须为生活负责,就会发现那些在科学意义上没有“真值”(truth value)的话语并非没有意义,维特根斯坦所谓的那些在科学和逻辑上“不可说的”问题终究不得不去说,因为生活的意义就落实在那些没有真值的观念或者不可说的事情之中。维特根斯坦非常明白这个道理:不可说的事情正是最重要的事情。在对待不可说的事情上,维特根斯坦没有能够找到积极的出路,他的态度很是特别,他相信:

> 即使一切可能的科学问题都被解答了,我们的人生问题还是全然没有触及。当然那时已不再有什么问题留下来了:而这就是解答[①]。

维特根斯坦影响深远的“可说/不可说”问题的要义是在“不可说”上,因为“可说的”都不是最重要的。对于“不可说”的东西显然不可能有某个惟一正确的说法,于是就尽可以胡说,这是维特根斯坦所担心的,于是他认为“不说”比“胡说”好。假如对于最重要的事情,或者只能胡说,或者不说,这同样是令人绝望的解决。我们必须重新思考维特根斯坦技穷之处。

最重要的事情就是最要命的事情,是生活中最严肃的问题,即使人们拿它胡说,也不会拿它**胡闹**,因为,如果拿重要的事情去胡闹就只会毁掉自己的生活。维特根斯坦只注意到“胡说”问题,却没有注意到“胡闹”问题,而“做”比“说”更基本,因为生活是“做”成的。正如科学不能胡说,生活也不能开玩笑。要命的问题是混

---

① Wittgenstein, *Tractatus Logico-philosophicus*, § 6.52.

不过去的，即使故意不去说，生活却还是不得不去过。问题终究无处藏身，因为人无处藏身。当意识到**问题无处藏身**，就不能再回避问题。

维特根斯坦对不可说的事情的绝望与苏格拉底的茫然无知(aporia)意境相通，甚至与德里达的解构也或有异曲同工之处，所谓解构的一个基本手法就是在理性以为确定无疑的地方“辨证地”发现悖论性的境遇。这也是理性的最大困境：凡是能够想清楚的都并非最根本的问题。这似乎是说，人类的理性能力只能达到小事清楚而大事糊涂的程度。

哲学自认为有伟大使命，但总是不能获得真正重要的知识，这样难免令人失望。正如阿里斯多芬在《云》中所讥讽的那样：斯瑞西阿斯要把不肖子菲狄庇得斯送到苏格拉底的“思想所”受教育，可是菲狄庇得斯听说那里其实“没什么东西可学”，斯瑞西阿斯说：谁说那里学不到东西？你将学到如何知道原来人是多么愚蠢和糊涂，以至于什么都不懂[①]。后来证明学得非常失败。“自知无知”这样的知识没有用而且危险，因为在原则性的事情上的“无知”理论隐含着“没有标准”，没有标准就进一步意味着可以“胡搞”，菲狄庇得斯显然学会了这一理论并且因此变得更无赖了，他甚至认为没有理由不让规定一种可以“殴父”的法律[②]。阿里斯多芬这是在讥讽哲学所谓的智慧只不过就是知道自己无论如何都是无知的，而既然永远不可能知道什么是好或坏，那么无知就是无赖的合法理由。“无知”本身并不要紧，一个人承认自己知识有限不算丢人，但是如果无知可以合法地导致无赖，问题就严重了。就像无知可以成为无赖的合法理由，胡说也可以成为胡闹的合法理由。这里隐含着维特根斯坦理论的深刻隐患：假如最重要的事情不可能说清楚，那么又能拿什么去对生活负责呢？如果思想是乱的，还不要紧，而如果因此生活也乱了，就无法承受。因此，假如“所知道的”就仅仅是“知道无知”，就只能证明这是一种不管用的知识——不知道必须做什么，就有可能随便做什么。如果智慧只能碌碌无为，那

① Aristophanes, *Clouds*, pp. 840 - 843. 这里的意思是根据整个语境改写的，与原文并不完全相同。原文是这样的：菲狄庇得斯说：可是能跟那些人学到什么有用的东西吗？斯瑞西阿斯回答：这还用问吗？当然是智慧了，那可是人类思想的最高境界，学了你就知道了你有多么糊涂，多么愚蠢(Pheidippides: But what could anyone learn from those men, that is any use at all? Strepsiades: you have to ask? Why, wise things, the full extent of human thought, you'll see how thick you are, how stupid)。

② 同上，1421 ~ 1425 页。菲狄庇得斯说：“既然法律一开始是由某些像你我这样的人制定的，然后人们就信了，那么我凭什么不能为后世子孙们制定新法律，让他们反过来可以殴父？”

总是很可笑的。

有深度的哲学往往隐藏着某种怀疑论,怀疑论几乎是哲学难以逃脱的命运。怀疑论虽然没有得出积极的结果,但它怀疑了独断论的伪深刻而显得深刻。希腊怀疑论鼓吹要过"无信念"的生活:信念既然都是错的,那么,放弃信念就至少可以避免犯错误。不过这一似是而非的推论很难说是成功的安慰,它听起来好像是说,既然说话就会说错,做事就会做错,那不如干脆不说话不做事。这样的混日子方式总有些不大对头。自希腊怀疑论以来的许多哲学家,特别是现代哲学家往往乐意承认理性的局限,休谟和康德到维特根斯坦等都是如此。当然,这只是西方哲学框架里的思想逻辑,别的哲学未必非要卷入这种不能自拔的怀疑论,例如,中国哲学里并非没有出现过怀疑论,但它不可能茁壮成长为严重的问题,因为怀疑论与中国哲学的基本框架以及主流思想不能很好兼容,而只能成为"世外"特殊生活的另类智慧(庄子和佛家)。不同的思想空间生长不同的问题,中国哲学框架具有屏蔽怀疑论这一破坏性程序的功能。

一般地说,理性的局限性至少表现在:(1)没有办法知道世界总体,甚至不能知道任何事物的整体;(2)没有办法知道事物的本质,也就是不能达到关于事物的绝对知识;(3)没有办法知道未来;(4)没有办法知道事情的绝对价值,即不可能知道什么是绝对好或坏。这四项局限都是致命的。如果说,总体的、永恒的和未来的知识,尤其是关于价值的知识,都是不可能的,劳神费力也终将徒劳,如此有限的理性不仅不够体面,而且也靠不住。如果理性解决不了我们需要解决的根本问题,那么连它对那些普通问题的解决就都有疑问了,因为那些相对小的问题总是在大问题的背景中才能够被确定。人活在行动中,不管知道不知道真理,都不得不去行动,如果思想跟不上行动的需要,就只好胡乱行动,而胡乱行动是危险的。由此可以理解人类为什么对绝对价值和真理如此重视,因为人类需要有某些东西(哪怕不多)是真正可靠的,能够以之安身立命。这种绝对根据只能由哲学去证明,这一点决定了哲学在人类思想中的基础地位,因此,第一哲学的意义又在于哲学第一。宗教虽然也是对绝对根据的一种解决方式,但却是坏的方式,因为宗教自己就不是绝对的,宗教是一种意识形态,它自己的合法性就需要批判和论证。人们可以随便发明各种宗教,只要具有煽情能力又能够抓住大众的心理弱点,就有希望成功。只有哲学能够超越特定的信念和偏好,而以纯粹思想本身的必然性为准。成功的哲学必须具有思想优势,而成功的宗教在于利用心理弱点,境界高低,由此可见。但如果哲学只能终结于怀疑论,就又证明了人类只能是盲人瞎马,这确实是个严重问题。

还可以有一个疑问:是不是只要人们最想知道的就**必须知道**呢?人们最想知道的是否可能只不过是荒谬的问题呢?可以这样分析:假定人们最想知道的问题有 A、B、C、D,显然,我们不能从对问题的知识欲望(最想知道)推论出这些问题的知识重要性(必须知道),最想知道的问题有可能只是心理上的妄想,因此不能断定 A、B、C、D 是最重要的问题;又给定有能够清楚知道的事情 a、b、c、d,但是如果 a、b、c、d 仅仅是各自独立的知识,它们就不足以构成完整的知识系统,而假如 A、B、C、D 正是能够把 a、b、c、d 组织成为连贯知识所必需的思想框架,那么 A、B、C、D 就是不能回避的问题,即使没有办法证明它们。

至少有一部分形而上学问题正是知识框架的必要条件,因此无法回避这些问题。例如,**在事实上**我们总是假定世界具有齐一性,否则就不可能建立因果知识、概率知识以及关于未来的预测等,尽管根本不可能证明世界本身具有齐一性。

六、寻找神奇方法

理性“没有办法”认识人们最想知道的那些伟大的问题,原因或是那些问题太伟大,或是思想方法不够神奇,当然我们只能抱怨思想方法不够神奇。所谓思想或知识生产的方法,当然不包括赌博式的猜想,即“碰巧猜中”答案的那种取决于运气的方式,而是指能够**必然**获得某种结果的方式。各种学科都有许多知识生产的模型和程序,但一般的知识生产的方法并不多。

(1)先天方法(the a priori)

也就是逻辑/数学所承认的方法,这是严格的方法。假如按照其中最谨慎保守的要求,那么就要满足布鲁威尔和海廷的直觉主义标准[①],它要求在一个系统中,某

① 直觉主义可能是数学/逻辑方法中最谨慎的,但并不是人们最喜欢的,因为它限制了太多的东西因而显得拘束,不如形式主义(希尔伯特)那样宏伟。

个命题p如果是一个合法命题,它就必须是根据这个系统的公设和规则在有限步骤内能够必然构造出来的命题,即所谓以一个"能行的"程序可以必然生产出来的命题,而不仅仅是这个系统的语言上所允许的一个合法表述。比如说,设想圆周率将在某个位置k开始出现连续8个9,关于k的存在,这是个合法表述,却不是个合法命题。合法命题是按照给定的能行生产方式确实能够构造出来的,而不仅仅是按照"语法"和"词汇"能够写得出来的句子,这样规定的好处是能够排除许多合乎逻辑的幻觉。这个"可构造性"标准的关键在于它把命题的真理性与它的存在性统一起来,并且又把"存在"与"被构造"统一起来,于是,所谓p是"真的",就是有某个生产程序能够在有限步骤中把它"做出来"成为一个存在,就是说,**存在是被做成的**(直觉主义的原本口号是"存在是被构造出来的")。如果没有必然的构造方法,就不能把某个东西做成存在,而如果没有制造出某个存在,就不能说它是真的,否则就是无的放矢①。在逻辑上把一个命题"推理"出来,就可以被等价地理解为把它"生产"出来。按照这样的理解,逻辑/数学方法是制造(非实在的)存在的一种方法,它能够控制数学世界中什么是存在的和不存在的,从而控制了什么是真的和假的。

"p真"与"p存在"等价,因为"p真"的依据与"p存在"的依据是同一的,这样奇特的现象仅仅属于数学世界。这一奇异现象决定了数学世界没有存在论问题,因为"存在意味着什么"、"什么东西能够存在"以及"如何成为存在"等问题都不是秘密。数学世界虽然严格,但它是另一个世界,是在人为的定义和规定中生产出来的一个非实在世界,它只能保证**它那个**世界的完美性,却不能代替真实世界的存在状况和问题。既然真实世界的问题不能还原为逻辑/数学问题,因此,逻辑/数学的方法虽然重要,而且几乎无懈可击(漏洞总是有的,比如哥德尔问题),却解决不了关于真实世界的知识问题。

数学世界不需要形而上学或存在论,这一点很是奇妙,它对理解别的世界尤其是真实世界为什么需要形而上学很有帮助。只有当我们不能解释存在**所以是这样的**,形而上学问题才出现。数学意义上的存在是人为规定并且生产出来的,它的存在论问题**本来就没有产生**。这里的启示是,如果某个世界,它的存在是个知识问题

---

① 正如海廷所说的:"'存在'与'被构造'必须是同义词","如果'存在'不是指'被构造'的话,那么就是形而上学的说法"。参见《数学哲学》,Benacerraf and Putuam 编,78~79页,商务印书馆,2003。

而不是创造问题，那么它就必定会产生形而上学问题；反过来说，如果一个世界中的事物的存在问题是可以在创造中解决的，那么就不会出现形而上学问题。作为自然存在的世界不是我们给出(give)的作品而是被给定的(given)认识对象，所以就有形而上学问题。

(2)经验方法(the empirical)

所谓经验方法，其实不是经验的，而是理性的，它是**关于经验**的理性方法。真实世界不是人定义的，因此永远只能在它外面去看，只能试图去逼真地反映它，这就是朴实的“镜子”观点：如果一个描述 d 符合它所描述的对象 o，就说它是真的。不过如何才算是“符合”，这又是个说不清的问题，恐怕没有办法能够确定一个描述怎样才算是**足够逼真**的。所谓逼真性(verisimilitude)与其说是问题，还不如说是废话。假如说，知识所能够达到的逼真度 v′不如想像的那么逼真，那么我们就应该已经拥有满足了更精确的逼真度 v″的知识，否则就不可能去进行有意义的比较；可是既然知识所达到的只是 v′，并没有 v″，可见 v″只是个模糊幻象，不管知识有多逼真，我们总能够稀里糊涂地想像还有“更逼真的”，所以逼真是废话。进一步说，即使所幻想的 v″足以使我们心满意足，我们真的不再想要更逼真的知识了，这也仍然不能证明它就是足够逼真的，因为缺乏把 d 和 o 进行彻底比对的条件。

当然，人们愿意说，当存在着检验 d 的复查方法，就可以确定 d 是否为真。但检验方法的充分有效性又是个问题。一般地说，只有在严格的理想实验条件下的检验才能够保证必然的可重复性。可是理想实验条件与实际世界相比是非常呆板的，这种理想化的条件设计本身就是很不逼真的。实际世界的情况非常不稳定，不可测的变量太多，所以真实情况总是测不准。因果知识永远达不到并且远远达不到推理知识那样高规格的普遍必然性。用一种明知不逼真的方法和条件去检查知识，恐怕不能证明知识是逼真的。经验真理最多是“似乎必然”而不可能达到“确乎必然”。即使有了众望所归的检验方法，经验知识的有效性也限于“此地”和“至今为止”，它不能推论总体和未来(休谟原理)。它甚至也不是关于过去事实的可靠知识，因为过去的事实无法重复和再现，因此在检验方面有着严重的缺陷，这决定了历史知识也是不可靠的，这样就使得由以往经验去推论未来的最后一点希望也烟消云散了。

经验知识不能超出给定的经验限度，这是经验知识的局限。简略地说，经验知识的局限表现为这样几个烦恼：(1)经验知识作为映像，总是表达不了事物本身或事物本质；(2)经验知识既然永远是有限的，也就不能从部分推知全体，从已知推论未知，从以往推知未来。既然不能获得关于全体和未来的经验，那么关于全体和未来的解释就只能是形而上学的。可以看出，经验知识不仅不能用来反对形而上学，而且经验知识总是依赖着形而上学来为经验知识安排一个知识框架。当试图把既定的经验知识加以推广时，我们就已经假定了世界的齐一性以及因果性等形而上学的概念。

齐一性原则和因果性原则可能是关于世界的知识所最需要的形而上学假定。齐一原则假定这个世界是统一的、一致的和连贯的，以至于事物的规律总能够在这个世界中普遍传递。因果原则假定的是有因必有其果。如果这两个原则同时成立，那么就存在着关于事物的普遍必然真理。特别值得注意的是，这两个原则不仅是关于世界总体知识的知识论条件，甚至是关于世界每个部分的知识论条件。因为，即使在有限的经验中，我们只能观察到有限的某些现象，这些现象也不能被看做互相不连贯的，那样的话就连在有限的经验范围内也不存在什么规律了，就只有一些互相无关的零碎，依此类推，就会得出结论说，在任何地方都没有任何规律，这样的话，知识就不成立。所以，任何经验知识都需要一个使知识成为可能的形而上学框架。假如把经验论推到极端，仅仅承认关于单个现象的单独陈述，但这不是知识，至多是真实的信息，例如“这是一枝笔”、“那是一条狗”，诸如此类，这样未免好笑。知识不能仅仅指示一个特殊对象，而必须能够表明某种关系或规律。

齐一性其实是个模糊概念。假如承认了对象和情况是有个性的、特殊的、有特定语境的，那么，各种事物即使在形而上学的意义上(即在本质上)是“齐一的”，这种齐一性对知识没有很大的意义，因为本质的具体表现方式太多，相关变量太多，相关的方式太多，这些复杂万变的情况已经湮没了齐一性的意义，因此，知识总是跟不上形势的变化，在严格的意义上说，经验真理总是**事后**的。尤其是当承认世界是个“潜无限”存在时[1]，真理就只能在有限范围内有效，而不能随便说成是普遍必

[1] 亚里士多德、高斯和直觉主义者等承认潜无限，即无限是个完成不了的事情，例如 1,2,3…n,n+1,…；而黑格尔、康托、罗素等承认实无限，即无限是个可以完成的事实，例如(1,2,3…n,…)。

然的,因为世界永远是个未完成的事业。把世界看做**潜无限**是比较理性的选择,而把世界看做一个可以完成的**实无限**则更多地是一种人为的想像和信念。

甚至概率性也是个形而上学概念,而且是个价值偏心的形而上学概念。概率概念往往被看做拯救经验知识的威信的理由,但是它太依赖人们的形而上学信念,尤其是需要把世界看做实无限,甚至是有限存在,而且还是齐一的。假定世界是个虽然有限但是其大无比的箱子,我们通过 100 个行动从中抓出了 99 个白球和 1 个黑球,于是我们倾向于说,下次抓白球的概率要大得多得多。这个信念就明显依赖着形而上学假定,因为在逻辑可能性上说,接下来有可能抓的全是黑球。我们不可能证明下一次抓白球的可能性必然超过黑球,除非能够事先知道箱子里白球和黑球的分别总量,而这恰好是我们永远不知道的。这与不能由部分经验推论总体知识的道理一样。"概率"在表面上是个科学概念,其实质是形而上学的,甚至还是一种神学的信念。这里不是在反对概率概念,而是要说明它是个形而上学概念。可见,科学不仅不能过于认真地反对形而上学,相反,形而上学是科学的一个必要基础。由于知识依赖着形而上学假定,所以我们不得不面对那些形而上学问题,必须去选择某种形而上学。但是我们不知道所选择的是否是最好的,这才是思想的烦恼。

(3)先验方法(the transcendental)

与逻辑和经验这两种众望所归的方法不同,先验方法并非普遍认可的方法(恐怕科学家就不承认或者认为不需要),而是部分哲学家推崇的特殊方法。先验方法所以特别值得一谈,是因为它是**专属于**哲学的方法,它是对思想和知识基础进行反思的主要技术,往往称为先验论证。如果知识基础不成问题,不需要反思,先验方法就没有用处。可是,事实上知识基础的问题层出不穷,因此,反思的知识就成为一种必要的特殊知识①。许多哲学家都或许会不自觉地使用到先验论证的技巧,其中的关键技巧与笛卡儿关于"我思"的论证有关,但一般认为是康德明确了先验论证的一般方法论。按照康德在先验演绎中所使用的技巧,先验论证大概是这样的:

---

① 尤其在现代以来,知识体系的反思成为各种知识领域中的重要问题,出现了各种元理论,如元数学、元语言学等,像数学中的逻辑主义、形式主义和直觉主义就都是知识基础反思的著名理论,还有像哥德尔定理等都是知识反思工作中的重大成就,这些理论已经不完全属于数学和逻辑,而同时是哲学。

如果p是q的必要先决条件,那么,q就会因为p而成为如此这般的;事实上q确实是如此这般的,并且,不是如此这般的q是不可能想像得出来的,那么,p就无疑是q的先决条件,p就当然是真的。

与最早的哲学论证相比(希腊式的形而上学论证),或许可以看出一些有趣的联系和差别。希腊人迷恋的是一种反论形式:**如果p则有q,可是非q,所以非p**。这一由柏拉图所推崇的论证模式显然来源于苏格拉底的辩论方法以及芝诺热爱的“归于不可能”论证(reductio ad impossibile),也大概属于后来所谓的“归谬法”(reductio ad absurdum)[①],也往往称为反证法(尽管在特别严格的意义上,这几个概念略有不同。后者的范围要大一点)。归谬论证攻击力极其强大,只要喜欢鸡蛋里挑骨头,就很少有什么论点能够经得起它的批评。就像三段论似乎能够用来证明一切东西一样(只要前提是可疑的,那么就可以把各种谬论说成是正确的),归谬法则似乎可以用来推翻任何普遍命题(因为对普遍命题非常不利的反例并不难找)。三段论的形式力量可以用来骗人,而归谬法所寻找的“反例”可以用来唬人。归谬法过于轻率的杀伤力使哲学家一方面很有成就感,另一方面又很受挫。不过,归谬论证所适合的知识领域到底是哪些、范围又有多大,这似乎是个往往被忽视而未加审查的问题。归谬论证允许以某个特殊反例去反驳某个一般论点,这种反例的一票否决标准对于数学和科学是合理的,但是对于哲学和人文社会知识却必定伤害太多必要的观念,并且同时产生大量荒谬的或者可疑的结论[②],甚至使所有哲学或人文观点都变成可疑的。问题在于,哲学观念和人文知识与科学有着非常不同的性质,并不适合使用科学标准。奇怪的是,反例否证法在当代哲学中仍然被经常使用(例如分析哲学就很迷恋“举一个反例”),却无视它所产生的谬误比它所能够反对的谬误更多,很显然,没有哪个哲学或人文理论能够绝对地避免反例。

---

① Reductio ad impossibile 属于 reductio ad absurdum,而且是 reductio ad absurdum 的最主要方式,但并不完全等于 reductio ad absurdum,至少还有另一个形式,即用来证真而不是证假的形式。

② 例如在 Meno 中,苏格拉底论证说,如果美德是可教的,那么,有美德的人就能够把他们的子女教成有美德的人,可是波列克里、特米斯多克和亚里士蒂德这些优秀的人没有能够使他们的儿子们具有美德,可见,美德是不可教的。这个结果不能说是完全错的,但也似是而非。问题出在,各种属于人文社会方面的论点本来就不是普遍必然的命题,本来就允许某些反例,只要那些反例不影响大局。如果对于人文论点过高要求,就会发现,几乎所有的人文论点都是可疑的,这正是苏格拉底达到的令人失望的结果。

以归谬论证为绝技的古典形而上学论证没有能够帮助希腊人发现真理，相反，它是导致怀疑论的重要技术条件。苏格拉底所发现的知识无非是“知道自己无知”，这一发现对于哲学的知识追求几乎是一个宿命性的隐喻。尽管柏拉图的理念论是阻击“无知”宿命的一个天才想法，可是他没有能够成功地发展出保证知识基础的方法。有想法而没有办法，终究是无用的。康德敢于自称哥白尼革命，就在于他终于找到了确定知识基础的方法。由康德总结出来的先验论证所使用的核心技术其实也是归谬法的技术，其新意在于选取了一个**自卫性**的角度，即试图去证明 p 的否定命题 ¬p 不可能成立。这个思考角度被证明是个关键，它不再依赖经验个案的反例，而单纯依靠逻辑的力量，因此更有说服力。先验论证的特殊之处就在于选择了自相关结构来进行自卫，从而造成了“我真的有理由自己证明自己”这一耸人听闻的效果。与希腊以来的传统的归谬论证不同，先验论证力图克服怀疑论，它关心的是如何把某种东西证明为绝对无疑的，而不是如何把各种东西都证明为可疑的。

先验论证尤其适合哲学的雄心，如果不是过分鼓励了哲学的雄心的话。数学和科学都主要关心如何解决具体的知识问题，但哲学关心的却是知识的一般基础，哲学不怀疑科学能够生产许多知识，但非常担心知识的基础是否绝对可靠**并且是**惟一可靠的。这种对完美的焦虑并非没有道理。假如知识的基础是可疑的，知识就不可救药，这不言而喻；即使知识的基础是可靠的，然而可靠的基础却不是惟一的，而是有同样好的许多选择，这仍然令人失望（至少让完美主义者失望），因为那样将意味着关于同一个事物至少可以有两种以上完全不同甚至互相矛盾的真理，真理虽然还是真理，却失去了权威性。权威就是只有一个合法声音，如果有许多权威，那么权威就不是权威了，存在许多权威就互相消解了权威。可以看出，在真理这个看上去最纯洁的东西背后存在着对权力这个最不纯洁的东西的追求。真理就是思想和知识领域中的独裁形式。哲学对人类知识基础的追求，既是在追求真理也是在追求权威。

试图找到惟一和绝对的知识基础的学术理由（这一理由同时也是知识的政治理由）是：(1)知识的根据不能是一个无穷倒退的过程。假如允许理由的理由以至无穷，就等于没有理由，因此必须有能够停步的地方，于是，知识的基础首先是一个知识的立足点问题，或者说是个“停步”问题；(2)知识基础不能是随便哪个框架和基本规定，而必须是特定的**某个**框架。在某个地方停步，这仍然不够，还需要证明停的是正确的地方，需要证明那个“地方”的思想合法性，于是又有个“合法性”问题。这里可以看出形式系统的不足，形式系统只能保证后继者的合法性，而证明不了前提的合法性；只能证明形式程序的合法性，而尤其不能证明这个形式系统的知识合法性。这样就出现一个奇异要求：能够作为绝对根据的东西必须能够自己证明自己，因为再也没有别的东西能够来证明它了。从逻辑角度来看，这是非常冒险的事情，因为那将是一个自相关论证。

假如自相关论证可以被接受，那么，危险的事情就是恐怕能够论证太多的东西。先验论证的关键点就在这里，它必须寻求一种**特殊的**自相关论证，使得能够淘汰那些无聊的论证，而保证只有真正的知识基础才是惟一能够被论证的。这里变成了一个自身验证的技术性问题。先验论证必须能够满足这样两个技术指标：

(1) 如果 p 是对 q 的必要解释，那么 p 必须满足这样的情况：假如构造一个 p 的反论 ¬p，则 ¬p 肯定形成自我反证因此不成立，原因是，构造 ¬p 所需要的先决条件正好就是 p，或者说，p 的反论 ¬p 反而是 p 的必要性的一个直证 (evidence)；

(2) 假定 p 是对 q 的惟一解释，那么 p 必须满足：如果想像任意一个与 p 不同的解释 r，则 r 不能满足(1)，因此证明了 p 是惟一的合法解释。

这两个技术指标可以看做前面讨论到的先验论证模式的**先验验证模式**，类似于“验算”，这一先验验证正是先验论证的核心技术。如果一个先验论证能够满足先验验证，那么它就是一个成功的先验论证。例如，为什么不可能在思想中反对逻辑或者反对使用语言？因为任何反对逻辑和语言的思想就是以逻辑和语言为条件的[①]。能够满足先验论证而被证明的东西就是某种**无法再倒退**并且**别无选择的**最后根据[②]。先验论证有许多成功范例，笛卡儿对“我思”绝对性的证明、胡塞尔对“纯

① 维特根斯坦关于私人语言的天才反论就是利用了这个论证结构。

② 关于先验论证的“别无选择原则”，盛晓明的《话语规则与知识基础》(学林出版社，2000)中有论述。

粹所思”(cogitatum qua cogitatum)的证明、康德对范畴和时空形式的证明以及维特根斯坦对私人语言的反论证等,都是非常有力的,尽管未必是完美的。

但还有一个需要考虑的问题,先验论证不见得只有上述的一个模式,仅仅有一种先验论证恐怕不够用,因此还必须在更大的范围中去思考先验论证问题。通常所理解的先验论证模式总是关于**单个事情**的论证,即只是论证了某个事情的绝对性,而缺乏关于两个以上**事情之间关系**的先验论证,即没有去论证某种关系的绝对性,这样,即使分别论证了许多零散的绝对事物,仍然不能构成关于知识的完整基础论证,显然,零散的事物不能构成一个完整的世界,世界是由关系所定义的,不是由事物所定义的。因此,通常的先验论证模式是不够的,至少还需要另一种模式,我们还必须能够论证,在两个被先验论证了的东西之间存在着**相互先验论证**(reciprocal transcendental argument),这样才能建立系统的完整性。这一点非常重要,因为,即使有许多东西都**单独**通过了先验论证,我们仍然不知道它们是否能够互相协调合作,不能确定它们之间是否无矛盾,这样的话,就等于还是不能确定什么是思想的惟一基础。因此,先验论证除了经典的自相关论证模式,还需要有**互相作证**的论证模式,可以表达为:

> 给定 p′和 p″至少有一个能够通过先验论证,如果能够证明 p′当且仅当 p″(反之亦然),那么 p′和 p″同时得证。

一个单独的事情不足以构成一个世界,除非至少有另一个事情与之构成互相支持的循环论证关系从而足以定义一个完整的可能世界,那个事情才真的存在,才有地方可以存在。没有一个可能世界能够由单独一个事情所构成,所以,某个存在与另一个存在的关系就是这个存在的**在世证据**,是关系而不是事物定义了世界。由此看来,仅仅关于某个东西的先验论证总是不够用的。

例如,关于我思的论证就会引出一系列问题。笛卡儿可以证明“我思”的绝对性,但是,如果不能同时证明思想对象的绝对性,我思就仍然是个幻觉,因为,假如它没有什么确定的东西可以去思,就什么也没有思,我思就是空的,或者说,假如所能够思的东西都是可疑的,那么我思就是无意义的,因为思了也等于没有思。这相当于,假如我说的话都是不可理解的胡话,那么就等于什么也没有说,"我会说话"这个事实就没有意义。因此,笛卡儿对思想内容的过度怀疑在表面上看能够突出我思的不可怀疑,但终究还是会危及我思自身。在这个意义上说,笛卡儿关于我思的先验论证并不完美。

胡塞尔补充了这个关键性的证明,他进一步证明了"所思"的绝对性,并且论证"我思"与"所思"存在着必然关系,即证明了所思是内在于我思的必然连带着的"捆绑附件"(correlative)[①],这样就拯救了笛卡儿的我思。我思有了纯粹属于我思的无可怀疑的内容,因此才真正是无疑的。不过胡塞尔又遇到一个问题,如果不能证明"他思"(the other mind)的绝对性,那么,尽管我思被确证,尽管又有了确定对象可思,但这样的思还是没有意义,因为,思的意义必须实现在传达和交流中,如果没有另一种思,也就什么也不值得去思了。没有他人,思想就没有价值,他思是我思的一个存在论条件。同时,他人的存在还是思想的必要逻辑条件,如果没有他人,我思甚至不能保证自身的一贯性、一致性、确定性和合理性,而会在自由中疯掉,随便去思就什么也思不成,因为自己一个人决计无法严格遵守自己关于各种事情的定义和规则,自己的私人性不能构成公共性和客观性,而公共性和客观性正是思想和语言意义的必要条件[②],或者说,主观间性是主观性的一个必要条件。关于他思的证明,胡塞尔没有成功。借助心理学现象去推论他思,显然不是关于他思的先验论证。可以说,如果仅仅是从我思出发,就根本不可能构造出关于他思的先验论证。他思问题是笛卡儿我思的一个顽固的后遗症,不仅先验现象学不能够有效证明他思,经验论也不能。经验论在试图证明他思的时候,往往利用外部行为的相似性从我思去类推他思,这种类推法更加缺乏必然性。从健康的心理去看,他思是不需要证明的,把他思逼成一个不得不去证明的事情,显然是个哲学丑闻(可悲的是这样的哲学丑闻甚多)。

如果一定**必要的话**,关于他思当然是可以有先验论证的,只是不能以我思作为

---

① 胡塞尔说:noesis 和 noema 就是"意识过程本身和意识相关对象",而且"一个 noetic 活动决不可能不产生一个属于它的 noematic 因素",因为,如果没有一个内在的 noema,心灵的意向就落空了。Husserl: Ideas: General Introduction to a Pure Phenomenology. Martinus Nijhoff, 1982. p.132、p.213、p.226.

② 维特根斯坦反对私人语言的论证以及关于遵守规则问题的讨论,已经从另一个角度说明了这个难题。

出发点。从我思推论不出他思，这是几乎所有关于他思的论证所以失败的原因。这一点很有些奇妙，既然他思是我思的一个必要条件，那么，按照通常的先验论证方式，应该能够从我思推论出他思才对，而结果是失败的，这说明传统的先验论证在某些事情上不够用。这就必须引入互相作证的先验论证模式，在这里表现为我思和他思必须在一个循环论证中互相作证而**同时**被证明。我有一个论证大概是这样的：在任何一种语言 L 中，任何一个句子 s′都先天地要求存在着至少一个对 s′的应答句子 s″，s″或者是对 s′的认同，或者是对 s′的否定，总之是 s′的应答，显然，如果语言不具有这样一个先验的对话结构，语言就不成立，“说”出去的话必须可以“听”，可以“回答”，否则就只是声音而不是语言。语言的先天对答结构意味着至少两个思维主体在说话，它先验地预设了对话者双方的可能存在，或者说，它事先规定了两个思维主体的纯粹逻辑位置，即使肉身的我和他人并不在场，作为逻辑位置的“我”和“他人”却已经在逻辑上事先被承诺了。这个先验论证到此就完成了，至于真实的我思和他思，已经不是难题，只要在某种语言 L 中发生了真实的交流活动，我和他人就作为行为主体出场了。这个例子说明，某个单独的事实即使获得先验论证也往往也说明不了什么问题，只有当某种**关系**获得先验论证才有决定性的意义。

总的来说，先天方法能够保证后继命题的确定性和真理性，它的知识生产方式虽然不是原生性的，但它提供了保值的推广性知识，这种知识生产虽然不能提供新内容，却能够充分发挥给定原料的知识潜力；经验方法能够提供新知识，是原生性的知识生产方式，它能够但也仅仅能够保证关于有限经验的有限描述的确定性和真理性，不能“说”出比“看”到的更多的东西；与前两种方法完全不同，先验方法不是生产性的方法，它根本就不能生产通常意义上的知识，先验方法仅仅是反思性的，它是对知识基础的反思，它试图证明知识的必要基本设置，这无非就是检查清楚什么是和什么不是知识的必要基础。当然，这也可以说是一种特殊的知识，通过先验方法，我们能够检查知识生产的必要条件从而获得关于知识的知识，即知道知识生产到底是什么样的以及知识生产的能力到底有多大。

先验方法往往被认为能够克服怀疑论，这一点却很有疑问。先验论证至多是在思想自身范围内克服了怀疑论，它至多是证明了“我思就是如此这般去思，没有别的选择”,[1] 就是说,我思只能这样去思,这样去思是思想所能够保证思想自身的合法性或合理性的惟一方式,如果不这样去思,思想就会破坏自身的一致性和确定性,因此,不存在别的同样合理的思想方式。我思只能证明自身就只会这样思,类似于一个人说“我就是这个样子,没有办法成为别的样子”,这难免有些讥讽性[2]。可以说,先验论证无非就是思想的自我辩白:能想的就**这样**想,不能想的就不能想。先验论证不可能超越主观性而去证明超越的(transcendent)或外在的任何东西,思想对超越的东西一点办法都没有。问题就在于,所谓超越的东西就是无论如何也不能被主观性消化而永远保持其外在性的东西。为什么有些东西永远是外在的?根本的秘密是,那些超越的东西不是我们的**创作/设计的作品**,而仅仅是我们的**认识对象**,因此我们总是在逻辑上后于对象并且在存在论上受制于对象,所以我们对它没有创作能力而只有立法能力(康德所引以为豪的立法能力并没有“立法”这个词汇显得那么伟大),即使是完美的立法能力也无法支配对象的存在而只能支配关于对象的表述,只能规定它**看起来是什么样的**,而不能规定它**是什么样的**。维特根斯坦指出:凡是不能说的,就应该沉默。但是他不知道为什么是“不能说的”。因此我愿意说,**凡是不能做的,就不能说**。

七、怀疑论的致命挑战

怀疑论的挑战并不在于指出了知识是不可靠的,而是指出了不可能获得根本性的知识。怀疑论至少并不怀疑经验知识,比如说,不怀疑关于“蜂蜜吃起来是甜的”或者“按照习俗就必须做什么什么”这些事情的知识,但怀疑论不承认“蜂蜜是甜的(或者不是甜的)”或者“这样做是好的(坏的)”这些判断,也就是反对任何关于事物本身情况的独断,无论是肯定的还是否定的。其基本方法论是“悬搁判断”,从而达到在所有根本性的事情上“无信念”。在某种意义上说,怀疑论是最谨慎的哲

① 从康德到胡塞尔,都是在证明这一点,例如康德的先验演绎和胡塞尔的现象学还原。

② 有个流行的笑话说:有个人始终在路灯下寻找丢失的钥匙,总也没有找到,别人问他为什么不去别的地方找一找,他说,这里是惟一有亮光的地方。我思就是那亮光,哲学家就是那可怜的人。

学。反对信念就是反对冒险,因为,信念是盲目的(如果一个观念有充分理由和证明,就是真理而不是信念了),专门相信某种东西就是孤注一掷,把思想、行为和幸福的赌注压在盲目的信念上,当然是非常冒险的。

既然怀疑论拒绝了任何超越感性经验的判断,也就拒绝了形而上学。怀疑论的一般形式可以表达为:

p 显得是如此这般的,但是没有任何根据能够证明 p 是如此这般[①]。

这一形式暗含着这样一个道理:如果一个东西通过直接途径是不可能知道的,那么就永远不可能知道它是什么样的。"p 显得如此这般",这是我们的直接经验,所以我们知道,而"p 是如此这般"并不在经验中出现,所以不可能知道。把不可能知道的东西说成知道的,这就是怀疑论所担心的危险知识。

皮浪主义虽然十分自觉地鼓吹怀疑论而成为怀疑论的代表,但最深刻和最具挑战性的怀疑论问题却是在苏格拉底与美诺的对话中被引发的"美诺悖论"[②]:

> 你怎么能研究你一无所知的东西呢?你连它是什么都不知道,又什么知道如何去寻找它呢?就算你碰巧遇到了它,你又怎么知道那就是你不知道却在寻找的那个东西呢?

在对话中,美诺对这个悖论很得意,苏格拉底也承认这是个难题,却又认为这只是在卖弄制造两难的技术,但它其实是对后来怀疑论中心思想的最好论证。比如说,当说到"p 显得如此这般",这是直接经验所产生的知识,属于本来就知道的事情,所以没有问题;而"p 是如此这般"却是本来不知道的情况,如果要把它变成知道的,就必须事先有能够加以识别的方法,而既然事先不知道,就已经说明了我们并没有识别它的方法,因此就永远也不可能知道了,即使碰巧遇到了,也必定错

① 这个形式概括主要根据恩皮里可在《皮浪学说述要》中论述的怀疑论各种"表达式"(也可参见怀疑论选集《悬搁判断与心灵宁静》,10~42 页,中国社会科学出版社,2004。也参考皮浪以及其他怀疑论者的著作残篇中的表述。吕祥曾经给出一个非常好的形式:"p 显得是真的,但我无法决定是否相信 p"。见《希腊哲学中的知识问题及其困境》,122 页,湖南教育,1992。对比皮浪的原始表达来看,吕祥的概括形式比我的概括形式更忠实于原始表达,因为皮浪的原始表达大多数都是从"我"的主观角度去表述的。我的概括更主要强调了怀疑的客观理由,这样表述是为了比较合乎现代哲学的表达习惯。

② Plato, *Meno*, 80d; 80e; 81a. Loeb.

过了它，这就像你不认识某人，即使在人海中遇到了，也不可能认出他，严格地说，根本就谈不上去"认"，因为没有识别方法，你只会与他擦肩而过。认识方法是被认识的东西的**出场条件**，是把某个存在变成知识对象的条件，这一"方法决定对象"的原则与康德的先验论证所要说明的知识状况是异曲同工的，康德试图说明，我们所认识的东西就是主观性所构造出来的对象。对于同一种知识状况，美诺悖论是悲观主义的，他忧虑的是错过了某些东西；而康德的先验论证却是乐观主义的，他满足于认识了某些东西。态度如此不同，这里一定有什么事情不大对头。

为了更清楚地思考这个问题，还可以分析另一个也是异曲同工的知识原则，这就是数学直觉主义的原则"存在就是被构造"，它也是强调构造知识的方法决定知识对象。对于直觉主义来说，"构造"的概念要求一个能行的有限步骤生产程序，于是，被广泛使用的反证法就是有疑问的了，因为反证法可以是一个非构造性的证明，因此，滥用反证法就会被认为"证明"了太多的东西[①]。直觉主义对反证法的限制对于数学也许不是真正的伤害，但对于哲学论证就是个大伤害。毫无疑问，我们有理由拒绝数学观点对哲学的伤害，因为数学所定义的世界都是人为的理想世界，而哲学要思考的世界却是一个我们无可选择的真实世界，这个真实世界本身是否完美，我们不知道，但是它看上去有些乱七八糟，这倒是显然的，于是我们肯定需要一些不太完美的方法，否则就会因为删除掉太多问题而剩不下什么值得思考的问题。

通过与数学的比较，可以发现一个很严重的问题，这就是"所与材料"(the given)的问题。对于一个像数学世界那样由人所定义和设计的世界来说，它的全部建设材料在设计中就被给齐了，剩下的事情就是用这些材料去构造各种各样的命题从而实现既定的世界意图；可是对于真实世界来说，材料是一点一点慢慢被给予的，而且永远给不齐，永远会有新材料，于是，对于这个真实世界，不管有了多少材料都远远不够，永远不够。依靠这点可怜的材料，我们至多能够证明**我们自己的知识意图**，但不可能证明世界的设计意图(如果有的话)。于是有这样一个悖论：正因为有着一套关于总体和本质的自以为是的知识框架，我们才能据此把那点可怜的材料生产成关于世界的各种知识；另一方面，通过那点可怜的材料根本不可能证明

---

① 例如，连续函数有中间值定理：给定 $f(x)$ 在 (a,b) 上连续，并且 $f(a)\cdot f(b)<0$，则存在一个 $c(a<c<b)$ 使得 $f(c)=0$。要证明 c 的存在通常需要反证法，而直觉主义不承认这样不够严格的证明。

我们关于总体和本质的假定,所以我们并没有什么**真正像样**的知识。由于材料太少,我们就不得不假装有着总体和本质的知识,这样才有根据把那些零碎材料整理成各种知识;可是正因为材料如此有限,所以无法证明那些关于总体和本质的假设是不是真的有效。我们假装知道,并且知道是在假装知道,可是如果不这样去假装,就干脆什么都不知道了。

对于这个知识状况,康德的态度似乎是:既然我已经证明了我只有这么一套知识框架而不是还有另外一套,它是别无选择的,所以知识就只能是这个样子的,所以这个样子就是**够好的**了。而美诺的态度则非常可能是:证明了只有一套别无选择的知识框架并不等于这个知识框架被证明为真,这就像你只有一条狗不等于这条狗就是好狗。这个问题的困境就在于这两种解释在知识论上都是对的,可以说,美诺悖论和康德论证构成了知识论中最深刻的矛盾。

我们可以构造一个对康德比较有利的论证:给定知识框架 K 是别无选择的惟一可用框架,我们所可能拥有的任一知识 k 就都以 K 为前提,于是,k 的任何一个判定都根据着 K,任一 k 只能根据 K 而被认定是真的或假的,显然,在 K 的知识空间中不存在着某个 k 能够去证明 K 或者否定 K,任何一个关于 K 的真假断言都是无意义的,我们对 K 说不出话来,因为我们不可能在 K 之外讨论什么是真的或假的。既然 K 是知识的界限,并且是惟一可能的框架,那么,**在 K 之外无标准**,于是 K 就是好的。这就像,你只有水可喝,酒和其他饮料都不存在,那么水就是好的。哲学所遇到的这个知识界限问题虽然在结构上类似于数学系统的界限问题,但有一点不一样,当某个数学系统 M 出现了它所说明不了的命题 p(考虑哥德尔问题),我们可以扩大这个系统使之变成 M + p,在必要的时候,这种系统扩展可以不断进行,可是哲学讨论的知识界限是人类整体知识的最后界限,已经没有什么空间可以扩展了。哲学讨论的几乎都是没有退路的问题。

由"只有 K"获得"K 是好的"的结论,这样从事实推论价值的方式对于科学是不能接受的,但是在哲学中却有其道理:假如某个事实 F 是生活所必需的,那么,F 就是好的,而 K 就是某个 F,所以 K 是好的。其中的关键是这样一个转换:通过"生活"这个自身包含着欲望和需求的事实概念,"必需的"就意味着"好",因为满足"必需的"就是对自身的肯定。当一个事实是个"在生活中的"事实,它对于生活的意义或者作用(积极的或消极的)就成为一个价值论证的根据,于是,事实问题就可以被转换为价值问题。我愿意称之为**"事实/价值的转换论证"**。这一论证形式是必不可少的,否则的话,关于生活和社会的各种价值的合法性就不可能得到论证,比如说,制度、自由、权利、民主等所涉及的价值问题。

但是我们也可以构造一个对美诺比较有利的论证:虽然知识框架 K 规定了知识的可能范围,但既然 K 是有限的,那么就必定遗留了许多不可解决的问题,而又既然那些遗留问题都是 K 解决不了的,它们就必定是一些在 K 之外并且大于 K 的问题,它们虽然不能由 K 来解释,却是解释 K 的根据,于是,即使 K 是我们不得不接受的知识框架,那些更加重要的问题终究漏在了 K 的外边。既然重要的都漏掉了,那么以 K 为准的知识终究是不重要的。如果说康德论证试图说明"聊胜于无",那么可以说美诺悖论则要指出"聊近乎无"。事实上,维特根斯坦已经注意到了"重要的都被漏掉了"这一知识论的可怕命运:那些"不可说的"问题正是最重要的事情。

不存在任何能够保真的方法使得我们能够从关于可观察事实的知识引出关于观察不到的事情的知识,或者说,不存在着能够从可见的引申出不可见的东西的方法,这就是怀疑论的基本挑战。早期怀疑论的挑战目标主要是针对关于万物本原和事物本质的知识。本原和本质的问题对于人类理性虽然极具诱惑力,但毕竟还不是生活中要命的问题。本原和本质问题只不过与纯粹知识上的好奇有关,如果对它实在无能为力的话,我们也可以不去想,它们属于"不想也罢"的问题。休谟怀疑论则指向了一些不想不行的问题,即关于世界总体和未来的知识。关于"总体"的知识所以重要,是因为,假如总体是糊涂的,那么部分也清楚不了;关于"未来"的知识同样重要,假如无论如何都不可能知道未来,那么我们的行为就失去理性指导,就总是盲目的冒险,这样我们就焦虑,我们怕。从比较乐观的角度去说,如果缺乏关于总体和未来的知识,那么,所能够达到的知识终归是非常有限的因而总是不够用的;从比较悲观的角度去看,如果缺乏关于总体和未来的知识,我们就不得不根据有限的知识去做出各种有关全局的赌博性决定,而根据如此有限的知识去做决定就非常可能导致难以弥补甚至万劫不复的危险后果。这个"理性的有限性"问题后来成为哈耶克等反对社会设计的一个主要和最有力的根据(不过,社会问题没有这么简单,主要并不取决于知识问题,哈耶克等多少看错了社会问题的性质,在此不论)。

逻辑推理虽然保真,但不能扩大知识,而能够扩大知识的经验知识无论怎样积累都永远有限,因此人们渴望有一种能够扩大知识而又保真的知识生产方式。这一追求的本质是幻想“化少为多”,这与点铁成金的幻想是类似的,典型的“化少为多”的知识想像是形而上学和归纳信念(归纳法是科学,但归纳信念是形而上学)。所谓“休谟问题”就是要打破这种幻想:如果要使知识同时达到化少成多并且保真,那么世界就必须具有齐一性(万物一致性),即一条规律总能够(在空间上)普遍应用并且(在时间上)传递有效,只有这样,才能够保证通过有限经验获得的知识能够普遍必然地适用于所有事物。可是无论在什么地方,无论在逻辑中还是在经验中,都不能证明这个齐一假定。既然齐一假定是不可证的,那么就不存在能够化少成多的保真推论。休谟问题与后来科学哲学所讨论的归纳/概率问题有关系,但其实非常不同,休谟问题决不能化为归纳/概率问题。归纳/概率问题基本上是个知识的技术性问题,而休谟问题则是个哲学问题,无论归纳/概率问题获得了多么先进的技术规定和严格的表述,它仍然不是对休谟问题的解决。知识论所关心的是知识的界限,而不是知识是否能够获得比较好的技术表述。

休谟不反对知识,但是他反对不合法的知识。康德通过休谟怀疑论而从独断论中觉醒,这是一个众所周知的康德如何提高了思想觉悟的故事。不过康德所以与众不同就在于他有更大的哲学雄心和眼界,他把哲学的狂傲发挥到了极致,而且确实天才地利用先验论证“证明”了知识基础。尽管康德承认知识有其界限,因此好像就给神学留下了最后的机会,但他为信仰“留下的地盘”其实是相当可怜的(上帝肯定不满意)。二律背反无疑具有休谟精神,它同样表明了,如果理性试图超越经验知识这个合法知识领域而去讨论关于总体的知识,那么就会陷入种种两难。但是正如前面讨论到的,康德对知识持乐观态度,他似乎认为,那些不合法的知识问题(传统的形而上学问题)并不重要,因为它们只不过是幻想,想不通也没有关系,就算了。真正重要的是关于知识本身的形而上学问题,或者说是关于我们的“我思”的形而上学问题,于是第一哲学就**从关心世界变成关心思想**。

更令人敬佩的是,康德试图在实践领域中证明伦理行为的绝对律令,这样就把价值问题理直气壮地留在了思想领域中,从而把关于**思**的问题进一步充实为关于人的问题。这一点无比重要,因为价值问题万万不可出让,否则后果不堪设想。假如价值问题从思想领域中被驱逐出去,整个生活就只剩下主观趣味的选择了,不再有任何价值标准。我们必须意识到,**一个只有趣味的世界反而是绝对无趣的世界**。康德哲学构成了对怀疑论最有力的抵抗,它把知识和生活中最重要的问题都成功地保留在思想的有效范围内,这样就保护了完整的人。严格说来,形而上学的问题虽然五花八门,其实只有两类:(自然)**存在和自由**。康德一方面把存在问题转换成知识问题,另一方面把自由突出为甚至更为重要的形而上学问题[①],这是一个值得乐观的哲学新局面。在这个乐观气氛中,康德宣布了两种"立法"方式:给自然立法(知识)和给自由立法。康德从超越了一切功利计较的"纯粹的"实践理性意图分析出自由行为的绝对道德规律,这是哲学的一次里程碑式的发展(尽管后来证明并不像康德想像的那么成功)。康德似乎相信,有了这两样绝对闪光的法则(所谓"头上灿烂的星空"和"心中绝对的道德"),其他事情即使有些困难也已经无足轻重了。

但是,更强大的怀疑论终于在维特根斯坦哲学中卷土重来。维特根斯坦哲学并不是标准的怀疑论,而是一种连传统怀疑论一起否决掉的新怀疑论。无论独断论、怀疑论和先验论对各种问题的看法多么不同,它们都是在同一个思想框架中生长出来的,它们都依赖着一些共同的假设和共同的问题,它们都说着同一种哲学语言,只不过意见不同而已。在维特根斯坦看来,问题正好就出在那个共同的思想框架和共同语言上,因此以往的整个哲学都必须报废。所以对于传统的怀疑论,维特根斯坦才会这样说:

> 怀疑论不是不可反驳的,但它要在不可提问的地方提出怀疑,则是无意义的。因为怀疑只能出现在有问题存在的地方,问题只能存在于有答案的地方,而答案只能存在于有某种东西可说的地方[②]。

---

① 叶秀山认为是康德首先使"自由"成为形而上学问题,这个看法很新颖。参见《哲学作为创造性的智慧》,107~108页,江苏人民出版社,2003。这一观点当然还可以讨论,自由的问题领域就是人类生活领域,其核心问题就是伦理学和政治哲学。无论中国还是西方,伦理学和政治哲学自古有之,而且一直都是哲学中的重要问题。不过在西方哲学传统中,康德在伦理学上的成就的确是划时代的,如果说康德首先使自由的问题变成一个纯粹的思想问题,这样的说法可能就比较稳妥一些。

② Wittgenstein, *Tractatus Logico-philosophicus*, 6.51.

维特根斯坦发现,关键不在于某个答案是否可信,而在于那个答案连同那个问题根本就不存在,人们白忙乎了,去寻找一些根本没有的东西未免愚蠢。因此维特根斯坦不去抱怨知识条件不够完美,而是在批评哲学一直太糊涂以至于一直做的都是完全不靠谱的事情。比如说,在传统的形而上学问题中,独断论相信"p是这样的";怀疑论认为"我没有任何根据去相信p是这样的";先验论则说"我们不知道p是什么样的,但我们只会把p看成是这样的(别的就不会了)",而维特根斯坦会说,这整个思路就是无意义的,不知道在胡说什么,因为根本就不存在关于p的答案,因此关于p的问题根本就不是个问题,关于p的各种理论就尤其是胡说。维特根斯坦并不是在怀疑某个答案是否正确,而是取消了问题。显然,当怀疑论认为"p是不可知的",就已经承认了p是个问题,可是维特根斯坦拒绝了这个圈套,他说的是"根本就没有p这么个问题"。维特根斯坦的"取消论"(算是一种新怀疑论)的打击力度远胜传统怀疑论,在被取消的问题中,除了关于世界的形而上学问题以及部分知识形而上学问题,甚至还包括康德所坚决捍卫的伦理学问题。

其中真正要紧的是伦理学问题。康德肯定明白,只要保住了伦理学的合法性,人就有了起码的立足之处,其他问题都可以任凭怀疑。可是维特根斯坦专门釜底抽薪地打击了伦理学问题。他的非凡论证堪称典范,可以简单地改写如下:人们总喜欢讨论什么是"好的",如果"好"的意义是能够确定的,就必须相对于某个标准。比如好的钢琴师是因为能够演奏一定难度的曲子;好的赛跑选手是因为能够在一定时间内跑完一定路程,如此等等,这些都是相对于某个标准的价值判断。可是人们讨论好的行为时却是在要求绝对的价值判断,那么,有没有条件可以建立绝对的价值判断?可以比较两种说法:(1)这是做p的正确的方法m;(2)做p是绝对好的行为。显然,(1)的逻辑意义是:"只有采用了m,p才能够做得成;如果不采用m,p就做不成",这里有着无法违背的必然规律,假如非要违背客观规律,只能是自己吃亏,然后就"必定后悔不已";可是(2)却不包含这样的必然性,没有一条伦理准则具有必然的强制力量,在伦理意义上,没有一条不去走就使自己必定吃亏的"绝对正确的路",没准儿就有人愿意做个无恶不作的混蛋,他没准儿还过得心应手因此欢天喜地。有效的价值判断都是相对的价值判断,所以是有效的,是因为相对的价值判断都能够**被转化为**相应的事实陈述(例如,"好的短跑运动员"等于"能够在时间t

内跑完路程 d 的人”),而绝对价值判断却不可能转化为事实陈述,因此,没有任何一个事实陈述必然蕴涵着某个绝对的价值判断,哪怕是对一个“可耻的谋杀案”的描述中,也仅仅只有“事实,事实,事实,而没有伦理学”[①]。这个论证在本质上是休谟关于事实(to be)推不出价值(ought to be)这一原理的应用。

维特根斯坦关于伦理学还有一个更深刻的直观,他相信伦理学真正的问题是关于幸福的问题,而不是关于伦理规范或者善的问题。表达为“应该……”的规范只不过与社会规定的相对赏罚有关,但与伦理学意义上的“绝对赏罚”无关,那种绝对的赏罚只能是幸福/不幸[②]。在关于幸福问题上,是否还存在着以“应该”为形式的问题呢?维特根斯坦发现“应该”的问题在这里就消失了:

> 幸福的生活是善的,不幸的生活是恶的。如果现在我问自己:为什么我应该幸福地生活,在我看来这本身就是一个同义反复的问题。幸福生活本身似乎证明了自身是正确的,它似乎是惟一正当的生活[③]。

不过,由于维特根斯坦把幸福看做不可说的生活界限,就自己堵死了对幸福问题进行分析的可能道路。这是一个严重的失误。作为世界界限的逻辑形式毕竟能够“显示自身”(这样它虽然不可说,却不要紧),可是作为生活界限的幸福却不可能显示自身。幸福的感受虽然是明显的,但是**导致幸福的必然条件**却决不可能是明显的,通向幸福之路不可能自动显示出来,否则的话,人人就会像服从客观规律那样自动地选择了幸福而决不会去选择不幸,而生活事实决非如此,大多数人的实际选择与其说是在选择幸福,还不如说是选择不幸。至少在可观察的事实中可以看到,人们的那些自以为是的选择在更多时候导致了不幸。如果幸福的条件不能自己显示出来,那么,回避关于幸福的研究就是个大错误。维特根斯坦对幸福问题的判断失误使他错过了进入幸福问题的机会。维特根斯坦没有意识到**幸福的条件才是幸福问题的关键**(我在《论可能生活》中的努力就是试图分析幸福的条件从而把

---

① Wittgenstein, A Lecture on Ethics(1929), Philosophical Review 74 (1965).

② Wittgenstein, Tractatus Logico-philosophicus, 6.422.

③ Wittgenstein, Notebooks 1914 - 1916, 1916 年 7 月 30 日。

幸福变成一个能够分析的问题,在此不论)。

从传统的怀疑论到取消论,从"没有理由证明 p 是个答案"到"没有理由认为 p 是个问题",哲学受到强大的挑战。可是人们义无反顾地希望能够获得关于各种根本问题的积极正面的解释,这一点不可视而不见。"希望"本身就是一个重要问题,"希望"必须得到解决,否则生活不好过,这是个生活事实。如果一种思想不能给人希望,就是不负责任。在这里,怀疑论把自己陷入一个悖论:怀疑论是头脑清楚的,因为它消除了各种幻想;而怀疑论消除了各种幻想,于是就没有什么值得思想了,而如果没有值得思想的问题,那么清楚的思想方法也是无意义的。苏格拉底还只是陷入于"茫然"(aporia),而维特根斯坦则甚至要陷入于绝望。尽管怀疑论的论证是杰出的,但是肯定有什么地方不大对头,肯定有什么地方误解了人类思想。首先应该意识到这样一个问题:知识不可能仅仅为了知识本身,思想也不可能仅仅为了思想本身,思想终究是要为生活负责任的,思想问题必须服从生活问题,**所思的问题必须来源于所做的问题**。生活需要希望,所以思想必须创造希望。陷生活于失望的思想是坏的思想。

八、语言画饼

20 世纪最大的哲学运动往往被称为"语言学转向",但它的哲学成就却决非很大,如果不说其实很小的话。不过这一运动所连带的逻辑学成就却无比辉煌。由于语言/逻辑分析强调严格技术,因此它利用并促进了逻辑学的惊人发展,其中弗莱格、罗素、怀特海、哥德尔、塔斯基、克里普克等等所做出的逻辑学成就如此伟大,以至于使逻辑学成熟到了几乎不再有什么重大问题了(目前看是这样)。但逻辑学成就与哲学成就是两回事,当把逻辑学成就分离出去时,就容易看清楚语言哲学的局限。

"语言学转向"在今天已经衰落,人们失望地发现这一运动几乎没有解决什么问题,反而搞乱了许多问题。在精神气质上说,"语言学转向"试图说服人们"画饼"真的能够充饥,语言(包括符号)就是画出来的一大块饼。语言是一个美丽世界,但却是个伪实在。语言哲学对各种哲学问题的所谓解决基本上都是画饼充饥模式，大概相当于说，问题 p 是不可能得到解决的，因为 p 被表达为难以解决的形式，这样是在为难人，因此，我们可以把 p 另外表达为我们能够解决的 p′，而既然 p′是可以解决的，那么就总算是解决了某个问题。纸上的饼虽然不能吃，但我们好歹有了个饼。看见画出来的饼，确实有些令人激动，但是如果总是没有真正的饼，人们最终会失去耐心。

尽管语言哲学没有取得真正的思想突破，但它是知识论中的一个非常有趣的发展环节，应该说，选择语言问题去发展哲学并非没有道理。正如前面讨论到的，人们的直接兴趣是关于世界本质的问题，但是存在论的研究遇到不可逾越的困难，于是就只好转向世界的对应体——意识（心灵和观念）——去寻求解决，而当在意识领域中又遇到巨大困难时，人们就转向意识的表达形式，即语言。从意识拯救世界，到语言拯救意识，这看起来似乎顺理成章，但问题是我们没有获得结果，而只是得到结果的影子。假定人们在研究世界时认为“x 是如此这般的”；由于世界的超越性使得这样的断言不能被证明，于是就说是“在意识中，x 是如此这般的”；又因为这样的断言可能导致失控的理解和主观妄想，于是又改写成“在语言 L 中，x 是如此这般的”。这样一个演变过程并没有解决问题，尽管问题的表达方式变了，但其中的核心困难是同构的。这种演变有些类似于对于同一件事情，我们不断地说“或者说，也可以说，换句话说……”，原本问题总会卷土重来。

不过，把原本关于世界的问题以及表现为意识的问题改写成语言问题，是有个必须重视的理由的，简单地说，世界的超越性和意识的主观性使得我们**没有条件**说清楚问题，而语言是一种公共存在形式，假如语言中的意义得到合法的界定，那么，语言世界就具有了客观性，它就变成像科学和数学世界那样可以清楚严格去计算的对象。

凡是基于这个理由的语言哲学就属于语言学转向中的语义学道路，也就是分析哲学的道路。也许通过逻辑分析，语言世界可以去伪存真地成为一个客观世界，原来各种身份不明或心怀不轨的主观主义分子都被清除出去，于是语言就被制造成另一个客观本体。可是这样的话，人们就不可能思想了，因为思想在于能够“胡思乱想”，能够按照思想的各种莫名其妙的冲动去创造性地思想，假如语言变成一个客观本体,人们惟一能够做的事情就是去服从这种绝对语言所规定好了的意义和表达式,至多只能在规定好了的现成意义和命题中进行挑选,这样就只是语言自己在“说话”而不是心灵在“思想”,因为说的都是已经事先准备好了的或规定好了的表达。我们或许能够证明任一概念 c 或者命题 p 在给定的正确语言 L 中的意义,但不可能证明这样一些意义就是我们所需要的意义。生活在那个无缺点的语言中就是“生活在别处”。**别处**的事情也许说清楚了,可是**此处**(真实生活)的问题原封不动。无缺点的语言总以牺牲自然状态的语言的复杂性为代价,而世界和生活的问题都是非常复杂的,牺牲了复杂性的语言就恐怕“载不动许多愁”了。

自从维特根斯坦发现由逻辑主宰的语言既背叛了真实语言又背叛了真实世界,语言哲学就发生了另一次语言学转向,通常称为语用学转向,以后期维特根斯坦哲学、日常语言学派和哈贝马斯交往理论为代表。这一回归真实语言的运动不再特别关心语言的逻辑意义(逻辑意义只是语言意义的特例),而转向关心语言的生活实践,这样,语言的**所有相关情况**就都被考虑在内,包括语境、背景、用法、说话者、说话对象、旁听者、心理状态、动机和目的、情感和性格、利益关系、价值观念,等等。事实上,当试图讨论真实语言,就等于不得不讨论所有事情,因为语言的“所有相关情况”无穷多,永远说不完。当转向真实语言,分析哲学所想像的语言逻辑堤坝就被打开,不是开闸,而是全面溃堤,全部问题都似乎必须重新来过。

把所有问题都换算成日常语言问题来分析,这倒是可能的,但恐怕并不是最好的办法。我们在生活中本来就通过日常语言(自然语言)在处理着所有事情以及相关情景,在这一点上,语用学哲学确实进步了,它不再画饼充饥,日常语言问题似乎可以成为真实问题的等价兑换券,但终究还是有些似是而非。可以考虑一个描述/分析的“厚薄”问题。人类学家格尔兹从日常语言哲学家赖尔那里学到“浓厚描述”(thick description)理论,就是说,如果要真正有效地理解和分析一个事情,对它的描述就必须“足够厚”,单薄的描述不能全面揭示所需要的复杂细节和隐藏着的意义。这个理论对于人类学田野和日常语言分析同样有效,但问题是,怎样才算达到足够浓厚?这似乎是个无底洞;同时,假定真的能够做到足够浓厚,几乎就像真实生活那样浓厚,可是那样的话,意义和问题症结就又给太厚的“杂多”掩盖回去了——真实生活就是因为太浓厚而看不清被掩盖着的各种秘密,所以才需要被分析——好像有个怪圈。

还有更困难的问题,语用学哲学相信在语言活动中能够解决实践中的困难(典型的如哈贝马斯的交往理论),这一信心来自语言与实践的对称性,即我们真实的语言几乎涉及了所有实践事实。但这一对称性仅仅是从"事实"的角度去看到的对称性——可以做的都可以表达为可以说的,也就是,一个实践事实都可以表达/复制为一个语言事实。假如换个角度,从"问题"去看,就未必存在这样的对称性了——实践问题未必都能够还原为语言问题。实践问题与语言问题又存在着一种不对称的关系。对语言的盲目崇拜就是仅仅看到语言与实践的对称方面而没有看到不对称的方面。可以采取一个理想化的假定来分析这个问题:一种语用学意义上的浓厚语言 L 把生活事实集合 $F(f^1,f^2,f^3,\cdots f^n,\cdots)$ 成功地表达为语言描述集合 $D(d^1,d^2,d^3,\cdots d^n,\cdots)$——当然这个假定过于乐观,大多数人不会同意,但不要紧。在这个情况下,**事实都被说到了**,这一点没有问题,思维本来就是用语言在说各种事情,但说出问题并不等于解决问题,问题终究只能在实践中解决。语言被理解为一种行为,这是意味深长的,这样就似乎赋予了语言去解决问题的能力。虽然语言活动也是一种行为,但是语言行为是一种特殊的行为,它所能够采用的行为手段仅仅是各种语词和语句,这意味着语言行为**无法不择手段**,而被局限于语言表达形式,当把真实生活的各种行为转换为语言行为时就必定出现不对称的或者说不对等的交易。一个语句只能与另一个语句"交谈",只能按照对话规则和逻辑进行对话,只能指出另一个语句的错误而不能杀死它。

语言是生活中的一种行为,这一语用学意识是正确的,但是如果把"说话即做事"夸大成"做事可以兑换成说话"则是错误的。我们只能在语言中去思考任何问题,但这不等于我们要思考的只是语言问题。在语言中对事实进行分析时所根据的仍然必须是实践的理由而不能依据语言的理由,思想要发现的仍然是事实的逻辑而不是对话的逻辑。严格地说,根本不存在什么对话的逻辑。语言是生活的替身,如果这一替身是惟妙惟肖的,那么我们在语言中研究的就仍然只是生活的问题;如果这一替身有太多自己的表演,那么思想就会被误导。因此,把语言问题当成哲学的核心问题或者是多此一举的,或者是节外生枝的。维特根斯坦关于语言的"意义/用法"理论很容易被误解,维特根斯坦只是要求必须通过分析特定游戏的规则和实践去理解在游戏中某个行为的意义，而需要分析什么样的游戏则取决于我们实际上遇到什么困难，他恐怕并不鼓励把哲学做成语言学。

语言问题并非不重要，语言哲学可以是研究哲学问题的一种有效的策略，但语言本身毕竟不是哲学的核心问题，因为关于语言的研究可以成为一种知识，能够变成知识的问题就不是人们最深切的烦恼，真正的哲学问题总是那些无法回避而又永远超越了知识能力的问题。

九、到底有哪些东西是超越的？

人们喜欢说，有一些东西是"超越的"（transcendent），这个概念既表达了知识的绝望又表达了心中顽强的希望，那么，到底什么是超越的？在许多语境中，超越的东西主要与宗教和神学有关，但哲学对神学不感兴趣，这里要讨论的是从哲学去看的超越性（尽管这两种角度在思想史中有关系）。

关于超越存在，没有一个绝对标准的说法，但可以有几种同样好的表述。在康德看来，凡是在经验意识之中的表象，就称为内在的；凡是超越了经验界限的存在，就称为超越的。这是一种经典的理解。还可以进一步说，凡是理性无法做主和管理不了的领域，凡是知识无能为力的领域，凡是对人的自由构成了绝对限制的事物，都是超越的。更学术一些地说，凡是在主观性（Subjectivity）的能力/权力界限之外的，无论如何也不可能由主观性所解释、安排和支配的东西，也就是无论如何不可能归化为主观性所做主和立法领域中的事物，即对于主观性来说，永远能够保持其无法克服的**外在性**（exteriority）的事物，就是超越的。我们这里的定义不仅考虑到了经验的界限，而且还考虑到意志和权力方面的界限，这样，关于超越性的理解也许就比较全面了。

这里隐藏着一个往往被忽视但实际上很重要的问题，这就是关于"主观性"的理解。"主观性"概念至少有两层含义，它可以是一般的主观性（代表人类思想的普遍主体），还可以是特殊的主观性（落实为个人的主观性）。不同意义上的主观性决定了不同规模的超越领域和超越项目。

在通常的知识论里，主观性指的是一般意义和普遍意义上的我思的全部性质，即一个非专属的、人类性的而非个人性的我思的一般的和普遍的性质。这个“一般我思”是无名的、通用的、共同的，它不代表个人而代表人类心灵，因此它以人类的名义去说话和思想。对于一般主观性，超越的存在项目至少有：万物本原、事物本质、世界总体、绝对价值和人类命运。这些东西被认为都是不可知的并且是无法操纵和控制的，它们都在一般主观性的界限之外，是主观性所消化不了的。如果把所有这些超越的东西合成一个东西，就变成了上帝，形而上学就变成了神学，也就不再有能够讨论和值得讨论的问题了，所有问题都由上帝的概念所解释，所有问题就都消失了，思想也就没有了，因此，上帝是对思想的终结。“信仰取消思想”的模式有着极其深远的恶劣影响(后面再论)。

对于一般主观性，知识对象也是个一般对象，就好像所有心灵只是同一个我思在认识同一个事物。但当进入关于人的知识问题时，知识论就遇到一个很不寻常的对象，即“他人”。他人似乎是个对象，但又拒绝成为对象。对象是不体面的，是主体的管理物件，是工具和杂物，当“我”在看他人时，“我”往往把他人看成这样那样，认为他人应该如何不应该如何，总想左右他人，就好像“我”是天赋的立法者，有着先天立法权力。完全错了，“我”可以给世界立法，却不可能给他人立法。他人总是看不透的，他总能够与我想得不一样，至少能够故意想得不一样；他人总能够按照他自己的想法去做事，能够拒绝我，不理我，与我斗争，甚至压迫我，能够故意让我觉得恶心。就像我什么都干得出来，他人也什么都干得出来。在理论上，这一对等的剑拔弩张至少也是各怀心事的生活事实决定了他人问题从根本上说不是一个知识论问题，而是存在论、伦理学和政治学的共同问题，甚至还是个美学问题。总之，他人是个全方位的生活问题，他人是我的衣食父母，是我的恩和情，是我的爱与恨，是我的兄弟，是我的敌人，如此等等。列维纳斯甚至会夸张地认为他人是我的上帝，这一点却是胡说(这是西方的地方知识，而不是普遍知识)；而萨特则喜欢说他人是地狱，这更是不负责任的胡说。

他人的特殊性就在于，他人虽是个外在的绝对存在，却又是时时刻刻无法回避的身边存在，他人总是进入我的世界，因此，他人是一个**内部的外在存在**，是一个在我的世界中的外部存在，他人总是让我的世界崩溃。更准确地说，我和他人不得不小心共处才能共有某个世界，无论是我还是他人都不可能拥有一个单独属于自己的完整世界，**任何一个主体都从来没有拥有过一个世界**，这样就破坏了我的世界的封闭性，打破了我对我的世界的独裁，取消了“我的世界”这个幻象，我的世界不得不向他人开放。按照列维纳斯的说法，“我”的本性就是以占有和享乐为目标的利己存在方式(egoism)，“我”总是力图消除各种事物的异己性，试图把它们纳入我任意做主的“地盘”(site)，从而把它们变成“我的东西”，可是在面对他人时“我拿他人没有办法，就算我能够任意处置他，他也已经从本质上摆脱了我的掌握。他根本不属于我的地盘”①。世俗地说就是，即使征服了他人的身体，也征服不了他人的心，因此，“我”想拥有一个完整世界的阴谋必定破产。列维纳斯很喜欢“战争”这个隐喻，它不仅指军事上的战争，而且是作为一般利益争夺的战争，甚至可以是精神上的战争。“战争”的关系充分表现了“我”的利己性和“他人”的外在性。施米特也喜欢战争的概念，他发现人之间的基本关系是政治关系，而所谓政治主要就是“区分敌友”。与施米特不同的是，列维纳斯似乎相信伦理学能够解决人际紧张的政治关系问题。

列维纳斯对他人的形而上学分析发现了“他人”是个近在眼前、挤在身边的超越者。他相信他人是一个比各种传统形而上学问题更重要的形而上学问题，以至于他声称伦理学才是第一哲学。把哲学的焦点从“世界”转向“他人”，这在西方哲学里是个非常另类的改革，但如果放在中国哲学背景里就很平常。中国哲学有着完全不同的问题框架，它从来就是以“他人”作为第一主题的。尽管列维纳斯独立地发现了他人问题，却因为受制于西方哲学框架而没有能够充分展开这一问题。他关于他人问题的理解显然太简单化和太理想化。“他人”是复杂到包含所有问题的一个问题，在中国哲学框架里，“他人”问题同时在伦理学、政治哲学和形而上学等方向展开，包括儒道法以及兵家和阴阳家等在内的“百家”都采取了关于他人问题的复杂思维模式。

他人作为外在存在的严重性远远超过事物和世界的外在性。万物本原、事物本质、世界总体这些概念所表达的是一些不能被表达的东西，即使我们永远不知道

---

① Levinas, *Totality and Infinity*, Martinus Nijhoff, 1979, p.39.

它们是什么,也不要紧,反正世界只是摆在那里(being there),它自己呆着(in itself),它能够管好自己,不管它是好是坏,我们都没有选择。世界具有麻木不仁的外在性(所谓"天地不仁"),我们对世界惟一能够做的事情就是调整我们自己去达到与世界和谐,在这个问题上,中国的形而上学是惟一有积极意义的形而上学,它要求人类去迎合自然而不是去征服自然。世界是严重的,但它是惰性的,可是他人却有着非常积极的外在性,他与我互相干涉,这种互相干涉不仅决定了每个人的**命运**——由决定"运"(fortune)而决定"命"(fate),而且是每个人所必需的**生活条件**,甚至是每个人的**生活意义的条件**。假如他人仅仅是"我"不可逃脱的命运,那么我就似乎可以抱怨说,命运虽然不可选择,但是我不喜欢它。事实显然并非如此,我们尽管并不喜欢**每个**他人,但却肯定喜欢某些他人(喜欢每个人或者讨厌每个人都是神经病),我们太喜欢"与他人共在"(being-with-the-others)这一命运了,因为这是我们生活意义之所在,甚至是我们所以能够有生活的条件。没有他人,生活就没有意义,也没有任何事情可做。无论是想帮助还是想迫害,想爱还是想恨,想快乐还是想厌烦,都必须有他人。没有他人,"我"直接就是个死人。

他人的外在性在于他的自由。首先是在于他的**积极自由**(the positive freedom[①])。只有积极自由才能够构成并且证明他人对于我的绝对外在性,因为积极自由是自由的最终力量所在,只有积极自由才能够使他人对我构成威胁或者与我进行合作。如果他人拥有的**仅仅是**消极自由(the negative),那么,在对我无害的时候就表现为与我无关;在对我构成限制时就是可以不择手段去克服的障碍。假如把消极自由看做自由的本质,而把积极自由看做相对次要的甚至是坏的,那将非常危险,因为如果没有积极自由作为底牌,消极自由就反而得不到保护。没有任何**可以实证**的理由去证明为什么不能摧毁某些有害的他人,仅仅声称"我们有良心"没有任何理论意义,也没有实践意义,只是一纸空话。必须注意到,把消极自由看做自由的本质或者最基本的自由,就反而是对他人的贬低和否定。只有当承认他人具有积极自由,才是对他人的全面承认,他人才因此变成一个必须认真对待和必须正确对待的存在。因此,积极自由才是自由的本质,它可以推导出相关的消极自

---

① 由于"积极自由/消极自由"问题主要出现在政治哲学语境中,因此使用 liberty 的时候比较多,但 freedom 可以容纳更多的意义,因此在此使用了 freedom。

由，而相反则不行[①]。进一步说，只有承认了积极自由的第一性，伦理学和政治学才有意义。

人的自由形成了一个比世界形而上学更重要的**生活形而上学**领域。中国哲学一直认为“天”和“人”是两个根本问题，这个问题结构还有更有趣的模式，它往往也表达为“天、地、人”的三元模式，甚至还有“天、地、人、道”的四元模式，其中“天”或“道”在理论结构上是**最大**的问题，但“人”永远被认为是核心问题或者说**最重要**的问题。中国古代哲学喜欢说这些基本问题“同样大”，并且是相通的。“相通性”是一个关键性的关系，只有当天/人被认为是相通的，天道这个大问题才会因为与人道这个重要问题相通而变成重要的；而人道这个重要问题才会因为与天道这个大问题相通而成为开阔的。由于天道远而人道近，因此只有人道才能够被直接地研究，而且，人道是其他问题之所以值得被研究的惟一理由，所以“人”的问题就成为哲学的出发点和基础问题。中国哲学从一开始就准备好了生活形而上学的思想框架，而西方形而上学的演变把形而上学的核心问题由“存在”发展到“自由”，这是一个异曲同工的觉悟。

如果说世界是“远处问题”，那么自由则是“近身问题”。在这一点上，孔子的天才直观是对的，天道远而人道近，因此，人道才是根本问题。在生活形而上学中，自由问题并不是人类针对自然的自由问题，而是他人针对我或者我针对他人所形成的“人际空间”中的自由问题。这一针对他人的存在的自由问题说明了任何生活都不是一个人**自己的**生活，而是**人们**构成的生活。于是，从理论逻辑来看，生活是第一性的，**在生活之前，我不存在，他人也不存在**。无论我还是他人，都是生活所创造和定义的。生活具有优先性，它是我和他人的共同先决条件，因此，我和他人都存在于生活的内部。借用列维纳斯的术语，生活是我与他人的共同“地盘”。更重要的是，给定我和他人都在生活中，因为他人存在，所以我才有了**我的生活**，这样，他人又是“我的生活”的基础性条件，在这一点上，他人是我的**恩人**，他人使我拥有了生活；另一方面，既然我有了我的生活，他人就又变成了干涉我的生活的外在者，变成我的生活的限制性条件，在这里，他人又是我的**仇人**。这一关系多少是悖论性

---

① 关于自由问题的分析可以参见我的论文《自由的存在论条件》，载《世界哲学》，2004(6)。

的:他人是我的绝对限制,可是我绝对需要他人。他人问题几乎蕴涵了人的问题的全部意义。

列维纳斯虽然意识到他人是个根本问题,但宗教式的热情使得列维纳斯把他人问题理解得过于简单,他仅仅突出了伦理关系而忽视了政治关系,即使在伦理关系中,他的理解也是单调的,大概只突出了他人作为恩人的意义,而且把他人理解为任一他人,这是西方哲学把每个人都看做"同样的"抽象变元的后遗症(根源在宗教把每个人的身份简化为上帝的子民)。这样去理解他人问题,与真实问题显然有很大出入。真实的他人问题是一个包含各种自相矛盾关系的问题,他人是恩人和仇人的一体化,没有他人就没有"我"的任何生活,所以"我"受恩于他人;同时,他人限制我的生活,所以又是仇人。于是,这里出现了在逻辑上绝对变态的一种关系:每个人都在**恩将仇报**。正是因为人人恩将仇报这一惊心动魄的背景,伦理学所要求的**以德报怨**才具有感天动地的意义。无论是恩将仇报还是以德报怨,都是人类生活的特异方式,因此才形成了比自然复杂得多、超越了自然规律的人文生活,才形成了科学所不能分析的伦理学和政治学问题。

当进入到生活问题,主观性就实现为我和他人各自的特殊主观性,于是,知识论意义上的一般主观性就退为背景,而我的主观性和他人的主观性就突出成为核心问题。主观性的具体化改变了主观性的界限,主观性不再以代表人类的我思的思想先天条件作为界限,而变成了以个人身体作为界限,更准确地说,是以身体的利益范围作为界限。**以身体为界,而不再以思想为界,**这种个体化的主观性又改变了主观间性(inter-subjectivity)的性质。原来作为知识论问题出现的主观间性变成了作为政治、经济和伦理问题而出现的**人际关系**,包括敌友关系、合作关系、情感关系、家庭关系、责任关系等无数种实质化了的人际关系。这些人际关系都是生活形而上学的核心问题。生活是个整体,各种人际关系必须被一起考虑,同时计算在内,否则每种人际关系都会被错误地理解。因此,把生活问题分成政治学、伦理学、经济学和社会学等领域中的问题,实际上并不合适,这种分类的知识生产是对事实的不公正和不认真。在西方哲学框架里,要建立一种全面完整的生活形而上学显然有着很大的困难,在这里,中国哲学显示出了优越性。

在主观性问题上的演变意味着一个深刻的哲学方向变化。在单纯考虑知识论问题时，所谓的我思和主观性都仅仅是个关于“心思”(mind)的问题。虽然人们心思不一，意见相左，但不同的心思毕竟都是以同样的理性在思考，都在同样的知识/思想条件和标准上进行思考(比如说不同的意见都使用同样的逻辑和论证方法)，因此，作为共同普遍理性的心思是同理的。既然有着共同普遍的思想形式，于是，人们所见不同往往只是因为短见、偏见和错误信息等知识论缺陷所造成的分歧，但这些分歧不会形成对知识的根本挑战，因为**从理论上说**，这些分歧总能够通过理性对话和审查而得到解决。所谓理性对话/审查就是实事求是、以理服人，从而排除错误而发现真理，超越分歧而达成共识。于是，当假设了一般和普遍的主观性，理性上的主观间性是不成问题的。可是必须注意到，这样的主观间性仅仅是知识论意义上的主观间性，是理性思维之间的一致性，而不是人之间的一致性。我们以**整个人**在生活着，而不是以思想在生活，心思表达不了也代表不了人的整个存在。当以心思作为哲学问题的分析框架，人的问题就被压缩为理性的问题，生活问题就被削弱为知识问题和对话问题，实践关系就被简化为论辩关系。这正是从希腊哲学到当代西方哲学的主流错误。从苏格拉底到哈贝马斯，都相信主体间的意见分歧能够通过理性分析和论辩而获得解决。由此可以理解，为什么在当代哲学中，语言问题被当成了拯救知识问题的方舟。可惜这只方舟实在太小，它或许捞起了语言和知识，却把人丢了，把“人”丢了是很丢人的。

对于任何一个主体，他不仅有心思(mind)，而且有身体(body)，尤其还有心意(heart)，而且，既然一个主体是个整体，那么，他的心思、身体和心意必定不宜单独理解。对于中国哲学，思、身和心是一体的，但是在西方哲学中却被分别讨论，而且往往忽视心意和身体，这是个严重的原则性错误。如果说西方哲学大概可以说是“心思的哲学”(philosophy of mind)，那么中国哲学就是“心意的哲学”(philosophy of heart)[①]。

严格属于心思的问题就是关于我思的问题。胡塞尔成功地论证了我思必定具有内在于我思的普遍纯粹所思。这个普遍纯粹所思固然在每个人的我思中都是一样的，可问题是每个人却有着不同的想法，这说明，所思不仅仅是纯粹的所思，不仅

① 我原来把中国哲学说是“心事哲学”，现在改称“心意哲学”，所指并没有变化。

仅包括纯粹的内容,而且还包括永远与纯粹所思不可分离的不纯内容,这些不纯内容**也同样**不可能被还原掉。出于难以理解的偏执,先验哲学总想驱逐那些不纯的思想内容,这不仅对思想不公,而且破坏对人的正确理解。当把人纯化为理性,人就变成了一个变态存在。理性所以重要,是因为理性可以用来分析和管理非理性的事情,假如不考虑非理性的欲望、情感和梦想,理性就没什么用,如果思想和知识不是效力于心意和身体,那么就是废物。mind 本身不构成问题,只有当它思考 heart 的问题时,它才变成问题。西方哲学的根本失误就在于它把 mind 的问题看得高于 heart 的问题,这是典型的颠倒本末。

由于回避了生活问题,心思的哲学就非常容易由于思想过于贫乏而不得不杜撰出各种荒谬问题并且陷于其中而乐不思蜀。我愿意举出普特南关于"缸中之脑"的讨论[①],他试图通过这个荒谬的例子讨论怀疑论以及外部世界问题。为了对付这个"愚蠢的假设"(他自己说的),普特南甚至动用了哲学论证的多种屠龙绝技,但问题是,哲学需要这么费劲吗?本来很深刻的问题需要重新表达成愚蠢的问题吗?尤其是,真正需要研究的严重问题那么多,我们为什么要研究那些与真实困惑既不靠谱也不重要的离奇问题?在现代哲学中像这类虚拟问题很多,也不觉得腻味。古典形而上学虽然不可信,但它毕竟研究的是关于世界的宏大想像,现代哲学所思考的反而有许多是既不脚踏实地又琐碎无聊的问题。

幸亏在知识论中被删掉的那些重要问题总能够在政治学、伦理学和生活哲学中卷土重来。知识是为了生活的,所以知识论终究不能过于随便地还原掉不符合知识理想的东西。现象学还原对于事物来说仅仅在特定理由下是合适的,但严格地说,终究是不合适的。把事物还原为 noematic sinn 是对事物不公,在这个关于事物的纯粹意识里,我们看不到事物的各种价值关系和利益关系,甚至还使事物失去了那些变幻不定的美学性质,而只有关于"事物本身"的那些"真金不怕火炼"[②] 的恒定思想意义,可问题是,如果不在价值和利益关系中去思考事物,知识论又有什

① 参见 Putnam,"*Brains in a vat*" *in Reason*, *Truth and History*, Cambridge Univ, 1981。他说,假定我们的脑被"邪恶的科学家"切下来养在高科技的缸里,连着电脑,电脑提供给我们可怜的脑全部可爱的幻觉,于是我们就以为我们还在正常生活着……然后就出现这样那样的问题。

② 胡塞尔自己喜欢的说法是,那些纯粹意识是"烧不掉的"。

么意义呢？现象学还原对于事物也许还是有效的，但对于人的存在来说就太不合适了。没有研究到人的哲学是没有意义的（海德格尔显然意识到这一点，所以他要转向研究人的存在）。不纯的所思内容来自身体的欲望和以身体为根据的利益，尤其还来自个人的精神世界所形成的顽强心意。事实上，欲望、利益和精神价值构成了大部分真正的所思内容——人们在心里念念不忘并且百折不挠去追求的就是那些与生命有关的真实的东西，人们并不去追求纯粹的 noema，因为 noema 只不过是真实存在的虚拟代用品，仅仅有了事物的“纯粹含义”，还是跟没有一样。如果思考的不是欲望、利益和精神价值，那么任何一个主体就不会去思考任何别的事情，尤其不会去思考真理与知识；如果不以生活问题为目的，别的问题就变得不值一想；如果不是为了自由与幸福、爱情与友谊、权力与权利、公正与不公、剥削与压迫、战争与和平、称王与称霸、统治与秩序、安宁与安心、美丽与健康、光荣与梦想、成功与成就、作威与作福、生存质量与生活品质、荣华富贵与花天酒地、杀人放火与快意恩仇，如此等等，那么，知识与真理就都是无意义的。当把心意和身体利益提取出去，不予考虑，心思就只剩下空洞的意向性。**纯粹的我思不是人**。按照中国哲学，人必须是个有心（heart）的“身”，这个“身”与海德格尔的 Dasein 有相通之处。

理性化的主观性以及主观间性只是个知识论神话，虽然在理论上看上去很美，却根本解决不了实践上需要解决的任何问题，因为在生活实践中的各种问题，无论是情感问题还是利益问题，没有一个本身是理性问题。哲学一直都在犯一个错误，以为理性要解决的是理性本身的问题，而实际上**理性要解决的却是非理性的问题**。我与他人之间的问题本质上就是个如何处理人的欲望、利益和幸福的实践问题。我必须处理与他人共有的生活事实，我必须与他人一起创造一个共同世界，这个生活事实就是**第一事实**。

在这里可以考虑哈贝马斯利用理性化的主观间性所做出的可敬的最后努力。他相信，如果主观间性能够落实为理性的交往实践，那么，各种问题最后总能够得到解决。这个努力之所以值得赞叹，是因为哈贝马斯也不满足于知识的理性化，而试图把实践也理性化，这样的话，理性就完成了对人的彻底统治（也就完成了启蒙与现代性）。这是一个理性帝国主义的幻想。他的最为有趣的想像可能是交往的乌托邦，按照规定，这个交往乌托邦总是满足“理想的说话状况”，它意味着一组能够保证理性最大效率的对话条件，大概相当于日常所说的开诚布公、平心静气、真心实意并且以理服人。[①] 这些条件看起来太过平常(以至于哈贝马斯看上去好像有些傻里傻气)，但其实真要做到永远符合这些平常条件就不简单了。据说，当满足那些条件，人们就能够做到：(1)通过对话而建立互相理解；(2)进而，基于互相理解而达成共识；(3)最后，在共识基础上建立大家都满意的社会契约、规则和制度。其中的逻辑是：给定对话总是以理性为准，就会形成从互相理解发展为共识，再发展为合作这样一个**必然的连续过程**。哈贝马斯的这个交往乌托邦受到不少批评，往往被认为是缺乏实际意义的空想。也许现实真的永远没有条件建立这样的交往乌托邦，但这样的批评却也没有深入真正的问题，因为这并没有动摇**作为理论可能性**的交往乌托邦。批评远大理想是可耻的，理想即使不能实现，它至少也有积极的指导意义。因此，问题不在于它是不是乌托邦，而在于这个乌托邦在理论上是否合理。

哈贝马斯的真正理论困难是出在他不能解释"接受问题"。这本来是对话过程中的关键环节，但在哈贝马斯想像的那个必然链条中，他省略了"(互相)接受"这个必要环节。一个完整的人际交往程序必须包括对话、互相理解、互相接受、达成共识、形成合作这样一系列步骤，其中"互相接受"是个最关键的环节，只要克服了这一困难，**后继的所有环节**就都水到渠成。哈贝马斯仔细讨论了各个其他环节，分析了各种不太重要的条件，惟独对这个关键条件轻描淡写。可是掩盖困难不等于能够混过困难。很显然，从"理解"到"共识"之间存在着"接受"这个环节，如果少了这个环节，从理解就不可能必然过渡到共识，因为存在这样一个事实：**理解不能保证接受**。[②] 如果不能互相接受，那就是敌对关系，就无从达成共识。比如说，我完全理解了他人的欲望、要求、心情、困难和处境，我非常同情，但还是无法接受他的行为和要求，因为如果接受了他的要求，就可能会损害我的利益甚至社会的利益。"不接受"意味着交往的破产，也意味着理性化的主观间性的最后破产。

---

① 参见[德]哈贝马斯：《交往行为理论》，第一卷，23、42、100、312页，上海人民出版社，2004。

② 我给哈贝马斯提出过这个问题(后来我在文章中也有论述，参见《没有世界观的世界》，102～104页，中国人民大学出版社，2003)，他辩解说，如果人们真的能够严格控制理性对话，并且加上"足够长的时间"，就应该能够慢慢发现越来越多的可以互相接受的东西……因此，理性对话还是决定性的。这个辩护还是不能成立，时间也许能够消磨掉一些距离，但是不见得能够克服真正严重的利益冲突，而且时间是两面性的，它既能够减少矛盾，可是还能够产生新的矛盾。

哈贝马斯自己似乎也多少意识到这个暗藏着的困难,他说,在对话中,“说了算数的理由只能是参与各方共同可以接受的那些理由”,[1]而某一方自己“一相情愿”的理由则不起作用。但这样说还是在试图蒙混过关,因为,那些仅仅根据理性而得到人们共同承认的理由少得可怜,而且主要是一些形式方面的理由,无非是逻辑规则、理性辩论规则、公正的操作程序之类,最多有某些碰巧一致的利益,而人们所各自誓死捍卫的大多数理由都是不能够共同接受的,对于人们各自来说无比重要的理由总是落在共同接受的范围之外,因为人各有私利、私心、偏好和独特的价值标准。尤其是,那些碰巧能够被共同接受的理由**本来就事先**被共同接受了,它们从来就不成问题(举出一些众望所归的理由并没有推进任何事情),而那些不能共同接受的理由才是困难所在,才是真正需要研究的事情。哈贝马斯理论不能应对“接受问题”,而只是试图绕过它,这样无济于事。

可以看出,以心思作为哲学分析框架确实太小了,它漏掉了属于心意和身体的各种问题。如果生活问题是晦暗的,知识和思想无论多么清楚都没有意义。这就是从笛卡儿、康德到胡塞尔和哈贝马斯哲学中的主体性原则和主观间性原则的根本困难。哲学到底需要反思的是什么?是把思想自身想清楚,还是把生活想清楚?毫无疑问,这两者都需要,但生活问题才是哲学的**第一问题**。生活问题要处理的是“他人”这个直接决定着“我”的命运的超越者。Mind 是共同的,Heart 才是特殊的,所以,他人的特殊性并不落实在 mind 上,而是落实在 heart 上。由 mind 向 heart 的问题转变将是“任何一种未来的形而上学”(套用康德的话)所以可能的条件,它要讨论的不再是主观间性(inter-subjectivity),而是**心际间性**(inter-hearts)。

十、真理和公正相继失守

哲学的努力似乎是一个真理和公正相继失守的过程。真理和公正分别是知识与人事两大领域的基本标准,这两个基本标准被动摇将使哲学发生根本性的变化。

---

① Habermas, *Between Facts and Norms*. Polity, 1997, p. 119.

在真理方面,除了逻辑/数学以及关于有限特殊经验的知识是可靠的,别的知识都不可靠。追求经验的普遍知识的失败原因大概可以这样概括:由于人心(hearts)各异,因此在任何问题上都众说纷纭,希腊人说那都是些一己之见(doxa),没有人愿意承认别人的一己之见,于是试图找到某种方法来发现人人不得不承认的真理。"不得不承认"的力量来自普遍必然性。既然真理是普遍必然的,因此就**只有同样普遍必然的方法**才能够发现真理,这就是"理性"了。通过对理性的反思,人们能够证明到这种程度:

> 给定外来材料(data)为 d,根据理性先天能力,从 d 中必然只能产生出知识 k,而不可能是别的什么,于是 k 就是我们所能够获得的惟一知识。

这是康德式的纲领。但是由"k 只能是如此这般的"无法推出"事物必定是如此这般的",甚至无法推论说"k 是惟一可能的知识"——我们只能有 k 不等于关于事物的可能知识仅仅只有一种,因为,对于我们来说 k 是惟一的,这并不等于说,对于事物来说 k 是惟一的。这里有个无法逾越的界限:我们越不过 k 的界限,因此就看不到 k 之外是什么样。尽管理性的普遍必然性能够光荣地通过先验论证,可是这一辉煌的荣誉也仅仅证明我们能够有知识,却不能够证明有了真理。普遍必然的理性方法所生产的知识**不等于**就是普遍必然的真理,这个结果相当令人失望,它意味着从"普遍必然方法"到"普遍必然真理"的过渡是可疑的。理性的必然形式只能说明"我们这样想没错",却不能表达"世界真是这样的"。可是痛苦的是,在普遍必然性之外,我们再找不到别的什么可以信任的指标了。

社会或生活的知识(通常说是人文社会科学)的情况更加无法乐观。现代的社会知识喜欢模仿自然科学,以为通过这种模仿就能够提高社会知识的可信度,但事实上这种邯郸学步不仅没有解决问题,反而使社会知识的困难变得更加显眼,几乎成了东施效颦。量化和模式化的社会知识使人们发现,除了增加了大量无聊信息,所有需要解决的问题还是原封不动。原因在于,任何一个社会事实不仅具有各种可描述的客观性质,而且还具有无法还原为客观描述的价值负荷,而需要解决的问题以及这些问题的症结偏偏都落实在价值方面而不是在客观性质方面。对于价值问题,无论多么详尽的客观描述都无济于事。天无绝人之路,幸亏在知识理性之外还有实践理性。对于实践理性来说,普遍必然的判断标准是公正。公正几乎与真理一样具有理所当然的力量,公正之与实践就像真理之与知识,公正看起来是个救星。

可是公正问题比真理问题更加复杂。假定公正是一种客观标准,那么它必定只能是一种仅仅作为形式关系的公正,而不可能是实质公正(不能确定内容),而如果没有实质公正,公正就是空洞的①。就是说,即使作为形式关系的公正是可以客观确定的,在这个形式关系中的具体价值内容却不可能是客观的,而只能在主观间实践中被规定或约定。这样,公正就只不过是基于某种约定的公正关系,而至于那个要命的**约定**是否公正,则无从判断了。这类似于逻辑只能保证推论的真理,而前提是否为真,则不得而知。一般认为,利益和价值观的分歧可以通过合理的公共选择而得到"公正的"解决。可是,任何一种公共选择,无论是自由市场、群众运动还是投票选举所形成的选择结果,都不等于(更不必然是)一个好的或正当的结果。比如说,以最简单的情况来计算,一个由三个人组成的共同体,如果其中两个是坏人,那么任何公共选择都将是坏的;假如其中只有一个是坏人,他也仍然有希望能够利用别人的弱点以及公关/宣传手段而左右公共选择。因此,民主和市场之类的公共选择方式并不能保证社会知识、社会价值和社会制度的价值优越。既然价值选择是公正的程序所不能控制的,那么,公正就不足以解决实践的正当性问题。

到目前为止,真理和公正这两项人类最感兴趣的目标还仍然是神话,而如果不去追求这两种事情,就连神话也没有了,只剩下坏的现实。看来,如果要拯救真理和公正,就必须重新思考甚至重新定义真理和公正。而要重新理解真理和公正,就必须重建一个能够有效分析"人与世界"和"人与他人关系"的分析框架。世界和他人是无法回避的形而上学问题,但是这两个基本问题在西方哲学框架中已经走投无路。

① 关于公正问题,我在《论可能生活》中有比较详细的分析,在此不论。

十一、人们为什么迷恋终极问题?

在已经发现的诸种超越的项目中,除了他人是近在眼前的,其他都远不可见。虽然我们有理由肯定他人是有真正决定意义的超越性问题,但那些遥远的终极问题似乎更吸引人。追问终极问题的哲学雄心属于古典哲学风格,早已力不从心,但即使在现在,它仍然是哲学爱好者甚至大众对哲学的期待和一般想像,人们希望哲学能够回答那些“最大的”问题。

经典形而上学虽然貌似但其实并非学院派哲学,它反而是真正的大众哲学,因为它试图回答的正是大众所幻想的。传统哲学,特别典型者如德国古典哲学,使用了许多晦涩的专业词汇和复杂的论证而显得很学院化。从表面上看,那些专业词汇是拒斥大众的,但这是个假象。大众或许不很理解那些晦涩词汇,但隐藏在那些晦涩词汇背后的问题其实相当简单,而对简单而宏大的问题进行晦涩讨论,最能满足大众的想像,所以,传统形而上学在精神气质上是属于大众的,因为大众喜欢听到宣称对终极问题给出了神奇答案的哲学。黑格尔、尼采和海德格尔都是大众哲学。很显然,人人都会想到一些终极问题,而终极问题又总是无法回答,越难以解答就越引起人们对神奇答案的期望。假如对那些无法回答的问题进行清楚的分析,反而会让人失望,而既然那些问题是无法回答的,那么,惟一能够显得深刻的办法就是采用难以理解的表达。因此,那些古典哲学越是使用晦涩的术语,看上去就越深刻,越有神秘感,也就越能够满足大众的心理预期。不知所云的哲学反而成为大众读物,而清楚严格的哲学才是专业读物,因为玩弄语词在专家那里没有作用,专家想要知道的是**清清楚楚的技术步骤**,以便能够知道什么地方搞对或搞错了。

这的确有些悖论感:越是不知所云的哲学就越具有大众性,这就像越是不可理喻(absurdum)的信念就越容易成为大众宗教。不知所云的概念和不可理喻的信念同样都能够引导大众由日常困惑走向超越妄想,这一升华令人欢喜。日常困惑中的问题实在太多,多到令人绝望,所以那种好像能够**一揽子**解决所有困惑的终极想像就具有无法抗拒的诱惑力。大众尽管并不理解那些不知所云的学院概念,但是着实喜欢。相比之下，现代的或后现代的那些反形而上学的哲学或许在现代文化运动中更为前卫，但其实比较失败，因为它们不能引起大众的热情。值得注意的是，后现代哲学甚至引进了更多不知所云的术语，但却没有引起普遍的好奇心和心存敬畏的崇拜，其中的原因也许是，后现代哲学只是搞乱了问题，却没有给人提供可以“从此不想事”的答案。

不思就没有痛苦。思想自身有着两种相背的倾向：一方面不断思想，追求思想之永生；另一方面又隐藏着否定思想自身的欲望，于是，思想拼命追求能够停止思想的地方，或者说，思想追求思想之死。这也许可以说是思想的“哈姆雷特问题”(to be or not to be)。这一点可以解释为什么无论多么粗糙的宗教都能够吸引人。那些非常成功的宗教，例如基督教，往往在思想水平上并不高明(佛教除外，佛教包含很深刻的哲学)。思想自身的两种相背的倾向注定了一种永远的精神斗争结构：人们总会在信仰和思想之间循环选择。在这里，“信仰”是在广义上使用的，不仅指严格意义上的宗教，也指具有宗教性质的意识形态。

十二、信仰与思想之争

哲学虽是思想正道，但道路艰难。宗教(以及类似宗教的各种信仰或意识形态)则是在思想之外另辟蹊径，它虽是抵抗怀疑论的最方便法门，但也是预后最差的解决办法。以宗教/类宗教替代思想是后患无穷的，不仅严重破坏了思想自由权利和思想自由创造，而且导致社会生活的全面政治化，使政治斗争变成一种遍及日常生活的生活形式，尤其是导致了许多无法解决的社会死结。从今天的世界可以观察到，这个由各种无法调解的冲突所构成的“不共戴天的社会”就是各种宗教和意识形态的后遗症，甚至，今天世界中的泛政治意识以及各种所谓“政治正确”的意识形态都是宗教的后遗症。宗教或者类似宗教的信仰导致了世界和社会的分裂以及永远的斗争。

成熟宗教的出现是精神史上的重要事件。成熟宗教与原始宗教的差异并不是“量级”上的差别，而是“本质”上的差异。原始宗教只是思想和知识的一种补充，是用来填补知识空白的，在人们不能给出有效的知识解释(explanation)的地方，就以原始宗教充当解说(interpretation)，这样，对于那些不知道应该怎么去做的事情，就获得了去做决定的理由，即使是错误的理由，也算是有了理由。原始宗教(例如巫术或者 shaman)是对生活中的疑难问题通过通灵术进行解疑，但没有对世界和生活的所有问题做出完整一贯的系统解释，因此并不能完全支配生活，不可能成为生活的统一思想基础。而成熟宗教却不是对思想和知识的补充，相反，它试图超越甚至取消思想和知识，从而成为对世界和生活的全盘解释。

宗教首先是精神和思想领域的政治统治方式，然后进一步创造了生活政治。宗教的具体教义并不重要，重要的是宗教意味着一种政治模式：**信仰高于思想**。因此，一切事情都必须以信仰为准，这是精神/价值观的独裁形式。这种精神独裁形式与通常意义上的政治独裁形式是同构的，都是以无理由而相信、无条件而服从以及无商量地打击异己为基本特征的。宗教是对思想斗争的政治解决。思想斗争由政治来解决，这是宗教最重要的发明，而这一发明就是最早的现代性。通常以为，现代社会结束了以宗教和封建为基本特征的中世纪，这种看法是错误的。事实上现代社会只是终结了贵族统治和等级制度，而宗教不仅被保留下来了，而且还不断与时俱进、改头换面，尤其把宗教的**隐秘本质**推广落实为各种各样的变相宗教，也就是各种各样的意识形态。那种隐秘本质就是**以观念为名的群众动员**。

在宗教发明这种以观念为名的群众动员方式之前，群众动员的理由都是一些有关实际问题的理由，比如国家利益、集体利益、社会反抗或国际战争之类，这些理由都是一时的实际利益，因此群众动员也是临时性运动。而以某种观念为理由的群众动员却是长期性的，它不是为了解决具体的实际需要，而是为了在国家或政权之外建立另一种以精神为依据的权威统治，即通过对社会的精神领域(包括思想和知识)的统治而最后统治所有心灵。于是，宗教确立了“一切都是政治”的理解方式，它把思想、知识以及生活方式和生活态度都变成了政治问题。与此相配合，宗教还开创了“思想政治工作”。布道和传教以及树立榜样等政治动员方式完全不同于知识和教育活动，知识活动以疑难问题为研究对象，以真理为目的，教育则是为了普及已经获得的知识，而布道、传教以及树立榜样这些政治动员方式则把未经证明的原则当成不可怀疑的真理。

与知识相比，宗教在思维上采取了一个**颠倒结构**：任何问题的答案都是预先给定的。这一结构的逻辑结果是：既然拒绝了对基本原则的真理性和正当性的论证，那么，惟一能够确立那些原则的权威性的方法就是**政治宣传**。政治宣传的要义就是煽情、不断重复、传播的最大化和迎合大众。可以说，是宗教发明了政治宣传。当宗教的政治动员方式被广泛应用到生活的各个领域，使整个生活变成一种政治生活，也就变成了现代性的一个基本存在形式。在今天，宗教的政治动员/统治方式已经转化为现代生活的普遍操作方式，从意识形态统治、国家和企业宣传、商业、市场、传媒、广告到电视和网络以及各种属于政府的和非政府的运动，都可以看到宗教的变相存在。

从精神或思想上看，宗教所提供的观念不是要给人思考的，而是要人相信的，就是说，**相信优先于知道，并且，相信代替知道**。因此，宗教是思想的敌人，特别是哲学的敌人，因为哲学所要求的就是思想自由和思想的无限性。宗教宣称能够解释一切，但它不是一种第一哲学，而是试图成为惟一的终极解释。无论什么样的第一哲学，虽然狂妄，但它只是宣称某些问题是头号问题，最多宣称某些原理是绝对真理，但从来不反对思想的开放性和无限性。当宗教宣称成为终极解释，它就把真理和公正以及其他所有能够想到的正面价值都重新定义为它自己独家理解的教义，这样就把本来依赖公共理解的普遍价值变成私家理解的特殊共同体价值。由此可以理解为什么说宗教发明了现代政治，因为宗教总要面对一个严重的政治任务：它必须千方百计把私家价值说成普遍价值。这个高难度的任务推动了宗教的成功，又暗含着失败的因素，这其中有个很值得注意的结构。

正如前面说到的，由于宗教反对思想，这一基本原则决定了它的观念不能通过理性分析和论证而获得成功，因此，宗教观念要获得成功，其可能的成功方式就是宣传（口号、煽情、不断重复、传播的最大化，迎合大众，形象设计、行为榜样等手法）以及建立有组织的共同体。政治宣传和政治组织是宗教影响深远的发明。原来的政治问题只是关于社会秩序和社会利益分配的问题，只存在物质利益的斗争，在前宗教的社会里，人们在社会理念上虽然存在着不同意见和争论，但没有成为也不需要成为不可讨论和不可让步的事情，没有成为不共戴天的精神战争。正是宗教把政治变成了无可商量的话语斗争和精神战争，开创了心灵争夺战，这就重新定义了政治和战争，从此“战争”不仅仅是为了物质利益，而且可以为了精神权力；不仅为了攻城略地，而且可以为了攻心夺魂，因此就必定要制造出精神上或文化上的死敌，这样就又进一步重新定义了政治上的敌人概念。所谓“异教徒”(the pagan)，就是精神敌人。上帝与撒旦，信徒与异教徒，这就是政治上的绝对敌人模式的原型。

没有敌人也要创造敌人，旧的敌人消灭了就创造新的敌人，这是宗教的凝聚力的一个重要因素。如果缺乏敌人意识，宗教就很难取得长久的成功，佛教就是这方面的一个失败例子，由于佛教的基本精神是空无，就是万物没有价值论上的差异，这样就不可能发展出敌人意识，也就缺乏外在刺激(按照汤因比理论，缺乏外在刺激就难以激发内在能量)。而基督教的成功显然与它的敌人意识有密切关系(这一可怕的敌人意识到了现代则鼓励了西方世界的疯狂军事发展)。基督教当年取代伟大的希腊哲学的思想统治地位是宗教获得成功的一个范例。希腊人在思想问题上的深刻争论形成了难以处理的怀疑论问题，这在思想上敞开了巨大的漏洞，而怀疑论正是基督教获得成功的一个重要条件。[①] 新的终极解释比起怀疑论所导致的思想疲劳和深刻茫然来说似乎是一种让人豁然开朗的解脱和拯救，尤其是一种如此方便简易的拯救，不用苦苦思索，就被告知有了再也不可怀疑的最后真理。人们不仅得到了特别便宜的真理，还得到了各种以前没有发现的敌人、各种异教和异端，这样虽然失去了思想，但所有痛苦和烦恼都有了替罪羊。人们太喜欢有替罪羊了，既然有了替罪羊，自己就变成没有缺点也没有错误。替罪羊模式在今天同样受到欢迎，例如美国集团发现了“流氓国家”。

毫无疑问，宗教或者意识形态的基本观念一开始也是来自思想，但这种思想的性质十分独特，它要求的就是不再思想并且反对任何别的思想。这样一个**反思想的思想结构**否定了它自身在思想上的合法性(大概只有佛教是个例外的宗教，它虽然坚持自己的观念，但不打算禁止别的思想，所以佛教更像是哲学)。限制别的思想就是把思想变成了政治，就是创造了思想上的敌人。所以说，**思想政治和思想敌人是宗教的发明**。

---

① 吕祥在《希腊哲学中知识问题及其困境》中关于怀疑论如何成为基督教成功的条件有着引人入胜的描述和分析，湖南教育出版社，1992。

宗教对于自身观念的论证采取的是这样的形式[1]:

相信 p 是这样的,于是 p 就会被理解为这样的。

这看起来与康德关于知识条件的先验论证在形式上仿佛有些相似,但其实貌合神离,甚至毫厘千里。康德证明的是,我们只有知识条件 K,而决没有别的选择,所以就只能有基于 K 的知识 k;而我们所拥有的知识确实都是 k,这反过来证明了 K 是我们惟一的知识条件。对于宗教信念的情况来说,信念 B 虽然必然导致基于 B 的理解 b——这一点没有问题——可是 B 却不具有"别无选择性"。信念 B **并非惟一选择**,这是个关键的漏洞。在人类的意识里,B 只是其中一种可能性,除了 B 还有许多可能性。只有你愿意的话,就可以自己编造出各种同样好甚至更好的信念,根本无须去相信别人编造的信念。既然不存在关于信念 B 的必然性和惟一性的证明,宗教的自身论证就无法成立,它在思想上或在理性上就总能够被怀疑,因此,在思想能力上,宗教并没有超越怀疑论。宗教不可能"以理服人",因为不存在这样的思想条件。宗教论证从来都隐藏着巨大漏洞,比如说,奥古斯丁先论证了"不可能怀疑一切东西",因为怀疑总是有所凭借,显然,所凭借的那个东西就是不可怀疑的,例如我知道"我知道",或者我知道"我在思想",这些都是不可怀疑的。到此为止的推理还没有问题,其中的真知灼见几乎就是笛卡儿的先声。但是接下来通向上帝的证明就不成立了,概括地说就是:既然存在着一些不可怀疑的东西,其中肯定有某种在任何方面都是最好的东西,那就是上帝。这样的推论显然不能成立,完全没有必然性。

于是,宗教要获得成功,就必须不讲理,而依靠信念的功力。基督教当年成功地胜过了希腊哲学,不是依靠思想,而是通过功力。这种功力主要并非来自信念本身的美丽,更多是来自艰苦卓绝、不厌其烦、持之以恒的宣传——这一形式与今天各种成功的商业宣传和政治宣传别无二致。

如果说怀疑论成就了宗教,那么可以说,解释学又毁了宗教。尽管教徒们都相

---

① 主要根据奥古斯丁的名言"相信因此理解"(crede ut intelligas)的意思改写的。

信“同样的”原理，但由于没有一条原理具有思想上的严格性和必然性，因此总能够被不同地解释，于是，知识论问题就被转换成了解释学问题，“真理”问题又回到了“意见”问题上。为了使自己的意见获得成功，既然不可能依靠理性论证，就不得不再次卷入思想政治斗争，不得不去证明某些自己人其实也是敌人，这就又创造了**内部的政治敌人**，所谓“异端”(the heretic)。异教徒是外部敌人，异端是内部敌人，都是异己。宗教不仅发明了组织外的思想政治斗争，还发明了组织内的思想政治斗争，这样就奠定了思想政治斗争的完整模式：思想政治斗争是一个不断产生敌人同时又不断发生阵营分裂的过程，除了外部敌人，内部也总能够定义出敌人，即使夙敌消失了，也会很快定义出新的敌人。这个政治模式注定了社会的不断分裂和无所不在的仇恨。

宗教试图以“惟一信仰”代替“第一哲学”，这不仅破坏了思想而且破坏了生活。它对人类精神生活和日常生活的危害至今非常严重，尽管严格意义上的宗教在今天这个世俗社会已经不再具有统治地位，但社会的各个方面已经在模仿宗教的政治模式上走得太远了，各种宣传、市场、传媒以及各种主流意识形态和非主流意识形态，还有各种思想和话语禁区(政治不正确)，都是宗教的变相形式。作为终结思想的企图，宗教把思想论辩变成了话语斗争，把思想问题变成了政治问题，把知识问题变成了权力问题，把观念(ideas)变成了意识形态(ideologies)。因此，马克思发现了意识形态的斗争问题，福柯又发现了知识/权力的政治关系，诸如此类。在今天，各种意识形态、知识体系和文化体系都已经深深卷入在思想政治斗争的模式中，从而形成了观念的乱世，而观念乱世实为政治乱世和生活乱世的深层结构。

要避免思想之死，哲学是思想的最后希望。哲学就是在谋求能够超越意见的**普遍理由**，以便能够对各种问题有个合理的决断。人们终究需要关于幸福、公正、真理的思想，要拯救这些使人念念不忘的伟大问题还只能依靠思想自身。

十三、伦理为本与政治挂帅

正如前面所论述的，第一哲学可以有许多种可能选择，虽然不同时代会特别偏心于某种选择，但第一哲学的各种选择都有其独到的道理。像分析哲学曾经对形而上学所采取的激进拒绝态度，现在已经被证明是很不谨慎的做法，而且损害了哲学自身。如果从广义上去理解形而上学，它就是第一哲学，而在狭义上，形而上学则是存在论。广义形而上学更能够表达出形而上学的本意，更能容纳第一哲学的各种可能性以及合理演变。中国哲学从来都相当于广义的形而上学，关于“形而上”的思想就是在论“道”——包括各种根本性的道理，无论天道还是人道。中国的“形而上”概念是 metaphysics 的绝妙翻译，它甚至比 metaphysics 更准确地表达了哲学的研究对象和性质，它从一开始就兼顾到了天道和人道，并且把天道和人道放在**同一个分析框架**中一起思考。从今天的眼光来看，这一分析框架是非常优越的，或许是所能想像的最好框架。中国哲学为什么从一开始就选择了如此成熟的分析框架，这一点很有些神秘，也许是碰巧的偏好，而并非一开始就清楚地意识到哲学需要如此复杂的分析框架。

从西方哲学的发展可以看出，第一哲学的问题演变是在历史中一步一步形成的。第一哲学从古典形而上学（存在论）发展到现代形而上学（知识论，包括语言哲学和哲学逻辑），这是一次重大演变；由知识论转向当代形而上学（价值论，主要包括政治哲学和伦理学）又是一次重大变化。以上这些哲学问题一直都存在，所谓演变只是焦点问题的变迁。

希腊人愿意讨论任何问题，对世界和人的问题同样感兴趣，形而上学、知识论和伦理学都是希腊哲学中同样重大的问题。如果从当时的兴趣焦点来看，德性之知是最重要的问题（它是伦理学和知识论的混合问题）。为什么亚里士多德认为存在论问题才是第一哲学？这非常可能与他对逻辑学的研究有关。亚里士多德为概念建立了金字塔式的种属概念体系，形成了大概念统辖小概念的家族系统（这一体系至今沿用），这会形成一种强烈的暗示，即在规模上或尺度上的“最大的”问题就似乎应该是最重要的问题（这一点其实很不正确）。亚里士多德果然就把存在以及第一存在看做第一哲学的法定问题，尽管他自己在伦理学方面的研究更为深刻。由此可以看出，第一哲学的最初定位显然与知识体系的设计方案有关。当人们试图为世界建立一个完整的知识体系时，以大问题去统率各种问题，似乎顺理成章，尽管从今天的角度来看，它是个错误百出的知识体系。

知识论兴起而成第一哲学，也很顺理成章。它的成功背景是科学的惊人发展，一直到今天,科学还被认为是所有知识的典范,甚至是知识的惟一标准(这一点非常错误,以科学标准去衡量人文知识是灾难性的),以至于科学主义变成了与人权、民主并列的现代新宗教。另外,正如前面已经分析过的,在哲学本身的学理中,现代哲学家们(笛卡儿、休谟和康德等)发现,关于世界的存在论问题既然遇到难以克服的困难,还不如把问题"内移"到知识论中更容易得到合理的解释,尤其是康德,他甚至为证明主观性的知识形式的惟一性而进行了耸人听闻的先验论证,从而使先验哲学成为可能。知识论终于成为新一代的第一哲学。这些是我们在前面分析过的问题。

当代的哲学演变同样有着明显的时代背景。虽然知识论仍然是哲学中重要研究之一,但当代社会中以政治和伦理为代表的价值观冲突变得十分突出,危机紧迫,已经影响着整个世界的生活画面,这个世界面临着价值体系的更新换代问题,于是伦理学和政治哲学(包括文化政治)就成为当代哲学中时不我待的焦点研究,目前看来已经成为当代的第一哲学。

列维纳斯非常有力地论证了伦理学为什么必须成为第一哲学。[①]他相信,他人在所有关于存在的问题中具有头等重要性,如果不考虑他人问题,自己就是无意义的,而他人是个绝对的超越者,"我"对他人就先验地负有责任。列维纳斯相信哲学一直无比关爱的"自我"构成了存在者的存在危机(crisis of the being of a being),而这一问题的要义不在于"存在"(to be)这个"神奇的动词"里隐藏有什么存在论或者语义学的秘密(哲学家跟有病似的投入到对 to be 之类"神奇"语词的分析中去,而不去关心事实),而在于"我开始问自己,我的存在方式是否正当?我的此在(Dasein)的那个'在此方式'(Da)是否侵占了他人的存在地盘?"[②] 这个问题一箭穿心,于是,哲学必须盘问的不再是"为什么是存在(being)而不是不存在(nothing)"之类有闲思之的问题,而是"存在如何证明自身的合法性"这样即判生死的问题[③]。

---

① Levinas, *Ethics as First Philosophy*, in The Levinas Reader, ed. Sean Hand, Blackwell, 1989.

② 同上。这句话按照习惯翻译得很学术,反而不好理解,其实意思大概是"我首先得问问自己,我往那儿一待,是不是碍人家的事儿了"。

③ 同上。有趣的是,维特根斯坦也嘲笑过"对存在惊讶不已"的这类哲学,听起来是在讥讽海德格尔。估计是维特根斯坦在维也纳小组听到海德格尔的哲学之后的感慨。维特根斯坦说,对世界存在感到惊讶不已,这样说是在滥用语言,而决不是深刻,因为,世界当然存在,我们又不能去选择世界的不存在,如果不存在可以选择的至少两种以上的可能性,那么,对惟一的事实感到惊讶是无意义的。参见 Wittgenstein, *A Lecture on Ethics*, Philosophical Review 74 (1965)。

这在西方哲学传统中是非常重要的学理突破，在这之前，西方哲学基本上只关心“主体”或者“自我”，几乎不认为他人是个问题（更不会去分析需要特别的爱的特别的“你”）。正如列维纳斯所批评的，自苏格拉底以来的西方哲学只建立了“自我中心主义”（egoism），因此“这样的哲学就只是自我学（egology）”[①]。在列维纳斯之前，海德格尔在形而上学问题上进行了一次重要但不彻底的改革，海德格尔把关于一般存在的问题转变成关于我在的问题，确实有些新意，它打开了生存境遇的领域。虽然 Dasein 在逻辑上说可以是任何一个人，但“这个人”是从“我”的角度去经验的人，因此还是“我”的视角（正如列维纳斯指出的，“第一哲学的智慧这样就被还原/降低成了关于自己的意识”[②]）。海德格尔只是展开了在传统存在论中没有被涉及的生存经验，却并没有真正突破传统存在论的思想空间。尽管海德格尔的论述更为煽情并且言语奥妙而让大众喜欢，但在学理创新上并不彻底。当然事情需要“辩证地”看，列维纳斯的问题突破是相对于西方哲学传统而言的，如果放到中国哲学框架中来看，就变得很平常（假如不说是毫无创意的话），因为中国哲学自古以来所讨论的大多数问题都是关于他人的问题，而且分析角度要丰富得多。从中国哲学的角度来看，列维纳斯对他人问题的分析方法就很有局限。把他人以及“我与他人”的关系神学化，这恐怕是一种有害的夸张和简单化的理解，那样会掩盖“我与他人”既互相需要又互相妨害的复杂万变的情景化关系，以及在这种复杂关系中所同时包含的政治、文化和经济等等用伦理学无法处理的各种问题，其中政治尤其是个要紧的问题。

在许多现代思想家特别是当代思想家心目中，第一哲学可以是政治哲学，尽管很少被明确说出来，但霍布斯、洛克、卢梭、马克思、尼采、施米特、毛泽东、哈耶克、柏林、福柯、罗尔斯甚至哈贝马斯等或许会**在某种意义上**同意这个说法，尤其是如果在广义上使用“政治哲学”这个概念的话。有关价值的各种哲学问题虽然互相渗透，但政治哲学和伦理学更为基本。在对政治特别敏感的思想家看来，政治哲学似乎最具覆盖能力，因为社会哲学、法哲学、历史哲学的大部分问题都可以归为政治哲学问题，甚至与政治哲学并列的伦理学中有许多问题也要与政治哲学共同进行

---

① Levinas, *Totality and Infinity*. Martinus Nijhoff, 1979, p.44.

② Levinas, *Ethics as First Philosophy*, in The Levinas Reader, ed. Sean Hand, Blackwell, 1989.

解释，相反，政治哲学问题却往往不依靠伦理学的解释。尤其现代以来，现代社会制度和实践已经把利益规定为第一价值，伦理价值退居到以利益为前提才有意义的二线位置上（甚至是三线位置，因为审美价值的地位甚至还高一些），就是说，现代社会的实际运作方式决定了，假如一种伦理价值是可取的，当且仅当，它有利于获得利益。现代各种理论在讨论到公正、平等、信任、合作以及互相帮助等问题时，往往只不过是在说明这些“好事情”好就好在能够保证长远利益的最大化（经济学、博弈论、社会学等都这样论证，例如“声誉”问题）。现代社会的这一“客观规律”在事实上使得政治哲学问题获得了更为突出的地位，因为政治从根本上关系到利益安排。

列奥·斯特劳斯相信政治哲学才是第一哲学，[①]他的理由很是有趣。斯特劳斯虽然不是非常有创造性的哲学家，在政治哲学方面的成就也并不非常突出，但他对政治哲学在哲学中的根本性地位的分析却值得重视。他说：

> 所有政治行动的目的或是守成或是变革。当想要守成，就是不想变坏；而要变革，则是想要变好。于是所有政治行动的指导思想总是某种关于好和坏的观点。关于好的观念在性质上都是主观意见[②]。

主观意见的世界**必定**是个政治世界，或者说，按照意见去行动就必定导致政治生活，因此，政治生活就是人的最基本存在状况。如果要分析真实生活，就必须去分析各种主观意见，而关于好和坏的意见虽然是价值问题，但这不等于就是伦理学问题，因为，不同价值观**之间的冲突问题**并不属于伦理学而属于政治哲学。虽然列维纳斯和斯特劳斯都不同意传统意义上的第一哲学选择，但他们却根据不同理由而分别选择了伦理学和政治哲学作为第一哲学。

当代许多有广泛社会影响的理论都是政治意识很强的，例如施米特的敌友理论，柏林和哈耶克对积极自由和专制的批评，福柯的知识/权力分析，亨廷顿关于文明冲突，福山关于历史终结，萨伊德关于东方学，斯特劳斯理解的古今之争，罗尔斯

---

① Leo Strauss, *The City and Man*, Univ. of Chicago Pr, 1964, p.20.

② Leo Strauss, *What Is Political Philosophy*? Univ. of Chicago Pr, 1959, p.10.

的公正理论，华勒斯坦的世界体系理论，哈特和内格瑞的新帝国理论，等等。尤其从当今世界上最有影响力的那些大众观念或大众话语去看，比如说人权、技术、进步、发展、自由、民主、开放社会、多元社会、文化身份等，加上一些自称处于“边缘”而实际上已经成为另一种主流大众话语的观念，比如女权主义、环境保护、动物保护等，就更加可以看出，几乎所有问题都已经被政治化了。这正好说明，价值之争或者意见之争最终是政治问题，因为这些冲突只能政治地解决。

这一哲学问题的重心移动有一个深刻的社会理由。一般地说，“谋私利”从来都是人类生活的一个基本冲动，这不奇怪，因为这是可以理解的自然行为。但在现代之前，人们除了追求私利，还试图追求一些高尚目标，包括对绝对真理的想像，对卓越品性的向往，对伟大心灵的敬佩，有些类似于孔子概括的“三畏”(天命、大人和圣人之言)，按照希腊的说法则是对优越性(virtue)的追求[①]，因此，在许多情况下，私利是可以牺牲的，而且牺牲得很愉快。在古典社会里，**事实与价值是两件事情**。但是在现代世界中，社会制度以及经济关系注定了利益变成了惟一的最高价值标准，这一标准把几乎所有生活事实都塑造成为谋私利的行动，因此，谋私利再也不仅仅是“可以理解”的自然行为，而是很体面的理性行为(经济学所定义的“理性”行为主要是指始终追求利益最大化的计算行为)。当谋私利被合法化而提升为最高价值标准时，就等于取消了事实和价值的差别，**事实和价值变成一件事情**，事实和价值统一在谋私行动中。谋私既是事实同时又是价值标准，这形成了自己对自己的非法价值论证。

为什么这一种自相关论证是非法的？这里颇有些微妙。康德式的先验论证也具有自相关的性质，但先验论证之所以是绝对正确的，是因为它能够证明某个标准是别无选择的，我们再也不可能想出另一种同样有意义的标准。可是对于生活事实来说，我们显然能够想像另一些价值标准，这说明了现代的价值标准缺乏理论上的惟一性，因此它是霸权论证。当代社会的深层危机是：**现代化的社会事实同时兼**

---

① 列奥·斯特劳斯关于希腊所追求的优越性有非常清楚有趣的描写，他说，希腊人推崇优越性时，并不会去考虑快乐和利益，“没有人会把一个好人或优越的人看成是拥有快乐的人……世界上存在着一些就其本身或者说就其内在性质就令人钦佩的高贵的事情，它们有个共点，那就是它们都与人们的私利无关”。参见《自然权利与历史》，128～129页，三联书店，2003。

任批评标准和批评对象,这样就失去了价值论上的合法性。政治是用来处理利益安排的,既然现代社会把**一切**生活事实都搞成了谋利行为,其逻辑结果就是所有生活事实首先被经济化了(所有东西都可以买卖,所谓 commodification of everything[①]),进而就被政治化了,所有问题都不得不政治地解决,生活的基本问题就当然变成了政治问题。至少可以说,如果政治哲学被理解为**泛政治哲学**的话(特别是把"文化政治"和"政治经济"考虑在内),那么,政治哲学确实集中表达了今天世界所暴露出来的各种尖锐问题。

与现代社会有关的一些真正尖锐的政治问题是由马克思、福柯和施米特等分别发现的。他们分别发现了"人与人斗"的各种政治含义。马克思发现了由经济原因导致的阶级斗争,这一发现使经济问题同时成为政治问题。不过,阶级斗争不能局限地理解为某个国家内部的阶级斗争,马克思理论曾经被认为已经被当代发达国家人民集体富裕的事实所否证,这其实是阶级斗争在全球化条件下发生了转换。在当代,国内社会的阶级斗争转化为国际社会的阶级斗争,即发达国家的全体人民变成了不发达国家全体人民的剥削者和压迫者;阶级斗争也不能局限理解为无产阶级和资产阶级之间的阶级斗争,在时代变化中,会有新模式的阶级关系出现。马克思想像人类最后能够获得真正的"解放",人人都能够过上像人一样的生活,即实现了人的本质的生活。凡是导致人性异化而无法实现人的本质的社会就是反对人的社会,代表反对人的社会的阶级就是人类的敌人。资产阶级只是马克思当时发现的"敌人",它只是反对人类解放的敌人的一个特例。可以说,马克思已经意识到政治关系决定人类命运,而且政治的核心问题就是关于"敌人"的问题。关于敌人的问题意识后来在施米特和毛泽东那里都得到明确的发展。

施米特发现了超越了"经济、道德、审美或其他理由的"绝对敌友关系,[②]他相信这才是真正的政治关系,在其中,政治敌人之所以是敌人,仅仅因为"他是他者,是异己,他天生如此(for his nature that he is),因此就是异己,这就是充分理由了"[③]。

---

① [美]华勒斯坦:《历史资本主义》,第一章,社会科学文献出版社,1999。

② 参见 Carl Schmitt, *The Concept of the Political*. Univ. of Chicago Pr., 1996, p.27。他说:"政治上的敌人不一定在道德上是邪恶的,或在美学上是丑恶的,也不一定是经济上的竞争对手,甚至或许与敌人有商业合作会更有好处。"

③ 同上。

施米特对政治敌友的这一著名分析可能是关于政治问题的最深刻理解之一,那种超越了经济、道德和美学理由的绝对敌人几乎就是形而上学意义上的纯粹敌人,他特别强调这种敌人意识与私人恩怨或私心无关,绝对敌人所以是绝对的,所以不需要各种偶然理由或情景性理由,就在于它是在形而上学层次上就被注定了的,就是说,仅仅根据"是/不是这样的"这一格式而注定了的。施米特嘲笑自由主义不懂真正的政治问题,以为通过知识论和经济学就可以化解敌人,比如说,"在经济学上把敌人转换成竞争对手,从知识上把敌人转化成争论对手",但是这样根本无济于事,因为无法被化解的真正敌人是"**公敌**"(hostis)而非"**私敌**"(inimicus)。由私利私仇所决定的私敌只是"敌人"这个概念的浅层含义,而由原则而定义的公敌才是"敌人"的深层含义①。在这里,施米特显然深化了敌人的概念。政治敌人,或者说公敌,才会成为不共戴天的死敌。在这个意义上,政治问题就确实是决定人类命运的首要问题,因为如果不解决敌人,日子就过得没有意思,自己的存在就总是不安(施米特指出,政治敌人有时候可以是经济上的好伙伴,但这不解决问题)。非常有趣的是,马克思所理解的阶级敌人当然也是公敌,甚至是人类的公敌(之所以是人类公敌,是因为它导致人的异化,使人无法实现人的本质),但马克思相信经济问题是政治问题的底牌,这一点与施米特很是不同,施米特认为形而上学层次上的异己性(**我们是这样的,他们是那样的**)才决定了谁是绝对敌人。亨廷顿的"文明冲突"理论给出了关于绝对敌人的又一种表述,他试图论证,绝对敌人或者说政治敌人无非就是文化敌人。

这些辨认绝对敌人的理由虽有差异,但意图是一致的,都是试图说明存在着绝对敌人、本质上的敌人、无商量的敌人。绝对敌人的存在是必然的,因为"他们"有另一种存在本质,有另一种"活法"。这一"敌人本质"如此简单,它只不过就是无法改变的他者性(otherness),但正因为简单,所以斩钉截铁。进一步说,既然我们具有识别敌人的先天意识结构,就总能够把某些人**看成是**敌人,总能够把某些人**甄别出去**变成他者,这样,**敌人意识就是一种先验知识**。由于存在着绝对敌人,于是政治决定生活命运,政治要挂帅。

---

① 参见 Carl Schmitt, *The Concept of the Political*. Univ. of Chicago Pr., 1996, pp.27 - 29.

同样都发现了他者这一事实的绝对性，列维纳斯和施米特却得出完全相反的结论，他们分别发现他者是绝对尊者或绝对敌人，如此背道而驰，必有重要隐情。根据施米特的逻辑，可以得出**他者是敌人**这样一种先验知识；可是根据列维纳斯的逻辑，**他者是尊者**也是一种先验知识，奇妙的是，这两种理解都没有错。其中的秘密在于，“他者”是决定着**全部生活可能性**的一个存在论条件，因此，他者先验地蕴涵了生活中的与我有关的所有可能关系，这些可能关系无论在逻辑上多么不同甚至互相矛盾，在他者身上都不矛盾，都同时成立，他者集诸善和诸恶于一身。这不仅说明了伦理学和政治哲学同样重要，难分高下，而且说明了必须建构一个新的思想框架才能够正确表述生活事实的完整性。这就是我们为什么必须重视中国哲学的混合思想框架。

福柯多少意识到了生活事实的复杂性，他的理论明显地扩大了政治哲学的含义，由此增加了政治哲学的分量和重要性。他对知识和权力互相利用关系的发现，几乎把生活中所有问题都拖入了政治斗争，也就把生活的所有事情都变成了政治批判的对象。显然，知识能够为某种权力提供合法化的理由，权力也能够成为某种知识的合法化原因，而且，某种在知识市场获得成功的知识会成为一种控制心灵的权力。这里存在着一种对知识问题的权力解决，同时又是对权力问题的知识解释。这一辩证结构表明了通过控制心灵可以控制身体，通过控制身体又可以控制心灵。福柯似乎暗示说，知识与权力的同流合污是个普遍模式。比如说，如果不把这样的人定义为神经病，就会把那样的人定义为神经病，总会有某些与众不同的人被定义为神经病；不把这样的事情说成是不道德的，就会把那样的事情说成不道德的，诸如此类。总之，什么都“吃人”，不吃人是不可能的，所能够选择的只是吃人方式——某种知识/权力结构。福柯所开拓的生活政治领域更进一步使政治哲学成为核心理论。

也许还应该提到罗尔斯。其实罗尔斯的哲学也没有很大的创造性，但其影响巨大，以至于成为一个不能回避的知识现象，原因不在于罗尔斯哲学本身有多么新颖，而是因为他所试图改革的自由主义是当今世界的主流意识形态，因此众目聚焦。罗尔斯的重要性在于强调了有利于平等的社会公正而修正了自由主义，使它成为能够兼顾社会平衡的新自由主义。古典自由主义几乎只对“自由”(个人自由和个人权利)感兴趣,虽然在表面上或道义上也承认平等是与自由几乎并列的现代性基本价值,但实际上自由总是绝对优先,总是压倒平等甚至牺牲平等,因此,平等只是空话,自由才是底牌。罗尔斯以平等去补充自由从而修正了自由主义,除了强调基本权利的平等和社会机会的平等(这是现代的共识),他的特色主张是"差异原则"①,即把"对处境最差的人们相对最有利"的社会安排看做惟一合法的不平等的社会安排。罗尔斯的新自由主义所设想的社会安排是为了把社会风险降到最低限度。这个方案可以说是一个相当谨慎的现代社会方案,但绝不是一个普适的社会方案,更不是普遍的公正理论。从普遍有效性的要求去看,罗尔斯的理论漏洞太多,以至于不应该说它是具有普遍意义的政治哲学,而应该说是特定的政治策略。最致命的一个理论缺陷是:罗尔斯所假定的分析对象仅仅是自由主义政治社会这样一个特定对象,于是,他在分析社会问题时所计算的也仅仅是这个特定社会的约束条件,而其他各种可能世界都没有被考虑在内,换个说法,他考虑的是,假如自由主义社会是**惟一的给定游戏**,那么,在如此这般的约束条件下,社会安排应该是什么样的。可是显然有许多种游戏可以选择或者可以去创造,因此,在纯粹理论上说,拒绝考虑各种可能游戏显然是不合法的,而如果把特定的某个游戏看成是惟一的游戏就更加不合法。在这个意义上,罗尔斯理论是贫乏的哲学或者只是特定的政治策略(strategy ad hoc)。罗尔斯的理论困难还很多,这里不论。无论如何,人们对罗尔斯理论的热情却也说明了政治问题成为当代的焦点问题。

当代对政治哲学的热情不等于说政治哲学作为第一哲学的选择就比伦理学作为第一哲学的选择更为合理。从长期来看,伦理学问题至少和政治哲学问题同样重要。现代性制造了无伦理无道德的现实,这是一个终究必须解决的社会危机,而不是一个可以兴高采烈的事实,而伦理学的复兴和创新显然为解决现代性危机指出了一条希望之路。可以说,伦理学和政治哲学作为第一哲学的选择都仅仅看到了当代问题的某个方面,真正合理的第一哲学还需要在更彻底的方法论革新中被确定,它应该是能够把伦理学和政治哲学以及知识论都包括在内的一个新的思想框架。这一可以想像的大容量的思想形式可以称做"综合文本"(syntext)。

---

① Rawls, *A Theory of Justice*. Harvard Univ. Pr., 1971, p.302.

第一哲学的各种选择大概如此。古典形而上学(亚里士多德等)是关于**世界**的形而上学;知识论是关于**我思**的形而上学(包括笛卡儿、休谟、康德、胡塞尔等);语言哲学是关于**我说**的形而上学;现代存在论(海德格尔等)是关于**我在**的形而上学;而伦理学和政治哲学则是关于**他人**的形而上学(列维纳斯等)。由此可以发现一个由"世界"到"思想"到"语言",又从"我"再到"他人"的问题意识转换过程。不过其中的转换环节并不完全连贯:"世界存在"的问题解决不了,就只能转向解决"关于世界的思想"的问题,这个环节是顺理成章的;由"我思"过渡到"我说",虽然有道理,但已经把问题狭隘化了;"我在"这个海德格尔环节不太连贯,因为海德格尔试图把问题接回到传统的存在问题上去;不过从"我的存在"到"他人的存在"又是势在必然的了。问题发展到了"他人",就真正深入到生活问题。

十四、形而上学问题的美学解决

也许还可以提到一种罕见的第一哲学选择,李泽厚把美学看做第一哲学①。这个颇有想像力的选择虽然有趣,但却有根本性的困难。美学问题尽管使人们心驰神往(李泽厚暗示说美学问题与人生的各种乐趣有关),但它毕竟与生死存亡等最严重也最严肃的问题无关,因此美学问题不可能成为各种哲学问题的基础,相反,它是在各种问题的基础上才显得有趣的,它仅仅是锦上之花。李泽厚知道他的这个选择有些离奇,于是他相信这个选择是"未来式"的,大概需要"五十年以后"才会成功。② 假如美学将来真的成为最主要的问题,就恐怕会有更大的疑问了,正如施米特所忧虑的,一个不再有政治的世界可以有许多"乐趣"(amusement),但却会因为失去严肃性而不再壮丽和伟大。如果生活失去了深刻的冲突和苦难、压抑和禁忌、

---

① 李泽厚:《实用理性与乐感文化》,107页,三联书店,2005。在他以前的观点中就已经可以看出他必定有这一选择。他认为,最好的哲学应该是他推崇的"人类学本体论",而"人类如何可能,便成为第一课题",并且人类学本体论又以美学作为核心问题(参见《美学四讲》,47页,广西师范大学出版社,2001)。他甚至把美学问题看做知识论和伦理学的最后解释,比如有"以美启真"和"以美储善"等说法(参见《历史本体论》,三联书店,2002)。

② 同上。

生死抉择和价值斗争，生活就变成没有精神分量的娱乐过程，美学也就失去深刻的内容。

不过李泽厚所说的美学是广义的，远不仅是关于艺术和审美的狭义美学，而是关于人的整个感性态度的美学，这样，美学的意义就得到明显的提升。这是中国传统哲学对感性生活的经典理解（中国美学在问题、结构和目的上都与西方美学相异多于相同）。李泽厚所理解的美学是孔子“成于乐”的观点的现代表达。孔子的这个见解为美学确立了一个不凡的方向，其妙处在于它把感性态度提升为精神境界，成为生命的成功标志。这样，美学的意义就变得浓厚了，它不再局限于审美经验，而扩大为一生一世的生命经验意义。即使如此，美学还是不可能因此而成为第一哲学，即使美学经验被提升为一种深刻的生命经验，但还是不如政治、伦理和真理这些问题那样严重。假如孔子自己去选择，多半会选择伦理学/政治哲学的混合体作为第一哲学。

虽然美学不可能成为第一哲学，但一种作为美学观点的形而上学却是可能的，而且很可能是形而上学世界观的最好解释。以美学观点去叙述形而上学世界观是中国哲学的一个特色成就。当然，尽管西方的形而上学在意图上不是要给世界一个美学观点，而是去寻找普遍真理，但结果却也非常接近一种美学理解。这不是偶然的巧合，而是关于世界的形而上学总是自动地成为美学理解。

关于世界本质的知识是不可能的，人们在虚构世界观时就只剩下逻辑标准和美学标准可以参考了。中国哲学自觉地偏向了美学标准，而西方形而上学更重视逻辑标准，但美学图式仍然是非常有影响力的潜意识。在这个意义上说，尽管各种世界观的意图不同，但在世界图像的美学想像上终究殊途同归，无论是中国的还是西方的世界观，都按照感性的偏好去想像了有秩序有条理的世界图像，这就是明显的美学选择。世界图像的优美秩序是不可能被证明的，世界**本身**究竟什么样，我们不知道，也不可能知道，所以世界的总体面貌只是我们的想像。比如说，希腊哲学一方面承认万物是乱七八糟的“混乱存在”（chaos），另一方面又相信混乱存在必须能够形成“秩序”（kosmos）才成为世界。人们在美感上不喜欢混乱又不喜欢单调，所以**希望**世界能够乱而有序。这种“一和多”的哲学直观其实就是一种美学观点，而不是科学观点。丰富而不失控，这是人们喜欢的状态，无论是世界、思想还是生活，只有这样的状态才有魅力。阴阳、动静、气象、和合、变化等所表述的是一个生动的世界观。西方形而上学的美学风格尽管没有中国哲学那么明显,但它用来描写世界的概念体系始终是以"混乱/秩序"作为基本格式的,比如"必然/偶然"、"因果/自由"、"普遍/特殊"等,都与之同构。这些看起来很科学很逻辑的概念在本质上更像是美学观点。这多少说明,人们并非单纯地追求真理,并不是什么真理都要,而是仅仅在"喜欢的东西"里去追求真理,美成为真的一个约束条件。

不过,在构造世界观时,中国哲学与西方哲学的问题意识确实大不相同。对于西方哲学,世界是在外的存在,是知识对象,人们想知道的就是属于世界**自身的**原理。这种世界原理仅仅属于世界存在自身,是自在的,这样的看法是前哲学的朴素直观,假如没有不同寻常的意图,任何人都会以这样的自然态度去看世界。有趣的是,中国哲学似乎从一开始就决心以一种非常哲学化了的眼界去理解世界。虽然很难说中国哲学对世界本身毫无兴趣,但可以肯定它对世界本身缺乏足够认真的科学兴趣,至少它不认为"世界本身"是个值得苦苦思索的哲学问题,而显然认为"世界与人的关系"才是重要问题。如果说西方哲学想知道世界"**是什么**",那么可以说中国哲学想知道世界对于人和生活"**意味着什么**"。中国世界观表述的都是世界与人的关系。几乎所有学派都感兴趣的"天人"关系问题表明了中国哲学想知道什么是自然与人的**最好关系**。西方哲学有时会讨论到真实世界是不是一个"完美的世界"或者是不是所有可能世界中"最好的那个"(比如说可以这样论证:上帝是完美的,上帝决不愚蠢,所以它不可能创造一个不完美的世界,不然的话,上帝岂不是太不认真了……),但这样的问题对于中国哲学来说就很是无聊,是典型的杞人忧天。问题不在于这种论证难免愚蠢,而在于这种问题是愚蠢的。这种问题作为知识问题太不靠谱,而作为美学问题又太无聊。在逻辑上说,当然可以设想许多可能世界,但需要研究的只能是真实世界。只要意识到真实世界反正只有这么一个,**别无选择**,也就无所谓是否完美了,于是,如何与之相处,这才是重要问题。中国关于世界的形而上学就是人与世界相处的理论,它所试图发现的是人与世界的"最好关系"。关系总是双方互动的,由此可以理解为什么中国哲学要讨论"与天地参"这样胆大包天的问题。

中国的世界观绝不是关于世界的**描述**(description)而只是**叙述**(narrative)。描述是客观知识，它必须严格限制在“x 是什么样的”这个形式中，而叙述却是主观的，它虽然表面上往往采取“x 是什么样的”这一形式，但实际上说的是“对于某种观点 v 来说，x 是什么样的”。斯特劳森关于形而上学有一个为许多人所接受的分类法，他把各种可能的形而上学分成“描述性的形而上学”（descriptive metaphysics）和“修正性的形而上学”（revisionary metaphysics）。所谓描述性的形而上学就是试图描述我们思考世界所需的“真实结构”，而修正性的形而上学则致力于为世界想像某个“更好结构”[①]。按照这个分类，中国哲学当然属于斯特劳森要批评的修正性形而上学。这个分类虽然大致不差，但其中的评价标准却非常可疑。斯特劳森没有意识到不同的形而上学各自的合法性理由，而以为只有知识论理由才是理由。假如仅仅以知识论理由作为标准，当然就只有描述性的形而上学才是有意义的了。按照前面的分析，中国形而上学所关心的人与世界的最好关系，这个问题并不是知识论问题，至少不是单纯的知识论问题，因此，知识论标准对于这个问题无效。包括斯特劳森在内的大多数西方哲学家对西方传统之外的思想体系一无所知，这样贫乏的知识背景使他们不知道人类思想中还存在着许多别的重要问题。

为了更好地理解各种可能问题的本意，这里我们愿意采用一种不含批评性的分类，即存在着“描述性的形而上学”（descriptive metaphysics）和“叙述性的形而上学”（narrative metaphysics）。这两种形而上学并不是在争论世界的结构到底**只能是**什么样的，即在这两类形而上学之间并不存在着知识论之争，而是各说各的，各自有完全不同的问题。对于描述性的形而上学，其合法性在于知识论标准，它试图发现关于世界的“别无选择的”知识结构，典范是康德的先验哲学；而对于叙述性的形而上学来说，它的合法性在于美学标准，因为它设想的是天人之际的某种最好的和谐策略，典范是中国哲学。

虽然中国哲学试图建立的世界观是一种广义美学，但它也包括了狭义美学，不过，狭义美学仅仅是附属性的。一般地说，在西方传统中，美学是看事物的感性态度理论，如果说知识论关心的是“看”的问题（to see），那么美学则关心“看成”（to see as）。把事物任意看成什么什么，这意味着对待事物的自由关系——通过自由问

---

① Strawson, *Individuals*, Routledge, 1959, p.9.

题，美学就进入了形而上学领域。这种狭义美学非常容易引导人们去滥用自由。过于推崇艺术的自由既消解了事物的严肃性又破坏了人的严肃性，其极端结果就是使所有事物都只有小丑的表情。典型的表现就是当代观念艺术，那些观念艺术中的“观念”如果以学术标准去衡量则太肤浅，而如果以艺术标准去衡量又缺乏感性魅力，例如杜尚和安迪·沃霍尔等以来的许多反传统做法，就其作品本身而言，无论在思想水平上还是在艺术品质上都没有创造性。品质如此之差的艺术所以能够获得成功，完全是因为它们是滥用自由去搞乱艺术概念的异常行为，而这些异常行为很适合成为轰动社会的新闻。没有节制的自由害死了艺术，而其理论根源在于美学的狭隘性，它只关心艺术，却不关心世界，殊不知世界才是最大的作品，是最伟大的感性对象。事实上，在生活中各种超越规范的行为中，艺术并非最刺激和最有影响的行为，战争、革命、社会改革、政治阴谋还有恐怖行动等都远比艺术惊心动魄，更加肆无忌惮。艺术要显示的特长绝不是“违规”——这一点实非艺术所长，而是要显示感性品质。

李泽厚相信中国的美学思路才是真正的美学，因为中国美学感兴趣的是整个感性实践而远不止是艺术和审美，而且，“美学以艺术为主题就走向堕落了”[①]，而西方美学之所以始终没有产生真正有分量的思想，正是因为它被艺术这个题目所束缚住了。这个看法虽然有些偏激，但它多少可以解释为什么美学精神在中国文化里分量极重而中国艺术却没有得到与之等量齐观的发展和张扬，中国的美学精神更主要是弥散和渗透在生活的所有精细感觉和高远意境中了。从广义美学去看，艺术这个题目太小，不能代表人类感性态度和感性生活，如果以艺术为核心去理解感性生活，那么，感性生活的深厚意义和丰富性将被滥用自由的艺术幻觉所误导。美学首先是一种世界观，是对**整个世界**的总体感性理解，而研究审美经验和艺术的狭义美学必须在这个宏大背景中才能够获得有意义的定位。艺术不可以随便超越美学的世界观，如果艺术是有意义的，就要表达事物在世界中的美学地位。以美学观点去看世界，这就是大美学。这种以世界为尺度的大美学主要存在于中国哲学中。当然西方哲学中也有例外，比如维特根斯坦就意识到：“伦理学和美学是同一

① 这是2004年李泽厚和我在火车上讨论哲学问题时说到的。

的"[①],"艺术品是从永恒的观点(sub specie aeternitatis)去看到的对象,好生活是从永恒的观点去看到的世界。艺术与伦理学的联系就在于此"[②]。这似乎表明,维特根斯坦可能会同意一种广义美学观点。

中国哲学对世界的美学化理解并不意味着有一些美学世界观的专用概念。中国哲学的大多数基本概念都是各类问题所通用的,无论是存在论、知识论还是伦理学和美学,比如道、理、气、象、形质、阴阳、五行、变化、动静、和合、玄虚、空无,诸如此类,都是通用的,可以用来分析天、地、人的各种事情。中国哲学的基本方法论就是互动性、全景性和通用性,几乎一切概念都表达了自然与人、人之间或物之间的互动,而且是在整个世界/生活背景中去理解,因此也就都是通用的。所以,准确地说,中国哲学中不存在着存在论、知识论和伦理学以及美学的严格区分,因为所有问题都被看做连贯的。

十五、不设第一哲学的另类哲学

绝大多数哲学都承认(至少是默认)某种第一哲学,但也有例外,维特根斯坦的"全新哲学"以及以法国哲学家群为代表的后现代哲学似乎就是不包含第一哲学的哲学,他们的哲学甚至很难分成存在论、知识论和伦理学或政治哲学,因为他们讨论的哲学问题有许多是新型的,不容易归类。维特根斯坦和后现代哲学都非常不同于传统哲学,尤其维特根斯坦哲学已经被公认为历史上最重要的哲学之一,而后现代哲学虽然在学理上有些疑问,但也是值得反思的另类哲学。但维特根斯坦哲学与后现代哲学有着根本的区别(尽管后现代哲学从他那里得到一些灵感,就像维特根斯坦曾经启发了分析哲学),维特根斯坦哲学几乎没有政治含义,功夫全在纯粹方法论上,他把哲学分析/论证的技艺发展到了罕有其匹的境界。后现代哲学则有着很强的泛政治性,一种文化性的政治兴趣,它试图在每个方面上去质疑现代性。

---

① Wittgenstein, *Tractatus Logico-philosophicus*. 6.421.

② Wittgenstein, *Notebooks* 1914 - 1916. Oxford Blackwell, 1961.

维特根斯坦(以及德里达)似乎在探索哲学是否能够成为一种思想的艺术,或者说是思想的纯粹"技艺"(art 的原义就很接近技艺),这种技艺能够用来分析所有思想问题。有时候人们会搞不清楚哪些观点是他们"真正的"看法,因为他们本来就不打算誓死坚持那些看法,而是着力于卖弄出神入化的思想艺术。他们关心的都是"怎么做"而不是"做什么"。这一风格决定了他们是哲学家中的艺术家,但他们的艺术风格毫无相似之处。

维特根斯坦几乎讨论了哲学中除了政治哲学之外的全部重要问题,从知识、逻辑和语言到生活、规则和伦理,甚至还讨论了美学,而且在所有问题上都有不凡的见解,但他的根本成就是方法论。一般认为他对语言(特别是私人语言)和规则的分析最有成就。规则(游戏)可以说是维特根斯坦的第一问题,但却不能说是第一哲学,因为规则问题突破了传统哲学的框架,它不专属于哪个分支,而是贯穿在所有问题中——这种贯穿所有问题的做法很接近中国哲学的风格。他对规则问题的研究充分表明了他所想像的哲学,按照他自己喜欢的说法,哲学活动是一种思想"治疗"——"哲学家治疗一个问题就像治疗一种疾病"①。

"治疗"是个意味深长的隐喻,它意味着:(1)思想往往都有病,所以才需要治疗;(2)思想之所以有病,根本上是因为语言用法有病。这一点可以这样理解:思维**本身**不可能出错,因为逻辑混乱的思想根本就不是思想,而是神经病;语言什么都能表达,表达能力超过了知识能力就会误导思想,就会以为凡是能表达的就是能想的,所以是语言在诱骗人们想入非非;(3)治疗要治本。从治本的角度去看,治疗思想就是去治疗语言,所以思想治疗也就是语言批判,就是"把不明显的胡说变成明显的胡说"②;(4)治疗不可能也不应该达到某种建设性的结果,而仅仅是把病治好,让思想恢复正常,于是,治疗所能够达到的最好结果只不过是把思想医得和没病的时候一样;(5)思想的病表现为大量的哲学问题,给思想治病就是找到充分理由让哲学问题消失。③

---

① Wittgenstein, *Philosophical Investigations*, §255.

② 同上,§464.

③ 同上,§133.

尽管维特根斯坦不喜欢弗洛伊德,[①] 但他关于思想疾病和思想治疗的理论让人想到弗洛伊德的精神分析:思想疾病及其治疗看起来有些类似心理病和心理治疗。思想治疗这个概念最有创意但也最有疑问的地方是,它假定思想**本来**可以是清楚的,可以没病,而且所有哲学问题都是疾病。维特根斯坦似乎想说,思想本无事,愚人自扰之。可是,没有哲学问题的思想是否可能?这是个问题。

维特根斯坦发现了一个普适的分析模型,即"游戏"。任何事情都属于某个游戏,假如一个游戏有着足够清楚的规定,那么,在这个游戏内的任何事情就都能搞清楚,而那些伪装成"问题"的事情就可以被驱逐出去。这个分析模型具有以往哲学所没有的许多优点(所以维特根斯坦自认为他发明了"全新的哲学"),它不仅是普适的,而且不会被各种"专门的"概念所误导。但它仍然存在着严重的难题。有一个维特根斯坦自己费了很大气力也没有解决的著名问题是"遵循规则"问题,它关系到游戏分析是否有足够的解释能力。

一个游戏的有效空间是由它的规则所定义的,如果规则是明确的,就表现为遵循规则的行为成为"盲目的"机械行为,显然,只有在很少的事情上才能够有足够明确的游戏(大概只有某些逻辑和数学系统以及一些非常贫乏的游戏),大多数的游戏(特别是政治的、伦理的、经济的甚至法律的)都是不可能完全明确定义的,于是,大多数游戏总是开放性的,它的规则不是死的而是活的,它不可能封闭住它的游戏空间,不可能严格事先规定好它的所有可能实践。这样的话,一个游戏就不仅包含遵循规则的行为而且包含着发明规则的行为,而且很难分清哪些是或不是遵循规则或者发明规则的行为,在有些情况下,它们是浑然一体的,这就导致了规则无法保证规则的执行的"遵循规则悖论":

> 既然每个行为方式都能够被搞成符合规则,那么也就没有哪一条规则能够决定任何行为方式……也就无所谓符合也无所谓矛盾了。[②]

这一困境在日常生活中有无数表现,比如说,对法律的实际解释的混乱,各种

① 他曾经说过不喜欢弗洛伊德的心理学,理由是"想想看,我可是个老光棍"。

② Wittgenstein, *Philosophical Investigations*. §201.

政策与实际执行的差异(所谓政策与对策),等等,所有制度与实践之间都存在这类规则悖论。生活情景无限多,而规则不可能预先准备好无穷多的具体应用方式,因此总是存在着无数不确定的情况。规则悖论可以通过一个想像的数学例子来说明:假定人类刚刚发明了加法,在运算加法时还从来没有遇到过 a+b 之和大于 10 的情况,于是,当偶然遇到 7+5 这个深受康德喜爱的式子,人们会发现至少有两种"同样合理"的创造性解释:(1)7+5=12;(2)7+5=10。对于(1),可以这样解释:既然 5+5=10,6+4=10,如此等等,而 7+5 看起来要大于 5+5 或者 6+4,那么应该去发明和规定超过 10 的算法,于是有 7+5=12;对于(2),则可以这样解释:既然 a+b 在已知任何情况中的最大得数都是 10,而 7+5 显然足够大,那么 7+5=10,而且其他所有得数足够大的式子都一概等于 10。这个例子在真实的数学中虽然不会出现,因为(2)对于真实生活不够用,但它是个元数学和哲学问题,而且与日常生活中的各种"制度/实践"难题是同构的(这个例子的构思受到克里普克的启发,不过作为逻辑学家的克里普克自己给出的那个著名例子却是错的,这一点多少令人吃惊[①])。

规则难题的重要性在于它直接威胁到各种游戏的有效性,也就威胁到整个生活形式和制度的有效性。如果游戏自身总是包含**自我破坏的机制**,那么,社会和生活的一切观念和制度的合法性和有效性就都是可疑的,而且是不可靠的。维特根斯坦的游戏理论动摇了一切标准,尽管他并不想推出一种怀疑论,而是试图暴露出各种问题,但由于他没有找到有效的解决,因此在效果上非常类似怀疑论。维特根斯坦深知问题严重,他很想解决问题(他显然不会喜欢那种"没有标准"的后现代状况),但没有成功。维特根斯坦大概觉得问题的解决最后只能求助于基本的生活实践,它是"再也没有解释"的最后层次,于是,所谓的"解决"大概相当于"看吧,我们总是这么做的",理由没有了,事实则有得看。但这确实不能算是个解决,因为我们

---

① 克里普克的例子是这样的:虽然通常 68+57=125,但是完全可以另外规定说,当 a 或者 b≤57,就遵循规则+,而当 a 或 b>57,规则+就变成(+),于是 68(+)57=5。参见 Kripke, *Wittgestein on Rules and Private Language*. Blackwell, 1982, p.17. 这个例子的漏洞在于:5<57,因此 5 是一个已经被定义并运算过了的单位,5 不属于可以自由规定的空间里的存在,所以 68(+)57=5 是非法的。可以参考一个数学诡计题目:假如 1=5,2=10,3=20,4=40,那么 5=? 按照逻辑,人们似乎应该说 5=80,可是前面又已经定义了 5=1,所以这个问题不合法,克里普克犯的是同样的错误。

所能够看到的正是各种**自身难保**的事实。

维特根斯坦虽然发明了游戏分析，却又错过了游戏分析中一个最重要的问题。为什么会出现规则悖论？为什么有些行为"突然"就有了创造性，形成了遵循规则的行为向发明规则的行为的暗中转换？这是需要解释的，我们不能满足于说，那是一些莫名其妙的行为，就像我们不理解别人的离奇行为就说人家有神经病一样不能解决问题。有个关键的疑点：在遵循规则的行为中，人们总是参照"上一步"的做法去接着做，于是，假如没有什么**特别的动机**，人们就只会盲目地照原样做下去而不会随便改变做法（按照惯例做事有经济学理由，据说成本比较低，而改革会增大成本，随随便便的改革则甚至可能得不偿失，所以人们不会有积极性，除非有可预期的高回报），就是说，虽然存在着许多"可能性"或创造的余地，但开拓可能性是需要理由的，我们不能假定人们神经病似的随便改变做法，恐怕要"给个理由先"。那么，人们开拓可能行为的积极性来自何方？当然会有各种理由，那些需要被研究的理由才是最重要。不妨更直截了当地提问：人们为什么选择了**这个而不是那个**游戏？又为什么选择了**这样而不是那样**的游戏规则？这个关于"选择什么样的游戏"的问题已经超出了维特根斯坦的"游戏规则"问题，而这才是关于游戏的根本问题。可以注意到，即使搞清楚了在给定的**某个特定游戏内部**的所有问题，那些**在特定游戏外部**的问题仍然没有得到解释：为什么非要玩这个而不是那个游戏？通过这个溃口，几乎所有的哲学问题都将卷土重来。我们发现，消灭了哲学问题的思想是不可能的。关于维特根斯坦的可敬努力就讨论到这里。

现在来分析由法国哲学家们所策动的后现代哲学。后现代哲学是一大堆哲学的模糊统称，它们之间有相当大的差别，不过，在这里我们只关心后现代哲学一般会导致什么结果。后现代哲学试图颠覆现代思想体系的权威地位，它虽然有五花八门的各种批判方案，但并没有能够替代现代观念的建设性思想，因此，后现代的意义仅仅停留在颠覆性的**行为本身**，而并没有创造出新哲学，当然这不是说后现代哲学家没有创见，而是说他们那些创见仅仅有助于批判陈旧的现代性，却不足以形成未来思想的基础。

去颠覆各种权威，然后就不管了，因为事情已经被搞乱到没法管了。这是后现代的基本性质。这一评论或许不太公正，应该说，后现代哲学在现代性批判中所发现的问题是很重要的，但它毕竟不能指出什么是比现代哲学更好的哲学。也正是因为它仅仅是批判，因此看上去更像是文学而不是哲学。尽管好斗的罗蒂可以欢呼真理的破产使得哲学只能变成文学，但生活中严肃和要命的问题很多，人们终究不会总是停留在文学化的叙事中享受五花八门的意见。

利奥塔把后现代定义为“对元叙事的不信任”①，这个漂亮的定义只说出了后现代的一半意思，被隐去的另一半意思可以说成“对共同命运的不负责”。这是顺理成章的结果。元叙事把某种宏大叙事说成普遍真理或普遍权威，虽然霸道，但毕竟是在想像一种人类总体命运，尽管非常可能是用错误的观念去虚构了错误的责任。可是后现代哲学反对任何一种元叙事，也就否定了普遍真理、普遍价值和共同命运，于是就只好承认相对主义和多元论。尽管相对主义和多元论可以成为弱势和边缘的知识共同体的政治斗争策略，但相对主义和多元论在理论上有严重缺陷。假如任何东西都有任意的理由去成为一种标准和价值，那么各种标准之间的互相消解就会最后消解任何一种标准，至少使任何一种价值贬值，从而导致混乱无序。这正是希腊人的担心。希腊人相信无序状况（chaos）必须变成有序状况（kosmos）才有世界可言，这是很深刻的直观。如果没有一个整体有序的世界，那么任何一种在世界中的东西都不可能保有自身，就如同覆巢之卵。一种东西在混乱的总体中不可能“**是**”某个东西，它什么也“**不是**”——存在论所钟爱的 is 由此消失于无形。

“五月风暴”可以看做后现代“造反不成”的一个隐喻。现代性在社会、经济、政治和学术上都形成了完整的制度体系，已经充分地控制了整个生活的运转，正因为现代性已经实现在生活的所有细节中，因此，任何针对现代性的造反都只能是象征性的，都只能表现为以另类话语去批判主流话语，以各种价值去反对主流价值，但这些反抗都不可能实现为真的造反，这不仅是因为没有能力去阻挡制度力量的镇压，更重要的是，后现代式的反叛就其本身的性质来说就是无法实现的，后现代反抗必须依赖现代社会所提供的自由和权利空间。后现代允许各种各样的价值观和话语，这些观念仅仅在反对现代性这一暂时和表面的冲动上是一致的，而在各自的价值选择和各自的利益上却没有统一性，甚至互相冲突（比如女权主义和男权主

---

① Lyotard, *The Postmodern Condition: A Report on Knowledge*, University of Minnesota Press, 1984, p. xxiv. 参见利奥塔：《后现代状态》，2 页，三联书店，1997。

义、同性恋和节欲主义、无政府主义和新帝国主义等都同样可以是后现代的),因此,后现代的各种价值追求互相消解,互相使其他价值贬值。

后现代哲学虽然消极因素很多,但德里达的“解构”作为一种思想技艺却还是很重要的,它可以用来消除思想中的许多错觉和专断。德里达经常抱怨人们误解了解构,还经常说解构不可能有个定义,他自己从来没有给出过明确的解释,只有一些否定性的解释,比如解构不是分析,不是批判,不是方法,什么都不是。比较起来,下面的解释可能多少算是有所言说的了:

> 定义或翻译“解构”的困难来自这样一个情况:所有似乎可用来对解构进行定义的谓词、可用于定义的概念、所有语词的含义……也都是要被解构的或者可以被解构的。这一情况适合每个语词,当然包括解构这个语词①。

总的来说,他非常担心人们把解构看做一种否定性的批判。似乎可以这样理解:解构是对隐藏在文本或理论的内在结构深处的各种矛盾以及各种可能性的残酷揭发,它能够揭发出“某个东西”其实并不仅仅只能是“这样一个东西”,而是不得不向其他可能性开放着的一种不能限定的状态,于是,把“某个东西”说成仅仅是“这个东西”,这一纯属想像的“存在论划界”总是不成立的,因为能够打破一种东西的存在论界限的因素总是阴险地隐藏在这个东西自身中。这好像是说,羊圈的篱笆或许能够阻挡外面的狼,但隐藏在羊圈里的狼就没有办法了②。德里达对一般知识体系和逻辑体系中的基本判断形式“s 是 p”很不满意,他不相信 s 能够仅仅是 p,总有某些因素能够使得 s 不是 p。可是这样还没有完,因为 s 不是 p 还是一个过于自以为是的判断,又总有某些因素使得“s 不是 p”也成问题,因此只能不断地去说“这不是,那也不是,也还不是……”。他说:“我称之为解构的活动所要重创的主要对象之一就是存在论划界(delimiting of ontology),尤其是表达为第三人称的一般现

---

① Derrida, *Letter to a Japanese Friend*, in Derrida and Difference, ed. Wood & Bernasconi, Warwick, 1985. 因为被问及如何把“deconstruction”翻译成日语,德里达不得不试图说清楚什么是解构,所以,在这一回答日本人的长信中,德里达对解构的解释是最详细的了。

② 这个典故来自一个故事:记不得是哪个数学家在感叹哥德尔定理的阴险时说:数学系统就像羊圈,它可以保证外面的狼进不来,但令人担心的是,羊圈里是不是藏着狼就不知道了。

在时形式 s 是 p”[①]。

对“宽恕”这个概念的解构就是一个非常典型的例子，德里达试图说明，如果宽恕只是去宽恕本来就可以宽恕的事情，那么宽恕就没有道德分量；而如果宽恕是有道德分量的，那么就在于能够宽恕那些“不可宽恕的事情”，但由于宽恕不可宽恕的事情是不可能的，因此，“宽恕”这个概念的意义就不再那么明确了[②]。

也许德里达有理由认为解构是“积极的”，因为它**其实没有**否定什么，相反，它打开了更多的可能性。不过是不是更多的可能性就意味着更好，这还是个问题。解构所揭示的事物复杂性和暧昧性在许多时候与其说是“重要的”还不如说是“有趣的”，这难怪解构主义对文学艺术的影响要大于对哲学的影响。哲学不得不去思考原则性和抉择性的问题，必须斩钉截铁地建立某种基本原则，而不可能满足于“多种意义”这样的有趣场面。有决断、有担当不仅仅是思想的需要，归根到底是生活的需要，因为生活的基本问题是关于“做”而不是关于“说”。“说”也许可以随便说，只要有趣就行，但“做”却不得不去严肃抉择，否则什么也做不成。德里达是有自知之明的，他认为解构主要只是一种解读方式(reading)，这等于承认“说”是一回事，而“做”是另一回事。我们终究不可能为世界和生活选择一个混乱无序的存在状况。更露骨地说，如果一个东西在任何情况下都不能是某个东西；如果没有某种东西真的比另一种东西更好，那么，生活就没有意义，因为没有任何东西值得去追求了。

十六、关于无限哲学的想像

后哲学思想是坚持不下去的，因为它导致破碎的思想。后哲学的零碎叙事以及琐碎分析之所以显得有些意义并且显得有趣，是因为毕竟还存在着一些顽强的宏大叙事没有被破坏，因此思想仍然是有所凭借的。但假如思想终于彻底成为一堆杂碎，不管是逻辑杂碎还是文学杂碎，思想就将因为无序状态而互相破坏或互相贬值。只有能够用来理解所有问题的普遍有效思想框架才能够使思想能力最大

① Derrida, *Letter to a Japanese Friend*, in Derrida and Difference, ed. Wood & Bernasconi, Warwick, 1985.

② [法]德里达：《德里达中国讲演录》，38 页，中央编译出版社，2003。

化,而支离破碎的叙事只能使思想能力最小化。我疑心这个时代有一个相当普遍的错觉,即把“多元意见”当成“多元思想”。人们有平等权利维护各自的意见,但却不可以把意见等同于思想。意见可以任性,思想不能;意见不需要理由和论证,不需要合法性的证明,但是思想都需要。如果把思想降低到意见的水平,人类心智就会弱智化。当代这一以意见代替思想的流行错觉使哲学状况倒退到哲学的原始出发点。希腊哲学的基本冲动就是去寻找“真正的 logos”,也就是超越了意见的思想;中国哲学的根本目的是去追踪难“得”之道或者难以得“闻”之道,也同样是超越了意见的思想。寻求**超越意见的思想**就是哲学本意(philosophical fundamentalism)。在今天这个时代,意见湮没了思想,利益压倒了价值,意识形态败坏了政治理念,这个状况正是需要重新发动哲学的时候。

第一哲学的合法性来自第一问题的有效性,而第一问题必须是能够带动所有问题的问题。“一个问题带动所有问题”的思想整体运动就是哲学的基本方法论。因此,现在特别需要思考的是,什么是能够把所有根本性的问题整合在一个总体有效的思想框架中的最好思想策略?或者说,什么是能够真正带动所有问题的第一问题?在选择第一问题上可以有许多种策略,比如“存在”、“我思”、“我在”、“意义”、“他人”等。正如前面所分析的,这些方案虽然各有所长,但都有某种局限性,都不能以此建立一种能够**贯透**所有问题的**无限哲学**。我相信这是哲学一直想做但还没做好的事情。在《一个或所有问题》中,我曾经论证说,尽管问题总是各种各样的问题,但“所有问题”必须能够被思考成“一个问题”,否则就不可能建立一种能够对任何一个问题负责任的哲学[①]。这种“无限哲学”的设想,甚至可以追溯到老子的原始想像。老子试图以“道”作为分析单位和观察角度去建立一个能够容纳任何一个哲学问题的思想框架,他在《道德经》中以道作为分析单位**连贯地**分析了形而上学、知识论、伦理学和政治哲学甚至军事哲学的各种问题,至今仍然是对“所有”哲学问题进行**连贯分析**的典范。这个“以道为纲”的**连贯分析**框架与西方哲学的**分类分析**完全不同,可以说是两种哲学典型,反思其中的区别将有助于我们建立新的哲学模式。

---

① 参见赵汀阳:《一个或所有问题》,江西教育出版社,1997。

西方哲学中影响最大的第一问题是“存在”。尽管在大多数现代哲学中“存在”不再是值得苦苦思考的问题，但它始终是西方哲学思考任何问题的分析框架。“存在”虽然是个最大的概念(任何东西都“**是**”某个东西)，看起来理应成为一切问题的基础，可是有一个致命的缺陷:“存在”是要被解释的，而不能用来进行解释，“存在”什么也没有说明，当说到某物存在，仅仅是说出了“有这么个东西”。因此，当以“存在”去讨论各种事物，实际上没什么可说的。这个理论起点好像能够通向所有事物，但其实是个很笨的出发点，因为它没有给出道路以及走路的方法。

“存在”的诱惑力在于它看起来是个万能的神奇动词。但列维纳斯就提醒不要陷在这个“似乎神奇”的动词里，那样不会有什么收获。确实如此，“存在”这个概念本身没有什么值得研究的，要使“存在”显得有意义，就必须考虑到“某物”存在(a thing is)，可是这个某物还是空洞的，于是又必须考虑到某物“是如此这般的”(a thing is so and so)。西方哲学在这个格式中去思考万物。德里达对“s 是 p”这个格式的不信任是有些道理的(尽管太夸张)。从德里达的观点来看，某物在“当场”(presence)时可以显得“是”如此这般的，但从其不在场的(absent)潜在可能性而言却总是要成为“不是”如此这般的。当说出某物是如此这般的，就是试图把某物规定为一个封闭性的“什么”。把思想落实在“某物”上，也许得到一些名词和定义，但说明不了事实，解决不了问题。思想就这样死于其封闭性。

这种思维格式的根本弊端在于它的分析单位(unit)都是一个个的封闭个体(莱布尼茨会说是一些“单子”)，比如一个个的事物、一个个的个人、一个个的国家，诸如此类。所谓个体，就是不能再分割下去的东西。西方哲学把思想问题最后落实在不可分的个体上，于是在存在论上发现了个体事物，在知识论中则发现了基本命题，在伦理学中又发现了个人价值，在政治学中则发现了个人权利，如此等等。事实上，这些个体处于**在一起**(being together)的状态中就都很重要，但如果被搞成一个一个独立**个体**就都是废物，这一点不可不察。以“个体”作为基本分析单位对于逻辑和科学可能是正确的，因为逻辑和科学要计算的就是**事物**(things)，但这一“事物存在论”观点(ontology of things)是否能够成为哲学问题的普遍基础，则非常可疑，因为哲学问题的发生地并不是事物而是**事情**(facts)。假如哲学一定需要一种存在论观点的话，它也应该是“事情存在论”(ontology of facts)。

思想要研究的是在事物中发生的事情，只有事情才构成问题，而事物不是。事情是人做出来的，是自由选择的结果，**自由是所有问题的原因**，所以事情包含着人所能够制造的所有麻烦以及所可能遇到的所有困惑；而事物只是自己摆在那里，是无可选择的客观存在，既然无可选择，就不是问题。对于事情存在论来说，事情的基本结构是**关系**，或者说，事情总是由关系而定的。于是，事情存在论的基本分析单位是"事情"，而基本分析原则就是**关系优先于事物**。这是中国哲学的基本精神，中国哲学的分析单位不是一个个封闭自足的事物，而是任意各种事物之间的任意各种**关系**。关系为实，事物为虚，当给定了某种关系，然后才能够确定有关的事物具有什么意义。在客观的存在状态上，关系和事物是同时存在着的，但在问题结构中，关系优先于事物。"道"既是关系，又是形成关系的方式。道意味着某条"道路"，也就是某种**可能的通达方式**，它通向至少两个事物，同时它还意味着某种可能的行走方式，也就是某种**可能的实践方式**。**可能实践创造了可能世界**，就是说，当给出某种关系，就定义了"物"在这个关系中的地位和意义，也就形成了"事"，创造了事就是创造了某个可能世界。

西方哲学有着相反的理解：事物为实，关系为虚，关系是由事物的性质去确定的。这种理解对于由事物构成的自然世界来说似乎大致不错(决非没有疑问)，但肯定不能很好地说明人事。在"事情"的领域里，所谓的"事物本身"或"恒定本质"是非常不可靠的。一件事情所包含的特定关系，无论是人与物的关系还是人与人的关系，都将定义着这件事情的参与者的性质。比如说，我们不可能说某人本身"**是**"诚实的还是不诚实的，这样说没有意义，只有给定了特定的人际关系，某人才"**变成是**"诚实或不诚实的。还可以考虑康德的一个著名论题："人是目的"。康德相信，任何人，仅凭"他是人"这一身份(人的本质)，就必须永远被当成不可侵犯的目的，而不可以被当成可利用的手段。这一假定把人的本质看做用来决定任何伦理关系的不变量，假如当真如此，那么人们就什么事情也做不成，因为在人们所必须要做的事情中，有些事情要求把某些人当成目的，而在另外一些事情中则要求把某些人当成手段。这就是生活，我们不能通过伪造生活然后伪造问题。

如果采取谨慎态度，我们就应该说，关系优先于事物并且定义着事物性质，这一原理主要在生活领域(特别是伦理/政治领域)中有效。但它决不仅限于生活领域，它甚至有助于我们重新理解知识论问题。可以考虑一个纯粹知识论中的逻辑问题。逻辑关系通常被认为是由给定的命题的性质（真值）所决定的，关于逻辑关系的这一哲学假定在大多数逻辑关系上似乎是可行的，比如说对于 p∨q 和 p∧q 之类，不会出现什么麻烦，但是对于最重要的逻辑关系 p→q（蕴涵），就恐怕很有些麻烦了。p→q 被定义为 ¬p∨q，就是说，除了 q 为假的情况，p→q 的各种情况都成立。可是我们必须注意到，q 的情况非常特殊，它的真值情况有些暧昧。q 的真值至少可以来自两种可能情况：q 或者是经验上为真（假）；或者逻辑上为真（假），即"q 真"有可能是 p 的一个语义分析性结果或者是 p 的一个构造性结果（数学上可构造的），在这个可能情况中，q 的真值就不可能先于关系 p→q 而被认定。因此，假如在实际发生 p→q 这一关系之前就确定了 q 的真值，就会导致 q 的真值悖论，例如：

(1) 如果至少存在着一匹飞马，那么它是有翅膀的。

在这里，当 q 的真值根据的是经验标准，则 q 为假；而如果 q 的真值依据的是逻辑标准，则 q 为真（分析而真）。

(2) 如果某人 x 每年赚 100 万美元，那么 x 到 1000 岁就赚到 10 亿美元。

在这里，当 q 的真值根据的是经验标准，则 q 为假；而当 q 的真值依据的是数学标准，则 q 为真（计算而真）。

尽管在 p→q 这一关系发生之前，q 的真值可以单独根据经验事实而被确定，但当发生 p→q 这一关系，q 的真值就受到这一关系的影响，准确地说，q 在 p→q 这一关系的影响下兼备双重真值身份（经验的和分析的）。这个特殊现象的原因在于 q 是"在后的"，而在 p∨q 和 p∧q 那里，p 和 q 是"并列的"，所以没有问题。可以看出，"蕴涵"不像其他逻辑关系那样得到很好的解释（在通常承认的基本逻辑关系如并非、析取、合取甚至互蕴都没有困难，只有蕴涵是有麻烦的）。当然，这一困难并不是逻辑系统本身的困难，逻辑系统是人为规定的，它自成体系，总能自圆其说（假如构造良好的话），因此，被定义为 ¬p∨q 的 p→q 在逻辑系统中可以不成问题，即使出了问题也可以在逻辑内部去调整。我们这里所讨论的是逻辑系统**在应用中**的困难，这是个哲学问题，它相当于说：逻辑世界的关系对于真实世界是否充分有效？这个问题虽然不涉及逻辑的内部困难，但却是逻辑的**外部困难**，而外部困难也是一个不可视而不见的挑战,因为,一个良好构造的逻辑系统本身的有效性(一致性和完备性)只是证明了它的先天有效性(a priori),但不一定能够同时在应用中是先验有效的(transcendental),**如果先天的不能同时成为先验的**,那么它就不是关于真实世界的一个有效解释,而只是一个与事实不相干的自说自话的符号系统——不管多么漂亮又有什么用呢?

这些问题都说明了,关系优先于事物的性质。我们**做什么**决定了事物**是什么样**的,或者说,事物是什么样的,这要取决于它处于什么事情之中。所以哲学必须从"事情的观点"去看事物,而不能从"事物的观点"去看事情。

当然这决不是说事物的观点没有用,相反,事物的观点非常重要。事物的观点就是语言/逻辑的观点。语言/逻辑是思想的条件,但它只是规定了思想的空间,它摆明了在这个空间里有什么东西可以成为我们思想的对象,却不能够规定什么是思想的问题。太把"说"当事是哲学的一种神经病。语言为世界构造了一套用来说的秩序,但在世界中发生的事情另有一套秩序。语言秩序可以是事情秩序的索引,我们按照这种索引去找出事物来说,但语言秩序与事情秩序并不对等,甚至也不相似。虽然人们知道这一区别,但很容易被语言秩序所误导。这一意识错位特别表现在语言意识误导问题意识。出于能够清楚说话的这一技术性要求,语言/逻辑系统对事物进行了分类学的编排,它赋予事物各种逻辑关系,其中有两个特别重要的误导源:(1)种属关系。按照种属关系,大概念"统辖"着许多小概念,于是,大概念就非常容易被误认为是大问题,而大问题又被认为是重要问题;(2)概念的含义。一个概念或名词的含义(内涵)诱导人们去认为一个事物本身有着某种绝对的自身规定,它决定着一个事物"是其所是"(is as it is),通常说是它的本质。这样,思想就追随语言中的错误线索去研究仅仅存在于语言中的"大问题"和"本质"。

事物的本质以及事物之间的种属关系都是语言/逻辑的想像,事物本身根本就不是那样长的,事物也没有那样的逻辑关系。比如说,并不存在着老虎"属于"猫科这样一种关系,这是人编造的(老虎未必同意)。把事物编排在我们可以处理的语言和逻辑关系中,这是为了能够有序地去研究世界和生活中的真实问题,而不是为了研究那些编造出来的问题。如果生活不出现问题,人们不会平白无故去思考。**"问题"都是做出来的**,而不是说出来的,说要服从做。

这里也许有必要讨论一个比较暧昧的问题,它与语言的另一种“误导”有关。语言哲学在讨论“意义”问题时发现,语言的意指功能会生产出太多的虚拟事物,从而导致存在论的混乱和拥挤——有许多不真实的事物通过“所指”这一伪造的身份证混入世界。这个问题后来已经被解决了(罗素的摹状词理论和蒯因的存在论承诺理论),人们可以通过在技术上明确各种不同的“存在论承诺”而让事物各就各位,把事物限制在各自所属的可能世界里,从而避免了存在论的混乱。不过在今天看来,问题似乎没有这么简单,尽管那些不真实的事物(想像的或虚拟的存在)只能居留在别的可能世界里出不来,但它们却有着跨世界的影响力,能够参与真实世界里的事情,这是因为,它们能够影响或诱导人们的思维、情感和欲望从而“参与”做事。这意味着,**事物有界而事情无界**。事物的存在不能跨世界,但事情却总是跨世界的。这也说明,一个问题如果是有意义的,它就必须以事情为分析单位,而不能以事物为单位,必须在“关系”的框架中而不是在“存在”的框架中去被分析。如果说分析哲学的“跨世界事物”的问题是无聊的,那么“跨世界事情”则是严肃的问题。

什么是真正重要的问题,并不取决于语言/逻辑的那种仓库式的编排秩序,而要取决于藏在语言/逻辑秩序中的隐秩序,那是生活实践的秩序,是由我们的欲望、需要和想像所决定的做事秩序(of doing)。我们必须追问,到底什么是我们真正在乎的事情?什么是我们梦寐以求的事情?什么是我们不能忘怀的事情?什么是我们不能让步的事情?什么是我们不能接受的事情?什么是我们非要不可的事情?什么是使我们觉得生活有意义的事情?什么又是使我们觉得生命没有意义的事情?

存在是个给定的事实,不是问题,所以哲学问题并不落实在事物“是这样的”(to be as it is),而落实在我们能够让事情“不是这样的”(to be as it is not)。能够“不是这样的”意味着,**是**什么样取决于**做**什么样。于是,存在论问题在这里由“是”(is)变成了“做”(do)。所以说,**存在就是做事**(To be is to do)。人的存在之所以是惟一有意义的存在问题(世界的存在不是问题),就在于人的存在不仅是“自然的”(to be as it is)而且是“自由的”(to be as it is not),问题就出在这里。假如是完全的自由,一切都是可能的,无论做什么都可以,那也不会出现问题(上帝就根本没有问题,上帝不思,而没有问题就没有生活,所以上帝没有生活)。正因为人的自由总有限制,所以存在才有意义。除了无法改变的自然限制,他人也是无法回避的限制,而他人的限制是可以商量的,因此,几乎所有哲学问题最终都是与他人的关系。从根本上说,事情的内在结构就是人与人的关系。虽然说,自由**总有**某种限制,但这种限制并非给定的,而是可以选择和商量的,于是,**给自由选择什么样的限制**,就成为几乎所有哲学问题的发源地。

康德的伦理学之所以是里程碑,就是因为直接涉及"给自由选择什么样的限制"这一问题,如果按照康德的思路,这个问题似乎应该说成"如何为自由立法"。不过这个康德问题并不完全等于我们这里所说的"给自由选择什么样的限制",因为康德把这个问题收缩得太小,仅仅是个伦理学问题,而生活场面显然比伦理学要大得多(还有政治、经济和文化等问题),而且康德把解决问题的条件也收缩得太小,他以为能够在理性化的实践意志中发现问题的答案,这不仅不可能,而且还损害了生活的丰富意义。简单地说,生活问题要比康德所想像的复杂得多,我们不能把那些难以处理的问题随便就删除掉。

"给自由选择什么样的限制"实质上就是选择做什么事情,同时也就是选择与他人建立什么样的关系,这两个方面结合在一起就是我们要选择什么样的**可能生活**(possible life)。对可能生活的选择就是"存在"的头等大事,也就是哲学的首要问题。在这里,我们试图修改哲学的一般分析框架,把哲学的问题意识从"面向事物"(to the things,胡塞尔语)变成"因事设问"(from the facts),从"是"的问题转向"做"的问题,从逻辑的尺度转向生活的尺度,从思的哲学(philosophy of mind)转向心的哲学(philosophy of heart)。无论是关于事物、语言还是关于思维本身的问题都是对哲学问题的误导,尽管要思考哲学问题就总是不得不引入关于事物、语言和思维的问题,但它们只是哲学的相关问题。哲学问题是生活尺度上的最大问题,但决非思维尺度上的最大问题,就是说,哲学问题的尺度与生活等大,而不是与逻辑空间等大。

正如前面说到的,问题不会平白无故地出现,问题总是做出来的,总是由我们采取某些行动而引起的。做事是问题之源,不生事就没有问题,而由做事直接引起的原生问题都是"切身"的问题或"关心"的问题。因此,尽管哲学问题是"纯粹化了"的问题,但仍然必须与生活的原生问题直接相关,否则就非常可能是莫须有的空想。问题的纯化只是思想的技术性要求,原原本本的问题是一团乱麻,所以需要纯化以便处理,但真正需要解决的问题决不能换算成概念和命题的问题。那些关于概念、语言、思维和事物的问题都是行动问题所波及而生的。

可以说,我们至少存在于四个世界中:一个是事物(things)的世界 T,也就是自然的或物理的世界,它由各种“物”所组成;另一个是语言的世界 L,由语词和语句所组成;再一个是所思的世界(cogitatum)C,由观念和意象所组成;还有一个是事情(facts)的世界 F,也就是实践的世界,由人所做的各种“事”所组成。对于我们的存在来说,这四个世界同样重要,但只有世界 F 是问题的原产地,只有“事情”能够**直接**制造问题。

因此,哲学问题最终不由语言决定,也不由观念决定,更不由事物决定,而是由做事的逻辑(the logic of doing)去决定。做事的逻辑就是以事情为中心所形成的层层波及圈,而事情的能量大小决定了它的波及圈有多大,生活中最重要问题所激起的波及圈如此之大,以至于使几乎所有问题都被卷入,包括观念、语言和事物的问题。这样一种以关于“做”的问题作为哲学起点而贯穿所有问题的哲学就是无限哲学,它的核心是**生活形而上学**。

伦理学作为第一哲学*

伊曼努尔·列维纳斯

一

按照我们的哲学传统,智性和意义(sens)都处身在**知识**——那种被理解为某种中立的(désinstéressée)沉思的知识——与存在的关联之中。于是,对存在的理解——这个动词的语义学——也就因此而变成是智慧以及智者的可能性,成为这两者出现的场合,而且,就在这个意义上,这种语义学也就成为了**第一哲学**。同时,对于西方的智性生活(以及灵性生活)而言,无论我们怎样诠释亚里士多德的形而上学——无论我们是按照《形而上学·Γ卷》中的存在论来诠释这种形而上学,还是按照《形而上学·Λ卷》中的神学或者存在-神学来诠释这种形而上学(在那里,当亚里士多德使用上帝这个第一因来为智性提供最终解释的时候,这个上帝的规定性其实是由"作为存在的存在"给出的)——它还是显示出了对于亚里士多德第一哲学的忠诚,因为它把那种等同于大写的精神的知识放在了优先级的第一位。

在这种知识-存在关联中,在这样一种对"什么是沉思的主题"的讨论中,显然

* 这个译本是从英译本转译过来的("*Ethics as First Philosophy*",Sean Hand & Michael Temple 译,载 *Levinas Reader*,Blackwell 1989,pp.75-88)。之后又对照原文("*Éthique comme Philosophie Première*",载 *Éthique comme Philosophie Premi-ère*,Rivages 1992,pp.65-108)做了一些订正。英译本载有译者前言和译注,这里只保留了后者。最后,特别感谢周濂、宁晓萌和刘国英在香港不辞辛苦为我找到了原文,又不畏烦难把整本书复印出来从深圳寄到北京。

存在着一种分别。但是，与此同时，这种分别却也还是一种**被压制住了的分别**：它被那可以被称为“真”的东西(le vrai)压制着，或者说，被所知压制着；这里的“所知”，是那种被知识所把握(因此)被知识所占有的所知，而且，它也还是那种作为被解放者，作为被知识从其他者状态中给**解放**了出来的所知。事实上，存在，作为思想的它者，是通过真理(la vérité)而成为**思想-知识的特征**的。而在理性之中，合理性或者意义的理想形态也早已宣称说自己是现实的东西所内在固有的特性；同时，在存在那里，**现在**被给予了某种特权，可是这种“现-在”却恰恰就是“向思想呈现”——对于这种现在来说，未来和过去都只是它的某种模态，或者样态之改变：都只是某种再次-现在。

另外，在知识中也还宣示着这样的观念，那是关于某种属于智性的活动，或者说，是关于某种遵从着理性的意志的——也就是说，这其实是关于某种做法的观念，而这种做法恰恰是这样组建起来的：在求知中去思，(把某种东西)收为己有，以在场为归约点而进行还原，对存在的差异进行表象——也就是那种对所知的它者状态进行**占用和收容式的理解**活动。

同时，在这种观念中还指明了一种特定类型的把握：作为所知，存在变成了思想的特有物，被思想所把握。事实上，应该把作为知觉、作为概念、作为理解的知识也回溯到某种把握行为。而且，还应该把这一隐喻理解得更严格一些：它所显示出来的，是一种未来的技术秩序以及工业秩序的原则(而不是结果)，这种原则先于随便哪种对知识的技术性运用，而且，无论是哪一种文明，都至少会包含着这种秩序的种子。实际上，所知之为求知活动的内在固有的一部分，这一事实早就已经是这种攫取的具体实践的后果，而对于这种攫取来说，它既不是思想的添加物，好像可以作为魔法而被添加到思想的“**(无能的)精神性**”上去，也不是对任何一种对心理-生理条件的保证。相反，实际上，它是归属于这样一种与知识有关的统一体：在这种统一体中，Auffassen[理解]同时就是，或者说，从来就已经是一种 Fassen[把握]。当然，这种被看成是知识的思想，它所牵涉到的，其实是一个人在他所栖居的世界中——即那个他在其中运动、工作和占有的世界中——的具体生存。事实上，正如胡塞尔在《欧洲科学的危机与先验现象学》中所让我们看到的那样，在各种科学所能给予我们的教益中，即使是那些最抽象的东西，也总是有其开端在“生活世界”中的，而且，实际上总是以那些我们伸手就能够着的东西为参照的。事实上，所谓一个“被给予的世界”，让这个理念获得具体参照背景的，其实正是这一只手。因为在事物中包含着一种对于满意（satisfaction）的承诺，因为，在它们全部的具体性中，它们恰恰就是那求知着的思想的尺度。事实上，作为知识的思想早就已经是一种干着体力活的思想。一种归属于匹配与符合的思想，一种能提供出饱满充实的东西（satis-faction）的思想。而存在者的合理性，也正是被保持在它们的在场和符合中的。在**生成/变化**中存在着一种演化，在这种演化中，在场或者消逝或者即将出现，而知识，它的运作，却是在这种演化的背后而对这种两歧性进行重建。所以，知识是一种再次呈现，是一种向着在场的回归——没有任何东西能在这种运动中保持自己为一个**它者**。

这种观念其实指的就是这样一种思想活动，即通过一种具有独立性的知识而进行的占用——当然，这种独立意味着独立于任何外在于它的终极；而这也就是那种被亚里士多德肯定了它的自足性、自主性，肯定了它的那种心安理得（bonne conscience[①]）和快乐的孤独的活动，即一种中立的、不假外求的活动。“智慧的人能够只

---

① 我们最后还是决定把“bonne conscience”和“mauvaise conscience”这两个短语保留其原来的法文形式。因为，这两个短语，除了指“good/bad conscience”——比如 Time and the Other（p.110）上的译法——或者“clear/guilty conscience”这种意思之外，它们还有另外一种含义，即“consciousness”和“ unhappy consciousness”（意识和苦恼意识）。对于黑格尔来说，苦恼意识（das unglückliches Bewusstsein）是某种内在地崩坏了的鸦片，它具有一种二元性，而且这种二元性指的是一种本质性地对立状态。因此它实际上是一种“一个自我意识对另一个自我意识的凝视——而它自己则是这两个自我意识的全体”（Phenomenology of Spirit，p.126）。它是主人与奴隶，永恒与有死，“不可变的”与“可变的”的共存。不过，关于这种二元性，就其作为对基督教的一种表象是否确实是一种被真切感受到的东西，评论家们的观点是分成了两个阵营的。——英译注

汉译没有采取这种保留原文形式的做法。一方面，英译是占了它自己的便宜：good/bad conscience 在英语中除了指 good/bad faith（好心/歹意）之外，恰恰有“心安理得/良心不安”的意思，而“bonne 是 good，mauvaise 是 bad”这么简单的转换，对说英语的人又几乎属于自动，所以，即使这两个短语不特意翻出，对于说英语的人来说，阅读的进程也不会妨碍。但是中文就没有这种便利。如果不加翻译，即使能够自动转换，那两个短语转换过来，无论是转换成“好的/坏的意识”还是“好的/坏的良知”，都几乎属于不知所云的一类。

而且，另一方面，其实这个便宜又占得相当无谓。事实上，英译注把黑格尔的 das unglückliches Bewusstsein 翻译成 unhappy consciousness 是有点误导的。一方面，unglücklich 这个词本身并不是指“不爽”、“郁闷”或者“糟心”，而是简单地意味着不幸（unlucky）。另一方面，黑格尔在这里用 unglücklich 这个词来表明某种意识的特性，也并不是在强调说，因为在这种意识中有着相互冲突的双方，所以有了这种意识的人就“苦恼”了，鸦片就“崩坏”失效了。黑格尔在这里强调的是，由于原本作为它者而**外在**于某个自我意识的主人或者奴隶（的自我意识）现在进入了同一个意识之中，所以这种具有二元性的意识，**就其内容而言**，是把一种不幸（的命运）纳入自身之中，尽管这种纳入并不能说成是“对于不幸的意识”。事实上，只有这么理解，不幸意识才可能是黑格尔所说的“**现实性与自我意识的统一**”。不管怎样，在《精神现象学》里黑格尔指出的是一种“在意识中的**统一**”，

靠自己进行思考",《尼各马柯伦理学》(第十卷第 7 节①)这样说到。这实际上是一种统治性的,甚至可以说是无条件的活动。这里有一种主权,一种只有作为孤独才能够成为可能的主权。也有一种无条件的活动,虽说它是坐落在人的有限性中,受限于他的生物性的需要以及死亡的需要。不过,这样的一种观念,它同样也还使得另外一种观念得以维持,而与这第二种观念相关的,是那种**纯属神性的知识**,以及这种知识所拥有的自由,这种自由与智慧之间的等同关系,还有人类领域与这种神圣生活之间的部分重合关系(亚里士多德在《尼各马柯伦理学》第 10 卷第七节的结尾曾经谈到过它)。在这里,一种**有限的自由**的观念,一种离奇陌生而且与前面那种观念处于矛盾之中的观念,已经显出了它的轮廓。

在西方哲学的整个历史上,**沉思**或者说**知识**,还有**知识的自由**,一直是精神的鼓动者,给予着精神以灵感。求知是思想(甚至**感觉**和**意志**)在心灵或者灵魂上的力量所在。它出现在"现代"这一时代的曙光中,出现在意识(conscience)这一概念中,出现在笛卡儿的第二沉思之对**我思**的诠释中。而在胡塞尔那里,它则被描述为意向性(在这一点上他其实是回到了中世纪的传统),也就是"对某个东西的意识",因此也就总是与"意向对象"处于一种不可分离的状态。意向性的结构是"意向活动－意向对象",在这种结构中,表象活动或者客观化活动所具有的那种典范地位是

而列维纳斯强调的却是我与他者的**分裂**。事实上,如果这两者不是处于一种分裂状态,我与他者就不能产生一种**替换**关系,我也就不可能成为(替他者做抵押的)死亡的人质了。总之,在这里联想到黑格尔,也许对那些把比较研究当成事业的学者有帮助,但对理解作者的意图并没有什么实质性的增益。

所以最后是把这两个短语分别翻译成了"心安理得"和"过意不去"。其实"bonne/mauvaise conscience"这两个短语,最工整的翻法是"好意思/不好意思"。但可惜字面上跟意识一点关系都没有,而且这个表达法实在是太轻,没有那种焦灼忐忑的感觉。"良心不安"够重,可是"良心"不是列维纳斯这篇文章在**论证**过程中所使用的设备。这篇文章的主题仍然是意识。而且它是这篇文章的惟一主题。那译文当然要尽量体现这个论证**路线**。而"过意不去",如果勉强一点(在心里)换算成"过不去的意识"的话,就比较合适了。一方面,"过不去"跟"非意向性的"在意象上还是比较贴切的。另一方面,其实"mauvaise conscience"这个短语在本文中除了指那种不安或者惴惴的状态,它还有一种用法,一种基于字面的反讽性用法。在"mauvaise conscience"中,前面的那个"坏"字,其实在整篇文章中都可以被读成"差劲"或者"不够格"——当然得是用那种"阴刺的"口气,因为这种意识它没有意向也没有目标什么都没有混乱不堪需要启蒙,怎么比都比不上那种"好意识"。而理解成"过不去的意识"的"过意不去",多少也还能配合上这种语气和这种读法。——汉译注

① [古希腊]亚里士多德,《尼各马柯伦理学》(Harmondsworth : Penguin,1955,1981)。——英译注

列维纳斯在这里的引文并没有用通常的 Tricot 法译本。他自己的翻译,从字面意思上看,是说,"智者,哪怕自己沉浸于自己之中(même abandoné à lui seul),也能够自己进入沉思。"英译少了一点微妙的"让步"语气,而只说"靠自己就能思考(practise contemplation by himself)"。——汉译注

无可动摇的。而人类生活的总体,从开始一直到现在(而且,特别是现在),都因此被看成是一种经验:都是按照对经验进行表达的方式而被表达的,也就是说,都是在某种教义、教益和科学中获得表达的。在这种眼光看来,与邻人的关系、与社会群体的关系以及与上帝的关系,最后都变成了同一个东西:群体与宗教经验。

这就是现代性的特征:**借助**于求知,它总是在推进着对存在的同一化和占用,最终达到对知识和存在的同一化。事实上,从**我思**到**我在**的通路正是一条通向这种终点的道路,而在那个终点上,求知这种自由活动,这种殊异于任何外在目的的活动,会发现其实它已经跟所知站在了一起。而它,这种求知的自由活动,也就在同时组建起了一种关于"作为存在的存在"的诡计,因为这种"作为存在的存在"其实已经是那种属于求知活动的所知了。于是,**第一哲学的智慧**也就被还原/降低成了**关于自己的意识**(la conscience de soi)。同一与非同一被同一化了。思想的劳作,在它与事物的它者状态以及人的它者状态的角逐中胜出,并且赢得了它们。从黑格尔开始,任何一种目标,如果它被认为是殊异于(那种中立的)知识获取活动的,就都要被迫臣服于(那种作为科学而出现的)知识所拥有的那种自由之下;而在这种自由的内部,**存在**自己则被理解为是**对这同一个存在自己的主动肯定**,被理解为**存在的力量和力度**。现代人,他们固执在自己那种作为主权享有者的存在中,而他们所惟一关心的,则是如何维持他的**主权的权力**。"可能"和"被允许"变成了同义词。而对自然和社会的经验则逐渐变成了对所有的外在性进行解释的理由。这种西方式的自由,在现代这个时代,它的奇迹不受任何来自于记忆或者悔恨之情的阻碍,并且还向着一种"闪耀的未来"开放开来——在这种未来之中,无论什么东西都能被弄得妥妥当当。这种自由,只有死亡能使它受到挫折。而死亡所设立下的障碍,则是无可逾越、无可动摇并且从根本上是不可理解的。无疑,对于存在论来说,对有限性的认识确实会标志出一种对它的新考验。但是,有限性和死亡却不能把前面所说的那种心安理得带入疑问之中——可是,正是依靠着这种心安理得,求知活动的自由却才得以运转的。事实上,死亡和有限性只不过是再次承认了这种自由的权能而已。

二

在这篇文章中,我们想要去问这样一个问题:把思想理解成知识,然后把存在论看成是第一哲学,这样一种做法是否穷尽了“思想”这个词全部的可能意义?以及,是否这样一来,就会有一种思想形式,一种超越了知识、超越了知识对存在的把持,一种更为迫切的思想形式——也就是智慧——会因此而不再出现呢?为了回答这一问题,我们建议从意向性这一观念出发,从它在胡塞尔现象学这一西方哲学的最高点中所扮演的角色出发。事实上,正是在胡塞尔那里,那种在考虑与存在的关系时将思想与知识等同起来的做法,获得了它最为直接的表达。尽管胡塞尔成功地从意识的那种主动的和情感性的生活中分离出了一种源初性的、非理论的意向性,但是,他的理论还是基于那种表象活动,即对行动的客观化之上的——就这一点而言,他实际上还是接受了布伦塔诺的主张,虽说他在表述他自己的新主张时曾经做了那么多的预防工作。现在,在意识的范围内(而意识对于他来说总是对于某个东西的意识),知识,基于同样的道理,也就变成了意识与它的某个它者——即所谓**对象**——之间的关系,而且变成了某种以“这个作为对象的它者”为目标的东西,或者说,变成了朝向这个作为对象的它者的意志。事实上,当胡塞尔邀请我们向意识的意向性进行提问的时候,他也要求我们同时提出另一个问题,即“Worauf sie eigentlich hinauswill(它要指向哪)?”——在这里,被问到的其实是一种能够让意识行为中的某个统一体成为一个统一体的意向或者意志。与此同时,在对真理的直观中,知识是作为某种“充实”、某种满足而出现的,而在这一活动中得到了满足的,其实是一种追寻——即对那作为对象的存在的追寻,而这样的一种存在-对象,它则是在某种源初物中被给予和接收的,或者说,是在某个表象中在场的。在这里,对存在的建构其实就是对存在的把持。至于先验还原,它在把世界中(除了它自己的意识以外的)所有的独立物都悬搁起来之后,又把这个世界作为noema[意向内容]而重新发现出来,结果,它所引向的(或者所应该引向的),是一种满溢的、把它自己肯定为绝对存在的关于它自己的意识,[①]这种意识同时把它自己确认为某种(通过各种可能的“差别”而进行自我认同的)**我**,确认为自己的主人以及宇宙的主人,而且能够照亮那些最黑暗的、抵抗着它的权能的隐蔽角落。正如梅洛-庞蒂特别指出的,这个组建起世界的我,其实是会与某个领域产生某种抵触关系的,因为会有这样一个领域,在那个领域中,这个我是被蕴涵在它自己的血肉/身体之中的;换句话说,这个我其实是被蕴涵在一个本该由它来组建的东西之中的,也就是被蕴涵在世界里面的。可是,这样一来,“在世界中”就变成了“在它自己的身体中”,而像后者这样的一种“亲密的”肉身化过程,却再也无法纯粹而简单地展示出对象的外在性。[②]

这种还原过的意识,它在对自己进行反思时重新发现、重新掌握了自己的知觉活动,并因此重新掌握了科学,另外,它的这种重新发现和重新掌握,又总是对某个对象的重新发现和掌握,也就是说,在它的重新发现和掌握中,它自己的知觉活动,还有科学,也变成了它的对象,而也正是由此,它才肯定自己为某种关于它自己的意识、某种绝对的存在;不过,尽管如此,这种还原过的意识也还仍然保留着一种(对于它自己的)非意向性的意识:这种非意向性的意识是作为剩余物,作为缺乏任何主动目标的意识而存在的。而这样的一种非意向性的意识,要是话能这么说,它其实是在一种不知的状态下作为知识活动而运转的,也就是说,这是一种不进行对象化的知识活动。事实上,它与意识中所有的意向性进程相伴,也与我的所有那些意向性进程——我在那个意识中“行动着”、“意愿着”,还有着“各种意向”——相伴。这是意识的意识,一种间接的、隐而不显的、无目的的意识;在这种意识里,没有任何一种可以回溯到某个我那里去的动机;而它之为一种被动的意识,就好比是不管不顾地流逝着、与我无关却让我衰老的时间。这种“非意向性的”意识,不同于哲学的反思,也不同于那种内知觉,事实上,对于内知觉,非意向性的意识可以很轻

---

① 在前句中(“把世界中(除了它自己的意识以外的)所有的独立物都悬搁起来之后”),“它自己的意识”是 la conscience elle-même,即“这意识它自己”,只强调“属于”它自己或者就是它自己,此时这个意识还不是关于它自己的。而本句中的“关于它自己的意识”则是 la conscience de soi,即第一部分最后一段“第一哲学的智慧也就被……”那句中所说的“关于自己的意识”。——汉译注

② 这里是指梅洛-庞蒂的“身体意向性”。见 Phenomenology of Perception,第一部分,pp.67-199。另外可参看列维纳斯的 Totality and Infinity,p.181。——英译注

易地把自己作为某种内在的对象而提交给后者，而且，通过把它所承载的那些隐蔽消息外显化，它也可以很轻易地让自己占据后者的位置。至于反思，当它的那种意向性意识把那个先验的我当成其对象来获取的时候，那些属于这一意向性意识的意识行动和意识状态，也就会同样地对那些本该以非意向性的、隐而不显的形态存在的活生生的经验进行把握，也就同样会对这种经验进行主题化。事实上，这正是哲学要邀请我们去做的事情，这正是哲学的基本计划的一部分：要对那种记不住自己的地平线、记不住自己那些隐而不显的内容甚至连它自己所活过的时间都记不住的意识进行启蒙，要对这种意识身上的那种无可避免的先验天真进行启蒙。

于是，在哲学中，人们也就被推挤着——而且速度无疑是属于太快的那种——把所有这些没有受到中介的意识都看成是某种尚未理清的表象，看成是某种毋庸置疑绝对需要被带向“光明”的东西。同时，在这一“启蒙”中，不管到底是什么东西被进行了主题化，这个被主题化了的东西，它所具有的，或者说它所处身其中的那种含混暧昧的上下文，也就因此而被反思或者意向性的意识转变成了某种清晰分明的数据：结果变成跟那些对知觉世界进行呈现的东西一样，变成跟那些经过了先验还原的意识一样。

不过，人们可能会问，在那种经过反思的意识，那种被认为是“关于自己的意识”的注视之下，那种非意向性的东西，那种被经验为“意向性的东西的对立物”的东西，难道真的没能被保存下来吗——这种注视难道真的没有解放出那种非意向性的东西的真实意义吗？所有对内省的批判，从传统上下来，难道不一直就是一种针对“变造”的怀疑吗，也就是说，它所提出的怀疑，难道不一直就是下面这样：一种据说该是自发的意识，当它在经受检讨、主题化、对象化以及反思的那种轻率的注视的时候，也许就已经被变造了？而且，同时，难道这种批判不也向来就认为，在这种变造中，似乎总有一种什么秘密已经遭到了破坏或者扭曲？——这不就是那种任何拒斥都只能让它重生的（对内省的）批判吗？

所以，为了回答上面这种质疑，让我们提出这样的一个问题：在这种非反思的意识中，在这种仅仅被看做是“前反思的意识”的意识中，在这种仅仅被看成是意向性意识的隐蔽同伴的意识中——事实上，在反思中，意识是以一种意向性的方式向着那个思考着的自己瞄准的，就好像这个思考着的我出现在了世界中而且真的属于这个世界一样——到底发生了什么？那种所谓的混乱或者隐蔽到底意味着什么？对于这些问题，简单而形式地引用"潜存"这一观念来回答是不行的。事实上，难道不应该对下面的这样两类潜存观念进行区分吗，它们其中的一类包括：用概念性的东西对具体的东西所做的封存，关于某个观念的诸前提的隐而不显的理解，以及(出现在由某条地平线所划出的区域之内的)可能的东西所具有的那种潜存；而另外的一类，却是一种亲密性，一种出现在那自己就是绵延本身(却被知识看成是"前反思的意识")的东西之中的，归属于那非意向性的东西的亲密性？

三

那么，这种属于前反思的自我意识的"知识"，它真的知道吗？作为一种混乱的、隐而不显的、先于任何意向的意识，或者，作为一种摆脱了任何意向的绵延，它与其说是一种行为，不如说是一种纯粹的被动性。这不仅仅是因为它那种存在方式，即那种"没有选择去存在就去存在了"的方式，也不是因为它落入了一个其实混杂的可能性世界——事实上，在那样一个世界中，这些可能性在任何选择可能被作出之前就已经现实存在了，就像在海德格尔的 Geworfenheit[被抛状态]中那样。实际上，这样的一种意识状态，与其说它是某种关于它自己的知识，还不如说它是某种对在场进行抹除，或使之进入韬晦状态的东西。当然，现象学分析是在反思中对这样一种"时间的纯粹绵延"进行描述，也就是说，是把它当成某种以意向性的方式，由某种滞留与前伸之间的嬉戏所结构起来的东西，而这种滞留与前伸，就在时间的这种绵延中，却至少是保持在某种非外显的状态中的，因此，就其实际上是代表着一种流动的状态而言，它也就提示出了另外一种类型的时间。这种绵延，它躲开了我所有的意志，绝对地处身在我的任何活动之外——就跟衰老的过程是完全一样的，而衰老则可以说是被动式综合的绝好模型：一种不能被任何记忆，任何对过去的重构所逆转的时间流逝。难道，这种隐蔽时间的时间性，正如"隐蔽"这个词在这里所提示出来的，不是意味另外一种不同的时间性，一种不受知识主宰，不是去对未来和过去的在场或者不在场进行表象的时间吗？这是一种作为纯粹绵延的绵延,同时也是一种非介入:作为存在,它是那种没有任何坚持的存在,是那种战战兢兢没有勇气去存在的存在;这是一种为时间中的瞬间提供着代理,却没有任何(属于我的)坚持的东西,而我,却是一种总已经流逝了一段的时间,一种"在开始前就已经结束的"东西!这种非意向性的东西,其实是一种过意不去:它没有意向,没有目标,也不能为自己提供一个"在世界之镜中沉思"这样的角色面具,一个自我定位自我确认的角色面具来保护自己。它没有名字,没有处境,也没有头衔。这是一种害怕在场的在场,一种对(属于同一的我的)坚持感到害怕的在场,一种被剥光了所有属性的在场。在它那种(还没有进入意志的舞台,而且也先于任何可能的错误的)非意向性中,在它那种非意向性的同一化中,同一性,实际上是在它所作出的肯定和认可面前被反弹了回去,当它面对那种朝向自身同一的返回时,这种存在会不安,因为这种返回可能会容忍一种坚持。而且,不管到底是过意不去还是胆怯,这里的情况都不是"有罪"(culpabilité①),而是"受到了指控"(accusée)以及为了自己的在场而去承担责任。这是一种保留,它把自己保留在那种尚未被授权,尚未用任何方式证明自己的正当的状态,或者,按照《圣经》中的《雅歌》所说的,这是把自己保留在了那种"大地上的陌生人"的状态,保留在那种没有祖国也"没有家园"的状态:它没有勇气进入任何地方。也许,追根溯源,要想在一个人自己的存在或者身体或者血肉中肯定自己,心灵的那种内在性本来就属于勇气不足。因为,我们要进入的,并不是世界而是质疑。事实上,当我们提及或者"记起"这种自己进入存在的时候,我(moi),那个已经自己宣示着自己,自己肯定了自己的我(或者说,那个已经自己把自己确定下来的我,也就是说,那个已经自己进入了存在的我),其实还仍然处于一种两可或者神秘的状态,而且,用帕斯卡的话来说,这样的一种两可或者神秘,其程度还仍然足以让自己在那个"说着话的我(dire je)"中,在那种对自我(l'ipséité)的(夸张的)同一性所做的自我宣称中,把自己看成是某种可恨的东西。事实上,A = A 这个人类理智与意义的原则,②它所具有的那种肤浅的优先权,它的那

---

① 英译这里译作"guilty",提示我们这里列维纳斯是在与海德格尔的"良知分析"做对比。——汉译注

② 黑格尔在 Phenomenology of Spirit 的前言(p.9)中把绝对者刻画为 A = A。而这又指向了莱布尼茨,后者把 A = A 称为"同一律",并且论证说,说到底没有任何一种区别是实在的,只有同一与自身的同一才是终极的"等同"。——英译注

种主权,它的那种存在于人类的我里面的自由,可以说,也恰好就是谦卑发生之处。而也正是由此,对于存在所做的那些肯定与确定——那些我们可以在各种(著名的、以轻快的修辞进行的)对生活的意义的追寻中看到的肯定与确定——也就被带入了质疑之中,而这也就是说,那个绝对的我,那个已经从其活力、心灵、社会力量或者先验主权中获得了意义的我,仍然还得返回到它的那种过意不去之中。

不过,那种前反思的、非意向性的意识,它其实永远都不会去通过那种返回的方式来达到一种对被动性的道德把握,因为,在那样一种形式的意识中,一个人其实已经能够看见一个主体把自己设置到一种"没有性、数变化的主格"中,也就是说,这个主体已经保证了它存在的权利,已经"控制"住了非意向性的东西的胆怯——就好像是一个精神的婴儿长得过分的成熟,或者,又好像是一个人,在他的虚弱爆发之后,接着的却是心灵的疲塌。事实上,非意向性从一开始就是被动的,事实上,宾格(l'accusatif)才是它的"第一格"——事实上,这种被动性,这种与任何主动活动都不相关联的被动性,与其说是它在刻画着(非意向性的东西的)那种过意不去,倒不如说,是那种过意不去在刻画它。这种过意不去,它也并不是那种由烦所标记的生存有限性。我的死亡,既然它永远会是一种不到时候就发生的事情,所以也许确实是对存在,那种作为存在本身而被保存在存在之中的存在做了某种禁止,但是,在烦中,这种[对存在的]非议却并没能成功地动摇到存在的心安理得,也没有动摇到那种以(与conatus①密不可分的)权利为基础的道德——事实上,所谓conatus,它也同时就是自由的权利和对于自由的一种心安理得。可是,尽管如此,正是在非意向性的东西的那种被动性中,正是因为它具有一种自发性,因为它在先于任何一种关于主体理念的形而上学表述,那种在存在之中所进行的定位,那种通过意向性的思想、知识以及某种对此时与此地的把握而去确认自身的定位,才会受到正当性方面的质疑。事实上,正是在这种质疑中,我们才看到一种处于过意不去之中的存在;不错,是要去向着问题开放,可是,同时也要去进行质疑,也要不得不去回应这一质疑——语言就是诞生在责任之中的。不错,一个人是要去说话,是要

---

① 这个拉丁词的基本意思是"努力,内在的奋争"。在斯宾诺莎那里,它是使人作出(道德)选择的东西。但是牛顿也用它来指在圆形轨道上运动的物体所受到的向心力。在这个意义上,可以一般地理解为"事物"运动的动力因、内在原因或者"自然倾向"。——汉译注

去说我，是要在第一人称中存在——准确地说，是要去成为我(moi)，但是，也正因为如此，就在他去确认这个属于我的存在的时候，他也就必须去回应那种针对自己的存在权利而提出来的质疑。也就是说，必须要一直思考到帕斯卡的那句话上："我是可恨的(Moi est haïssable)"。

四

人必须要对自己存在的权利做出回应，这不是因为什么抽象而匿名的律法，或是因为什么法律条款，而是因为他对那个他者的担心忧惧(la crainte)。我的那种"在世界之中存在"，或者，我的"太阳地儿"，①我的在家(chez moi②)，难道不同时就是对他人，对那些已经被我压迫、我已经让其忍饥挨饿甚至被我赶到了第三世界的人的一种篡夺吗，难道，这不已经是对他们的空间的篡夺吗；这种存在，难道不同时就是拒斥、排除、流放、剥夺和杀戮吗？"我的太阳地儿"，帕斯卡这么说道，可是这个形象却正标志着整个大地上篡夺的开始。尽管我的生存在意识上，在意向上是无辜的，但是我仍然会为那些由于我自己的存在而可能产生出来的暴力和谋杀而去担心忧惧。事实上，不管我们为了达到一种心安理得而用那种属于存在的纯粹坚持采取了什么样的举动，这样的一种担心忧惧总是能绕到那种"关于自己的意识"的背后去。事实上，这种担心所为之而忧惧的，正是盘踞在我们的此在之中的那个"此"会占到了什么人的地方；[这样的一种担心忧惧]是一种在占领地盘上的不能，一种深刻的乌托邦。事实上，正是这种担心忧惧，才让我与他者的脸相遇。③

① 这里指的是帕斯卡的《思想录》(Brunzschvicq 295/Lafume 112)。——英译注

② 列维纳斯在这里是暗指海德格尔理解的 bei sich，即真正的、源始的意义上的"自己存在"，在这种存在中，生存者"为了自己"而生存。"bei"这个词的意思，近乎于"at home"中的那个"at"("在家"的那个"在")，或者法语中"chez moi"(在[我]家)中的那个"chez"。参见，Being and Time，p.80，即 H.54 中的这段话：

> "bin"这个说法是跟"bei"关联在一起的，所以，"ich bin"(我是/我存在)也就意味着"我居住"在世界中或者"定居在"世界上(alongside)，而世界对我来说则是以如此的方式所熟悉的。"存在"(Sein)，作为"ich bin"的不定式(也就是说，当它被理解某种 existentiale[与生存有关的"东西"]的时候)，所意味的就是"定居在……上(alongside)"，"与……熟悉"。因此，"在……中存在"(Being-in)就是此在的存在(Being)在存在论上的形式表达，而其根本状态则是"在-世界-中-存在"。——英译注

③ 英译本中没有这最后一句话。——汉译注

在我的各种哲学论文中，对于那种作为可感物之源初场所的他人的脸，我已经讲过了很多。那么，我现在还可以再简要地按照我现在的看法作一次描述吗，描述一下脸对现象秩序，对于那种属于显现的现象秩序的入侵？

脸的意义即在于他者的切近，事实上，从一开始，脸它产生意义的方式就超出了那些跟面具一样不停地想(在它们在知觉中的在场中)对脸进行遮盖的东西。确实，脸一直是在这些具有可塑性的形式中来显露自己的。但是，先于任何一个具体的表情，同时，在任何一个具体的表情之下(通过那种可以立刻调整自己以顺应环境的姿态或者脸色，这些具体的表情实际上是在对脸进行遮掩和保护)，永远存在着某种属于表情本身的赤裸状态和贫瘠状态，也就是一种极端的被暴露状态，一种毫无防御、空门大开的状态。这种(先于人类的任何目的的)极端被暴露状态，就好像是有人"贴身"向你开了一枪。在这里，有一种对[之前]被授予的权利的让渡，也有一种追猎，一种先于任何跟踪和捕杀的追猎。在这里出现的，是一张在它那种"与……直面"中存在的脸，而那种存在于这个"与……直面"之中的直率，则归属于一种被暴露状态，一种被暴露在不可见的死亡和某种神秘的弃绝之中的状态。这是一种处身于他者之中的有死性，它超越于那被揭蔽者的可见性之外，也先于任何关于死亡的知识。

难道，跟某些人所建议的那种把表情理解成符码的看法相比，表情不是更接近于这种极端的被暴露状态吗？那种**属于自己**(comme de soi)的表情，它所强调的，正是这种赤裸状态和无防御状态，同时，也正是这种状态鼓励着、指引着那第一次的罪行去实施它的暴力：正是那种心怀杀机的正直，它所怀有的目标才特别适合于披露脸、表达脸。那第一位谋杀者，他可能并没有意识到他要给出的那一下子到底会带来什么的结果，可是，他那暴力的[身体]设计却帮助他找到了线索——而也正是顺着这一线索，死亡才能让邻人的脸获得某种不可动摇的直率；这条被死神所追踪的线索，正像是那致命一击所划出的轨迹，或者，就像是一支杀人的箭。

但是，正是[因为我]在他的表情、他的有死性中面对他的脸，他的脸才召唤着我，呼唤着我，向我乞求着，就好像那必须被他者、被纯粹的他性所面对的不可见的死亡，通过某种方式，现在与任何一种整体分离了开来——它现在变成了我的事情。这就好像是，这个不可见的死亡，这个被他者所忽视了的死亡，这个早已因为他者的脸的赤裸状态而与这个他者发生了关联的死亡,已经在他者与我的会面之前“看着我/向我致意”,已经变成了冲着我的脸直看过来的死亡。他者的死亡之把我带入质疑,就好像是:因为那种我在未来可能会有的无动于衷,我已经成为了死亡的帮凶——而死亡,却正是这个他者所无法看到却又被暴露在其面前的东西;同时,这也就好像是:甚至在我对他者发出任何誓言之前,我就已经必须去把他者的死亡应承起来,就已经要与他者一起存在在这个有死的他者的有死的孤独中。实际上,正是因为他者的脸对我的召唤、呼唤和乞求,那个他者才成为我的邻人,而也正是通过这一召唤、呼唤和乞求,我才重新想起了我的责任——我也才被带入到质疑之中。

对于他者的责任,对于那第一个在其赤裸着的脸中走了过来的人的责任。这样的一种责任,超出了所有那些我对那个他者可能做过也可能没做过的事情,这就好像是:我在献身于自己之前就已经献身于那个他人了。又或者,更准确地说,这就好像是我甚至必须在**存在**之前就要对那个他者的死做出应答。尽管在这种责任中我或多或少会受到一种指控,尽管(无论是在时间上还是在空间上都)没有任何一种“不在现场”的辩护能让我洗脱这种指控,但是这却是一种没有罪责的责任,这就好像是说,那个他者他建立了这样的一种关系:这种关系的整个力度就在于它不能预先设定任何的共同体。这样的一种责任,它先于我的自由,先于所有那些处身在我里面的开端,也先于所有的在场。这是一种存在于极端的分离状态之中的兄弟关系。不过,说到“**先于**”,可这个“先于”又是在哪一种过去之中呢?反正这个“过去”不是那种可以让现在——在那个现在,我可能会订下某种行动契约——成为它的继起者的“现在之前”。我对我的邻人的责任,是在一种远到无可追忆的过去中而先于我的自由的,也就是说,那是一种无法表象、从来不曾现在、而且要比对……的意识都要远古的过去。[①]同时,在那种严格的存在论秩序中——不管这种秩序是由物、某个事物,还是数或者因果性构成的秩序——都没有任何一种东西能够把我约束到这种对于邻人、对于他者、对于陌生人或者流离失所者的责任上去。

一种由人质,由抵押品所承担起的责任。事实上,只有到达了这一点,我们才

① 删节号那句,原文就是如此:plus ancien que toute conscience de,也许可以理解为无法说,也可以理解为没得可说,因为这个“远古”是在(任何可说之物)存在之前的。——汉译注

能把那个他者替换回来。[这才是]一种对主体性的无限臣服。而也只有这种无政府式的责任，这种把我从无所在召唤入一种现在的责任，才也许会是那种甚至比存在或者决定或者行为还要古老、那种远到无可追忆的自由的尺度、方式或者系统。

五

在那种归属于一般性的公式中，我对另一个人的知识(savoir)和**亲知**(connaissance)**为我把他重新呈现为**我的同伴，但是，[上述的]这种对责任的呼唤却摧毁了这种归属于一般性的公式。在面对另一个人的时候，我所无可逃脱地负有的是一种**责任**，我因为这种呼唤而成为那个独一无二的被选中的人。

正是凭借着这样的一种自由，在我(moi)之内的那种人性，也就是说，那种作为我(moi)而存在的人性，才开始发挥出了意义——不管它在存在论上(因为其有限性和有死性)是如何的偶然，这种人性也还是让那不可**互换**的东西[①]的优先权(primogéniture)和独特性获得了一种意义。

这是一种具有卓越性的优先权和被选性，它不能被还原成那些对个体的“存在”起标记和组建作用的特性——这些特性进行标记和组建的方式，是以这些个体所属的世界或者族群的秩序为背景，通过他们在历史的社会性场景上所发挥的作用——也就是说，通过反思之镜或者那种关于自己的意识——而对他们的存在进行标记和组建。

对于他者的担心忧惧，对另外一个人的死亡的担心忧惧，确实是**我**的恐惧，但是，尽管如此，它却无论如何都不是某个个体在**替自己**担惊受怕。这样一来，这种担心忧惧也就摆脱了我们在《存在与时间》中所见到的那种可敬的现象学分析，即

---

① 这里的“不可互换”是 non-interchangeable，上一节结尾处的“替换”则是 substitution。我实在是想不出来有什么汉语词能体现这两个词之间的差别。简单说，两个不同的事物也可以替换，比如球场上换人，这里实际上是一个取代了另一个的**位置**。而两个东西要能成为 interchangeable 的，得是“换了跟没换一样”或者“怎么换都还是这样”才行。而这和替换正好相反，事实上，还是以球场换人为例，正是因为换了会不一样，所以才要换。——汉译注

对 Befindlichkeit[①]（现身情态）的现象学分析：某种通过代词式动词表达出来的反思/反身结构，在这个结构中，所有的情绪/情感都一方面总是对于某种感动了你的东西的情绪/情感，而另一方面，又同时是对于你自己的情感。于是，一方面，情绪就变成了某种由“被……感动”所组建起来的东西——被某种东西吓到，被某种东西带向欢欣，被某种东西弄到悲伤，但是，另一方面，这些情感也同时是对于自己的情感：欢欣和悲伤也同时是为自己而感到的欢欣和悲伤。因此，所有的感动也就都对我的“为死而生”产生了一种反震。这样一来，在这种“被……”和“为……”之中就出现了一种双重的意向性，于是，也就出现了一种朝向自身的回转，以及一种为了自己，为了自己的有限性而感到的烦：在我被一匹狼所引发的恐惧中，有一种我为了自己或者因为自己的死亡而感到的烦。但是，我为了另外一个人的死亡而感受到的担心忧惧，却并不转回到我对自己的死亡的烦上去。这种担心忧惧超出了那种海德格尔式此在的存在论，也超出了这种存在论（在存在自身的眼光中所获得的那种）对存在的心安理得。在这种不安情绪中，出现的实际上是一种伦理的觉醒和伦理上的警觉。对于存在着的存在者（l' étant）来说，海德格尔的“为死而生”确实标记出了它（那种“在存在的眼光中存在”）的终点，也标记出了这一终结所发出的非议，但是，在这个终点中却没有唤醒起任何一种关于存在（l'être）的迟疑。

那在存在的坚定不移后面存在的人类！事实上，在那种对存在的确认背后——这种确认，是一种在人的存在中被分析地，或者说动物一样地坚持着的确认，而且，在这种确认中，还有着一种富于活力的关于同一性的理念，这个理念对自己进行着同一化，在人类个体的生命中对自己做着确认，也在他们那些为了能够有活力地生存而做的奋斗中对自己做着确认（不管这种奋斗是有意识的还是无意识的还是经过了合理化的）——也还有一种关于我（moi）的奇迹在邻人的眼中得到了辩护，或者说，也还有这样一种关于我的奇迹，在这个奇迹中，我能够成功地驱除自己（soi）而以对他者的担心忧惧取代之；而这种奇迹也就像是一种悬搁或者搁置，它

---

① 在英语中，Befindlichkeit 一直是被翻译成 state-of-mind，而这个短语也被用来翻译“befinden”和“befindlich”。不过，更严格地说，这个德语词的意思其实是“the state in which one might be found”（那个一个人可能会发现[自己]处于其中的状态），而列维纳斯在这里正是用的后一种含义。不过，其实海德格尔的英译者已经明确地说过“of-mind”这个部分只是英语习语，在德语的结构中并没有与之严格对应的东西，而且因此它也就未能表达出那个非常重要的含义，即“发现自己……”。（*Being and Time*，H.134 的脚注，p.172）——英译注

是对同一者的那种(朝向自我的)永恒的、无可逆转的返回的悬搁,是对同一者在逻辑和存在论上所拥有的那种无形特权的悬搁。在这里,被悬搁的其实是它的理念所具有的优先权——事实上,正是在这种优先权中,所有的他者性都被某种指导一切、进行着总体化的思想所抹掉了,或者说,被某种谋杀所抹掉了;也可以说,被悬搁的实际上是战争或政治——那种把自己看成是"相同者与不同者之间的关系"的战争和政治。事实上,正是在我对我的主权的这种放弃中(在我那种"[自觉]可恨"的状态中),我们找到了伦理学,而且甚至可能找到了精神真正的精神性,不过,最确定无疑的还是,我们在这里找到了应该如何对存在的意义发问的途径:存在得获得它的正当性辩护才能有其意义。这样的一种第一哲学,是通过同一者的某种两可状态而显露出来的:这个同一者,[一方面],它在它自己的那个无条件同一的高度上,从那个在逻辑上甚至看不出任何问题的同一性的高度上,在一种超越了任何标准的自治状态中,宣称它自己是"我",可是,[另一方面],也正是在这个无条件同一的高度上,这个同一者同时又坦白地承认它自己是"可恨"的。

实际上,我(moi)正是存在着的存在者的存在(de l' être de l' étant)在人类领域的危机。这种存在的危机,不是因为这个动词还有什么语义学上的秘密需要别人去理解——从而要召唤存在论的力量,而是因为我开始问我自己:我的存在是否是正义的,是否有正当性,是否我的"此在"中的那个"此"其实早就已经是在侵占什么人的位置了。

这样的一个质疑,它并不需要一个(那种以提供新信息的形式出现的)理论性的回答。相反,它所召唤起的是一种责任,而且,这种责任也不是某种因为知识没能配上存在于是为了对知识进行安慰而采用的权宜手段;相反,它是他者的那种伦理性切近的最高点,而这种切近,它是处于一种社会性之中的,它处于一种没有邪欲的爱之中。事实上,所谓人,也就是要向着那种(为非意向性的意识所具有的)内在性回转,要向着那种过意不去回转,要向着它的那种能力,即担心忧惧非正义胜过担心忧惧死亡的能力回转,也就是说,要向着那种宁可受苦也不做不义之举的意志回转,向着"热爱那能使自己的存在正当的甚于那能使自己存在的"这样一种状态回转。

六

存在还是不存在——这就是我们要问的问题了吗？这就是最初和最后的问题了吗？人的存在真的是由强迫自己去存在所组建起来的吗？还有，对存在的意义的理解，也就是说，关于这个动词的语义学，真的代表了下面那种意识所要求的第一哲学了吗——说到这种意识，首先就得算上那种把自己的确定性保存在“为死而生”之中的知识和表象，这种知识和表象，它不仅把自己判定为一种具有明晰性的思想，而且还判定自己是一种已经想透了甚至想到了死的思想，一种甚至想到了自己的有限性，而且在(这种有限性所具有的)不确定状态中要么像凡人一样“烦”，要么像英雄一样决绝的思想——可是事实上，这样的一种意识，在它的有限性之中，却早就已经是(或者仍然还是)一种(尚未被质疑进程所涉及的)过意不去？或者，还是说，第一哲学其实却是要从一种过意不去中，从一种不安性中产生出来的？而且，这种不安，难道不是应该不同于那种由于我自己的死亡和痛苦所对我产生的威胁而导致的不安吗？而这，也就提出了一个问题，一个关于我的存在的权利的问题，因为我的存在总已经就是我对他者之死的责任，总已经打断了我那种天真的、谁都不顾的自我保存。存在的权利，这种权利的合法性，它最终要去参考的，并不是那种抽象出来的、大写的律法的普遍规则；相反，与律法本身、正义或者其他对我来说并非无动于衷的事情一样，它最终要依靠和参考的，是死亡，是对他者——超越了我的终点的他者——的面对：而他则是在他那种直率中把自己暴露出来。无论他是否与我有关，他都在“看着”我。正是在这样一种质疑中，存在和生命都在人的维度上被唤醒了。而这也才是关于存在的意义的问题：不是那种以理解那个超级动词为主题的存在论，而是一种关于它的正当性的伦理学，这才是最高的问题。或者说，哲学的问题不是“为什么是存在而不是虚无”，而是“存在如何能够证明自己的正当。”

陆丁　译

哲学的文化解释

从神到理性，并超越理性

——欧洲哲学家对中国哲学的吸收

堀池信夫

序

中国与欧洲在哲学思想方面的接触始于13世纪，并持续到现在的21世纪初，其间，历时七百多年，如此长时间的接触会给双方的思想带来怎样的影响呢？

对于中国方面来说，起到决定性作用的是现代性的传入，以科学、军事为中心的引进给中国的面貌带来很大的变化。在政治上，民主主义、社会主义、三民主义引起了中国政治体制等方面的大变动。引起这些变动的几个"主义"，尽管有时候会具有中国地方性色彩，但可以说都是以产生于18—19世纪的欧洲的哲学思想为基础，并加以应用和变化的东西。这是中国受欧洲影响最大的，而且引起了政治体制的变革，所以应该说是近乎全面地吸收了以欧洲哲学为基础的思想文化，而且这种趋势可以说现在还在继续。欧洲对中国的"现代性"文化的输出是爆发性的而且是大张旗鼓的。

另一方面，中国的思想输出可以追溯到更早，而且是持续性的。但它不像现代欧洲对中国的输出那样是从国家的体制到文化，像推土机掘地一样爆发性的大规模的运动，而是在许多宗教和思想信息不断缓慢传入的过程中，欧洲把那些对欧洲有意义的或者说是有用的、能弥补欧洲文化不足的东西加以取舍吸收了。欧洲对中国思想的吸收是有选择性的，但是中国对欧洲的影响就如同缓慢发生效用的中药那样，过一段时间之后会产生意想不到的效果。

欧洲的取舍选择具体来说是怎样的呢？简而言之，就是一种局限性的吸收。即对自己有用的东西允许接受，而对自己无用的东西基本不引进。当欧洲社会有解决不了的事态发生时，曾多次把中国当做参考资料，试图积极地吸收和利用一些在中国可能有而欧洲不存在的，但还具有可用性的规范或技术。这是13世纪以来直到今天，几经沉浮但一直在持续的一个动向。

首先大体说明一下欧洲对中国哲学的“吸收史”。

第一时期是从13世纪中叶到14世纪后半叶，这一时期的欧洲还是由中世纪以来的神支配着。但比较微妙的是，中世纪的黑暗时代传入阿拉伯的希腊哲学，在上一世纪（12世纪）又返传到了欧洲，此时欧洲的哲学家们渐渐觉醒于希腊的理性，所以13世纪的欧洲是在神支配的世界中理性开始萌发的时期。

关于中国的思想信息仍处于初级阶段，欧洲的神（基督教的神）仍然是评判中国信息的基准。当时的中国是元朝时期，这一时代东西方交流史上的明星是马可·波罗，但他在思想交流的方面绝不是最重要的。在哲学方面重要的人物是英国的哲学家罗吉尔·培根。培根认为东方的宗教是偶像教，劣于基督教，但发展到了一定的高度，保存有完好的宗教文献（“四书五经”）。在这样的文化背景下，鞑靼（今蒙古）依靠先进的科技装备军队，征服了欧亚大陆。怀着对蒙古势力和鞑靼的畏惧，欧洲为了自身的强大不得不接受了东方的先进科学（实际上咒术的要素是很浓的）。培根对中国信息的接受，还是以神为中心的，不过是在紧迫的情况下权衡彼此力量而展开的。

第二时期是从16世纪中叶到19世纪初，就是中国的明嘉靖时期到清乾嘉时期左右。这一时期以包括利玛窦在内的耶稣会传教士为中心，其他的传道会也搀杂其中，他们深入了解中国思想的实态，同时把得到的信息积极地发回欧洲。这一时期是欧洲哲学向现代哲学发展的时期，所以中国信息的提供也飞速地扩大化了。这些信息不能不对欧洲的思想潮流产生影响，中国思想信息在多种意义上对欧洲哲学产生了深远的影响。

首先，利玛窦终于发现了中国的主流思想是儒教。说“终于”是因为在此之前传到欧洲的信息中，仅仅认识到中国思想只是偶像教崇拜(即佛教和道教)。了解到所谓世俗宗教的儒教是中心思想后，问题立刻就出现了，即儒教是有神论还是无神论？如果是有神论，与基督教融合的可能性就比较高；如果是无神论，与基督融合就是不可能的。只有从根本上推翻当地的宗教，像在新耕的土地上播种一样去扶植基督教，这是天主教会在南美的做法。所以儒教是有神论还是无神论，对天主教会来说是具有战略性的重大问题。但从中国的传教士传来的信息中却有有神和无神两种说法，面对两种信息，罗马最终没有决断。但欧洲方面的大势逐渐趋向于中国的哲学可能是无神论一说，这一问题其后却引起了更大的反响。

一方面，欧洲的哲学界逐渐向近世、现代发展，是个激荡的时代。在天主教与基督教的对立、从专制到启蒙等各种对立中，中国的信息也继续传来，并在其中扮演了各种各样的角色。最重要的是终于明确了中国哲学是无神论的，了解到在中国这一没有神的世界里构筑了一个秩序井然的伟大世界，而且这个世界还有着极其悠久的历史。这一事实对欧洲的影响非同小可，在上帝死去、理性世界形成的时期，中国哲学在很大程度上起到了侧面援助的作用。这一时期欧洲的哲学家(特别是与中国有关系的)有笛卡儿、帕斯卡、莱布尼茨、狄德罗、康德、黑格尔等，都是西方哲学史上最伟大的人物。

第三时期是从19世纪上半叶到20世纪中叶，中国大约是鸦片战争之后到中华人民共和国成立时期。这一时期虽然从时间上来说很短，但却是哲学史上发生重大变化的时期，实际上这种变化到现在还持续着。这一时代一般看做是科学时代，科学时代也是唯理性时代，人们信仰通过客观理性和基于理性的科学能够理解和解决一切问题。现在还坚信这一点，相信发展是无限的，而且现在正在不断发展。但地球本身是有限的这一现实的容量问题，使我们认识到了依靠科学发展的限度(环境问题)。科学经过自身的发展，也看到了只依据客观理性在原理上是困难的(量子力学问题)，但是作为突破这些困难的力量，现今我们人类所拥有的只有科学。对于这种无所依托的现状，我们不得不承认，但却毫无办法。

但哲学家们早就对支撑科学的客观理性持怀疑态度，最先出场的哲学家是构想了“为我的、依我的、我自身的哲学”的克尔凯郭尔。以后19世纪后半叶到20世纪前半叶，哲学家们研究的课题就处于理性和对理性的怀疑的夹缝之中。他们思考无法还原为理性的人类的知怎样才能带来理性思维，或探究理性无法把握的意识(潜意识)问题，或对理性所不能及的东西保持沉默，在理性范围内建构一个严密精细的秩序井然的世界……理性也好，反理性也好，很多哲学都视理性为问题，还以理性为坐标轴展开。当然不是所有哲学都与中国哲学有关，但在探索理性界限并超越理性界限视点的哲学家中，有的人在考虑能否从中国哲学中找到某些线索。荣格、雅斯贝尔斯、海德格尔、梅洛－庞蒂等巨星都是这样的。

从13世纪到20世纪，在欧洲一直不断有关于中国的信息传入，在思想文化方面，哲学家们也在持续着对中国哲学的吸收(评价、批判、利用、应用)，但中国却很早就成就了成熟的文明，因为一种文化的自我完结性，几乎没有吸收西方的哲学思想。中国历史上惟一称得上吸收外来思想的是汉魏六朝时期的佛教思想的传入，再后来就是现代思想的吸收(也曾有景教的传入，但现在看来其影响不大)。明清时期伊斯兰教思想的接受虽然是以中东、西域为媒介的，但实际上也包括了希腊哲学到西方中世哲学的内容。在此想指出的是，这些对中国的哲学思想历史，特别是作为鸦片战争后吸收现代思想的前提，具有重大意义。

这一点暂且不提，既然有过以上所说的信息的传播和吸收，认为中国哲学对西方哲学无任何影响的想法就是不自然的。如上所言，欧洲对中国哲学的吸收大体分为三个时期，分别是以神为基准的时代、由神向理性转移的时代、由怀疑理性到探索理性彼岸的时代即现代。欧洲有欧洲的法则，但溯本求源，实际上来自东方的哲学也是它的源头之一。

下面将在拙著《中国哲学与欧洲的哲学家》(日本明治书院出版)的基础上，对欧洲中国哲学吸收史进行更为具体的考察。

一、罗吉尔·培根的哲学与派到东方的传教士

1.东西方的初期接触

欧洲与中国之间步行即可往返，所以两边很早就接触了。但这种接触并不是

那么简单的，两者之间有灼热的沙漠、极寒的山岳地带，还有猛禽野兽的出没和接连不断的自然障碍。除了这些自然危害，欧亚地区的安全状况也极差，各民族为了自己社会和生命的存续不断进行着战争。冲破这些障碍往返于东西之间是一项极难的事业。

但商人维护了东西之间的通路，他们运输的商品流通于东西之间，因此古代东西方的接触主要是以物品为媒介的接触。其路线有丝绸之路，连接天山与阿尔泰的草原之路，经由波斯湾、印度洋的海路，还有通过缅甸、泰国、中国云南的山路。

经过漫长的时间，终于在13世纪蒙古称霸世界的时期，东西方之间在知识上发生了接触。罗马天主教为了打开与蒙古的和平之路，向东方派遣了受过高度教育的传教士，这些传教士带回去的知识信息使欧洲与中国之间有了最初的思想上的接触。对来自东方的这些信息最先作出反应的哲学家是英国的罗吉尔·培根。在西方哲学史上，培根是构建科学哲学基础的大哲学家，欧洲接受中国哲学就是从他开始的。马可·波罗和利玛窦等东西文化交流史上的伟人们，其思想渊源也来自被派到东方的这些传教士和培根。

先说一说在谈培根之前派往东方的传教士。

2.柏朗嘉宾

罗马最初派遣的传教士是意大利人柏朗嘉宾。西欧接到蒙古入侵东欧的消息时，以罗马教会为中心组织了反击，但数次会战都失败了。但同时从东欧得知蒙古存在着一神教信仰，于是对它可能与基督教融合抱有很高的期待。为了打开与蒙古的和平之路，柏朗嘉宾被罗马教皇选派为使者，其使命主要是探求与蒙古的和平之路，同时还有搜集以蒙古为首的东方的情报信息，主要是军事方面的。

柏朗嘉宾从里昂出发，途经波兰、基辅、里海、天山北路到达喀喇昆仑附近的昔喇斡尔达，成功地把罗马教皇的亲笔信交给了贵由汗(定宗)。但交涉却没能如罗马所愿，反而被强行要求臣服，于是柏朗嘉宾的和平使命以失败告终。他返回欧洲后写了《蒙古史》，这实际上是一部侦察报告，详细讲述了蒙古的统治方法、作战队形、武器、战略、讲和方法、征服后的支配方法，以及对这些的处理方法的考察。在说明实际情况上,柏朗嘉宾是大获成功的。

《蒙古史》中包含有关中国思想、宗教的信息。这种信息是知识分子通过亲自观察而带回欧洲的值得信赖的思想信息,但报告中也有不客观的地方。柏朗嘉宾对蒙古是怀有敌意的,并戴有天主教的有色眼镜,认为世界应该由(基督教的)神来支配,所以有些误解的地方。他发现了蒙古作为惟一神信仰的"腾格里"(长生天),但实际上它并不是西方所期待的那种绝对神,而是与其他偶像信仰相混淆的。柏朗嘉宾在报告中强调了"腾格里"是惟一神,作为"惟一神",在性质上就有着与基督教的神融合的可能性,这在一定程度上有迎合罗马教皇乃至整个欧洲全体的期待之意。

此外,关于他在喀喇昆仑接触到的中国宗教思想的报告也有相同的倾向。如记载着契丹人虽是异教徒,却有固有的经典,保存着《新约圣书》、《旧约圣书》,有教父或隐士的传记;礼拜惟一神,尊崇耶稣基督等。关于惟一神和耶稣信仰的记述让人感觉是送给罗马的礼赞,而新旧圣书大概是指四书五经,所谓教父的传记大概是指《论语》和《孟子》,所谓隐士可能就是《老子》、《庄子》,或者是佛教徒、道士之类。柏朗嘉宾的报告迎合罗马与欧洲的期待,十分暧昧笼统,但终归是最先把中国宗教思想的轮廓传达给了欧洲。

3.鲁布鲁克与东西神学争论

罗马教会向东方派出的使节不只是柏朗嘉宾一个人,而是陆续派出使节以确保与蒙古中心取得联络,伦巴第的阿须利诺、伦鸠摩的安德烈也相继被派出。阿须利诺到了亚美尼亚之后再没有向前走,安德烈虽然到了喀喇昆仑,可适逢贵由汗去世而未能与其面谈,只是收到了摄政的贵由汗妃的回信。由于安德烈没有留下自身的旅行记录,所以更多的情况不得而知。作为罗马教会使节最成功的还是柏朗嘉宾。

与罗马教会的目的不同,为了取得伊斯兰背后蒙古的协助,稳固对伊斯兰的十字军战争的有利战况,法国国王也向蒙古派出了使节。在路易九世的命令下,法国传教士鲁布鲁克起程向东方出发,经由巴勒斯坦、伊斯坦布尔(君士坦丁堡)、黑海向东,途经哈萨克、巴尔喀什湖南岸,到达喀喇昆仑后面会了宪宗。他向路易九世提交了报告书《旅行记》,详细报告了此行往返的经过和到达后的见闻。

鲁布鲁克所见到的东方是异教徒的国度,他所经过的区域主要是佛教圈,所以所谓异教徒指的是佛教徒,不过他认为佛教有绝对神信仰的可能性。他观察到"所有的僧侣都光头,发须皆剃,着藏红色僧衣,操守贞节",并曾与僧人有过对话。

> 进入寺院观看了大大小小的众多偶像后,我坐在先前所述的僧侣们的旁边,问他们对神的信仰是什么样的,于是他们回答"我们相信只有惟一的神。"(《旅行记》25章)

僧侣回答的"惟一的神"是针对众护法神来说的至高佛。虽然寺院里安放着众多神像,但他们强调至高佛的存在,鲁布鲁克通过这些话语看到佛教可能是惟一的神信仰(绝对神)。但僧人所说的至高佛难以确定,如果这个寺院是藏传佛教的寺院,只能推测到是释尊或本初佛。鲁布鲁克并不知道僧人所说的惟一神的内容和实体是释尊或本初佛,但他认为这对基督教的传教是有利的,这在以下对话中更得到了强调。

> (他问僧侣):你们相信神是精灵呢还是有肉体的呢?(《旅行记》25章)

对此,僧人答道:"我们相信神是精灵。"于是,鲁布鲁克感到非常满意。不过,他对安放上许多佛像有所不满,他想说服僧侣既然神是精神性的,就不能是有形的东西,把它做成像人的佛像就是不妥的,如果僧人信仰精灵或绝对神,那么神就应该是原理性的,但他的想法最后却不了了之。

《旅行记》中记载了中国的情况,强调了中国的医学特别是药学的发展,还谈到了诊脉。关于宗教和思想,谈到了中国居住有许多景教徒、有很多身着藏红色服装的僧侣和隐居在深山老林的瘾修士。这是关于一部分道士修行形成的传闻,在基督教修道士看来无异于他们的舍身修行。

在鲁布鲁克滞留喀喇昆仑期间曾发生过一件大事,那就是根据宪宗的命令召开了辩论大会。佛教、道教、基督教、伊斯兰教等当时在喀喇昆仑所有的宗派就哪一种信仰对维护蒙古朝廷最有效进行了一场讨论。1254 年 5 月 30 日召开的这次会议可以说是历史上最早的世界宗教会议。

争论的实际参加者分为来自西方的基督教(天主教、景教派)、伊斯兰教和来自东方的脱因派(佛教、道教徒)。在喀喇昆仑的鲁布鲁克作为西方的代表也参加了这次辩论大会,但却被与相敌对的伊斯兰教和视为异端的景教安排在同一阵营,尽管从宗教谱系来看有一定道理,但他自己大概并不情愿。

脱因派首先提出了辩论的主题"世界是怎样被创造的、死后灵魂有何变化",想以此论证"无"、"道"或"空"。对此,代表西方的鲁布鲁克回答说:"一切事物由神而生,神是万物的创始者,是源泉。所以我们应该先谈神而不是'世界是怎样被创造的'……宪宗想知道的是哪位神是最高的。"这么一来,就把辩论的主题转到了"神"的问题上。

脱因派反对鲁布鲁克的惟一神论,"愚者只相信神是惟一的,贤者信多神。你的国家没有强大的君主吗?这块土地上的宪宗是支配者中的支配者,神也是同样的,不同区域有不同的神存在"(《旅行记》33 章);"天上有至高的神,我们对于他的起源不得而知。一神之下有十神,再往下还有低一级的神存在,而地上有无数的神。(《旅行记》33 章),很明显是主张多神,后文中所说的"至高神"和"十神",可能就是道教的"道"和"十方大神",或佛教的至高佛(释尊)和"十方佛",所以据此可以推测脱因派是道士或僧侣。

在这次争论中还涉及其他各种话题,但留存下来的只有鲁布鲁克的记录,可能也有这方面的原因,争论的结果是以受到过逻辑学、修辞学和辩论术训练的基督教代表占优势而告终,但结果却并没有一个人由此而改信基督教。

4.罗吉尔·培根与东方

鲁布鲁克的报告比柏朗嘉宾的更为详细,特别是因为鲁布鲁克亲自与东方的宗教学者接触过,所以他有关东方宗教思想的信息是尤为确实可信的。

对鲁布鲁克的报告最先作出反应的是 13 世纪中期英国哲学家罗吉尔·培根。培根的哲学是基督教式的经院哲学,他把以"经验"为基础的数学(指包含今天的物理学、化学、地理学等广泛的学问)作为自己学问的支柱,从而成为现代科学哲学的先驱。但培根是虔诚的教徒,他的基本思想是天主教神学。对他来说,神学是万学之王,是一切的中心,圣书的智慧是绝对指针,只不过为了从根本上理解圣书的智慧要吸收诸学问的成果,于是哲学就有了必要。哲学中的数学、自然学、语言学等都是为了丰富神学的。他认为使知识成立的是经验,所以前一世纪从阿拉伯返传回来的依靠希腊理性探求真理的意识得以流行,在神支配的世界中已经出现通往理性的道路。培根与著有《神学大全》的托马斯·阿奎那几乎是同一时代的人。1255年起数年后,培根与从东方返回的鲁布鲁克在巴黎会面,这时培根已经读过了鲁布鲁克的报告书,通过直接会面提问,更加深了确信。

培根读了鲁布鲁克的报告后,惊异于世界之大。于是他对世界尤其是东方的地理信息进行了研究,其成果纳入《大著作·数学》一章中。培根的地理学是百科全书式的,包含了今天从自然地理学到人文地理学的内容,记载了关于东方的文化信息及其评价。

最引起培根注意的是威胁基督教世界的"反基督",具体是指大食和蒙古,他说道:

> 我之所以写这些事情(东方的知识),不单纯是为了学问,而是基于危机感,是由于非信徒特别是反基督引起的危机,这是现在凡是在信徒和神的教会中的,将来还有可能发生的危机。他们自身(反基督)采用学问的力量,可能会使一切向邪恶转化。(《大著作》)

这些使一切向邪恶转化的反基督的学问不一定是低劣的,相反在某些意义上还要优于欧洲。

> 鞑靼和大食用这些方法(反基督的)使他们的行动成为可能,这是可以赞赏的。鞑靼对天文学比其他民族更重视,因为鞑靼中有很多的学者和天文学家,这些国家的支配者只依据这些进言者下指示,鞑靼的天文学家们有和我们圣职者同样的地位……鲁布鲁克传教士对他的王(路易九世)写信说如果他自己再多一些关于星象的知识,他们(鞑靼)可能会更容易接受。实际上鲁布鲁

克传教士因对天文学用语的无知而受到了鞑靼的轻视。(《大著作》)

培根得知东方的天文学(毫无疑问包括占星术)能进行非常高度的天文计算,于是承认其先进性,惊叹欧洲科学的落后。由于中国学者的到来,蒙古的天文学水平是很高的。当时,中国正处于从“统天历”向“授时历”转变的时期,几乎达到了与今天的“格列历”(即今天通用的阳历——校者注)同等精密的程度,对此,培根既十分惊异又抱有恐惧感,试图以此作为提高欧洲科学的驱动力。

他们(鞑靼)震惊世界的成功,无疑是基于科学的成功。一万四千人的鞑靼竟然打败了拥有二十万骑兵军团的土耳其的苏丹。很明显他们绝不是依靠武器成功的,他们利用科学手段,尤其是天文学获得了成功。(《大著作》)

另一方面,培根对中国的思想文化是这样认为的:

我们需要指出的是,从契丹到最东方几乎都是偶像教徒(佛教徒),其间混杂着大食、鞑靼和景教派。佛教徒为数最多,他们由上到下书写、从左到右读书。从契丹到东方的人用像画画一样的工具写成方块文字,各方块文字表意。(《大著作》)

这些信息基本是正确的,虽是片断性的但却抓住了相当精细的信息,但关于佛教徒的世界,他这样描述:

同样的佛教徒们就像掌控今世一样,试图把握未来。(《大著作》)

他还认为佛教是荒谬的信仰:

异教徒和佛教徒认为被造者是神,公言有多神存在。这两种教义对于天赋的理性来说是不可能的,所以很明显那些礼仪是错误的。(《大著作》)

另一方面,基督教因为有全能的绝对神,有理性的戒律,有诚挚的信仰态度等完全性,所以是至高无上的,是普遍适用于全世界的,应彻底在全世界传布。异教徒一般缺乏哲学的理性,但其中也不乏有优秀的人才存在。

各国中有适合接受英知,可以用理性说服的人物。先启蒙这些人,再通过他们说服众人可能会比较容易。(《大著作》)

培根自身还是神支配的世界的哲学家,对他来说神才是至上的真理,强调基督教比其他宗教优越,但在对基督教的理解与传布上明确承认了理性的位置。在神支配的世界中,理性的存在在中国思想宗教信息传到欧洲的初级阶段受到了来自神和理性两方面的洗礼。

这种在神的支配中加入理性来把握东方的做法是非常先进的。在培根之后,也有很多人到达中国收集文化信息,但他们掌握的信息几乎都有很浓厚的以神为惟一基准的基督教神学色彩。

二、马可·波罗时代的中国思想信息

1.马可·波罗的中国思想哲学宗教观

伴随着蒙古称霸世界,东方与欧洲之间的交通逐渐完善,商业贸易繁盛起来。当时,控制欧亚大陆中部贸易的是景教徒和意大利商人,特别是威尼斯和热那亚的商人的扩张非常明显。在意大利商人进出东方的这种背景下登场的是历史上的英雄人物马可·波罗,除了他以外还有很多人。另一方面,中国的景教信仰者中也有为了信仰西行、在欧洲留下足迹的人,比如保罗·索马即是,他们都是东西方的精英。

马可·波罗留下的著述《东方见闻录》虽然很有名,但因为他是商人,因此《东方见闻录》记录的大多是以商业、经济为中心的内容。为此他得到元世祖的信任，在中国，大部分时间居住在大都(北京)，达十七年，走遍了相当多的地方，但他有关思想宗教的内容大多限于表层的记述。

关于佛教，他能够理解佛教教义的特征，记载了轮回转生：

根据他们的信仰，人死后的瞬间灵魂会附在另一肉体上转生，这时根据此人生前的善恶会落入更好或更坏的境遇。(《东方见闻录》)

他巡回各地见闻了相当数量的佛教，但他的观察大都有以下的倾向，例如《沙洲记事》写道：

这一地方大多是佛教徒……有很多的寺院和僧侣，里面多安放了很多的佛像，人们奉上贡品，信仰崇拜。(《东方见闻录·沙洲记事》)

《哈密记事》则这样写道：

当地住民都是佛教徒，使用自己的语言。(《东方见闻录·哈密记事》)

需要注意的是，在马可·波罗的记事中，关于鲁布鲁克提到过的儒教逐渐清楚起来。

契丹人对学问孜孜不倦，探求科学，学识深厚，民风善良，这一点比任何其他国民都要优秀。(《东方见闻录》)

但马可·波罗还没有认识到儒教是中国最根本的思想，仍把中国理解为偶像崇拜的国家，没有明确与佛教徒的区别。所以他认为中国人“只考虑肉体的快乐与满足，而完全不注意良心与灵魂的问题”。这些良心、灵魂归根到底也是以天主教的概念来理解的，他还根本不理解中国的“性善”或“诚”等问题，他只看到了儒教的表层而没有看到实质。马可·波罗《东方见闻录》中关于中国思想宗教方面的信息不是来自一个基督教知识分子的观察,而是来自一个商人或一般天主教信徒的观察。

2.保罗·索马

几乎与马可·波罗同一时期,保罗·索马从相反方向即从东方出发向西方旅行。保罗·索马是出生于金朝中都的景教徒,作为虔诚的基督教徒,他为实现担任僧职的志向而起程前往西方的耶路撒冷。他首先去的地方是景教派教皇所在的伊拉克的巴格达,结果在阿塞拜疆遇到了教皇。不久,伊儿汗国(蒙古四大汗国之一,元太祖之孙旭烈兀所建——校者注)因国内形势不稳而想与欧洲结成军事同盟以确保后方的安定,实现侵略巴勒斯坦和叙利亚,为此选任保罗·索马担任使节,于是保罗·索马西行罗马,再次踏上旅途。

然而,罗马对于东方的异端派别极为冷淡,保罗·索马也没有受到罗马教皇的祝福就离开罗马,去了巴黎。在法国得到了国王菲利普四世的会见,虽成功呈上了伊儿汗国王关于军事同盟的亲笔信,但法国并没有采取任何实际行动,保罗·索马的目的也就没有达到。之后他又去英国见到了爱德华一世,同样英国也没有积极回应。他再次返回罗马时正值换了新教皇,这次他成功地呈上了景教派教皇的书简和礼品,得到了教皇对景教的承认,受到了相应的款待,但关于同盟问题还是没有得到令人满意的答复。

这样,保罗·索马成功地使罗马承认了景教派,但在军事同盟的结成方面却失败了。

保罗·索马滞欧期间获得了许多见闻,得知数以万计的学者在研究圣学、哲学、药学、地理学、数学、天文学等学问,十分惊异。他离开罗马后虽然回到了中东,却没有返回中国,保罗·索马关于欧洲学问的知识也就没能带回给中国。

3.其他中国旅行者

伊儿汗国的阿尔衮汗在保罗·索马之后又多次向欧洲派遣使节和书信。结果是欧洲终于注意到了与以往不同的进入东方的道路，并以此为契机开始考虑天主教向东方发展的新战略。在保罗·索马离开罗马的第二年，罗马立即向蒙古派遣了使节，被派遣的是意大利人乔万尼·达·蒙德高维奴。

乔万尼·达·蒙德高维奴经过伊儿汗国，经由印度洋在泉州登陆，到达元朝大都（北京）。乔万尼·达·蒙德高维奴立即得到成宗的接见，呈上了罗马教皇的亲笔信，获得向中国传布天主教的许可。但是乔万尼·达·蒙德高维奴向中国传教时，景教派进行了阻挠。他起初计划短期传教，因受到阻碍而拖延下来。在与罗马失去联系的情况下，他在孤立无援的大都传教持续十余年，反而逐渐扩大了传教区域。

在自认为这种努力已经达到极限时，乔万尼·达·蒙德高维奴与欧洲的通信终于获得成功。接到十余年音信全无的乔万尼·达·蒙德高维奴的来信，罗马异常惊喜，决定立即派遣后援队，并且任命乔万尼·达·蒙德高维奴为"大都大主教"。一共派遣了七名援助的传教士，但最终到达中国的只有三人，一路上依旧困难重重，后来后援的传教士以泉州为中心扩大了传教区域。不过其后通信又中断了，大都也有很长一段时期没有天主教区和大主教。

意大利人和德里·达·波尔代诺也是个传教士，他在被派去援助乔万尼·达·蒙德高维奴传教士而到达中国的同时，被命令绕东洋一周进行传教旅行。他经由印度洋到达东亚，在当地传教历时十六年后，取道西域返回欧洲。在中国他帮助乔万尼·达·蒙德高维奴的援助者，忠实地发挥了传教士的作用。回到欧洲后，他著有《旅行记》，介绍东方的宗教情况。关于中国，他的兴趣主要在于佛教，认为佛教的轮回转生、万物草木的佛性观等是奇妙的信仰。关于东方诸宗教，他并不想深入其内部加以理解，而只是视之为少见的风俗习惯予以记录的，因此《旅行记》只是旅行者有关东方宗教的通俗的见闻录。

英国的曼德威尔所著《东方旅行记》是一本虚构的作品。他收集了当时传达到欧洲的有关东方的记录，并按照自己的趣味对之进行夸张性的加工。虽然不是正确的记录，但对于一般人来说，这是一本简略地介绍东方旅行风情的著作，所以大受欢迎。此书后来传遍了欧洲各国，对于欧洲一般人在脑海中形成东洋形象起到很大的作用，因此他们对中国的印象与现实相差很远，认为中国只是具有异国风情的世界，而且这一印象一直牢固地保持到18世纪。

三、16世纪西欧与中国哲学的接触

1.伽里奥特·佩列拉

元朝的灭亡和明朝的建立使中亚走廊变得不安定起来,中国与欧洲的交通有一段时间变得非常不方便。但一到明末,由欧洲人开拓了绕过南非的南行航路,不久又开拓了太平洋航路,海路成为东西方之间交通的干线。贸易通过海上发展起来,同时也带来了海盗的飞扬跋扈。在南中国海主要是葡萄牙、西班牙、中国、日本的海盗,不时也有印度、伊斯兰的海盗介入,因而南中国海成为殊死抗争与掠夺之海。沿着冒险家们开辟的这条通道,商人以及传教士终于来到中国,关于中国的思想、宗教的信息通过他们再次开始向欧洲介绍。

1517年葡萄牙寻求与明朝通商,首先向广州派出使节,团长是托梅·皮雷斯,可是由于他对朝贡体制一无所知,以失败而返回。托梅·皮雷斯在担任此次使节之前就为了取得成功写了包括通商要领在内的《东方诸国记》,但几乎都是传闻,且偏重于商业信息,在流通、贸易的专门知识方面没有带给人们什么方法,因此必败无疑。

在同一时期,带来有关中国最新信息的人物是葡萄牙走私商人伽里奥特·佩列拉。他因进行非法贸易被明朝官船逮捕,成为囚虏。他的报告中有关于中国宗教、哲学的条目。

> 中国的居民是狂热的偶像崇拜主义者,大多数人都祭天,如同我们经常说的"只有神知道"的那样,他们常说"天晓得"……在被称为庙的寺院里有(同我们教会)一样的祭坛,那里放着很大的老爹像,是因为在那个地区做出了很大的功绩才被设立并受到人们的尊敬的。(《中国报道》)

佩列拉的报告向欧洲传达了中国的"天"的概念。马可·波罗也曾说过中国存在着“天上的神”,但关于“天”的固有概念在佩列拉的报告中被首次明确地提了出来。佩列拉说到了天与“老爹”(儒教知识分子)的关联,但并没有认识到这些在根本上都起源于儒教。佩列拉虽然认为中国是偶像教徒,却又认为他们是有理性的,“他们是理性的被造物”(《中国报道》)。所以对中国的基督教化有乐观的预见:“如果有一天这个国家与我们葡萄牙结成友好国家,可以自由地进入当地,他们有可能会全部改变信仰”。(《中国报道》)

2.加斯帕尔·达·克路士

葡萄牙人加斯帕尔·达·克路士于 1570 年出版的《中国志》,是欧洲关于中国的第一本专著。他也是传教士,于 1556 年在广东登陆,在中国停留只有数周至一个月左右,可他积极地收集关于中国的信息。

克路士的《中国志》百科全书式地记载了中国的所有事情,当然也包括哲学、宗教方面的信息,但主要是关于中国自然科学的东西。

克路士认为在中国没有自然哲学,但他所谓自然哲学是指能够认识到神(上帝)的那种自然哲学,实际上在中国存在着以天文学为首的自然哲学。他承认中国的天文技术,同时却认为这只说明中国有关于自然的规律性的知识。

> 一部分葡萄牙人认为中国人学习自然哲学,事实上确实有人知道一些关于天体运行和日食、月食的知识。(《中国志》17 章)
>
> 这是若干葡萄牙人自己的想法,中国人没有自然哲学的学问。(《中国志》27 章)
>
> 假若他们(中国人)有自然哲学,他们就会像古代哲学家那样很容易认识到神。(《中国志》8 章)

克路士的意思是中国还是块没有认识到神的未开化地,因此需要传布神的教诲。他还思考了佩列拉所说的中国的“天”是否与基督教的神有相通的性质,如果有这将对传教是个非常有利的因素,这一思考是先于利玛窦发现儒教的先驱性事业。

他们(中国人)有一个信念,认为万物的作为存在的创造及其秩序是由上天决定的。除此之外(他们)没有神圣的法和基督教教义,也没有惟一神的概念。尤其是他们不知道到底谁是造物主,所以假定为上天。(《中国志》27 章)

3.马丁·德·拉达

西班牙人传教士马丁·德·拉达从西班牙开拓的太平洋航路到达菲律宾,以此为基地进出中国。他两次来到中国,收集了一百余部汉文书籍和资料。他通过翻译理解汉文,并著述了《中国事情》。内容包括地理、统治方法、偶像信仰、灵魂不灭问题、法律、哲学、药学、医学、动植物、地质学、天文学、音乐与游戏、数学、占星术等,无所不包。

德·拉达关于中国哲学的基本知识来自于当时流行的《万宝全书》等善本。关于中国哲学的宇宙开辟论,他混淆了古代神话的创造论和宋学的自然创生论。

在他们的记年中……有很多寓言。如他们说远古时的天地水是合一不分的,称为“Tayhu”(太虚),是盘古开天辟地的。(《中国事情》)

德·拉达认为中国的宇宙论与神创论是完全不同性质的,因为他不相信宇宙的生成只是物质的、自然的,与神无关,因此他认为中国哲学是无神论的,他没有认识到与神有相通可能性的“天”具有人格性和知性。

我们在所到之处看到了多得数不清的偶像,不仅寺院和庙里有,各家也都有…… 而且他们认为真神是“天”,其他的神都不过是他们祈求“天”赐予健康与富贵及航海顺利的中介人。他们相信天创造了一切……(天下)最伟大的是天上的玉皇(玉皇大帝)。人们说他像天一样自古就存在,但却低于天,没有实体。(《中国事情》)

他引入了道教概念说明天之下的偶像崇拜的世界,却又指出那是没有实体的东西，而且却缺乏人格性和知性，因为他认为中国哲学宗教与基督教的神的世界差距很大。

4.冈萨雷斯·德·门多萨

1585年出版的冈萨雷斯·德·门多萨的著作《大中国史》非常有名，是16世纪欧洲畅销书之一，是以前的关于中国的书籍所无法比拟的。由于这本书的影响，在当时欧洲几乎掀起了一股可以称为亚洲热的浪潮。

门多萨本身并没有到过中国，书中的信息实际上依据的是德·拉达等许多传教士提供的有关中国的信息。不过，门多萨按照自己的理解且加上自己的推测分析，加工了德·拉达提供的信息。

他猜想在中国可能存在着基督教。譬如德·克路士介绍过中国的观音娘娘，门多萨将此理解为圣母玛利亚；德·拉达作为中国无神论的证明介绍了长着三个头的恶魔（这是明朝时虚构的三教合一的图像）的例子，门多萨却把它理解为在中国实际上存在着三位一体的信仰。他按照自己的喜好，把前人的记述改变为中国与基督教是相融的，因此，门多萨的记录虽然很有名，但缺乏可信度。

四、对中国哲学理解的深化

1.利玛窦发现儒教

在欧洲哲学与中国哲学的接触中，真正开始对二者进行比较考察的是意大利人耶稣会传教士利玛窦。他首先学会了中文，然后开始从事传教事业。在传教中，他摸索能使中国人感到亲切的形象，于是他首先穿上和尚的服装传教，因为他认为佛教是中国的主要宗教和思想，这也是继承了自和德里以来的认识。然而，在传教的时候他开始感到僧侣好像得不到尊崇，再进一步观察，结果他注意到最受尊敬的是儒者，于是利玛窦决定改穿儒服。他发现中国的主要思想、主要哲学是儒教，改变了以前对中国哲学的认识。

> 文人的教育是支那自古以来独自的东西，至今掌握着支那的政治，所以是最盛行的，文献很多，评价很高。他们不是有选择地而是通过文字的学习吸收这些知识，学位取得者和官吏都信奉它。它的创始人或曰教祖是孔夫子。这个学派没有偶像崇拜，只敬“天地”或“天王”……虽也尊崇其他圣灵，但都不及“天帝”。(《中国基督教传教史》)

利玛窦是欧洲人中最早发现儒教是中国思想文化中心的人，他开始思考儒教的本质这个问题。他看到当时的主流儒教是新儒学即宋学，宋学把世界的起源理解为“理”，因而宋学是无神论的，与基督教相融合是不可能的。不过，既然中国哲学思想的中心是儒教，要在中国传教就必须考虑到这一点，于是他想在儒教的历史中找到与基督教融合的因素。结果利玛窦在古代文献，特别是《诗经》、《尚书》中发现了“上帝”，上帝就是“天”、“天帝”。刚才已经谈到他认为“天”没有偶像，也没有固定的寺院和礼拜所。

> 文人们承认天是最高神，却没有为他建立寺院，没有指定专门礼拜的场所。所以这一宗教里没有祭祀和僧侣，没有所有人应该参加的严肃的仪式，也没有必须遵守的教规戒律，没有解说传布教义，对违反教义者施行惩罚的神职人员。(《中国基督教传教史》)

利玛窦认为文人承认天是至高无上的神，这一点与基督教的神有相通之处，因此通过“天”中国思想与基督教的融合是可能的。这是利玛窦确立的基本观点，它也成为耶稣会在中国传教的基本方针。但是，对于这种观点也有不少不同看法，给予天主教各派在中国传教以极大影响。

2.尼古拉·金尼阁

尼古拉·金尼阁是继利玛窦之后在中国传教的比利时传教士。他在中国负责耶稣会的宣传工作,显得特别活跃。利玛窦死后,金尼阁在欧洲初次出版了利玛窦的著作《中国基督教传教史》,这成为首次向欧洲介绍利玛窦活动的文献。

金尼阁每年向欧洲报送一份会务报告,其内容是继承利玛窦思想,强调中国哲学是可能与基督教融合的思想,并在此基础上进行传教。

> 他们忠实于中国先王们的古典教义和中国哲学之王孔子的教义,从这一点考虑,他们的看法与我们神的威望和光辉并不矛盾。(《中华帝国耶稣会年报》1610、1611)
>
> 他(利玛窦)得到神的启示,在基督教和信仰允许的范围内遵从中国文人的秩序,改变了我们的习惯和文化。(《中华帝国耶稣会年报》1610、1600)

这样,通过金尼阁和其他传教士对利玛窦思想的继承和宣传,在华耶稣会士的传教方针沿着中国哲学有神论之说的方向不断地调和基督教与中国哲学,并一度成为主流。但在华的传教士中也有深入研究中国哲学,对利玛窦的中国哲学解释持有疑问的人,在耶稣教会的内部和外部都出现了这样的人,继利玛窦之后的第二代中国传教会会长龙华民,实际上也对利玛窦的方针抱有疑问。

五、欧洲近世哲学与中国哲学

1.龙华民的中国哲学无神论说

龙华民是一位优秀的中国哲学研究者,他通过亲自收集文献资料并与中国文人交流，分析中国哲学，他开始注意到中国哲学(宋学)有些像无神论，利玛窦在世时，龙华民对自己研究结果的发表有所顾虑，但利玛窦死后他的研究结果开始正式公开发表，一个很大的契机是因为当时耶稣会驻日本传教士对利玛窦的中国哲学解释提出质疑，要求龙华民回答。

作为回答，龙华民著述了《关于中国宗教的二三议论》(以下略称《议论》)。在《议论》中，他把宋学视为中国哲学的主流，然后对“理”、“太极”、“精灵”、“上帝”等个别概念进行了详细分析和评论，结果他主张中国哲学是无神论的。首先他这样阐述他的怀疑：

> 二十五年前，我对中国的“上帝”——意味着天之国王——很是苦恼。因为我到中国后，遵从教会的习惯读了孔子的四本书(“四书”)，却发现各注释家的上帝概念是与神的本性相反的东西。但长期从事传教的我们的神父们却说“上帝”相当于我们的神。于是我扔掉疑念，认为对原典经文的理解与中国注释家的差异是因为对经文没有充分理解而背离古典教义的注释家们的错误。(《议论》序文)

此外他说到宋学的“理”不具有神的人格性，只是一个哲学概念。

> 中国人从不认为事物从虚无中产生出来，更不用说是拥有能从无中创造万物的力量、惟一的无限的支配者(神)，他们从不相信。他们承认世界上有一时存在但以后会消失的事物，根本不存在永生的事物。因此他们相信在万物之前，从太古时期就存在着一种事物的原理和起源的原因，并称这个原因为“理”，即“理法乃至全体自然的根据”。(《议论》第五章)

龙华民认为这个“理”绝对不是“灵性的”，而是

> 一个不变的无限的实在，无始无终。(《议论》第五章)

“理”不是与基督教的神相通的。关于“太极”,他认为:

> 自然而偶然凝缩成的气(气自身形成无限的球体)在附随的太极中开始回转运动,运动生热,运动自然停止,静止生冷。非本质的、非内在的、只是外部的气的一部分保持热状态,一部分保持冷状态。(《议论》第五章)

即“太极”是理之下的附随的东西,是质的“气”的自然的、偶然的凝缩物。“太极”又是“阴阳特殊的气”。(《议论》第五章)

此外,对基督教来说比较重要的概念“精灵”,龙华民把握为是“魂”、“魄”、“鬼”:

> 必须注意的是,中国人的“神”意味着纯粹的精灵,也意味着由“魂”而脱离肉体的精灵(=气),意味着“鬼”是不纯的精灵(=气),“魄”是死的肉体(=气)。(《议论》第八章)

即精灵是具有质料性的“气”,所以是有限的,不是无限永远的。

> 世界终结时,精灵(=气)也终结,与其他万物一样,回归原来的原理。(《议论》第十一章)

他进一步认为,利玛窦所认为的与神相通的上帝(天)是:

> 古代人……向不可视的存在企求时……是古代人相信精灵存在的充分证据,再加上皇帝向天与地供奉牺牲,也证明了天地的存在。太公与公爵向重要的山川供奉、贵族们举行五牺牲祭……不时在祖庙中会见到令人吃惊的现象,但这都是因为山川之气集中于此。(《议论》第十二章)

“山川之气的集中”还是“气”,尽管承认他们的信仰,结果由于

进士虞淳熙认为上帝是“太极”的儿子或产生物。(《议论》第十一章)

是处于“太极”之下的位置,所以他得出结论:

中国人理解的“上帝”确实不是我们的神。(《议论》第十一章)

尽管龙华民是中国传教长,但对中国的耶稣教会整体传教方针来说是不利的。于是他的《议论》在驻华耶稣会内部遭到激烈非难,以至受到烧毁的处分。但是《议论》已经流传到耶稣会的外部,之后由与耶稣会对立的多明我会印刷,在欧洲确立中国无神论方面起到了重要影响。

2.塞梅德的《支那帝国志》

葡萄牙人耶稣会士阿尔瓦罗·塞梅德的著作《支那帝国志》是在利玛窦的见解与龙华民的见解明显对立的时期向欧洲提出的报告书。他自身是站在利玛窦的传教立场上,但也不得不顾虑当时的传教长(龙华民)。他基本是按照利玛窦的立场写的,但有时候也避免提出明确断然的结论。

第一的宗教(儒教)是文人的宗教,他们认为其创始者是孔夫子,但实际上比孔夫子要早得多。这个宗教虽然不崇拜偶像和堂塔,但承认能够给人以处罚和恩惠的超越者或主,但到处都没有礼拜主的寺院,也没有为主举行的修行,没有赞美诗也没有主教。他们满怀敬意谈起这一神圣的存在,书中也有记载。他们绝不做轻侮、非难主的事情。但是因为他们不明白真正的事实,所以崇拜宇宙中所谓的最有名、最有力、最有用的三才,即天、地、人。只有在两都里才建有为天地而设的极尽庄严与豪华的庙(天坛),在庙里诚心献上牺牲的是国王,执行者只有他一人,但当他不能亲自出席时,可任命掌管礼仪(礼部)的官吏代他举行……没有任何对到另一个世界后生活的期待与要求,他们只要求现世的救济与幸运,努力是伟大行为的模仿。官吏认为人们看到像对父母一样崇拜天地,就会尊敬自己的父母;看到前代的著名人物受到尊敬,人们自然就会努力去模仿他们;看到敬重亡故的祖先,就会孝敬活着的父母。简言之,其目的就是使政治英明、家族和睦平安、人人有德、民众生活富裕稳定。(《支那帝国志》第十七章)

塞梅德认为中国人承认有"主",是他中国哲学有神论的表现。但他没有像利玛窦那样认为"主"和神是无条件相通的,他认为中国没有"为主举行的礼拜"、"没有侍奉主的主教",而且他们崇拜的对象是具体的天地人,崇拜的目的不是来世的救济,而是现世的利益,维持现世的秩序。塞梅德认识到中国哲学的宗教目的最主要的是现世性。

这说明他既站在中国哲学有神论的立场上,又照顾到了龙华民的无神论说。

3.蒙特纽、笛卡儿、拉·默德·鲁·巴依艾尔

以上关于中国的报告主要是在基督教教会内部传达的信息,尚未为一般知识分子所知晓。到了16世纪后半期,世俗社会的知识分子中也出现了对中国感兴趣的人,首先应举出的是密歇尔·德·蒙特纽。他在其著作《随笔》中,虽然提到的次数不多,但也有若干对中国的评论。他引入中国的知识,是因为感到当时法国社会政治状况的危机,想摸索一些其他的方法。

我们法国的法律,由于其不完备与形态的暧昧,助长了(法的)减免与执行中的混乱与崩溃。(《散文》第三卷)

在中国,这个王国的政治和文物从未受过我们的影响,向我们学习过,但各个部门都优于我们之上。他们的历史告诉我们,世界比我们古代人(希腊、罗马人)所考虑的更为广泛和多彩。(在中国)国王派到各地方视察的官僚惩罚有渎职行为的,奖赏有善举的。所以(地方的人)不仅为了保身和得到工资,也为了得恩赏而主动(向国王派下来的官僚)请缨。(《随笔》第三卷)

蒙特纽赞美了中国的政治和文物,批判了法国政体。他又说道:

> 如果我们的法(法国的法)连我的手指都捆住了,我可能会立刻到有异法存在的中国去。(《随笔》第三卷)

蒙特纽的认识虽然是初级的,但却是在欧洲社会中把本身思想客观化、相对化的萌芽。

与蒙特纽相比,笛卡儿是西方哲学史上更为伟大的人物,他在《方法叙说》中谈到的关于中国的事情只是片断性的,还不是十分成熟的。这也说明对于当时欧洲的哲学家来说,中国问题还不是一个紧迫的问题,但中国对笛卡儿来说是试金石,具有重大意义。

笛卡儿谈到中国的一个问题是理性的问题,他为了论证理性是人类世界普遍存在的,谈到了中国人也有理性。

> 对我来说,至今我只有一位老师,也不曾知道过别的有学识的人的相反的意见。但从学院时代开始通过学习知道的是,不管是多么难以想像的事情,都是被"哲学家"中的某位所说过的。后来,在旅行中我认识到,与我们有相反感觉的人,并不因此而是野蛮人或野人,他们往往拥有与我们相同的甚至是超出我们之上的理性。一个有同等智能的人从小就生活在法国和德国人中间,和从小就生活在支那人和格尼巴鲁人(美国原住民)之间,会成为怎样不同的人呢?(《方法叙说》第二部)
>
> 我相信最好是追随最有良知的人的意见,而在波斯人或支那人之中也有同我们的智者一样的有识之人。(《方法叙说》第三部)

下面是拉·默德·鲁·巴依艾尔。他对中国进行了相当深刻的观察,他在其著作《异教徒之德》中,设有一篇题为《孔子——中国的苏格拉底》的专论。在天主教看来,孔子和苏格拉底都是异教徒,他一边把异教徒孔子与苏格拉底进行比较,一边赞赏孔子在本质上实际也抱有与基督教相近的道德观,从而论证了中国哲学和基督教在信仰和伦理方面有调和的余地。

> 中国从太古时期就承认有惟一的神，并尊之为天帝。从他们所拥有的四千多年的记录来看，从没有像他们一样没有违背惟一神，而且行动与理性法则相一致的异教徒。(《孔子——中国的苏格拉底》)

中国人承认惟一神、行为服从理性的理解，很明显是原原本本接受了耶稣会的报告。

> 很多传教士都认为，中国人在创世主的善良与特别协助下，遵从自然法则，具有优秀的伦理，而且他们自己完成了永远的救济。金尼阁传教士认为这是所有国民都遵从自然之光，都笃信宗教。(《孔子——中国的苏格拉底》)

他引用金尼阁的话说明中国人甚至是生活在神的恩宠之下的。关于孔子的哲学，他说：

> 释迦也好，孔子也好……这些东方哲学中确实有很多不应该抹杀和割爱的东西，但他们有非常严格的戒律，这些训诫大都如神甫(金尼阁)所言，与自然之光和基督教真理非常符合。(《孔子——中国的苏格拉底》)

还是认为中国哲学是应该定位在基督教恩宠之下的哲学。于是巴依艾尔得出结论：

> 虽然不是决定性的，但我确信神赐慈悲予孔子，给他特别的恩宠。(《孔子——中国的苏格拉底》)

4.帕斯卡与阿尔诺

但另一方面，也有不满足于耶稣会信息的知识分子。

布莱斯·帕斯卡是天主派詹森主义(jansenisme,17世纪中叶詹森创建的教派。主张自由意志、预定救灵等教义,1713年被教皇禁止——校者注)信者,在欧洲是与耶稣教会相对立的,因此他对耶稣会的信仰信条、信仰方法等都心存疑念。

那些人(耶稣会士)的本意是这样的,是过于自信的不负责任的想法,他们迷信自己所到之处会得到信赖,能自由操纵所有人的心,这会对宗教有用,也必须这样做。只要有《福音书》的严格戒律就可以支配某种人,他们认为这样做合适的时候就利用他。因此,那些人(耶稣会士)面对身份国籍都不同的人时,必须要针对各种不同的人培养几个带头人……期望更加严格地引导心中有厚重信仰心的人。但这样的人并不多,所以也不需要有很多严格的指导者,只要少数人就可以了。另一方面,对于不喜欢约束的大多数人,也只能是聚集了一些散漫的带头人。(《provincial》)

我们一眼就能看透,这些人(耶稣会士)的恩宠论在于他们道德方面的不严谨。从他们那里能看到完全缺乏爱的基督教,虽然爱才是基督教的中心和灵魂。而且,他们还掩饰众多的罪恶,无视众多的自我堕落……这些人的道德是完全异教的。(《provincial》)

所以他认为耶稣会士对中国的赞美或中国哲学有神论的报告是毫无根据的,因此,他们的中国信息是虚伪的,并严厉批评了他们的布教方针。

到了认为钉在十字架上的神是愚蠢的国家,抹去了十字架的苦难,只讲述光荣的耶稣基督,而不讲述苦难的耶稣基督,这些人(耶稣会士)在印度和支那的做法就是一个例子。这些人竟然允许拜偶像,他们为此而想出的策略是这样的:教他们把耶稣像藏在衣服里面,对外拜佛和孔子,只要在心中敬重耶稣就可以了……于是,罗马教皇厅传教圣省的枢机卿们告诫特别是耶稣会士,不论有何种理由,都不允许拜偶像,传教时不能隐瞒十字架的深意,违者将会受到开除出教派的处分。还明确规定了不知道十字架意义的人不能受洗,十字架上的基督像要在教堂内展示。(《provincial》)

帕斯卡虽然大肆批判耶稣会士在中国的传教，但却没有全面否定中国，在他的著作《pensee》中几次都提到了中国。

> 各位会说"但中国让人困惑"，我则说"中国让人困惑，但这里也有光明，把它找出来吧。"（《pensee》）

一边说"中国让人困惑"，一边又说"但这里也有光明"，说明帕斯卡虽然对耶稣会有怀疑，但承认可以在中国扩大真正的神的信仰。但对现行的中国宗教，他是持否定态度的。

> 我承认世界上许多地方在每个时代有数不清的宗教，但这些宗教中没有合我意的道德，没有吸引我的证据。穆罕默德的宗教、中国人的宗教、古代罗马人的宗教、埃及人的宗教，都没有多于其他宗教的真理，没有独特的东西，理性不能让我偏向于其中的任何一个，所以我对它们持平等的排斥态度。（《pensee》）

帕斯卡的同志安托尼·阿尔诺是更为激进的詹森主义者，他反复彻底批判耶稣会的所有方面，当然也强烈批评他们在中国的传教。为此他广泛收集了中国的信息，也展示了他对中国思想认识的一端。

> 中国有被称为城隍的偶像，他们的寺庙遍布乡村、城镇和都市，副王或总督级的官吏拥有象征其权力责任的赐杖，他们担负着向城隍供奉牺牲的责任……此外还有另一种向师傅孔子供奉的寺院，他被认为是所有学问的创始者，他的所有话语是面向全帝国的宣言，他的书物是所有文人的规范，他的教诲是上至皇帝下至百姓的行动规范。官吏对于这两种供奉，每年都会像主教那样，心怀肃然，严格负责。（《耶稣会士的实践道德》）

阿尔诺的中国信息，大多是经由西班牙得到的，所以对耶稣会士批判的信息也很多。如：

> （方济各会的）安德瓦·德·圣马利神父是那些（耶稣会士破戒性行为的）信息的证人，是同一时代的那些人们所不能做出判断的事情的证人。（《耶稣会士的实践道德》）

圣马利等是欧洲反对耶稣会中国传教的知名代表人物，在这些信息的基础上，阿尔诺在耶稣会中国传教批判的结论部分这样说：

> 他们（耶稣会士）以政治性礼仪为借口，宽容祭孔、祭祖等中国的偶像崇拜，还默认官吏向城隍供奉的行为，认为这是为了引出隐藏在偶像祭坛表面的真正的信仰。（《耶稣会士的实践道德》）

同时，阿尔诺指名艾儒略是中国传教士中最恶毒的人物。

> 艾儒略是他们恶德风习的最高煽动者。（《耶稣会士的实践道德》）

在此我们简略看一下当时反耶稣会信息的情况。

与耶稣会对立的中国传道的会派有方济各会、多明我会等，方济各会里的圣马利较著名，代表多明我会的是多明戈·纳瓦利特。纳瓦利特在中国从事传教不过五年，期间他多方收集资料，回西班牙后出版了《中华帝国的历史、政治、伦理、宗教论》。书中包括明代的善本《明心宝鉴》的翻译和在《圣迹图》基础上写成的孔子传，尤为重要的是还包括了龙华民的《关于中国宗教的二三议论》。在欧洲多明我会的信息成为取消耶稣会中国哲学有神论、扩大传播宋学以及中国哲学乃无神论的契机。

六、中国古典的翻译介绍和影响

1.《中国的哲学家孔子》的出版

17世纪末，在巴黎出版了《中国的哲学家孔子》。除了《孟子》以外，这是四书中其他三部书的完整的法文译本。由此，中国哲学（儒教）的原典初次成为欧洲人能够阅读的东西，这在历史上是一件非常重大的业绩。

这本书是在华耶稣会教士殷铎泽和巴黎的耶稣会教士柏应理的协力下出版的，但二者在中国哲学的见解上却有些差异。

《中国的哲学家孔子》中，在翻译的主要内容之前，有一封对允许出版此书的法国路易十四国王的感谢信。此信不是单纯的谢词，也包括了中国哲学概括的内容，同时还揭示了柏应理对中国哲学的见解。

在书信中，作为耶稣会士柏应理在评价中国哲学时，采取的是极为冷静的态度，而不是狂热的。

> 中国人称孔子为最有知性的道德哲学与政治学的老师和预言家。至今还在他（孔子）的话语的基础上统治着一个庞大的帝国，制定法律、形成了民族习性和国民义务……皇帝们自身也从这位教师（孔子）身上学习对顺从于自己的国民抱有极大的公平和爱心去统治，学习爱学问，学习用至圣的习惯和法管理中国和国家军队，以便保持长久的繁荣，所以孔子来到陛下面前。大王陛下！因为陛下的厚意和为王的高贵，孔子来到法兰西的土地跪拜在王的脚下，而且他会惊叹陛下的智慧。尽管他的智慧是他们国家中最负盛名的，但他会告白自己与您仍有天壤之别。（《中国的哲学家孔子·献给路易十四的书简》）

因为是对路易十四的谢词，当然有对教皇的赞扬。但“孔子来到教皇的面前，来到法兰西的土地,拜倒在陛下的脚下”的说法尽管是比喻儒教典籍在巴黎的出版,以中国的基督教传教为目的,试图调和中国哲学与基督教,向欧洲介绍中国哲学,在此,孔子的哲学应该是重要的论题。但如此轻视孔子就会产生一些微妙的问题。“他会惊叹陛下的知性,他会告白他与陛下的知性相比有着天壤之别”的说法是非常有问题的。柏应理这样说是因为实际上在当时,欧洲内部反耶稣会的动向让耶稣教会难以招架,儒教经典的发行派可能会给动向火上浇油,因此这种政治性的妥协是绝对必要的。作为柏应理在欧洲扶植中国信息的战略,就是最大限度地利用教皇路易十四的允许。

> 大王陛下,如果他(孔子)重生,看到您,认识到您才是他梦寐以求的人,他会难以置信,欢喜不已,会为实现了自己被支配的愿望而不禁欢呼。(《中国的哲学家孔子·献给路易十四的书简》)

在这样的战略下,柏应理说:

> 这位最有智慧的哲学家(孔子),不过是单靠自然和理性之光认识的,古代的人不把宗教作为必要。(《中国的哲学家孔子·献给路易十四的书简》)

这里的“通过自然和理性之光认识”,可能只是想说孔子是无神论者,中国的古代没有神,没有信仰。这说明了柏应理最大限度地照顾到欧洲的风潮,但他又说:

> (孔子)只遵从自己的视点,专念于自己的教导和学说:“应死的人们(人类)只有遵从至高神的法令才能成全余生”。

即柏应理在此以较为微妙的方式,说出了孔子承认“至高的神”。看来柏应理作为耶稣会教士最终还是认为中国古代有神的存在。

另外,柏应理和殷铎泽的立场在四书的翻译部分也反映出来。原本四书的翻译只有一个方向性,即殷铎泽对儒教原典的翻译是在宋学价值观基础上的,这样就与利玛窦以来的耶稣会的基本立场,即否定宋学和肯定古代上帝相矛盾,而更加证明了龙华民的中国哲学无神论说。这样作为耶稣教士会不会不妥呢?但柏应理还是继承了殷铎泽,明确表示肯定宋学。

> 孔子、曾子、子思、孟子死后,没有一个能像宋王朝的解释家(宋学家)那样能明确说明古典的意义,赋予被埋没几个世纪的古人的学说以新的生命。(《中国的哲学家孔子》第二章)

这一说明实际上是由《宋史·道学传》而来的,但也明确了他们自己的立场。说宋学是古代圣人之道的复兴,说古代哲学与现代哲学之间并无质的变化,这样就是在说宋学是有神论的。这是与利玛窦与龙华民都不同的立场,也就是在改变宋学解释的立场,而且他们也正在这样做。柏应理又接着说:

> 他们在性理的幌子下,好像这是自古就被熟知的明确的完美的东西,把他的陷阱与破灭隐藏在错误的自然哲学之中。他们仿佛是专门犯错误的专家,故弄玄虚……犯这样错误的是周、张、程、朱四位解释家,他们用自己的注释彰显古典,莫如说是混淆事端,玷污了他们。(《中国的哲学家孔子》第二章)

从这一点来看,他又主张宋学无神论说,突破宋学的是明代的朱子学,即明万历皇帝时的内阁首辅张居正对古典的注释。柏应理指出殷铎泽的翻译是根据张居正的古典注释:

> 影响了孔子的解释,即“中国的智慧”(殷铎泽的解释)的是生于湖广荆州附近江陵镇的张居正,其他所有解释者都不如他语言详细丰富而明确。(《中国的哲学家孔子》第二章)

殷铎泽视张居正的解释为当时的正统,符合他的需要,所以以此为翻译的根据。关于这一点柏应理说:

我们选择他(张居正)而不是其他人的解释,是因为经他手的注释经常被利用,其推崇者也极为推荐,而且在最近(学者中也是)的人物中没有超过他的新奇的解释,所以我们主要按照他(张居正)的解释。(《中国的哲学家孔子》第二章)

《中国的哲学家孔子》是耶稣会主张的中国哲学有神论说在欧洲处于不利的情况下,通过明代朱子学的成果,证明了中国哲学无神论的重要根据宋学是有神论的。《中国的哲学家孔子》在中国哲学信息进一步传播到欧洲的情况下,在耶稣会内部扬弃了利玛窦和龙华民的主张。

2.《中国的哲学家孔子》的反响和费努隆[①]、斯宾诺莎[②]、皮埃尔·贝勒[③]

《中国的哲学家孔子》为欧洲一般知识分子所喜读,其结果受到该书的影响而出版了一些著作,譬如《关于中国哲学家孔子的道德的书简》、《中国哲学家孔子的道德》等。这些书的要旨在于通过与当时法国社会道德的颓废、政治社会的混乱相比较,提示中国的思想、社会是多么的井然有序,以批判法国的政治。中国被作为批判欧洲社会的手段而利用是当时突出的事情。

康布雷的大主教费努隆深受路易十四的信赖,是站在国家体制一边的宗教家兼哲学家,他面对中国哲学被用来批判法国政治的事态,相反企图通过批判中国哲学和把中国信息带到欧洲的耶稣教士而对反体制者进行反击。他计划利用拉·默德·鲁·巴依艾尔的《孔子与苏格拉底的对话》。

费努隆作了《孔子与苏格拉底》的对话体文章,以苏格拉底为自己的立场,孔子为对话者展开对中国的批判。

中国好像确实有很好的法律和严格的司法,虽然现在的中国人不怎么样,

---

① 费努隆(Francois de Salig nac la Mothe-Fenelon,1651—1715),法国宗教家和文学家。——校者注

② 斯宾诺莎(Baruch de Spinaza,1632—1677),荷兰的犹太系哲学家。——校者注

③ 皮埃尔·贝勒(Pierre Bayle,1647—1706),法国思想家、怀疑论者。——校者注

但以前应该是很优秀的人。(《孔子和苏格拉底》)

他们的法是公正严格的,但他们的信仰却充满欺诈、不公正、不纯,这非常矛盾。可是中国却一直享有盛誉,其人性也被认为是美善的。(《孔子和苏格拉底》)

费努隆认为中国不是欧洲的模范,通过赞美中国批判欧洲,特别是法国的政治体制是极为错误的。

在这样反中国的动向中被利用的是哲学家斯宾诺莎。斯宾诺莎自身对中国可以说是没有任何兴趣。众所周知,他的哲学是泛神论的,这在当时被认为是无神论,成为极力批判的对象。随着中国哲学无神论的见解在欧洲的广泛传播,斯宾诺莎的哲学作为批判中国的道具非常有效。宋学的“理”、“气”虽是明显的无神论,但其“理”、“气”相即论却被认为与斯宾诺莎的“神即自然”相似(虽然严格来讲二者大为不同)。这一时期的欧洲,批判斯宾诺莎与批判中国就这样被联系起来。

皮埃尔·贝勒是反斯宾诺莎主义者,他通过批判斯宾诺莎的思想而对中国怀有兴趣,把中国哲学作为无神论批判。并且他的批判矛头反过来又一次指向斯宾诺莎,对他进行了彻底的批判。

(斯宾诺莎)是基于全新方法体系的无神论者,但其学说内容与古今东西的哲学家是共通的。(《历史批评事典》第十三卷)

斯宾诺莎的哲学与“古今东西的哲学家相通”,当然也包括中国哲学。皮埃尔·贝勒特别注意到的是中国无神论思想中“无的思想”,而其对立面是儒教(不过,儒教徒也是无神论的)。他说:

孔子派的人反驳此宗派(玄学)的谬论,非常详细地证明了从无不能生出任何东西的亚里士多德的格率。但这一学说(无的思想)还是延续传播开来,即使现在耽于此空想的人也不少。(《历史批评事典》第十三卷)

这是提到的批判“无的思想”的孔子派人物是西晋的裴頠，所谓“无的思想”与儒教的对立则是：

可以认为“空虚”这个概念没有正确表现他们（佛教/“无的思想”）的所思，与他们的思想有矛盾。支那语“空和无”“空虚、空无”的意思，是从无中不能生出任何东西，（“无的思想”）主张无是万物的原理，但（佛教/“无的思想”）也不认为无这一语言中有严密的意义。这仅是我的想像，他们所说的无的意思是否就相当于大众所说的“空箱子里什么也没有”。如前所述，这一学派（佛教/“无的思想”）赋予第一原理以各种属性，但其属性是以第一原理是液体状东西为前提的。这样的话，从第一原理“无”中除去的是物质中的粗糙物，只是感觉捕捉到的东西。如此一来，孔子的弟子（的儒家思想）就犯了“论点相异”的诡辩之罪。（因为儒教思想家）的无是没有任何存在，而对方（佛教/“无的思想”）则认为是没有能够感觉到和捕捉到的物质特性的东西（有的欠缺）。（《历史批评事典》第十三卷）

即佛教或“无”的思想中的无是单纯的有的欠缺，而儒教思想中的无只是没有存在性的东西，这就是皮埃尔·贝勒对中国“无”的思想原理水平的把握。在此基础上，他认为儒教对佛教和“无”的批判是犯了“论点相异”的谬误，这也是他所不能全面允许、肯定的。皮埃尔·贝勒进一步把佛教“无的思想”中作为空虚的无，与笛卡儿的“延长·空间”相比较。

他们（佛教/“无的思想”）的这一词语，类似于现代人所考虑的“空间”。所谓“现代人”既不是笛卡儿派也不是亚里士多德派，而是主张空间与物体不同，是不可分割、不可感知、可入不动的、无限的延长或实在的东西的现代人。若此物是支那的冥想家所说的缺乏活动性的东西，那么孔子的弟子就能很容易地证明它不能成为第一原理……斯宾诺莎给予第一原理的一般抽象性延长，正确说来不过是空间的观念罢了。（《历史批评事典》第三卷）

比作笛卡儿的延长·空间的佛教/“无的思想”中的“无”连儒教都否定了,更何况欧洲的“延长·空间”概念。而斯宾诺莎的第一原理(神)实际上不过是这样的空间延长,如此一来贝勒对中国哲学的批判又回到了斯宾诺莎的批判。

3.马勒伯郎士

马勒伯郎士是圣乐会(oratorio)的传教士,同时又是笛卡儿的理性的信仰者。他的哲学旨在调和神与理性,他的这种问题意识处于当时欧洲哲学界的前沿,因而受到欧洲哲学界的瞩目。有一次,一位在中国的传教士为了说服中国知识分子(儒者)而拜托这位欧洲名人写篇论文,马勒伯郎士答应了他,执笔写了《基督教哲学家与中国哲学家的对话》。在这篇论文中,作者对中国的“理”与基督教的“神”做了比较,认为“理”是非常高度的概念,但创造此“理”的却是神,从而论证了神是世界的创造者。《基督教哲学家与中国哲学家的对话》采用中国哲学家与基督教教徒的对话体形式。下面引用一部分关于“神”与“理”的对话。

> [中国哲学家]:我们认为它(至高的智慧 =“理”)存在于物质中。
>
> [基督教徒]:你仅仅论述了“理”存在于物质中而已。(《基督教哲学和中国哲学者的对话》)

这种对“理”的理解是依据中国方面的资料如“天下未有无理之气,亦未有无气之理”(《朱子语类卷一·理气上》)。如果认为“理”是依存于物质的,那么“理”就被限定为是有限的延长。即中国人至高的“理”是有限的存在,与无限的神不可同日而语,这就是马勒伯郎士把握“理”的基本立场。

不过,马勒伯郎士想在神中看到“理”性,这与他调和神与理性的哲学立场有关。他认为“神创造世界,是根据神的自由意志,但神创造的世界本质却必须遵从着自然的理性,合乎理性的秩序”。于是他认为中国的“理”与他的神性有相近之处。

[基督教教徒]西方人以神为天之主,而中国人认为是伟大的权力者帝王。实际上与帝王的观念相比中国的"理"与"义"更接近于我们的神观念。(《基督教哲学者和中国哲学者的对话》)

但承认神的"理"性这一点给马勒伯郎士的敌对者——耶稣会留下了把柄,即马勒伯郎士的哲学有无神论的倾向。确实,不能否认神在自然秩序和理性秩序("理")下支配自然的想法比笛卡儿更接近斯宾诺莎,不过,主张中国哲学有神论的耶稣会批判认为"理"有接近于神性的马勒伯郎士,在我们今天看来有些不可思议,如果不考虑到当时的政治性、党派性的对立,确实难以理解,可见当时关于神与理性定位的争论还是比较微妙的。

七、欧洲哲学家的反响

1.中国信息的充实

从17世纪到18世纪,耶稣会的中国哲学有神论说与其他传教会的中国哲学无神论说之间的对立进一步激化。罗马多次劝告耶稣会修改基于中国哲学有神论基础上的与中国传统融合的传教方法,还派出了特使。这时清朝进入雍正时代,对基督教怀有强烈的疑虑,采取严厉的镇压政策。其结果,耶稣会以外的传教会都被赶出中国,耶稣会亦很孤立,于是其中有些人开始只是埋头于中国研究,并在研究的基础上往回发送大量信息。

路·孔德的《中国现状新志》是他滞留中国时期的报告。报告了中国的地理、气候、民族性和宗教、哲学。他认为中国的宗教、哲学是由诺亚的子孙传到中国的。伏羲以后,关于神的真正的知识在中国被保存,但孔子以后开始渐渐暗淡,而直至今天成为无神论。也就是说,古代中国人具有真正的信仰,因此基督教信仰与中国的传统在本质上是融合的,这是一种强调了耶稣会主张的报告。

迪·阿尔多的《中华帝国全志》是一部具有中国百科事典性质的大书，内容丰富多彩。书中概述了中国学问的方法、科举制度和四书五经等经典，以及在这些经典思想基础上形成的国家政治体制。这本书成为后来对中国抱有兴趣的知识分子了解中国的基本文献。

《耶稣会传教士外国传教书简集》是一部总共有 34 卷的大型资料集，从 1702 年开始刊行，直到 1776 年才得以全部完成。本资料集有来自全世界的报告，但关于中国的报告占了大部分。但该书中的报告大多是有关传教实践的报告，几乎没有关于思想、哲学等学问性的报告。在关于若干中国人改变宗教信仰的报告中，对于这些中国人的内在精神中存在的传统与基督教的矛盾，作了很有意思的报告。特别是关于苏尔金的改宗，生动描述了他内在精神层面中的中国传统，以"基督教与伏羲、文王、周公、孔子的教导是一致的，甚至比他们更完全"的形式在基督教中得到消解的情形。

在这一时期，出现了名叫费丘亚里斯德的耶稣会传教士群。他们以种种方法论证中国文化西欧起源说。其中有如普雷马尔，他著有《中国古典中基督教教理遗痕拔萃》，书中提出中国古代史实际就是西方的古代史，论证了亚当就是黄帝，塞思就是神农，艾贝尔就是伏羲，该隐就是少昊，这不仅是孔德的中国文化西欧起源说，而且比之更甚，是中国文化即西欧文化说。

继上述 34 卷资料集之后，又出版了《北京耶稣会士纪要》共 16 卷（1776—1814）。《纪要》集中刊载了关于中国文化的信息，其中刊载许多传教士基于中国的原典写的著作，提供了关于中国宗教、哲学方面详细而可信的信息，后来黑格尔等人就是依据这些资料进行中国哲学研究的。

2.莱布尼茨的《中国自然神学论》

莱布尼茨是得到龙华民的《议论》后才开始研究中国哲学的，后写成《中国自然神学论》。莱布尼茨用的是龙华民的资料，所以对中国哲学的理解是以宋学为中心的，但与龙华民"理"的无神论解释不同，他以对龙华民资料的再解释的形式，站在了与龙华民论点相异的方向。如龙华民说过："我认为某种人可以把'理'或'太极'

作为我们的神来信仰……但你必须要注意不要被那些冠冕堂皇,但却有毒的教义题目所迷惑……因为我们知道,‘理’不是别的,其实就是我们所说的第一质料。”(《议论》)对此,莱布尼茨评价说是“理解错误”,加以断然否定。

在这个意义上,莱布尼茨是在用龙华民的资料阐明自己的观点,莱布尼茨把宋学的思想结构与自己的单子论(monad)哲学进行了比较研究,认为“理”与“至高的单子”相对应,在莱布尼茨看来,“至高单子”是与神同等的东西。

> 因此,考察中国人是否承认精神实体,最终要考察“理”即理法,它是第一动者,是所有事物的基础,我相信它与我们的神性相对应。(《中国自然神学论》第二节)

莱布尼茨认为“理”即“原初的形相”(《中国自然神学论》第二十五节),他在“理”中看到了:

> 不能认为中国人的“理”是我们在神的名义下尊崇的至高实体吗?(其实可以这样认为)。(《中国自然神学论》第九节)
>
> 中国人不承认会有比“理”以及“太极”更伟大的东西。(《中国自然神学论》第二十六节)

莱布尼茨关于“理”的解释是根据龙华民的材料——却与他相反——而把它解释为有神论的,但又与欧洲的启示的神有点不同,他断言“理”是预见一切知和行的有知性的自然。引入自然和理性真理加以解释,表现了他认为中国哲学是自然神学(或是自然神学性的东西)。莱布尼茨既相信理性,又认为世界需要神,同时认为世界具有单子秩序构造的普遍性质,在此基础上,他认为世界是普遍融合的,所以他认为中国哲学与欧洲哲学(或他自身的哲学)是可以融合的。他没有支持龙华民的中国神学无神论说,而以对自己哲学有利的形式解释了中国哲学。

3. 伏尔泰[1]

伏尔泰偶然阅读了迪·阿尔多主编的《中华帝国全志》中刊登的元曲《赵氏孤儿》的译本,受其启发开始执笔写作戏剧《中国孤儿》,该剧上演后获得极大成功。此后,他对中国寄予关心,在编《哲学词典》和《历史哲学》时当然也论述了中国哲学。

伏尔泰认为中国是个不同于别国的国家,“皇帝与法官的宗教从不曾因不正行为而受到污染,也未曾因圣职者集团与国家的纷争而陷入混乱……中国人特别因此而立足世界民俗之中。”他高度评价中国政治不为宗教势力所干涉,基本以世俗权力维系政体。

> 这个民族(中国人)尤其与其他民族的不同之处,在于他们的历史从来不曾提到过曾经给予法律重大影响的圣职者团体。(《历史哲学·中国》)
>
> 中国是古代各国家中惟一没有服从于圣职者团体的国家。(《历史哲学·神政政治》)

伏尔泰认为,作为世俗国家的中国是“拥有四千多年的历史”的古老帝国,而且是有在天体观测基础上正确的记录年代。而且“他们的历史是历史时代的历史”,(《历史哲学·中国》)没有神话和奇迹的故事,完全是在理性范围内的记述。

> 这个民族自有记录以来,一直是服从于理性的。(《历史哲学·中国》)

伏尔泰以上所言可能是有违事实,但这并不重要。重要的是他认为中国人以理性的思考记述历史,正因为是这样的国家,中国才不为宗教所干涉,是独立无宗教的政体,这也是他的政治理想。

但伏尔泰并没有因为是中国哲学是理性国家的哲学就认为中国哲学是无神论,他虽然批判当时宗教过于干涉政体,但并没有否定神,所以他认为中国也有神。

---

① 伏尔泰(Voltaire),1694—1778。

但中国的神与欧洲现在的神不同。他说:“中国的皇帝每年两次向宇宙的神,即上帝、天、万物的原理奉献收获的初物。”(《历史哲学·中国》)“宇宙的神”是“最高存在”,所以就是创世主。

> 他们在寺院的铭文如下:“无始无终的万物之根源,创造一切,支配一切;是无限的善,无限的义,普照、支撑、整合万物。”(《历史哲学·中国》)

他认为中国是有神的,不过中国人对神的信仰只是为了“劝德,无任何神秘之说”,是理性限制下的信仰。

> 更进一步说,文人们的宗教也是了不起的,无迷信愚劣的传说和违反自然理性的教义。(《哲学辞典·支那》)

他把中国哲学理解和评价为“理神论”。

4.狄德罗的中国哲学解释

狄德罗是法国百科全书式巨匠,他的哲学是“理神论”乃至“无神论”的,他因此受到了法国政府的迫害。他执笔撰写《百科全书》中中国哲学的条目,站在中国没有神的立场上,从这一立场出发,他高度赞赏作为无神论国家的中国在文化上所取得的成就。他与龙华民一样,认为理气哲学是无神论的,甚至可以看做就是唯物论哲学。他对中国哲学的解释如下:

> 所有事物都不是永恒的,所以永恒的东西只有事物之先的原理,“理”就是这个原理。“理”是第一理法,是自然的根源。这个伟大的普遍的原因没有生命、知性和意志,是纯粹的、清净的、微妙的、透彻的、没有质料和形状,它同精神性的事物一样,只有通过思维才能达到,但它实际上并不完全是精神性的东西,也没有(物质性)要素的能动性和被动性。(《百科全书·中国哲学》)

一边说“同精神性的事物一样，只有通过思维才能达到”，一边也认为它“不完全是精神性的东西”。实际上，狄德罗把“理”看做“第一质料”，认为中国哲学就是以质料的、非神格概念为根本而建构起来的。

“理”为第一质料，它生出五种气。(《百科全书·中国哲学》)

“理”是根源性的气，通过“气”生出所有。(《百科全书·中国哲学》)

与龙华民不同的是，他评价中国哲学没有神也能构成良好的秩序，还特别提及了认为中国哲学是自然神学的莱布尼茨，批判他的观念保守。

他(莱布尼茨)叫嚣中国文人既不是无神论者也不是偶像崇拜论者。(《百科全书·中国哲学》)

依我之见，莱布尼茨没有必要为(《中国自然神论》)浪费如此大的精力。(《百科全书·中国哲学》)

此外，狄德罗还指出，中国人的思想接近斯宾诺莎，称赞其先驱性，在欧洲以为是恐怖的事情，在中国却用在普通的教科书上。

狄德罗想论证中国哲学虽然是理神论、无神论，却能构筑有秩序的政体和社会，这也是对他自己哲学的补充和强化。

八、欧洲现代哲学与中国哲学

1.青年康德

康德追求“理性”意义的批判哲学中没有出现过中国，但在到达批判哲学以前的年轻时期的哲学中有中国的影子。青年康德哲学探求的对象主要是自然哲学，他想从宇宙论的构造上来统一地把握世界。关于天界,他著有在物理学史上也很有名的《天界的一般自然史与理论》,提出了康德 = 拉布拉斯理论。关于地界,他著有《自然地理学》,作为地上的诸问题之一,他对中国的诸事物表现出了强烈的兴趣。在《自然地理学》中,康德非常详细地说明了中国的物产,但对于精神领域却持相当的否定态度。他对中国的物产情况很熟悉,这些情况主要是通过商业贸易传入的,实际上当时的商业信息中反耶稣会的东西比较多。

支那人很有毅力,能一直忍耐到好时机的到来。他们绝不决斗,乐观、胆怯、勤劳、恭顺、推崇烦琐的礼仪,固守旧习,对于将来的生活,怎样都可以,主张顺其自然。(《自然地理学》)

客人来访时要怎样做,怎样说话,主人应该如何说话,如何应对,一切在关于礼仪的书上都有规定,不能说错一句。谁都清楚怎样才能彬彬有礼地拒绝,何时才能轻松自如。(《自然地理学》)

在支那,谁都可以自由地扔掉、掐死、淹死被认为是负担的孩子。他们第一的法律是孩子对双亲的服从,如果有儿子加害于父亲,整个国家将为之轰动,周围的人会纷至沓来,宣判他千刀万剐的罪名,他的家所在村镇也将被毁坏,不得重建。(《自然地理学》)

这大概是描述中国人现实第一的生活感觉和礼、孝之事。记叙中满是否定,也有很多误解。实际上,不管哪个中国人,都不能随便以负担为理由而把孩子杀死,反而是以祖先崇拜和子孙繁荣为重要的德业。不过在当时的北京,确实有把孩子扔在大街上到第二天早上被冻死的事情,会有回收尸体的马车在市内巡走。但这是因为贫困,世界上任何一个地方都不会有随便杀死孩子的事情。从以上看来,中国哲学对康德哲学几乎等于是没有任何意义的。

但在意想不到的地方,康德哲学却受到了中国哲学的影响。以下是日本哲学家石川文康的看法。

康德哲学从初期到批判哲学,"盖然性法则"在真理探求中发挥了重大作用。这一法则的核心在于"注意中间项",这与传统逻辑的非真即伪、中间没有第三值的

“排中律”相对立。康德的这一逻辑继承了前辈哲学家比尔费因格[Bilfinger]的观点，而比尔费因格的哲学老师是沃尔夫，所以青年康德的哲学与沃尔夫有着割不断的联系。沃尔夫著有《中国的道德哲学》，把中国伦理把握为理性道德，给德国启蒙以很大影响。他的弟子比尔费因格是一个精通中国文献的哲学家，他提出了“注意中间项”的“盖然性法则”，其背景中就有中国哲学。特别是关于中间项，可能就是从“中庸”得到的启发。这样，康德哲学的骨干之一的“盖然性法则”(这在《纯粹理性批判》、《实践理性批判》、《判断力批判》中是解决二律背反的法则)就受到了中国哲学的影响。

现代欧洲哲学基础的康德哲学彻底探求理性的机能，而在他的哲学中流淌着中国哲学的血脉，石川文康的这一学说是非常引人注目的。

2.黑格尔与中国

作为黑格尔自身的哲学构想，他试图描绘作为绝对者(绝对的主体/精神)的自我实现的世界史。他认为“世界史中的一切都可视为精神现象”(《历史哲学》)，“世界史就是叙述把自由意识为内容的原理的发展阶段”(《历史哲学》)，“世界史是叙述自由意识、自由精神的发展以及由此意识而产生的(自由)的实现过程”(《历史哲学》)。历史是由精神的原始初级阶段向高级的理性展开的世界的发展。黑格尔认为这种展开是由东向西的，处于最西边的欧洲才是理性展开的世界。所以黑格尔认为中国是“世界历史的旧世界”(《历史哲学》)，“地中海是……世界史的中心……地中海之外没有世界史。”(《历史哲学》)位于最东部的中国哲学是距离精神到达的最高点(欧洲)最远的地方。如果把精神的发展比做登山，中国就是山脚的入口，不经过这里就不能到达山顶，但从山顶往下看时它是只能隐约看见的最下方。因此黑格尔认为，东方只有类似于哲学的宗教观念，没有真正意义上的哲学观念。因为东方缺乏自由意识，没有个人的确立。东方缺乏自由和个人意识，所以没有出现主观性的契机(理性)，因此没有出现基督教的神那样的人格神，而只出现了“天”、“理”、“道”之类的一般观念的超越者。只是存在于主观外部，只能成为客体，所以没有主观或主体、自我、理性存在的余地，不存在思索性的、活跃的理性思考。

所以黑格尔说：

> 对于那些被东方的文明形式所迷惑，认为它与现代文明相等或超出其上的想法要有所注意。(《哲学史讲演录》)

黑格尔明确反对过于依据中国哲学，从这个观点出发，他这样评价中国哲学，首先是孔子和儒教。

> 孔子和弟子的对话流传下来，那只是通俗道德，这是任何地方和民族都有的，并无特殊之处。孔子是实用型智慧家，完全没有思索性的哲学，他有的只是善良的、有用的、道德的教诲，没有什么特别的东西。(《哲学史讲演录》)
>
> 读孔子的原著时我甚至在想，为了维护孔子的名声，最好不要翻译他的原著。(《哲学史讲演录》)

关于老子和道教：

> 中国还有另外一个道教教派……既不是佛教徒也不是喇嘛教徒，这个哲学和与哲学密切相关的生活态度的创始者是老子……道教徒是理性的信奉者，他们作为生活态度的道是理性的道，是理性的法则，所以道教徒终生都研究理性(道)，能够认识理性根本的人就能得到普遍的知、普遍的治疗法和德，并能获得超自然的力量，能腾云驾雾，长生不老。(《哲学史讲演录》)

如果从字面上理解这篇文章，那就是中国也曾经有过理性的发展，所以黑格尔的只有欧洲才是理性中心的舞台的学说就不攻自破。但问题在于他把道教的“道”说成是“理性”，如果按照字义，把这个“道”与黑格尔的“理性”划等号，世界史的构想就瓦解了。实际上，黑格尔把“道”翻译成“理性”，是直接引用了艾贝尔·雷缪沙[Abel Remusat]的《老子》的法语翻译。而艾贝尔·雷缪沙的翻译是根据耶稣会传教士艾米欧[J. J. M. Amiot]翻译的《老子》。

关于“道”,艾米欧说:

> 道在中国人认为有极为广泛的意义,用法语一般可以译为德、知、理性、标准等。(艾米欧《书简拔粹》)

黑格尔以“道”为“理性”,是沿袭这种翻译的传统,所以他自己的哲学中的“理性”与《老子》中“道”的翻译语的“理性”内容是不同的。关于《老子》的“道”哲学,黑格尔说:

> 哲学止于这样的表现,是初步的哲学。(《哲学史讲演录》)

“道”的“理性”在黑格尔看来是必须被超越的。

黑格尔对中国哲学的这种把握和理解,来自于他的欧洲中心主义,最后他说:

> 这一原理是实体性(“天”“理”“道”)的,对中国来说是最古的,同时又是最新的。中国古代就达到了今天的状态,因为客观存在和与之相对的主观运动之间没有对立,所以没有任何变化,总是重复出现同一现象,我们称之为停滞性,而不是我们所谓的历史性。所以中国……从真正意义上来讲,仍在世界史的圈外。(《历史哲学讲演录》)

这就是有名的“亚洲(中国)停滞论”。这一停滞是相对于黑格尔所说的历史性,即时间中的精神、概念、理性的发展而言的,进一步说是针对绝对者的自我实现、自由的实现而言的,缺乏精神的活跃的运动性就是停滞性,这正是中国历史的特色。

黑格尔对中国哲学的把握是否妥当,在今天看来还有疑问,但作为理性主义的最大体系的哲学家,黑格尔在世界史的哲学构想中也只能把中国哲学放在这样的位置。

3.马克斯·韦伯的《儒教与道教》

现代性为什么只在西方而没有在其他的地区产生？为了论证这一现代的根源性问题，韦伯写了很多书，其中最为著名的是《新教伦理与资本主义精神》。他明确指出新教伦理中禁欲的合理精神是现代和资本主义的摇篮，但这也等于说在欧洲以外的地区不可能产生现代，所以等于是论证欧洲优越论，从这一点看，韦伯也是一个黑格尔主义者。

韦伯与黑格尔一样，认为离现代最远的是中国。为了论证这一点，他举出了儒教和道教。他的评价尺度与黑格尔的历史哲学、宗教哲学的构想相似，都是以脱离巫术的程度为标准。

> 某一宗教代表的合理化的阶段……第一要看这一宗教脱离巫术的程度。(《儒教与道教》)

他首先把清教定位为离巫术最远的宗教。

> 关于第一点，禁欲的新教主义是(巫术脱却的)最后阶段，其最有特征的标志是最完全地终止了巫术。(《儒教与道教》)

而儒教是充满巫术的宗教，儒教支配的世界是“巫术之园”，儒教是维持这个“花园”的力量。

> 维持巫术之园属于儒教伦理最内在的倾向。(《儒教与道教》)

在这样的“巫术之园”中，不可能产生现代的萌芽。

> 在巫术之园中……现代西方合理的经济和技术完全被关在外面。(《儒教

与道教》)

韦伯认为,这样的儒教世界与西方没有任何相接点,几乎是两个完全相异的世界。

这样的(中国的)社会伦理态度与西方的宗教伦理的对立之间是不可能沟通的。(《儒教与道教》)

为何会有这么远的距离呢?

儒教是具备典籍教养的现世的合理的官僚知识分子的身份伦理……这一阶层的宗教性的(或非宗教性的)身份伦理远远超出这一阶层,规定了中国人的生活态度。(《世界宗教的经济伦理·序言》)

即由于儒教知识分子作为读书人的世俗性、经济上不得不依存于国家的非独立性事态(科举是享受俸禄的官僚阶层的营利和再生产机构),像新教主义那样的禁欲的合理性在这样的氛围中是不可能产生的。

关于道教,马克斯·韦伯认为同儒教一样,也是在巫术的背景下产生的,二者的差异在他们始祖的行为中典型地表现出来,老子是"为了自身的救济拒绝官职,孔子是囿于官职"(《儒教与道教》)。老子辞官后隐遁山林,是为了享有"思索和神秘感觉的余暇和气力",并没有宗教性的禁欲倾向。所以"对于政治不成功的读书人来说,隐逸是从政治中引退的标准形式"(《儒教与道教》),即读书人的一种生活方式。在这一点上儒教与道教的社会背景是相通的,二者都为那一社会层所承认。

所以韦伯说:

孔子的孙子子思(为了不失礼节地保持灵魂的调和与均衡,这也是皇帝的政治调和状态)的《中庸》的特征是均衡状态——这是受老子的影响,或许是从自称老子的著作中把以上状态称为空虚或非存在(无)、"无为"和"不言"中得

到启发的。(《儒教与道教》)

即把道家理想的“无”和“无为”等同于儒教的礼节的灵魂的均衡、政治的调和状态。韦伯进一步说：

根据儒教的教义，礼(即仪式的规则和祭仪)是产生出“中”(根据韦伯的自注相当于道教的“虚”)的手段……就像无心一样行动，就能做到将心从官能中解放出来——这是道士之力能达到的精神态度……长寿法等于养神——这是老子在道德经中所讲的，与儒教徒是完全一致的。(《儒教与道教》)

又说：

基础范畴的“道”……在两个学派(儒教和道教)，甚至在所有中国思想中都是相通的。(《儒教与道教》)

或者：

“道”自身是正统的儒教概念，是宇宙永远的秩序，同时又是宇宙运行自身。(《儒教与道教》)

“道”在孔子和老子那里是完全一样的东西，都是很重要的概念。(《儒教与道教》)

如前所述，马克斯·韦伯的结论是在没有现代化条件的非欧洲地区产生现代化是不可能的，是异常困难的。他研究中国，是想以中国作为以上结论的典型。他没有从哲学方面，而是从社会学的角度，以儒教和道教为中心，分析了其不可能和困难性的根源在于“巫术之园”的性质。

九、现代哲学

1.雅斯贝尔斯与老子和孔子

在理性的时代,以世界为对象的致力于客观体系的哲学被黑格尔发挥到了极至,哲学好像已经没有了新的发展余地,巨人黑格尔被认为是最后的哲学家。

但哲学却在意外的方向上有了新的发展。黑格尔去世后没多久,在北欧丹麦的年轻学生中出现了一种新的精神,即探求对我而言是真理的真理、我愿为之而生为之而死的思想、在我自身基础上的我的思想、不是理性的客观性而是主体的真理,这就是克尔凯郭尔的存在哲学。

克尔凯郭尔从选择立足于现实世界的具体的自我出发,而不是像黑格尔那样把世界对象化,从理性、感性、主观、客观等方面把握世界。作为惟一的自我,面对神,作为主体的个与绝对者构成绝对的关系,在这一意义上是超越理性的,但正是这种非合理性的激情才能展示真正的宗教的生的世界。是由自己确保自身内心的主体的真实,是不能被理性客观化的、具体的单独的存在的“我”、自己自身决定自己的存在方式的哲学,这种通过自己自身的生存方式实现真实存在的自觉存在者就是“存在”。

克尔凯郭尔的哲学在19世纪末被翻译成德语,对此最早做出反应的哲学家是雅斯贝尔斯。

雅斯贝尔斯深刻地理解了存在哲学,但他不是于存在中追求自我的存在的飞翔,他认为真正的哲学行为必须借助理性而走向世界。

他(一面以存在为基准)为了让自己的哲学在哲学史上的地位能得到客观的承认,构想了《哲学的世界史》,并设定了“轴心时代”的概念,作为这一“世界史”的基准。他认为公元前500年前后的三百年间,在世界各地出现了一些伟大人物,如希腊的荷马、柏拉图、阿基米德;巴勒斯坦的以赛亚和杰里迈亚;伊朗的琐罗亚斯德;

印度的《奥义书》和佛陀；中国则出现了孔子和老子，这一世界各地几乎同时出现许多伟大人物的时期就是世界史的基轴。雅斯贝尔斯把这些伟大人物看做存在，认为他们都同样达到了某种哲学的自觉。雅斯贝尔斯在这种构想中研究孔子和老子，他不像黑格尔那样以欧洲为世界的中心，而是以存在为基准相对地观察世界。

首先是雅斯贝尔斯关于孔子的见解。

他认为孔子把超越的"一者"把握为存在的自觉者。

> 孔子说："汝以予为多学而识之者欤？……非也，予一以贯之"，即孔子只有一者，而不是五花八门。这到底是什么呢？……就是"吾道一以贯之"。(《孔子》)

雅斯贝尔斯在这里把孔子作为直面超越者的存在，对"一者"等概念赋予了自己的解释。在中国哲学史上一般把孔子作为礼学家、伦理思想家、政治思想家、教育家，或者是当时的合理主义者的一类人，但要从中找出现代的存在的特征并不那么简单，雅斯贝尔斯自己也坦白说：

> 孔子一次都没有把终极事物作为自己的主题，孔子害怕谈到局限性。(《孔子》)

雅斯贝尔斯直言没有在孔子的言说中直接找到关于终极的超越者的话语，尽管如此，他还是认为孔子具有直面不可回避的局限性、变革与转回存在意识、回归本来的存在的经验。雅斯贝尔斯认为孔子的局限性是"孔子从未认为自己有完全的知，也不认为这是可能的"(《孔子》)，"这个世界的不幸展现在孔子面前"(《孔子》)，这种不幸是指没有培养出良好的素质、不能学以致用、知道是自己的义务却不能制止、明知自己的不善却不能改正等，这些都让孔子感到痛苦。孔子知道"真理没有渗透到现在"，但如史实所示孔子自身没能具体突破这种状况。雅斯贝尔斯认为孔子没有求得自己知的完全性正是孔子遇到的局限性。他的理解是孔子从这种局限性中变革存在意识，并通过这种变革重新回归了自我。雅斯贝尔斯认为孔子“决不认为这个世界是恶的”(《孔子》),并以此为前提,达到了超越生死的境界。

> “死生有命”、“万物皆有一死”,这些话表明孔子没有被死亡所束缚,而是平静地接受死亡。死亡不在具有本质意义的领域内……追问死后的事情是毫无意义的。“未知生,焉知死?”(《孔子》)

这是雅斯贝尔斯理解的在局限性中存在的孔子。

对雅斯贝尔斯来说,老子是比孔子较为容易理解的对象。孔子只能间接地表现终极的超越者,而老子却提出了“道”这一终极。

所以雅斯贝尔斯的老子研究中重要的是对“道”的解释,他首先指出《老子》具有无与伦比的哲学价值。

> 《道德经》一开始就谈到了所有的本质,然后进行了详密的解释,最后他没有列出任何根据,就以一种完成式的警句表述,向读者展示了异常的紧密性……没有方法性的术语,却抓住了能够以方法论解释的整体性……逆说性命题的冲击力与严谨、高深莫测的深度,是一部其他书籍不能代替的哲学作品……为了理解老子……支那学者的工作(能够脱离历史来思考《老子》)证明了这位形而上学思想家超越时代的意义,这位思想家给人一种真实和感动。(《老子》)

雅斯贝尔斯指出《老子》的“道”是:

> 这个世界以及所有事物,也是这位思想家的根源和目标。(《老子》77页)

《老子》围绕“道”思考了何为“道”、存在是如何从“道”中产生又面向“道”、人(作为个人在国家政治状态中)如何在“道”中生存、如何失去又如何获得等问题,即回归存在之前有必要思考的对象。《老子》哲学的实态不是向存在的回归,而是对向存在回归时的“道”中的局限性自身的言及和解析。

“道”的概念只能用“无色、无音、无材、空、非有、无形、无象”等否定的方式表述,不能用肯定的表述,如果用肯定的语言表述“道”反而会使“道”有限化,所以“道”是无限的,或是无象、无色、无音的、超出现实的超越者。“道”的提出,说明《老子》直面终极的超越者,在这个意义上,《老子》符合雅斯贝尔斯存在哲学的条件。

“道”的这种终极超越者性(无限定性)在黑格尔而言根本不能作为哲学思辨的对象。但雅斯贝尔斯重新作为哲学思辨的对象,在把握《老子》的“道”上他想突破黑格尔。他说:“当某一思想把一个对象看做无限时,这一思想就可以认为是思考道的线索”(《老子》),即把思考“无限”的概念作为达到无规定的“道”的线索。我们理性哲学思辨的对象基本上是存在(有),但“道”是无限,是无色、无音、无材、空、非有、无形、无象等通过否定才能到达的对象,也就是不能通过理性思维直接到达。因此雅斯贝尔斯必须把“道”把握为“超越(规定的存在)的东西”,因为他认为以无限为媒介,通过这样的规定才能对“道”进行思索。

雅斯贝尔斯认为,《老子》在通过内面的自觉回归存在之前,首先是对终极者本身的思索,所以他提出了超越局限性或“超越(规定性存在)”的“道”。

2.荣格与《易》

从19世纪末到20世纪初除了存在的方向以外,也开始了关于理性以外的知的思考,即与合理理性相反的、引起非理性事态的无意识问题。首先涉及这个问题的是弗洛伊德,他把无意识全部归结为“力比多”,其源泉限定在个人体验之内,以此还原到合理的科学的或生物学的事实。

弗洛伊德之后的著名精神分析学家荣格认为通过“力比多”还不能充分解释无意识。他通过观察精神病患者,认为无意识与未开化人的心理和神话主题有相似之处。虽然是不合理的无秩序的、有破坏性的、恶魔性的,但在人类的无意识里是普遍存在的。无意识是还原为个人的还是人类普遍的,荣格和弗洛伊德的立场是根本不同的,荣格自己说他的无意识解释立场与中国哲学有关系。

荣格的深层心理学认为,超越一切文化和意识形态的差异,人类普遍具有无意识,这就叫做“集体无意识”,表现为人类的神话、传说中共通的主题或象征的类似性，人类也因此能够互相理解。

> 如同任何人种的身体解剖学构造都是相同的一样，超越相异之上，在所有文化和意识形态的最基础的底部有魂（psyche）的存在，我称它为集体无意识。这个无意识的魂不是来自能够被意识化的内容，而是来自面对某种同一反应的潜在素质。集体无意识的事实就是所有人种脑部构造同一在精神上的表现。（《黄金之华的秘密·序文》）
>
> 在各种神话主题和象征之间表现出来的类似性或同一性以及表示人类相互理解的可能性一般性事实，也就能够得到说明。（《黄金之华的秘密·序文》）

集体无意识是人类普遍的深深印入无意识层的，不是每个人的个体经验，是自有人类以来经过漫长时间体验的精神的内容在人类全体无意识层刻下的印记。荣格认为人类在遇到某种情况时做出大体相同的反应，是因为无意识层里已经预设了反应型。比如人在看到朝阳时有神秘的感动，这种反应就是无意识的作用。荣格称这种无意识的反应型为“原型（archetype）”，原型作为“种族的记忆”深埋在每个人的无意识层里。荣格根据集体无意识和原型理论，认为意识与无意识分裂的精神病疾患的状况就可以比做东方太古的经验。

> 医生首先发现的是无意识的力与意识化的价值完全相反、不能被意识同化、无法挽回的状态。这个时候……人类的理性只能解决表面问题或者是不负责任地妥协忍让，除此之外没有别的处理方法，拒绝这种解决方法的人必然会想方设法要求人格的统一。此时此刻，东方从太古走来的道路就开始了。（《黄金之华的秘密·序文》）

荣格认为这种精神疾患的意识与无意识的分裂反而在中国这样的世界中可能没有。

> 这是在中国人好像没有的人格分裂，分裂的东西互相迷失了对方，以致失

去意识。中国同原始人的心性一样，"诺"与"否"互不分离，从根本上是接近的，所以中国人能够完美地统御一切。不管如何，中国人清楚地感觉到了对立物的冲突……不得不从对立中探求自由之道。(《黄金之华的秘密·序文》)

荣格认为道教经典《黄金之华的秘密》(《太乙金华宗旨》)正提示出了这样的"道"。

我们面前的这本书(《太乙金华宗旨》)论及的问题正是这个道，同样的这个"道"也是我的患者的问题。(《黄金之华的秘密·序文》)

荣格认为《太乙金华宗旨》是论述集体无意识的书，而且他认为自己关于精神的思考与中国哲学的传统在本质上是一致的。

另外，在荣格的"共时性(synchronicity)"概念中也可以看到同样的情况。"共时性"是指把超越物理的因果关系，在很远的异地同时发生的相关事态不是视为单纯的偶然，而是作为有意义的相关之物而考察。在通常的合理意识中，那只是"偶然的一致"，虽然他作为一个科学家不愿对这些进行思考，但在心理学上只能说这是事实的存在。荣格认为，这种事态很像《易》，《易》把全世界、全部状况的一部分切割出来作为"卦"来表示，这就是某一瞬间世界的所有实际状态的表象，也就是说荣格把《易》理解为共时性的表述。

易经所示的六十四卦，是决定六十四种不同的典型状况的意义的道具……扔硬币的正反面，劈开竹子时的结果是所有状况中必须包含的东西，那一瞬间发生的任何事情都是整体的不可欠缺的部分，属于那一瞬间的状况。(《易与现代》)

《易》的卦截取某一瞬间全世界全部状况的一部分进行表象，所以《易》的卦里表象了各个瞬间的世界的实相。在观察的一瞬间，世界的全体状况都集约在卦中。与卦里表象的事情相同或相关联的事态，就是与在那一瞬间同时在其他场所发生的事态有深刻的关联,这样的事情通常我们称之为"偶然",但荣格却认为这不是偶然,这是必然事态,即世界的集体无意识引起的事态。

但荣格自己对以上的事态也不确信,因为极端地说这是反理性的。荣格告白说:"这样的……主张怎么能够证明……立证不是完全不可能的,却是非常困难的,我甚至认为可以说是不可能的。因为从合理主义的立场来看,这种做法是完全不可能的。"(《易与现代》)尽管如此,荣格有这样的主张,是想通过他的深层心理学的研究经验,用理性的语言表达有用通常的理性不能定位的事实的存在,并且如果可能的话,把它纳入到理性世界中去。

3.海德格尔与《老子》

海德格尔是彻底追问"存在"的哲学家。黑格尔认为"存在"(即"有"),是无法深究的根源的事态,是成为哲学的对象以前的东西,是无规定的、直接的自明的东西,理性只能将它定位于此,但海德格尔却敢于把"存在"作为哲学来追问。

1927年,海德格尔出版了《存在与时间》。《存在与时间》的题目是"存在",具体完成了对"存在"意义的追问。自黑格尔以来,直接追问存在是很困难的事情,所以海德格尔把隐约注意到的人=存在称为"此在",试图以此为探求方法的通路来探讨"存在"。但在《存在与时间》中,海德格尔最终并没有搞清"存在",之后他又想回头从"存在"自身来解释"存在"。第二次世界大战以后,海德格尔被解除公职,有一段时间他和以法军家属身份进驻德国的中国学者萧师毅一起以蒋锡昌的《老子校诂》为教材共同研究《老子》。

试图从"存在"自身出发论证"存在"的海德格尔认为"存在"是使存在者存在的存在。"存在"向存在者推移作为存在者出现,这是让存在者存在的存在。这个"存在"逐渐解除遮蔽自己的东西而现身,这是存在者非隐蔽的出现。但当存在解除遮蔽而出现的时候,反过来"存在"又把自己隐藏在存在者的非隐蔽性之中,这时的"存在"反而把自身隐藏在存在者的背后,存在总是通过自身的引退而推出自己。对于这一事态,海德格尔象征性地说:"存在时显时隐,并且澄明。所谓存在就是澄明的东西……在光亮中发光物自身的光被隐蔽于光之中,但是那种光必定会在放光。"显然这是原原本本地依据于《老子》的"和光同尘"。

> 道冲,而用之或不盈。渊乎!似万物之宗。挫其锐,解其纷,和其光,同其尘。(《老子》第四章)

通过研究会,海德格尔在一定程度上熟悉了老子的思想,但在其以后的作品中提到老子的次数并不多,下面是所见不多的例子中的一个。

> 老子表达的诗的思考的中心概念的词语是"道",即"本来是"道之意。但我们总是只习惯把"道"看做是连接两个场所的距离的外在的东西,所以会性急地下结论说这个道用我们的"道"(der Weg)来表述是不合适的。因此"道"翻译成欧洲语言应该是理性、精神(法语),是理性、理由、意义、逻各斯(理性、语言、真理)等。
>
> 可以说这个"道"是运作一切的道,即这个"道"是我们能够思考关于理性、精神、意义、逻各斯本来——所谓本来是指依据各自的本质——要说明什么的原点。"道"这个词语里隐藏着且思且述行为中包含的所有秘密中最大的秘密,我是说如果我们能够使(dieses Lassen)各种各样的名称回到尚未被表述的深处,而今天支配性方法所具有的谜一样的力量,恐怕也是由此而来的吧。即不管方法有多大的能力,实际上也可以说是只不过是从大的隐蔽河流里排出的废水而已,是从所有事物中夺取其本来方向的"道"排出的污水,全部都是道。(《在通向语言的途中·语言的本质》)

这一段是关于《老子》的"道(Weg)"的稀少的例子。海德格尔在此提示了欧洲对"道"的传统翻译理性、精神、理由、意义、逻各斯等,而更应该注意的是他认为道是指示这些(理性、精神、意义、逻各斯)的本来的东西,是"面对试图思考的人们所讲的语言中最根源性的词语"。即在海德格尔看来,"道"是表现理性、精神的"本来"的东西,是直接支撑理性、精神、意义、逻各斯的起作用的东西,在这个意义上,与他自己的语言中的"存在"是相近的。

在西方哲学中,海德格尔的哲学在纯哲学的问题设定和方法上是完全正统的哲学,如上所述,海德格尔哲学在对超越理性、精神、意义的根源进行思索时,表现出了以上接近中国式思维的形式。在庞大的海德格尔的哲学体系中,这些也许是微不足道的,但我们应该注意到他的哲学受到了中国哲学特别是《老子》的影响这一事实。

4.梅洛-庞蒂与中国

梅洛-庞蒂说人们在比较中国哲学与西方哲学的特质时,马上会浮现出西方=理性分析、东方=混沌,西方=进步、东方=停滞这样一种图式,而这不过是经过黑格尔的宣传而普遍化了的、现代以来特有的中国观、中国哲学观,不如说东方哲学是作为与西方哲学不同的东西而被否定、抑或是被认为是非理性的东西而失去了哲学的资格的。梅洛-庞蒂正是要从黑格尔的西方哲学的绝对性视角中解放出来,向着把西方哲学相对化的立场转移。

梅洛-庞蒂的哲学试图克服贯穿从笛卡儿到黑格尔的主观与客观或精神与物质的二元论,寻找新的哲学视界(horizon)。在《知觉现象学》和《行为的构造》中,他把通过身体知觉世界而行为的人称为"世界内存在",这一"世界内存在"的身体不仅仅是物质,也不是机械论的机能的固体,而是能知觉能运动,并以此构成世界的东西。意识也是身体的产物,语言活动也是身体而不是意识的产物,语言的意义内在于作为身体的产物的语言之中。梅洛-庞蒂的"身体"不能还原为笛卡儿的精神和物质的二元论,而是二元对立之间的或之前的固有的领域,是既不是精神也不是物质的"两义的存在"。梅洛-庞蒂还认为作为身体产物的语言是在话语与话语的连接、即"构造"中完成的,这个"构造"既不是精神也不是物质。"构造"和"身体"既不属于精神也不属于物质,是"两义的",是二元对立之间或之前的固有领域,梅洛-庞蒂哲学的方向就是探求这些,这一主题是贯穿他一生的变奏曲。

对中国哲学的评价,梅洛-庞蒂首先引用冯友兰《中国哲学简史》的话:

有些哲学著作,像孟子和荀子的,还是有系统的推理和论证,但与西方哲学著作相比，它们还是不够明晰……他（郭象）把《庄子》的比喻、隐喻变成推理和论证，把《庄子》诗的语言翻成他自己的散文语言。他的文章比庄子的文章明晰多了。但是，庄子原文的暗示，郭象注的明晰，二者之中，哪个好些？人们仍然会这样问。（《中国哲学简史》）

梅洛-庞蒂引用冯友兰的话，是想说明黑格尔以来的中国哲学观已经深入中国哲学家之中，牢不可破，对此他认为：

如果我们把东方思想……粗略地、远远地观察一下，可能只会得到无用的重复、永无止境的解释与修改、伪善的背叛、不是出自本意的、而且不能自制的变化等印象，对东方的这种感觉，在各专家中也存在。（《可见的与不可见的》）

当然，这个责任在于黑格尔，"是他把东方描述为西方思考真理的方法的对立物，并把东方规定为失败的例子"，因此梅洛-庞蒂批判了黑格尔的这种东方哲学观：

我们应该反思，我们是否真的可以像黑格尔那样自负说我们拥有东方自己无法探求到的绝对知和具体的普遍。如果我们实际上没有，就必须要全面地重新评价其他文化。（《可见的与不可见的》）

虽然梅洛-庞蒂试图把西方相对化，但他自身也不过是以西方的哲学思考为标准，在此基础上试图把西方哲学相对化的。

在西方的思想中确有不可替代的东西，努力从概念上理解的方法以及概念的严密性，虽不能以此掘尽现实存在的所有，却可以成为模范……在这一点上，西方（广义的）仍然是基准，原本就是西方发现了自觉的理论的实践的方法、开辟了真理的道路的。（《可见的与不可见的》）

西方哲学现在的目的是提示全新的“存在”领域，或是指向超越以往的理性·概念的哲学的领域，而为了发现存在的领域，必须在相对化了的西方哲学的基础上作为存在领域再发现的契机来积极地评价东方。

> 没有我们这样的哲学和经济装备的文明（即东方文明）可以寻回一种教育价值……面对与我们相距甚远的人性的不同版本，从中重新发现“存在的领域”。即使是所谓东方的小儿性……也能教给我们一些东西。东方与西方的关系……绝不是无知与知、非哲学与哲学的关系，是更加微妙的关系，从东方的角度来说，也可能有先进或“早熟”的所有阶段。（《可见的与不可见的》）

在可以这样评价的东方思想中实际上可能有通往存在领域的路标。

> 即使是以概念难以理解的说教，如果能在历史的、人类的文脉中把握它们，也可能会发现能启发我们自身问题的“人类与存在的交涉关系的一个不同版本”或“斜架的普遍性”……西方哲学也要从中学习重新发现“与存在的交涉”或更根源性的“原初的选择”的方法，并且要学习预测我们自我封闭在“西方”性之中的各种可能性，而且要学习重新打破这种封闭的方法。（《可见的与不可见的》）

梅洛－庞蒂在中国哲学中看到了反思西方哲学在向现代突飞猛进的历史中失去的要素，他对中国的研究只是作为他试图超越西方现代的思考中一个不同于西方的契机，而不是他自身对中国的各个问题进行了研究。

十、结束语

以上概括了从 13 世纪到 20 世纪前半叶欧洲对中国哲学的接受与理解。欧洲在理解中国哲学时，总是以自己的哲学·思想课题为基准的。从以神为基准的时代、从神到理性发展的时代、突破理性界限探索理性彼岸的时代，随着历史的发展，中国哲学在欧洲的地位也在不断变化。欧洲有欧洲的逻辑，欧洲思想的优越意识是一贯的，但对应不同的思想状况，中国哲学作为欧洲哲学的补充或脱离的契机，对中国哲学的理解也是不断变迁的。既然有这样的接受和理解的历史，认为中国哲学对西方哲学没有任何影响的观点就显得很不自然，有时甚至还能看到中国哲学潜入西方哲学根基的事态。

中国哲学在世界哲学史（也是包括将来的历史）、或人类的思维、思索（以及进一步超越它们的知）史上的意义或许比我们想像的还要深远。

中国社会科学院研究生院哲学系博士生　徐金凤　译

中国社会科学院哲学研究所副研究员　王　青　校

[illegible]

[illegible]

[illegible]

[illegible]

纪念德里达

最卑劣的流氓国家

——向双重状态开启的"来临之民主"

德里达

"流氓"(voyou)这个口语,是近现代法语的发明(它是上个世纪,因此也是在城市社会向工业资本主义时代过渡开始时出现的)。它源自民间,属于有些不伦不类的半法语式的习语,尽管如此,或者也因为这个原因,它变成了无法翻译的,或者说勉强可译的一种指控。我忘了说一句,法语中作为感叹词或惊叹词使用的"流氓",可以因为语气不同而转化成一种充满温柔、疼爱或母性的用法(在我幼年时,我的外祖母就常常因为懒得应付我而对我说"走开,小流氓"!),这个词中那些无法完全译出来的意思也保留在"流氓国家"(Etat voyou)这个说法中。这个用法最近才出现,过去几乎从未听说过,用法也十分罕见,它是对美语 rogue State 的法语翻译。我差不多是在一年前才第一次在我的母语中发现这个与国家双重联系起来的特殊罪名,当时正值左右共治时期,①但尽管如此,一次部长会议后,一则在爱丽舍宫门前台阶上宣读的公告,宣布总统与总理同意发展旨在打击或威慑"流氓国家"的核军备;"流氓"这个词(本身就是语言中的一个流氓),我假定它近来,当然也还需要一些时间,才会变成一个有利于所谓西方民主国家同盟的说法。关于"流氓"这个词,我已经玩味得够多的了,(现在就)让我们来轮番审视它的名词、谓语和形容词用法及名词性形容词用法。它有时用于指"什么人",但时不时也用于指"什么事",比如流氓国家。在法语习语中,它可以有如下的意思:某人可能干了某种"流氓"勾当,

① 指右派总统希拉克与左派总理若斯潘共同执政时期。——译者注

而他不一定就是“个”流氓。也许诸位还记得，我开始时连续说了四次“流氓”，一会儿用做名词，一会儿用做形容词，而形容词既可以用来形容人也可以用来形容事："我敢说，我这种不以比如说感谢这类方式开始的做法可能有点‘流氓’”（“流氓”因此指的是事，是某种态度）。然后我明确道："如果我一开始就没完没了地感谢的话，您会认为我不只是有点儿‘流氓’，而且就是‘个’流氓。”（这一回，在一个主语/主体，一个“什么人”的谓语后面，那个名词性的“那流氓”，“一个流氓”指的则是一个主体，一个“有什么性质的人”）。

这个作为谓语的“流氓”，因此可以不时用来指一个并非实体的、彻头彻尾的或者说本质上就是“个”流氓的主体。具体地说，“流氓”资格总是一种属性界定，一种谓语或“类属”，因此它指控的不是什么本质性的东西，而是一种建构（institution）。它是一种解释，一种指认，事实上总是一种指控、控告或指责、抱怨、评价及判决。因此，它是在预示，准备并开始为一种惩罚的合法性作辩护。必要时流氓国家应当受到法权的力量（la force du droit）与力量之法权（le droit de la force）的惩罚、抑制，或置之有害状态之外。

我从现在起就要突出形容词与名词的这样一种习语性区别，以便预先提供诸位思考这样一个事实：在最近才出现的法语“流氓国家”的说法中，我再重复一遍，它虽是不可翻译的，但仍是对英文“rogue State”中的“rogue”的一个大致译法，我们不知道“流氓”（voyou）是否应当以名词身份用一个连接号与国家（Etat）这个名词连缀起来，以指认某个国家本质上是个流氓，而由此作为一个无法无天之国应当消失掉；或者说“流氓”是个谓语，是一种暂时由一些国家出于这样那样的策略考虑，赋予某个国家的特质，从不同的角度去看，这种国家时不时地在某种语境中，在一段有限时段内，可能有流氓行为，看起来不那么遵守国际法的规定，不那么遵守主流规则，不那么遵守国际义务的法律效力，至少这是那些所谓合法的守法的国家，即那些具有实力的国家对它们的一种解释。前者出于它们自身的利益准备要求后者回到秩序或理性上来，必要时会采取惩罚性的或预防性的军事干预手段。正是在那里，形成了我最终要探讨的流氓国家问题的症结。然而，要认识这个症结，我说的不是解这个结，我将以三条**线索**进行，这三条线索展开的长度并不相等。为了节约时间，也不想滥用你们的耐心，它们可以说是非常的不均衡的。

1.第一条线索,也是最长的一条,不过也还是处理得太快,它将会把“来临之民主”的问题,即这个意义群可能要说的东西与现状联系起来:这种现状即一些国家指控另一些国家为流氓国家(rogue State)。它们想从这种指控中找到动武的理由以便以某种假定的法律及最强者的理性,依据那些我们也不再知道如何从理论上去严格界定的一些模式向其对立面使用武力,而据我估计,这些模式便从此与任何一种可信赖的界定或者任何一种可接受的概念定义相悖:如在战争行动(国内战争或游击战争)中,或者维和行动中,或国家恐怖主义中的军队或警察。

无论人们赋予这个说法什么意义、何种信誉,任何形式的“来临之民主”都必须处理这个问题及其紧迫性。这个问题链,首先涉及的是民主的定义,民主只是在后康德的现代性中,才理所当然地进入国与国关系这一纷乱领域,即战争与和平问题之中的。因为直到《社会契约论》的结束部分,外交政治、战争与和平诸问题在处理民主概念及其赌注中,一直都是被排斥在外的,被边缘化的或者说是滞后的。民主,那时是现在依然还是城邦内部、国族内或国家内部政治组织的一种模式。尽管这些情况表面上有些变化,但事情是否真的有所改变还很难说。要是跟随世界政治主义(cosmopolitisme)的后康德政治思想的思路,或者跟随主导20世纪像国际联盟(Société des Nations)、联合国及国际刑事法庭等机构的国际法思路去思考,民主模式(主权国家之平等与自由,多数的计算等等)似乎有时成了或者说趋向成为这种国际法政治的“精神”性规范。但是这种表相是虚假的,而一种普世的、国际的、政府间的,特别是跨国的民主化过程,依然还是个模糊不清的未来性问题。这也是“来临之民主”这一表述的可能视域之一。民主的范式在《论永久和平》那个康德论述的传统中并不占主导地位,这里应当贴近着去重读它,联系他的“世界共和国”(Weltrepublik)概念去读,康德的永久和平基础指的不是民主,它对“和平契约”(Friedensvertrag, pactum pacis)与“和平联盟”(Friedensbund, foedus pacificum)做了区分,并将后者当作惟一能够在自由国家,即主权国家之联邦中确保永久和平的保证,别忘了,正是在那里康德判断道“人民最高权力”(majesté du peuple),即人民主权(souveraineté),是一种“无意义的表述”(Völksmajestät ist ein ungereimter Ausdruck)。

"最高权力"(majesté)从来就是主权的一个同义词。[①] 只有国家可以是主权者或者说可以拥有主权。一个人民联盟(Völkerbund)不可能成为一个人民国家(Völkerstaat),也不可能融入一个单一的国家。至于今日,国与国之间(interétatique)或跨国家间(transétatique)关系,法律制度中的那种民主,我们至少可以说它还全然有待来临。这是个需要谈论的领域,当然,我们不一定从这个领域出发去谈,也不一定为了它去谈,而是讨论它产生的可能性或不可能性。

这个(可能的、不可能的或难觅的但却不一定就是乌托邦式的)领域,如果我说它就是那个有可能赋予"来临之民主"一些意义的领域**本身**或者说**特有**领域的话,我就得诚心诚意地耐心去分析所有影响了它的那些背景与变动,但我今天无法这么做。"来临之民主"这个座右铭,可以说连一句话都算不上,而我使用它时最经常的情形总是顺便提及,以一种既固执坚定又不那么确定的方式,而这种不确定既是经过考虑的,同时也是有过失的,因为它既随意又不乏严肃,既从容不迫甚至有点不负责任地擦边而过地去触及它,又对它保有一种有点格言警句式的谨慎及一种过分严格的责任感。

诚然,可能自从这个说法在 1989—1990 年间问世的《从法律到哲学/论哲学的权利》中第一次出现(我也不确定那是否就是第一次),之后对它每一次使用的语境和变化都在延异之中。这本书当时将民主界定为一种"哲学概念",界定为某种"有待来临"[②]的东西。同年,在一个题为"法权力"的讲演中,我用一种多少有点解构的方式,从本雅明对议会政治和自由民主制的革命性批判中去分析其话语本身的自我解构特征,我以本雅明的方式提出"民主可能是一种法律、暴力、权威和法权(pouvoir du droit)的蜕化";"配得上民主这个名字的民主还不存在。民主有待来临,

---

① 我在主权(souveraineté),最高权力(Majestas)的字面意义上加一个脚注:如主权这个词一样,它的同义词最高权力这个词,指的是尺码的最大(Majestas)从 magus 延伸而来,有大多数、高大、高度、优势、最高和至高无上之义,这就如主权的那种高高在上 superanus 来自最高处)。主权的最高权力:因此是尺码问题,就如对于确保主权的民主最高权力那样。但这是个间于可计算与不可计算的尺码问题,因为如果最高权力是个算术问题话,主权者和君主的普遍意志则是不容分割的。而那个"一"(上帝的"一",君主的或主权者的"一")并不是更大、很大(相对地或极度地),占优势的大或占优势的高。它是绝对的大,因此在可测量的大之上。比高度更高,反正无法测量,哪怕它不时地可以具有最小最无形的形式与至高无上之强力。在微毫科技现代性中,强力也可以用最可能小的权力来测量。主权"一"是一个不再计算的"一",从某种意义上讲,它比"一"大,从超越可计算的繁多性的那种意义上的比一大。

② Derrida, *Du droit à la philosophie*, Galilée, 1990, p.53.

有待产生或有待再生”。[1]

这种明否实证法的困难感不仅来自对民主**本身**的预设,这种预设要求对民主的讨论必须是无止境的,如果我们还可以这么说的话(正是由于同一与特殊间的那种自动免疫力)。它的疑难还在于“来临之民主”警句中对“民主”这个词的使用本身。这也正是我试图在《让名词无染/除了名词以外》(1993)中讨论“sans”(无,没有)之意义时所建议的,这个讨论是关于“无”在否定神学那种明否实证式(apophatique)[2]话语中的意义,乃至它在未受任何规定性限定,未被任何历史或神学政治启示的可能染指之前的意义,尤其是基督教的历史启示相连的否定神学出现之前的某种场域(khôra)和空间的意义,甚至它在否定神学出现之前的意义,尽管否定神学本质上总是受到某种历史,特别是基督教历史启示的。来临之民主恐怕就像政治的(前历史,未规定)“场域”那样。以“民主”为例(不过,在民主的范例上,我们将会遇到范例所具有的悖论)(在多声部的)那个文本中有一个声音明确指出,“来临之民主”这个词组尤其不应当意指的就是康德意义上的单纯的调节理念(Idée régulatrice),也不应是这个理念遗存,也非它不得不残存的某种承诺之遗产(héritage d'une promesse):

“‘无’的困难,蔓延在人们仍称之为政治、道德或法律的领域内,它们既受到这个明否实证方式的威胁又得到它的保证。”

因此,它已经就是自动免疫的问题,是一种兼具威胁与机遇的双重束缚,而非轮流交替,问题不是保证与威胁的轮流上场,而是保证本身就存在着威胁。现在让我们来看这个范例,它肯定不是偶然的:

“让我们以民主为例,以关于民主的思想为例,以来临之民主(既不是康德意义上的理念,也不是限制与规定民主的现实概念,而是作为某种承诺之遗产的民主)为例。它今天进入世界的道路可能借助的是否定神学的那些疑难。”[3]

而文本中的另一个声音则抗议道:“一条道路怎么可能借助疑难去走?”

---

① Derrida, *Force de loi*, Galilée, 1994, p. 111.

② 在基督教神学传统中,大致存在着两种解释上帝之绝对超越性的方法:一种是实证式的,它强调的是人的世界与神的世界的相似(类比方法);另一种是否定式的,强调上帝所不是的方面以证实上帝之存在,即明否实证方法。——译者注

③ Derrida, *Sauf le nom*, Galilée, 1993, p. 108.

在这个问题得到回答以后,这个声音还提出异议,它提醒说这种由疑难去走出道路的可能性看起来似乎不可能,并补充道:

"总之这很困难,这个由疑难开拓的道路,好像(也许)首先是秘传给某些人的。这种秘传式看来是民主的异质物,它即便对于来临之民主也不例外,您所定义的这个来临之民主就像明否实证法对上帝的界定。它的未来恐怕会由一些人小心翼翼地思考、守候、勉强传授,(这种方式)很可疑。"①

这个声音试图要说的是这种方式不是最民主的语言,也就是说不是最值得推荐的用以推动民主的语言。民主的律师恐怕得向人民学习说话,学习用民主的方式讨论民主。

对于这种怀疑,另一个声音以呼吁一种双重命令作答,它很像我们今天所谈的那种矛盾,或者自我免疫式的那种反征兆(contre-indication),就像"任何人"或"无论谁"的范例中所具有的那种特殊的民主悖论:

"请理解我,那是要保持一种双重命令。有两种竞争性的欲望在非欲望边缘,围绕着(未规定前历史的)场域(khôra)的那种敞开(chasme)和无序,将明否实证(apophatique)神学分离:这个场域即是众所理解的那种共同体,也是在非常小范畴内(局内人)彼此心照不宣地保守或委托值得保存的秘密之场域。秘密与民主或民主的秘密一样,不应当,而且也不能够作为遗产委托给无论什么人。这还是典范的悖论:这个"人"(无论什么典范:样品) 也应当树立个好榜样。"②

因此,康德意义上的那个调节理念将会一再被涉及,但我不想将来临之民主划约成这个调节理念。然而,由于没有比这个调节理念更好的参照系,如果可以这么说的话,这个调节理念可能仍是最终的(参考)储藏库。作为最后的救济,将它变成一种托词可能是徒劳的,它将保有一种尊严。我也不能保证永远不向它让步。

简单地说,我对调节理念的保留意见大致有**三种**。它们有的首先是建立在对调节理念的流行与宽泛的使用之上的,它们脱离了康德的严格定义。在这种情况下,调节理念仍在**可能**范畴之中,自然仍是一种可以无限讨论的可能理想。它具有那种从无限历史角度看仍属于可能的,潜在的、潜能的、人力所及的东西,"我所能"

---

① Derrida, *Sauf le nom*, Galilée, 1993, p. 109 – 110.

② 同上, *op. cit.*, 110 页。

的东西，即理论上还未被任何目的论损害的形式企及的一种东西。

首先，我会将它与所有我置于“不－可能”(im-possible)名下的形态相对立，与所有应当(以非否定方式)有异于我之可能范畴相对，与异于“我能”范畴，异于自我性(ipséité)，与理论、描述、陈述句及行为句式诸形态相对(因为行为句还包含着某种“我”之所能，这种能力的确保，是由将事件的纯粹事件性中性化的一些程式来实现的；未来的事件性则超出这种行为句范畴)。这自然也包括一切名副其实的事件的来临，那种他者不可预料的来临，包括某种由他律决定的来临，它来自他者的法律，这种来临来自他者的责任与决定来自那比我更强大更古老的我中之他。因此，它说的是民主与自主(auto-nomie)的分离，我承认这种分离是极其困难的，即不－可能的。更不可能的是我在《无条件大学》(2001)中提议去做的，即将主权与无条件性分开，将法律与公正分离，不过那却是必要的。

这种不－可能不是否定的(privatif)，也不是不可及的，它不是那种我可以泛泛推卸掉的责任。它向我预示，它以我为依据，它前在于我，它以一种非虚拟化的方式，在**当下之间**，现实地而非潜在地占据着我。它从高处降临于我，它以一种命令形式出现，这种命令不等待前景，不让我看见它的来向，不让我心安理得，不许拖延时间。其紧迫性跟作为他者之他者一样不让你将它**理念化**(idéaliser)。因此，这种不－可能不是一种(调节)**理念**或者一种(调节)**理想**。它更多的是那种不可否认的**真实**(réel)，能感知的真实。它就像他者问题一样。像他者的那种不可划约，不可划为已有的延异一样。

其次，那种留待决定或留待去施行的责任不能只在于追随，实行、实现某种规范或规则。在我掌握一种可确定的规则的地方，在我知道应当要做什么的地方，知识就变成了法则，行动跟着知识走就是一种可计算的结果。如果我们**知道**该取那条道，而且不再犹豫什么，那么决定也就不再是决定了，它提前得以做出也提前被取消掉了。它没有延宕地已经在眼下，以机器特有的自动性进行。那样一来，不就不再有(司法、政治、伦理等)公正、责任的位置了。

其三，假如我们回到康德赋予理念的调节**性**用法(与它们的构成性用法相对立)的最严格意义的话，要想对这个问题表态特别是要将之转化居有，恐怕就应当严格地认同康德的全部建筑原理及其批判性。这里，我无法严肃地尽心尽力去这么做,也无法展开对它的分析。但至少,应当对康德当时称做"理性的不同兴趣"① 的那种东西进行探讨,对想像力(imaginaire)[即想像之策源地(focus imaginarius),它使所有指挥着并非理性的理解力(entendement)规则的线,为了无限地接近它而向它延展汇聚]进行探讨,对不一定错的必要的**幻觉**进行探讨,对向普适性规则无限延展的那种接近,近似形态进行探讨,尤其是对那种"好像"(als ob)② 的不可或缺的使用进行探讨。我们无法在此深入讨论这个问题,但我得慎重地强调一下,我从严格意义上转化占有了"调节理念"这一想法。别忘了,我们今天常说世界与世界化,而对于康德来说,即便是"世界"这个理念也依然是一种**调节理念**。③这是介于另外两种仍是两种主权形式的理念之间的调节理念的第二种形态:这两种主权形态可以说是,作为有灵魂或会思考的自然的我本身的那种自我性(Ich selbst) 和上帝的自我性。

这就是永远不能否定理性或"对理性的某种兴趣"的一些理由。当我谈未来或来临之民主的时候,我对使用"调节理念"有些犹豫。在《另一个好望角/另一个方向》(1991)中,我还明确地与"康德意义上的调节理念之规定"保持距离,我即强调不能等待的**现在当下**之绝对无条件的紧急,也强调承诺的结构,那是一种由记忆保护的承诺,一种被遗留、被继承被援引的承诺的结构。当时我是这样定义"来临"(à venir)的:

---

① 《...ein verschiedenes Interesse der Vernunft》, *Kritik der reinen Vernunft* (1887 第二版), *Anhang zur Transcendantale Dialektik*, *Von der regulativen Gebrauch der Ideen der reinen Vernunft*, Beilin, Walter de Gruyter, 1968, vol. III, p. 440 (694).

② 众所周知"好像"(als ob)在整个康德思想中所起的决定性而又高深莫测的作用;围绕着调节理性问题的讨论更是如此。即对现象间之关联的思考"这些关联**好像**是某种最高理性的设置,而我们的理性不过是这种最高理性的表象而已(als ob sie Anordnungen einer höchste Vernunft wären, von der die unsrige ein schwaches Nachbild ist)" (*Kritik der reinen Vernunft*, op. cit., p. 447 - 706);"作为最高智力,这种原因好像是根据最睿智的方案设计出来的"(als ob diese als hëhste Intelligenz nach der weisesten Absich die Ursache von allem sei)" (*ibid*., p. 453 - 717)。"因此,系统统一性的调节原理要求我们研究各种**好像**的性质,无限地从最大可能的多样性中找到一种最终的系统统一性(als ob allenthalben ins Unendliche systematische und zweckmössige Einheit bei der grosstmöglichen Mannigfaltigkeit angetroffen würde) (*ibid*., p. 459 - 460, 728)。我前面所提及的对康德的"保留"与"反对"之意义在于,我有时做出我好像不反对康德式"好像"的样子。在《无条件大学》中,我探讨过康德式"好像"这个难度十分大的问题,并提议以别样的方式去思考这样一种"好像"。

③ "Die zweite regulative Idee der bloss speculativen Vernunft ist der Weltbegriff überhaupt", *Kritik der reinen Vernunft*, *op. cit.*, p. 451 - 712.

"……它不是明日肯定会来的东西,也不是**将来**(future)的(民族国家或国际、国家或跨国的)那种民主,而是一种应当具有承诺结构的民主,因此也是对那种承载着未来的现在当下之记忆。"①

这一切都记录于一系列的二律背反之中,但我这里无法重述它们。

从现在起,我似乎应当更好地澄清那当时还隐藏在这些姿态中的东西,这些姿态后来在"来临之民主"的参照系中进一步繁衍与演化。我将围绕五个焦点去谈,而且以过快的速度进行。

一、诚然,"来临之民主"这个说法所传达或者呼吁的,是一种无止境的战斗性的政治批判。作为一种反对民主之敌的武装斗争,它抗议所有的政治天真与滥用,抗议一切将民主表述为在场的或已在的事实的修辞,因为这与高要求的民主不切合。无论远近,无论在本国或在世界其他地方,当关于人权和民主的话语在将就着下面这些情形时,它们无论在哪里都只是可耻的托词:这些情形就是任凭亿万生灵身陷饥饿、疾病与羞辱,大批的人不仅喝不上水吃不上饭,享受不到平等或自由,没有各自的权利,做人(quiconque)的权利(这个"无论什么人"指先于任何主体、人格、意识这类形而上学规定性,也先于任何对同类、同胞、同属、兄弟、亲人、教友或同乡的法律规定性的人。波朗(Paulhan)在什么地方曾说过,我现在用我的方式重述这个说法:思考民主,就是思考"第一个来者"(le premier venu),即无论谁,不管他是谁,而且这个"无论谁"是区分"谁"与"什么"、活人、死人、鬼魂的先决界限)。第一个来者不就是翻译"第一个要来者"的最好译法吗?

"来临"(l'à venir)意味的不只是允诺,指的是还有民主在当下在场的模态下的永不存在性:不是因为它会被延异而是因为它在结构上永远具有明否实证特征(它是**没有**实力的力量,它是不能计算的惟一性**又是**可计算的平等性,它是兼容性也是不兼容性,是他律也是自律,是不可分与可分或可共享的绝对权力,它是名称内涵的虚置,它具有绝望或令人绝望的弥赛亚降临性等等)。

但是在这种积极与无休止的批评之外,"来临之民主"这个说法也意识到民主这个概念的绝对的内在历史性,它是惟一在自身概念内纳入自我免疫法,即自我批

① Minuit,1991,p.76.

判与完善权的系统的体系。它是惟一的,惟一的宪法范式,在该系统中,理论上我们有权公开批评一切,包括民主理念,它的概念、历史与名称。也包括宪法范式理念与法律的绝对权威。因此它是惟一可普适化的,也正因此,它既有机遇又很脆弱。要使这种在一切政治制度中独一无二的历史性获得它的完整性,就不仅得同意康德意义上的调节理念,还得认同一切目的论,一切本体-神学目的论(onto-théo-téléologie)。

二、这牵涉到另一种关于事件的思想(这种思想认为事件是独一无二,不可预知,无视域,不能为任何自我性所控制,也不能由任何程式化控制的,因此也是不能由已获同意的行为句特性所控制),这种思想记录在"来临"(à venir)这个短语之中,这种"来临"超出了将来(因为高要求的民主不肯等待),它为那种**发生的**(de ce qui arrive)及**来临者**(de qui arrive)的到来命名,即为突如其来的那种来临命名,这种突如其来是任何有条件的接待都不应当也不可能将之限制在由警察把守的民族国家边界之上的。

三、自然,它所假定的是延伸至民族国家主权以外、超越公民性的民主,而这仍是最为困难的,也是最难设想的,它需要创造出一种国际政治司法空间,当然并不必取消所有对主权的参照,它需要不断创新和发明绝对权力的新型共享及可分割性(我用发明这个词,因为来临所昭示的不只是他者的到来,还有创造发明的到来(不是创造事件,而是通过事件去创造)。《马克思的幽灵》(1993)的新国际思维也正是在这个方向上展开的。第二次世界大战后,人权宣言的不断更新(不是人权与公民权)仍然是国际法机构,特别是联合国的主要民主参照系。因此,这个参照系与在其中保持完整无损的民族国家主权原则形成潜在矛盾。人们试图对民族国家主权进行限制都是在对国际人权宣言的参照中进行的,而通常都颇费力气。其中一个例子恐怕就是国际刑事法庭的颇费周章的建立,但人权宣言要限制民族国家的主权,并不是以一种非主权原则反对主权原则的形式去反对民族国家主权的。事情并非如此,它是以主权对主权的形式。人权确定与假定的平等的、自由的、自决的人乃是主权者(souverain)。人权宣言宣布的是另一种主权,因此,它揭示的是一般主权的那种自动免疫性。

四、在《马克思的幽灵》中,"来临之民主"的说法,不可分离地与公正相连。正是在那里"因此"(ergo)① 或"所以"(igitur)②,介入了"来临之民主与公正之间"。《马克思的幽灵》中一个无谓语的短句这么说:"为了来临之民主,因此也就是为了公正"。③

因此,这个姿态不仅将来临之民主的必要性,纳入该书所展开的无救世主降临之弥赛亚性(messianicité)与幽灵性或灵魂纠缠学(hantologie)的公理之中,而且也纳入了法律与公正的特殊区别之中(二者既有异质性又不可分离)。这种区别是在《法律的力量》中提出的,它在《马克思的幽灵》一书讨论海德格尔将Dikè(法律)解释成聚集(rassemblement)、连接(ajointement)与和谐(harmonie)中得到展开。我当时提出相反的做法,即将公正放在脱节(désajointement)、不连接、关系中断、脱离关系(déliaison)与他者的无限秘密一边。即那种可能看起来会对民主公正之社群或社群主义概念产生威胁的东西。这个我无法在此重述的讨论在该书中起着隐蔽而关键的作用。这个讨论,也许可以引导我们走向未来的问题:为什么从柏拉图到海德格尔,也包括他们在内,民主哲学家那么少(假如有的话)?为什么从这一点看,海德格尔依然是柏拉图式的?民主与公正的这种结合后来也是《友谊政治学》的母题之一,这本书在《马克思的幽灵》刊行一年之后问世,它明确地说出"至于民主及公正",④但当中仍未使用任何动词,它将关于事件的来临性思想与"可能性"的不可还原性联系了起来,它质疑民主这个名词,提醒人们记住柏拉图的《美涅克塞努篇》(Menexène)⑤ 说过大多数时代能维持住的制度是什么,而"有的人将之称为民主制(demokratia),别的人用自己喜欢的名字称之,但其实是获得民众同意的精英政府"。⑥

正是在《友谊政治学》里,当然还有别处,**名的问题**,即如今以民主为名的来临者问题最为明确地得以展开论述。我应当高兴地提出那个在解构批判施米特观念体系(特别是围绕着决断、战争—国际的、国内的或游击式战争)中展开的问题,它

① 拉丁语,指因此。

② 拉丁语,指所以。

③ Minuit, 1991, p. 268.

④ *Politique de l' amitié*, *op. cit.*, p. 83.

⑤ 柏拉图《对话录》篇名。

⑥ 同上,117页。

也是围绕着“来临之民主”问题迸发出来的诸问题之一，提出它是为了以后更好地思考它。我当时自问道：

“如果在名和概念或实之间，距离的游戏，导致了那些也是些政治策略的**修辞**效果（我强调修辞这个词是为了一会儿要出现的一个理由），那么今天我们可以吸取的教训又是什么呢？依然是**以民主之名**去尝试批评民主或贵族民主的某种规定性吗？或者，更极端一点，更接近，或不偏不倚地去批评其本质的**根基性**（radicalité）（因为在那里它的规定性**根植**于原生地根基之安全性，根植于祖先与血源天性之中）？还是仍以民主为名，以来临之民主为名去尝试解构一个很大程度上主导了民主的概念，解构所有那些与这个概念相联系着的谓词？而这个概念就是我们在遗产中不可避免地反复见到的出生法、自然法和“民族国家”法，同种系（homophylie）或原生地（autochtonie）法，及建立在以认同出生平等（l'isogonie 同出生地）之上的公民平等（isonomie，即法律面前，人人平等），公民平等是在共同出生地基础上建立起来的以德与智评价系统为条件的（柏拉图式的）贵族制。

在这个被解构（或可解构的）民主概念中还余下什么经得住考验而又能无限地引导我们之物呢？它是否不仅能继续**命令**我们在**确保**（我强调命令与确保这两个词以便一会儿回到这个问题上去）一种解构过程的同时保持这个古老的名词不变？是否仍能以一种来临之民主为名进行解构？也就是说还能命令（enjoindre，我强调这个词）我们去继承那些在这个‘古老’概念及其整个历史中被遗忘、被压抑、被埋没或没想过的东西，这些东西通过它所有古老而疲惫的特征继续向我们提供生存的信号或征兆并守候着我们？”[①]

因此，我们并不排除有一天可能放弃继承民主这个名称，换掉这个名称的可能性和权利，但总是以其名称为名的背叛，因此，也就是**以**遗产**为名**对遗产的背叛：

“说保存民主这个希腊名称是个语境问题、修辞或策略问题，甚至是个论战性问题，重申这个名称即便它不再被使用也将会在它应该存在的时间中存在下去，说事物的进度由它经历的时间来决定，并不等于说我们在向那种隐藏其鬼把戏的反民主的机会主义或犬儒主义让步。正相反，我们保存向民主之名提问、批评、解构

① 《友谊政治学》，126～127页，339～340页。

的无限权利(这些权利理论上由民主来保证:不是没有民主的解构,也不是没有解构的民主)。我们保存这种权利以便策略性地指出那些不再是策略问题的东西:有条件者(即将民主的有效实践限制在既定土壤和血缘中进行培养的那种语境与概念边界)与无条件者间的界限,所谓无条件者,从一开始,就在为民主本身所进行自我重新限定(se dé-limiter)的有关民主,其可能性与义务的母题中,切入了一种自动解构(auto-déconstructive)的力量(我也许可以说它是一种'自动免疫力')。民主就是解构性的自动规限中的那种'自动'(l'autos),我现在会说它是那种自我或自我性。重新限定(dé-limitation)不只是以调节理念及无限完善为名,而且它每一次都出于某种**当下现在**的特殊紧急状态之需要。"①

五、谈到无条件命令或特殊紧急状态,提到不能等待由调节理念规定的无限遥远之未来的某种当下现在,我们指的不一定就是某种要来或应当要来的民主的将来,甚至也不是一种**就是**将来的民主。我们所谈的,尤其不是真正的迫近(imminence réelle),即便某种迫近就记录在"来临之民主"这个奇特概念之中。我们说的不是那种要发生的东西,也不是那些已经在发生的东西,如托克维尔在谈到促使他写下了他的书的"恒常牵挂"时,在谈到他既要现实主义又要乐观主义的"惟一思想"时所作的。所以托克维尔在他著作第十二版的告读者中,**预示**了"民主将在不远的将来,不可抗拒地普遍地在世界完成"。因此,这是个**预示**(annonce)。托克维尔预示的不只是那种迫近的将来,而且他以现在式预示它的在场,他在导言中说:"一种伟大的民主革命在我们当中进行。"

我们所说的"来临的民主",这一回什么也不预示。它不预示什么。那么这几个字干什么用呢?这个短语一般性地命名"来临之民主",连个句子都不造,它更不是"民主要来临"这样的命题,那它的语式身份是什么呢?如果说我也写过它"有待"来临,这样一种"有待性"或者说在痛苦之中的民主,自从它进入我的文本,至少自《丧钟》以来,就逃脱了它的存有依靠(sa dépendance ontologique)。它没有某个"是"(un est)动词的变动,也就是说它没有某个标志本质和实存,乃至标志充实的或主观的实体之在场的存有论系词(une copule ontologique)的变化。

---

① 《友谊政治学》,128~129页。

然而，我敢说这个无动词短语的身份或模糊语态问题**已经**就是个政治问题，也是民主的问题。因为"来临之民主"可以无限地在两种可能性中犹豫不决，永远摇摆不定。这两种可能就是：一方面它可能回应对一个概念的中性的与陈述性的分析(那么作为逻辑学家，作为语意学家出于对语言负责，我会去描述，去陈述民主的概念所示的内涵，我会满足于分析它，即我刚刚所说的一切：如概念中心的语意空缺，它没有什么具体含义或者它的撒播间距、记忆、允诺、来临之事件，既中断又成就固有历史性的那种来临性、完善性、自动批评自动免疫权、无数的疑难等；这等于说，你在使用你从传统继承下来的"民主"这个词时，如果你想知道你在说什么，就得知道这个词已经被记录或规定的那些内容；我呢，我以中立的方式去描述这种规定。"民主"这个词，我**提到**(mentionne)它跟**耗损**(use)它的时候一样多。但另一方面，"来临之民主"也可以不满足于某种中立的、陈述性的概念分析，它本身就是某种行为句式，尝试使它的信念获胜，言外之意就是使入队，这些行为句式可以是"但得相信它"、"我信，我允诺，我在做承诺也在等待来临，我行动，总之我忍受它的一切，我也这么去努力"等。那个来临之民主(démocratie à venir)中的"à"徘徊在绝对命令(对行为句式的呼唤) 与弥赛亚来临性(即对来临者，对那种可能永远不会到来或已经到来者的非行为句式陈述)的潜在**可能**之间。

这个在两者之间徘徊的"à"，也可能同时或轮流使人听到两个"à"。这两种可能性，这两种话语模态，这两种姿态可以轮换交替，它们可以轮流向您示意，或者在同一个时刻相互纠缠，相互寄生，因而轮流成为对方的不在场。我自己现在在说这些的时候，是在提醒诸位我可能在轮流或同时采用这两种表达方式或者说两种表述方式的同时，自己隐退到反讽之中去了，即一般意义的反讽或所谓反讽这种修辞格的隐秘之中。可见这又一次说明它是政治性的：民主不也是赋予在公共空间中的反讽权的那种东西吗？是的，民主打开了公共空间，即公共空间的公共性，同时也给予改变语气的权利(Wechsel der Töne)，如虚构权、拟像权、保密权、文学权等一般反讽权。因此也是赋予在公共领域有那种公开的非公共权利，即某种公共事务权(res publica)，某种共和权，而在这种共和体制中，公共与非公共差异仍还是无法确定的界限。只要这种权利得以运用，民主共和体制就存在了。民主制就如自由一样，它所赞同的这种无法决断性，我坚信代表着决断的惟一基本可能性，它也是使其突如其来(行为句式)或者说任其突然来临(超行为句式 méta-performative)的惟一基本可能性,因此,它也是思考来临者和来者,来临者的来临过程的惟一基本可能性。所以,民主以无人可以摆脱的一种必要过分的责任,已经为无论什么人打开了一种自由的经验,这种自由经验因为民主的那种“可能”而变得暧昧而令人焦灼,(因为)它既被威胁着也具有威胁性。

2.我已经以那些对法律与公正的参照,开始拉动我所需要的第二条线索了,这是最短的一条。它是关于法律与公正之关系的,当然也是关于这两个异质但又不可分离的概念之联系的,尤其是关于法律、公正与力量间的联系,特别是在“来临之民主”表述中与以悖论方式被记入-规定(inscrits-prescrits)的,被规定前的(pré-inscrits)涉及国际与跨国际的法律,公正与力量的联系。关于法律,公正与力量,关于是否最强者的理由总是最好的理由,请诸位允许我以简明扼要的虚拟方式去论述,**好像**我们已经达成了某种共识,这个共识就是流氓国家问题打开了对一个传统的巨大问题链进行重新诠释和重新激活的必要性。这个问题链从来都是敞开的,深不见底的、混乱无序的,它至少从柏拉图开始[比如《高尔吉亚篇》(*Gorgias*)中的喀里克里斯(Calliclès)话语或者《国家篇》中的特拉西马库斯(Thrasymaque)话语,二者都提出公正和法律(dikè,dikaion)在最强者的利益一边],从马基雅弗利(Machiavel),①到霍布斯,到帕斯卡尔那如此经常如此精彩地被(路易·马翰,②特别是本宁顿③)讨论的著名而令人眩晕的思想:“公正-力量……只能造成这样的情形公正的乃是强大的,人们使强大的成为公正的”,再到拉·封丹的《狼和羊》(其中的这个对子已经可追到柏拉图,我尝试在今年的研讨课中作个无尽头的分析),再到卢梭的《社会契约论》(“关于最强者的权利。最强者如果不将它的力量转化成法律,它就不可能总是最强者而永远做主宰者”),特别是康德的某些论点,我要强调这一点,康德的狭义法律(das stricte Recht)的定义,正确地说他的法权原理(eigentliche Rechtslehre)在法权的概念中暗示的是相互约束力(faculté)或相互约束可能性,因此也是

---

① 马基雅弗利(1469—1527),意大利政治家、政治哲学家、历史学家。——译者注

② Louis Marin,法国著名符号家、古代史学家。——译者注

③ G.Bennington,英国学者,《德里达》(*Jacques Derrida*)作者。Chicago,London:Univ. Of Chicago Press,1999.——译者注

力量，是遵循普世法则，赋予个人的自由的最强者理性的特性与可能性。[①]这个简单的定义要求它自己是纯粹及先验的。它即暗示了民主(个人的自由)，也包含了超越民族国家(普世法)的普世性、国际性和国际政治法则。它规定了或者说批准了借助力量(约束的先验必要性)，也就是说某种即便不是国家层面上的绝对权力的合法性与合理性。

经过这个漫长的迂回后，我们现在掌握了所有进入那个问题结的必要的因素，现在我们由第三条线索去探讨那个我暂时将它称为流氓国家时代的东西。

3.如果流氓国家(rogue State)的这个说法，看起来是个相当晚近的用法的话，那么英文中的流氓，即“rogue”这个形容词或名词，在英文中的使用及在英语系文学中的出没却比“voyou”在法语及法语系文学中的出没时间要长久得多。它从16世纪中叶起就在英文世界中被使用了，在日常语言中，在法律和文学名著中都有所见，斯宾塞作品中已经出现，而莎士比亚在他的作品中则经常使用这个词，它用来指称所有的无定所无财产的乞丐、流浪汉，同理也用来指那些贱民、坏蛋，及《牛津英语大辞典》中所解释的无理的不法之徒(a dishonest，unprincipaled person，“a rascal”)。从那以后，无论在莎士比亚那里还是在牛顿那里，它的意思就被延展到所有人类以外的生物之上了，包括植物与动物，只要它的行为看起来出格或变态，所有的野生动物都可以说是“rogue”的，特别是那些如凶猛离群的野象一样非法进行破坏活动，违背道德习俗，违背自身社群规定用法的破坏者。一匹马如果停止正常行事，如停止人们在赛马或规训射猎活动中对它的期待去行事的话，就可能被说成是“rogue”。这个时候人们就给它安上一个特殊的符号，标签(badge)或头罩(hood)，一个护套或某种类似风帽的东西去标出它的“rogue”身份。这一点很好地说明了那个标记，即那个要求排除例外的引人注目的流氓素质分类。这个有污点的标志是一种歧视性鉴别，它要将被鉴别者放到被告席上以便排斥之，此乃最初的流放刑。这种功能类似那个我开始说到的作为犹太黄星之始祖的轮型(roue)之功能。至于用来翻译“rogue State”中的“rogue”的德文词“Schurke”，也有相同的情况，这个词指的也是“无赖”、“流氓”、“恶棍”、“骗子”、“歹徒”等。

---

① *Métaphysique des mœurs. Premiers principes métaphysiques de la doctrine du droit, Introduction à la doctrine du droit*. §§D.E.，tr. Fr. A. Philonenko，Vrin，1979，pp.105－107.

但是法文和德文中，这个“流氓”只限于指人类的非法之徒，而英文中的“rogue”则可以延伸至植物，特别是动物，这一点我们刚刚提到过。这也许就是这个词在美国政治修辞中所占的暂时优势的原因之一，一会儿我们将有一个例子进行说明。如一篇刊于《高等教育纪年报》[①]上的文章提到“在动物统治时代，一个‘rogue’被定义为某种天生的异类。它不合群，离群索居并可能不加警告地随时发起攻击”。

张宁　译

① Mark Strauss, *Chronicle of Higher Education*, Washington, D.C., 15 décembre 2000.

一位诙谐的哲学家

理查德·罗蒂

德里达使我们有可能把哲学想像为尤其像是一种强迫性神经症的症状。海德格尔曾经把西方哲学的历史理解为是一系列日趋绝望的尝试,这些尝试所要达到的,是德里达所说的"超出了游戏范围的……根本的不变性和无可置疑的确实性",弗洛伊德则把这类渴望与这样一些难以抗拒的冲动联系在一起,如不断地洗手,或者检查食物以便弄清是否有违禁物的微粒,或者担心宗教仪式的功效会被司仪神父不纯的思想减弱。德里达将海德格尔和弗洛伊德结合在一起,他说他们是他的"两个前辈"。

大部分典型的伟大哲学家,的确都有过这样一种躁狂的欲望,即要达到某种不可能的纯粹性。柏拉图和亚里士多德曾一而再、再而三地讨论形式的清晰明净和内容的晦暗污秽。理性主义者想要抹去任何纯粹经验的痕迹。经验主义者喜欢把经验消减到那些直接给予感官、未受一丝解释影响的东西。众所周知,康德认为,无论是爱还是同情都不应当影响道德思考,因为做正确的事的决定,理应由纯粹实践理性的指导原则独自来确定。

威廉·詹姆斯曾论证说,追求真理不能与满足人类需要的尝试相脱节,这样一来,"人类的邪恶之徒会无所不在",而伯兰特·罗素愤怒地拒斥了这种归咎于不可避免的卑鄙的做法。罗素说:"自由的有理智的人,将会像上帝可能做的那样,超越此时此地、希望和恐惧,冷静而公正地怀着对知识的惟一和全部的渴望做出判断(这种知识是非个人的、纯粹沉思的,而且是人类有可能获得的)。"海德格尔把这些模拟上帝的尝试描述为对人类局限性的否定。德里达很熟悉弗洛伊德的学说,他把这些尝试表征为阳性逻各斯中心主义的表现——即这样一种确信的表现:人类理性必定能够傲然屹立于并且超越这个希望和恐惧交织在一起的可鄙和软弱的世界,展现出它与生俱来的明确且具有男子气概的自主性。

在一篇既诙谐幽默又才华横溢的题为《白人的神话》(“*White mythology*”)的论文中,德里达对哲学家们执著于纯粹性,以及他们为混乱地转向对语言的关注而恐惧的情况进行了描述。他们典型的做法是试图清除任何带有比喻痕迹的话语(或者至少,这样的**哲学**话语)。德里达认为,区分字面意义与比喻意义,并且在讲话时尽可能使用字面意义,是一种试图超出游戏范围的非常可笑的结果。他的论文说明,西方哲学传统本身,就充满了一系列想像的比喻,但这一点对它也没有什么损害。他的更重要的论点是,语词没有必要的和充分的使用标准。在人们将它们置身于其中的不同的语境中,它们获得了不同的意义。重要的是那些语境之间的关系,而不是语词与现实之间的关系。

我们许多人都会认为,德里达是在回应维特根斯坦的这一建议:我们应停止询问意义,而开始询问用法。只要你能断定某个人是怎样使用一个词的,以及她的用法与你的有何不同,那么,担心她是否错用了这个词就毫无意义——也就是说,指责她说得“太宽泛”或“使用了比喻”是毫无意义的。例如亨利·斯塔顿(Henry Staten)的《维特根斯坦与德里达》(*Wittgenstein and Derrida*)和塞缪尔·惠勒(Samuel Wheeler)的《作为分析哲学的解构》(*Deconstruction as Analytic Philosophy*)等著作中,作者都把维特根斯坦对语言的说明与德里达对力争一丝不苟的严格性的讽刺进行了类比。

后一部著作指出了德里达对胡塞尔的批评,与奎因对罗素的批评和戴维森对奎因的批评之间的相似之处。在我本人最近的著述中,我指出了德里达的观点与罗伯特·布兰顿(Robert Brandom)在其著作《使之清晰》(*Making It Explicit*)中的观点的相似之处。按照布兰顿的语言哲学观点,当一个含有某种语言表达式的断言的推论关系发生变化时,该表达式的意义也会随之变化。由于没有两个人具有完全相同的基本信念,因而他们决不会从同一个断言中得出完全相同推论。布兰顿得出结论说,我们应当公允地承认,一个语句的任何两种用法都不具有完全相同的意义。德里达也许会欣然同意这一点。

接受这种观点并非意味着合乎理性的话语是不可能的,也不意味着文本本身总是支离破碎的,或者文本的意义总是不确定的。这种观点并不包含任何虚无主义的含义。不过,德里达和布兰顿都认为,没有哲学家们为之着迷的那种严格性和稳定性,我们能够做得非常好。坚持意义的稳定性的分析哲学家们认为,除非他们能够确信他们的对手错误地使用了语词(因此会出现"概念混乱"),否则,他们无法为理性和真理而辩护,并且驳倒他们的那些有教养的轻蔑者。不过,我们当中那些同意德里达和布兰顿的观点的人甘愿说,对语词被"误用"或"在比喻的意义上使用"的那些抱怨,恰恰是在建议那些参与谈话的人努力就从哪些断言中应当得出哪些推论达成一致。要求在字面意义上使用语词,其实就是要求一些推论关系在论证的持续过程中保持稳定。

德里达的讨论常常会陷于努力回答"什么是解构?"这一问题之中,这一点是令人遗憾的。对这个问题,无论是德里达还是其他任何人都没有给出一个令人满意的回答。我常常希望,德里达干脆承认,无论"解构"这个词过去可能多么有用,现在它已经失效了,并且希望他用坚定地改变主题的方式回答这类问题。最好是摆脱"解构方法"这种观念,因为对哲学来说,最不需要的就是用一种新的方法来取代康德的先验反思、胡塞尔的本质还原、罗素的逻辑分析,以及所有其他允诺如此之多、兑现却如此之少的方法。然而,正如尼采著作的第一代读者通常会把他描述为"超人哲学家"那样,德里达著作的第一代读者则会坚持认为他是"解构哲学家"。在我看来,人们一开始就是在这种错误称谓的影响下翻阅他们二人的著作的。

尼采著作的大多数当代读者认为,他的重要性并不在于他偶尔对超人的幻想,而在于他讲述了柏拉图对稳定性和确定性的执著带来了不幸影响的故事,以及他把西方哲学家描述为"修行的牧师"——这类人对形式与内容、心灵与肉体、主观与客观、现象与实在等进行了区分,以便使其他人有不纯和惭愧的感觉。海德格尔把那个故事融入到他对西方思想传统较大范围的说明之中,而德里达则把海德格尔的说明融入到他那更为广泛和更富有想像力的说明之中了。

尽管我觉得,所有这三种叙述都富有启发性,但我从来没有发现,无论海德格尔的专用术语还是德里达的专用术语有什么益处。我无法更多地利用诸如"自在发生(Ereignis)"、"存在的真理(Wahrheit des Seins)"、"异延(différance)"、"痕迹

(trace)”这样的词语，但我仍然非常感谢海德格尔和德里达，因为他们使我能够以一种崭新的眼光来阅读西方哲学传统的那些经典著作。许多人不愿意阅读海德格尔的著作，因为他不仅是一个天才，而且他还是一个卑鄙的、说谎的和有自恋倾向的纳粹分子。至于德里达，没有类似的让人们讨厌他的理由。他不仅是一位优秀的社会民主人士，而且是一个慷慨、有耐心和宽容的人，像克尔凯郭尔一样，他心甘情愿地用不断涌现出的机智来取笑自己。

鲁旭东　译

2004 年 10 月 26 日